大学语文

主　编　范崇高　耿文忠
副主编　王　余　王　益　代晓冬　何　清　黄新图
编　委　王　余　王　益　代晓冬　何　清　杨爱林
　　　　　范崇高　欧阳俊杰　耿文忠　黄新图　曾庆璇

（以上编写人员按姓氏笔画排序）

西南交通大学出版社
·成　都·

图书在版编目（CIP）数据

大学语文/范崇高，耿文忠主编. —成都：西南交通大学出版社，2009.8（2023.1 重印）
ISBN 978-7-5643-0351-8

Ⅰ．大… Ⅱ．①范…②耿… Ⅲ．汉语－高等学校－教材 Ⅳ．H1

中国版本图书馆 CIP 数据核字（2009）第 140835 号

大 学 语 文

主编　范崇高　耿文忠

责 任 编 辑	郭发仔（gfz87@126.com）
封 面 设 计	墨创文化
出 版 发 行	西南交通大学出版社
	（四川省成都市二环路北一段 111 号
	西南交通大学创新大厦 21 楼）
发行部电话	028-87600564　87600533
邮　　　编	610031
网　　　址	http：// www.xnjdcbs.com
印　　　刷	四川森林印务有限责任公司
成 品 尺 寸	170 mm×230 mm
印　　　张	21.75
字　　　数	391 千字
版　　　次	2009 年 8 月第 1 版
印　　　次	2023 年 1 月第 8 次
书　　　号	ISBN 978-7-5643-0351-8
定　　　价	45.00 元

图书如有印装质量问题　本社负责退换
版权所有　盗版必究　举报电话：028-87600562

序

"大学语文"作为我国高校非中文专业开设的一门课程,已越来越受到重视。许多高校开设了这门课,一些高校还将其列为必修课。"大学语文"被重视,表明高校已更为注重高素质大学生的培养,当然也与大学生自身存在的一些问题有关。我们的大学生在基础教育阶段接受的是应试教育,他们主要的精力都放在如何应对考试上去了,所学的知识也大多转换成了干巴巴的考试符号。于是,人文素质教育缺失,人格心理不成熟,运用语言进行思考和表达的能力不强,成了当代大学生普遍存在的问题。而当代社会中所存在的越来越物欲化、实用功利化、价值错乱乃至虚无等诸多的问题,也对大学生精神上的成人有着不小的影响。由此,培养大学生的人文素质、健康成熟的人格和心理,提高他们运用语言更好地进行思考、表达与交流的能力,便成为高校必须面对和解决的严峻而紧迫的任务。

我们认为,"大学语文"课在这方面有着重要的无可替代的作用。因为"大学语文"本身内容丰富,包容性、适应性强,可以在内容和体例上做调整,以更好地适应学生的实际情况。但目前我国高校的《大学语文》教材,往往要么偏重于价值性,侧重于学生做人的素质的培养;要么偏重于实用性,侧重于学生做事的能力的培养。我们认为,做人和做事应该很好地结合在一起,学会做人是为了更好地做事,而做人也应该通过做事体现出来,同时这门课程综合性强的优势也应该得到更好地发挥。因此,我们根据自己多年来从事"大学语文"教学的经验和教训,以及对学生的意见的收集和整理,在充分研讨和论证之后,决定编写一本新的《大学语文》教材。这本教材的主要特点在于它的综合性。我们将教材划分为三个板块:第一个板块是"诗文选读"部分,该板块侧重于学生的人文素质和审美能力的培养。我们在选择文本时,尽可能避免与现行中学教材重复,尽量拓宽视野,尽可能为学生提供丰富多样的思想和审美资源,以开阔他们的心胸和视野,丰富他们的心灵和思想,给他们以人生智慧的启迪,从而帮助他们在精神上健康成长。第二个板块是"汉语基础"。语言是我们人类存在的家园,也是人类最基本的思考、表达和交流的工具。而汉语作为我们的母语,是记载、传承民族文化的重要手段,是我们的莘莘学子应该很好地去学习和掌握的。因此在这一板块,我们先让学生从整体上系统地去感知和了解现代汉语（但没有像汉语专业课那样做系统而详尽的展开），然后再侧重于学生运用语言进行思考和表达的能力的培养与训练。第三个板块是"应用写作"。这一板块侧重于让学生了解和掌握应用文写作的基本特点、写作规范和具体要求，尤其是一些常见应用文的写作，这是学生今后生活和工作中必须掌握的一项基本技能。

上述三个板块之间其实是有内在联系的，而且可以产生很好的互动效应。"诗文选读"部分所选的篇目，大都是运用语言进行思考和表达的经典范例，可以供师生们参考和研讨。而语言能力的提高，又有助于学生更好地去理解和阐释"诗文选读"中的文本。应用写作能力的提高也有赖于学生的语言运用能力，而且"应用写作"板块也为学生的语言表达实践提供了机会。如此，将三个部分有机地结合起来进行教学，便能更好地发挥出"大学语文"的综合效应。

本教材各部分的具体编写分工如下："诗文选读"部分的选稿、统稿，黄新图负责"中国古代部分"，代晓冬负责"中国现代部分"，王余负责"中国当代部分"，耿文忠负责"外国部分"。范崇高负责"汉语基础"部分大纲的编写和统稿。王益负责"应用写作"部分大纲的编写和统稿。范崇高和耿文忠负责全书的统筹和协调。

我们随后将编写与这本教材配套的教学参考资料，包括对所选文本更详尽一些的分析与阐释，相关背景资料的介绍，思考和练习的参考答案，以期能帮助大家更好地使用这本教材。

在教材编写中，我们参考了国内同行的一些教材和相关资料，这对我们的教材编写起到了很好的作用，在此一并表示诚挚的谢意！

以这样的体例编写大学语文教材，我们也是第一次尝试，尽管我们怀着良好的愿望和期待，本着对学生、对社会负责的态度，尽了最大的努力，但缺陷和不足仍在所难免。因此，我们殷切地希望同仁们，尤其是使用本教材的师生们不吝赐教，以利于我们在日后修订时对教材进行改进，我们将不胜感激。

耿文忠
2009 年 5 月

目　录

诗文选读

◎中国古代部分◎ 2

诗经·桃夭 2
诗经·何草不黄 3
孟子·许行（节选） 4
庄子·庖丁解牛 6
史记·管晏列传（节选）/司马迁 8
上山采蘼芜 10
明月皎夜光 11
世说新语·王子猷居山阴/刘义庆 13
春江花月夜/张若虚 14
将进酒/李白 16
月夜忆舍弟/杜甫 18
进学解/韩愈 19
杜陵叟/白居易 22
《金铜仙人辞汉歌》并序/李贺 24
安定城楼/李商隐 26
五代史伶官传序/欧阳修 27
望江南（春未老）/苏轼 29
踏莎行（郴州旅舍）/秦观 31
一剪梅/李清照 32
摸鱼儿/辛弃疾 33
中吕·卖花声·怀古/张可久 35
牡丹亭·惊梦/汤显祖 36

聊斋志异·席方平/蒲松龄 ... 40
记棚民事/梅曾亮 ... 46

◎中国现代部分◎ 48

伤逝（节选）/鲁迅 ... 48
喝茶/周作人 ... 56
大学的生活（节选）/胡适 ... 58
我不知道风是在哪一个方向吹/徐志摩 ... 62
桨声灯影里的秦淮河/朱自清 ... 64
丈夫（节选）/沈从文 ... 70
人生哲学的一课/艾芜 ... 76
雪落在中国的土地上/艾青 ... 89
封锁/张爱玲 ... 93

◎中国当代部分◎ 102

谈妒/孙犁 ... 102
苹果树下/闻捷 ... 104
光之四书/林清玄 ... 106
一棵开花的树/席慕蓉 ... 113
失去的岁月/周国平 ... 114
中国人，你为什么不生气/龙应台 ... 119
一只特立独行的猪/王小波 ... 122
我不是个好儿子/贾平凹 ... 125
山上的小屋/残雪 ... 129
简历/顾城 ... 133
有关大雁塔/韩东 ... 134
美/曹明华 ... 136
青花瓷/方文山 ... 139

◎外国部分◎ 142

朝拜贝多芬/[德]瓦格纳 ... 142
绳子的故事/[法]莫泊桑 ... 150

旧书商门德尔/[奥地利]茨威格 ················· 156
热爱生命/[美]杰克·伦敦 ····················· 164
海鸥乔纳森（节选）/[美]理查德·巴赫 ············· 172
等待戈多/[爱尔兰]塞缪尔·贝克特 ················ 179
华兹华斯诗二首/[英]华兹华斯 ·················· 188
普希金诗二首/[俄]普希金 ····················· 190
先知（节选）/[黎巴嫩]纪伯伦 ··················· 192
众师之师——人类的无知/[法]蒙田 ················ 195
自然/[美]爱默生 ·························· 197
论读书（节选）/[德]叔本华 ···················· 199
品格是人生的桂冠和荣耀，是一个人最高贵的财产/[美]奥格·曼狄诺 ··· 204
爱的艺术/[美]弗洛姆 ······················· 206
参透生死/[美]乔·路易斯 ····················· 208

汉语基础

Ⅰ 语音知识要点 ·························· 213
Ⅱ 汉字知识要点 ·························· 225
Ⅲ 词汇知识要点 ·························· 235
Ⅳ 语法知识要点 ·························· 244
Ⅴ 修辞知识要点 ·························· 255
Ⅵ 标点符号知识要点 ······················· 262

应用写作

第一章　应用写作总览 ······················· 266
　第一节　应用文概述 ······················· 266
　第二节　应用写作的基础知识 ··················· 268
　第三节　应用写作学习的基本方法与具体要求 ············ 274

第二章　国家机关行政公文·····································276
第一节　行政公文概述·······································276
第二节　请　示··278
第三节　报　告··281

第三章　高校学生常涉事务文书·································285
第一节　条据类文书···285
第二节　告启类文书···288
第三节　专用书信类文书······································291
第四节　讲话稿··305
第五节　计　划··308
第六节　总　结··313
第七节　毕业论文与工科毕业设计报告·····························317

诗文选读

- 中国古代部分
- 中国现代部分
- 中国当代部分
- 外国部分

中国古代部分

诗经·桃夭

桃之夭夭①，灼灼其华②。之子于归③，宜其室家④。
桃之夭夭，有蕡其实⑤。之子于归，宜其家室。
桃之夭夭，其叶蓁蓁⑥。之子于归，宜其家人。

【注 释】

① 夭夭：草木茂盛而美丽的样子。 ② 灼灼：花朵红艳而鲜明的样子。华：同"花"。 ③ 之：这。子：女子。于：助词，不译。归：女子出嫁。 ④ 宜：和顺，和善，相处得宜。室家：男子有妻叫有室，女子有夫叫有家。 ⑤ 有：形容词词头，不译。蕡（fén）：果实硕大的样子。 ⑥ 蓁蓁（zhēn）：树叶茂盛的样子。

·导 读·

《诗经》是我国第一部诗歌总集，收录了西周初年至春秋中叶的诗歌共三百零五篇，分为"风""雅""颂"三部分。风土之音曰风，是指带有地方色彩的音乐；朝廷之音曰雅，是指周王朝直接统治地区的音乐；宗庙之音曰颂，是一种宗庙祭祀用的舞曲。《诗经》以其丰富的思想内容与高超的艺术成就，尤其是朴实的现实主义精神与赋、比、兴的艺术表现手法，为我国诗歌创作奠定了基础，树立了样板，成为我国现实主义诗歌、民间诗歌光辉灿烂的起点与源头，对后世文学的发展产生了深远而重大的影响。

《桃夭》这篇诗歌是庆贺姑娘出嫁时所唱的歌谣，诗中使用了一连串优美而准确的比兴形象。首章描绘了春天桃树茂盛、桃花盛开的动人景象，借桃花的红艳鲜明渲染新婚之日的喜庆热闹，同时也借桃花的娇艳夺目暗示新娘的美丽迷人，使人产生无尽的联想。诗中描绘出嫁女子不仅有艳如桃花的外貌，还有宜室宜家的美德，并预测了这个婚姻和谐美满的结局，给予新人以祝福和赞美。清代学者姚际恒《诗经通论》云："桃花色最艳，故以取喻女子，开千古辞赋咏美人之祖。"第二、三章从桃树、桃花写到桃子、桃叶，桃子暗示子孙满堂的幸福前景，桃叶象征着婚后家族的繁荣兴旺。全诗使用重章叠句的手法，一唱三叹，反复渲染，给人留下极其深刻的印象，因而成为《诗经》婚恋诗中最具代表性的名篇佳作。

【思考题】

一、请简要分析本诗中桃树、桃花、桃子、桃叶的象征意义。
二、全诗共三章，一唱三叹，反复渲染，这种重章叠句的写法有何作用？
三、请比较"桃之夭夭，灼灼其华。之子于归，宜其室家"与"蒹葭苍苍，白露为霜。所谓伊人，在水一方"起兴方式的异同。

（黄新图）

诗经·何草不黄

何草不黄？何日不行①？何人不将②？经营四方③。
何草不玄④？何人不矜⑤？哀我征夫，独为匪民⑥。
匪兕匪虎，率彼旷野⑦。哀我征夫，朝夕不暇⑧。
有芃者狐，率彼幽草⑨。有栈之车，行彼周道⑩。

【注释】

① 行：出行，此处指行军、出征。 ② 将：行，出征。 ③ 经营四方：打仗时转战四方。 ④ 玄：赤黑色，此指草枯萎腐烂而开始发黑。 ⑤ 矜：怜，危困可怜。 ⑥ 匪民：匪通"非"。匪民：非人。 ⑦ 兕（sì）：类似犀牛的野牛，一角，色青。率：循着、顺着。 ⑧ 暇：空闲。 ⑨ 有：形容词词头，不译。芃（péng）：杂草丛生的样子，此指兽毛蓬松杂乱的样子。幽草：深草。 ⑩ 栈：高大。车：役车。周道：大道，或说周代大路。

·导 读·

西周末年到春秋中叶，奴隶制逐渐瓦解，社会渐趋混乱，大国争霸，王室衰微，造成战争连年不断，徭役永无休止，这给广大的士卒役夫们带来了深重的灾难与无尽的苦痛。《何草不黄》一诗真切地描绘了这一残酷的社会现实。诗中细致地描写了行役在外的征夫士卒们出没草野、危困可怜、四处转战、无暇休息的艰辛生活，并发出命如草芥、命如禽兽的慨叹！此诗估计是雅诗中少数属于劳动人民的作品，揭露了战争的罪恶，表达了人民的痛苦，具有强烈的现实性与人民性，因而成为《诗经》征役诗中最具代表性的名篇佳作。

　　本诗最大的特色，首先是比兴手法的使用：第一、二章以草起兴，即景生情，由草之枯黄联想到人之憔悴，由草之卑微联想到人之低贱；第三、四章以兽为喻，托物咏怀，展示了人如野兽甚至人不如兽的悲惨境地。其次是反问手法的运用：本诗感情强烈，一连使用五个反问句，在加强语气的同时加深了感情，表现了士卒们悲剧命运的普遍存在与不可更改，表达了对遭受非人待遇者的深切同情和对造成这一悲剧者的强烈抗议。此外，还有递进手法的运用：从"何草不黄"到"何草不玄"，从"何人不将"到"独为匪民"，从"率彼旷野"到"率彼幽草"，层层深入，反复渲染，故方玉润《诗经原始》云："纯是一种阴幽荒凉景象，写来可畏。所谓亡国之音哀以思，诗境至此，穷仄极矣。"

【思考题】

　　一、联系《孟子》中的名句"君之视臣如手足，则臣视君如腹心；君之视臣如犬马，则臣视君如国人；君之视臣如土芥，则臣视君如寇仇"，分析本诗取草为象、以兽为喻的思想内涵与艺术效果。

　　二、请简要分析本诗使用反问手法与递进手法对表达思想感情所起的作用。

（黄新图）

孟子·许行（节选）

　　有为神农之言者许行①，自楚之滕②，踵门而告文公③曰："远方之人闻君行仁政，愿受一廛而为氓④。"文公与之处⑤。其徒数十人，皆衣褐⑥，捆屦织席以为食⑦。

　　陈良⑧之徒陈相与其弟辛，负耒耜⑨而自宋之滕，曰："闻君行圣人之政，是亦圣人也，愿为圣人氓。"

　　陈相见许行而大悦，尽弃其学而学焉。

　　陈相见孟子，道许行之言曰："滕君，则诚贤君也；虽然，未闻道也。贤者与民并耕而食，饔飧⑩而治。今也，滕有仓廪府库，则是厉民而以自养也，恶得贤？⑪"

　　孟子曰："许子必种粟而后食乎？"曰："然。""许子必织布而后衣乎？"曰："否，许子衣褐。""许子冠⑫乎？"曰："冠。"曰："奚冠？"曰："冠素⑬。"

曰:"自织之与?"曰:"否,以粟易之。"曰:"许子奚为不自织?"曰:"害于耕⑭。"曰"许子以釜甑爨,以铁耕乎?⑮"曰:"然。""自为之与?"曰:"否,以粟易之。"

"以粟易械器者,不为厉陶冶⑯;陶冶亦以其械器易粟者,岂为厉农夫哉?且许子何不为陶冶,舍皆取诸其宫中而用之⑰?何为纷纷然与百工交易?何许子之不惮烦⑱?"

曰:"百工之事,固不可耕且为也。""然则治天下独可耕且为与?有大人之事,有小人之事⑲。且一人之身而百工之所为备⑳,如必自为而后用之,是率天下而路也㉑。故曰:或劳心,或劳力㉒。劳心者治人,劳力者治于人;治于人者食㉓人,治人者食于人。天下之通义也㉔。"

【注释】

① 为:研究。神农之言:农家学派的学说。 ② 之:往。滕:国名,在今山东滕州市西南。 ③ 踵:走到。文公:滕国国君滕文公。 ④ 廛(chán):居民点中一户人家所住的地方。氓(méng):从外地来的人。 ⑤ 与之处:给了他住处。 ⑥ 衣(yì):穿。褐(hè):用未经加工成线的麻或毛做成的粗劣衣服。⑦ 捆屦(jù):编草(麻)鞋。为食:维持生活。 ⑧ 陈良:楚国人,儒家学派的人物。 ⑨ 耒耜(lěi sì):一种像犁的翻土农具,耒是曲柄,耜是下端铲土的部分。这里泛指农具。 ⑩ 饔飧(yōng sūn):早饭叫饔,晚饭叫飧。这里用作动词,指自己做饭。 ⑪ 厉:危害。恶(wū)得:哪里算得上。 ⑫ 冠:用作动词,意为戴帽子。 ⑬ 素:生丝织成的本色绢帛,这里指生绢做的帽子。 ⑭ 害于耕:对耕种有妨害。 ⑮ 釜:锅。甑(zèng):放在锅里蒸东西的炊具,用土烧制而成。爨(cuàn):烧火做饭。铁:代指铁制农具。 ⑯ 械:器具的总称。陶冶:这里指烧制陶器、炼制铁器的人。 ⑰ 舍:啥,什么。宫:房屋,家。 ⑱ 纷纷然:忙碌的样子。惮:怕。 ⑲ 大人:这里指统治者。小人:这里指被统治者。 ⑳ 这句话是说,一个人的生活要具备各种工匠生产的东西。 ㉑ 路:在道路上为生计而奔波。 ㉒ 劳心:从事管理工作。劳力:从事体力劳动。 ㉓ 食(sì):供养,养活。 ㉔ 通义:普遍适用的道理。

·导读·

孟子是战国时期儒家的代表人物,他继承并发扬了孔子的思想,成为仅次于孔子的一代儒家宗师,有"亚圣"之称。他的学说出发点是性善论,认为人本性善良,应该通过后天的努力恢复本性。他主张"仁政""王道",指出统治者应当保护人民的利益,获得人民的支持。他的言行和思想主要保存在他和弟子一起编写的《孟子》一书中。

本文选自《孟子·滕文公上》,记录了孟子和农家学派的代言人陈相之间的一段辩论。

农家学派主张人人都应参加生产劳动,统治者也不能例外,否则就是通过损害老百姓来养活自己。而孟子从巩固封建制度的立场出发,一方面曾提出"民为贵,社稷次之,君为轻"的民本思想;另一方面又严格区分了统治者与被统治者的阶级地位。在批驳许行之说时,孟子指出:简单劳动之间尚且不能同时兼顾,复杂劳动与简单劳动又怎么能兼顾呢?他提出的"劳心者治人,劳力者治于人;治于人者食人,治人者食于人"的著名观点,强调了社会分工的必然性和合理性,有意识地把社会分工理论同维护封建制度的愿望统一起来。

在辩论过程中,孟子欲擒故纵,通过巧妙设问,尽量让对方暴露自身的弱点,陷入自相矛盾的局面,然后乘势展开论述,提出自己的主张。孟子以"善辩"著称,本文正表现出了他作为雄辩家的气概。

【思考题】

一、试分析孟子在本文中使用的辩论技巧。
二、谈谈你对"劳心者治人,劳力者治于人"这一观点的看法。

(范崇高)

庄子·庖丁解牛

庖丁为文惠君解牛①,手之所触,肩之所倚,足之所履,膝之所踦②,砉然向然③,奏刀騞然④,莫不中音⑤。合于《桑林》之舞⑥,乃中《经首》之会⑦。

文惠君曰:"善哉!技盖至此乎⑧?"

庖丁释刀对曰⑨:"臣之所好者道也,进乎技矣⑩。始臣之解牛之时,所见无非牛者。三年之后,未尝见全牛也⑪。方今之时,臣以神遇而不以目视,官知止而神欲行⑫。依乎天理⑬,批大郤⑭,道大窾⑮,因其固然⑯。技经肯綮之未尝⑰,而况大軱乎⑱!良庖岁更刀,割也⑲;族庖月更刀,折也⑳。今臣之刀十九年矣,所解数千牛矣,而刀刃若新发于硎㉑。彼节者有间㉒,而刀刃者无厚;以无厚入有间,恢恢乎其于游刃必有余地矣㉓,是以十九年而刀刃若新发于硎。

虽然，每至于族㉔，吾见其难为，怵然为戒㉕，视为止，行为迟㉖。动刀甚微，謋然已解㉗，如土委地㉘。提刀而立，为之四顾，为之踌躇满志㉙，善刀而藏之㉚。"

文惠君曰："善哉！吾闻庖丁之言，得养生焉㉛。"

【注 释】

① 庖（páo）丁：名叫丁的厨工。文惠君：即梁惠王，也称魏惠王。解牛：宰牛。　② 踦（yǐ）：一只脚站立。这里是指庖丁用一条腿的膝盖顶住牛，所以只有一只脚站立。　③ 砉（huā）然：象声词，形容皮骨相离的声音。向："响"的假借字。　④ 奏：进。騞（huō）然：象声词，形容比砉然更大的进刀解牛声。　⑤ 中音：合乎音律。　⑥《桑林》：传说中商汤时代的乐曲名。⑦《经首》：传说中尧乐曲《咸池》中的一章。会：音节。　⑧ 盖：同"盍"，意思同"何"。　⑨ 释：放下。　⑩ 进：超过。　⑪ 此句意思是：技术熟练以后，我所看见的就不再是一头完整的牛，而是牛身上的骨节、筋络与腠理等等。　⑫ 官知：器官的知觉，这里指视觉。神欲：思维活动。　⑬ 天理：牛整个身体的自然肌理结构。　⑭ 批：击，劈开。郤（xì）：同"隙"，指筋骨间隙处。　⑮ 道：同"导"，顺着，循着，这里有"导入"的意思。窾（kuǎn）：骨节空处。　⑯ 因：依。固然：牛体本来的结构。　⑰ 技：据清代俞樾考证，当是"枝"字之误。枝：枝脉。经：经脉。枝经：经络。肯：紧附在骨上的肉。綮（qǐ）：筋肉相连处。以上均为运刀有所阻碍之处。尝：试，这里指接触。⑱ 軱（gū）：股部的大骨。　⑲ 更：换。割：割肉，此指不顺腠理的硬砍强割。⑳ 族：众，指一般的。折：用刀硬宰骨头。　㉑ 发：出。硎（xíng）：磨刀石。新发于硎，即刀新磨好。　㉒ 节：骨节。间：间隙。　㉓ 恢恢乎：宽绰有余地的样子。游：运转。　㉔ 族：筋骨交错聚结之处。　㉕ 怵（chù）然：警惕的样子。　㉖ 视为止：视力停留在一点上。行为迟：徐徐动手。　㉗ 謋（zhé）：同"磔"。謋然：解脱的样子，形容牛体骨肉分离。　㉘ 委地：散落在地上。　㉙ 踌躇：从容自得的样子。满志：心满意足的样子。　㉚ 善刀：拭刀。　㉛ 养生：养生之道。

·导 读·

庄子，名周，字子休，（约公元前369—前286年），战国中期宋国蒙（今河南商丘县）人，道家学派的代表人物。其顺应自然、无为安命的哲学思想，抨击黑暗、追求逍遥的精神境界，玩世不恭、遗世独立的处世态度，几千年来深刻而持久地影响着中国文人的心态。就文学价值而言,《庄子》一书乃是先秦诸子散文之冠,其浪漫奇幻的境界、汪洋恣肆的文风、恢诡谲怪的意象、异彩纷呈的比喻,在先秦散文中独树一帜,罕有其匹,开辟了散文艺术的崭新天地,促进了文学自身的飞跃发展。

《庖丁解牛》选自《庄子·养生主》。庄子借庖丁之口,明白无误地提出了养生之道。庄子以牛筋牛骨盘结扭曲,比喻社会人世的错综复杂,提出了处世当"依乎天理,因其固然",并怀着"怵然为戒"的缜密心理与关注态度。本文强调首先要了解牛的结构;其次要顺应牛的结构,不要乱割筋肉,不要硬砍骨头,牛的骨节之间是有间歇的,把没有厚度的刀刃插入有间歇的骨节之中,自然是"恢恢乎其于游刃必有余地矣"。所以,庖丁用了十九年的解牛之刀仍是崭新的,没有受到任何损伤。总之,庖丁解牛乃是小心谨慎、顺乎自然的,所以文惠君言:"善哉,吾闻庖丁之言,得养生焉。"也就是说,世上万物虽然错综复杂,但都有其固有的规律,只要能够深入了解自然之道,善于顺应自然之道,就能保全性命,不会使之蒙受损伤。与人道合一、物我合一的逍遥境界相比较,回避矛盾、迂回前进的养生境界乃是庄子在人生态度上退而求其次、采取折中之道的反映。

【思考题】

一、为什么庖丁谈解牛,文惠君悟出的却是养生之道?请简要概括庄子养生之道的主旨。

二、"庄子借庖丁之口是想揭示这样一个真理:只要反复实践,不断摸索,久而久之,熟能生巧,掌握了事物的客观规律,做事就能得心应手、运用自如。"你同意这个说法吗?请谈谈庖丁解牛的现实意义。

三、《庄子·逍遥游》云:"至人无己,神人无功,圣人无名。"请简要分析庄子所追求的逍遥境界与养生境界的异同。

(黄新图)

史记·管晏列传(节选)[①]

司马迁

管仲夷吾者,颍上人也[②]。少时常与鲍叔牙游[③],鲍叔知其贤。管仲贫困,常欺鲍叔[④],鲍叔终善遇之,不以为言。已而鲍叔事齐公子小白,管仲事公子纠⑤。及小白立为桓公，公子纠死，管仲囚焉⑥。鲍叔遂进管仲⑦。管仲既用，任政于齐，齐桓公以霸，九合诸侯，一匡天下⑧，管仲之谋也。

管仲曰："吾始困时，尝与鲍叔贾⑨，分财利多自与，鲍叔不以我为贪，知我贫也。吾尝为鲍叔谋事而更穷困，鲍叔不以我为愚，知时有利不利也。吾尝三仕三见逐于君⑩，鲍叔不以我为不肖，知我不遭时也。吾尝三战三走⑪，鲍叔不以我怯，知我有老母也。公子纠败，召忽死之⑫，吾幽囚受辱，鲍叔不以我为无耻，知我不羞小节而耻功名不显于天下也。生我者父母，知我者鲍子也。"

鲍叔既进管仲，以身下之⑬。子孙世禄于齐⑭，有封邑者十余世，常为名大夫。天下不多管仲之贤而多鲍叔能知人也⑮。

【注 释】

①《管晏列传》是春秋时期齐国两位大政治家管仲、晏婴的合传。 ② 管仲：(？—前645年)，字夷吾。颖上：今安徽阜阳颖上县。 ③ 游：交游，来往。 ④ 欺：欺骗。 ⑤ 已而：不久，随后。公子小白：齐桓公，姓姜，名小白，乃齐襄公的弟弟。公子纠：齐襄公的另一个弟弟。齐襄公荒淫暴虐，管仲随公子纠逃亡鲁国，鲍叔牙随公子小白出奔莒县。 ⑥ 管仲囚焉：公元前686年，齐襄公被杀，两位公子夺位，管仲曾射中小白带钩。公子纠失败被杀后，管仲从鲁国被押解到齐国。 ⑦ 进：保举，推荐。 ⑧ 霸：称霸。合：会盟。匡：扶救。 ⑨ 尝：曾经。贾（gǔ）：经商。 ⑩ 见逐：被免职。 ⑪ 走：逃跑。 ⑫ 召忽：人名，与管仲一起辅佐公子纠，公子纠败，召忽自杀，尽忠殉节。死之：为公子纠而死。 ⑬ 以身下之：甘心位居管仲之下。桓公任命鲍叔牙为相，叔牙辞谢，保举管仲。 ⑭ 世禄：世代享受俸禄。 ⑮ 多：推重，赞美。

·导 读·

司马迁（公元前145年或公元前135年—约公元前87年），字子张，夏阳龙门（今陕西省韩城县）人，西汉著名的史学家。所著《史记》乃是我国第一部纪传体通史，开创了我国历史写作的新体例，其风格兼有西汉前期散文气势磅礴、感情激越与后期散文深广博大、醇厚典雅的特点，被鲁迅先生誉为"史家之绝唱，无韵之《离骚》"。

本篇作为正史名相之列传，除了正面表现管仲的功业外，作者还能游刃有余，于琐事中显大节，于细微处见精神，通过管仲的自述，一一罗列其功业之外的另一面：分财多贪、谋事多塞、做官被逐、临阵逃跑、自甘受辱等；再将世俗的看法与鲍叔牙对其独有的评判一一进行对比。鲍叔牙并不据此认为管仲贪心、愚蠢、不肖、胆怯、无耻，而是了解其行为举止后面隐藏的诸多原因：家中贫穷、逢时不利、老母在堂、不羞小节等，所以既未厌恶鄙弃，更未断义绝交，而是曲为回护，终善遇之。后来鲍叔牙又从齐国的发展和前途着眼，放弃相位，推荐管仲，使之有机会一展才能，辅佐齐桓公成为"春秋五霸"之首。鲍叔牙胸怀坦荡，知人善举，将国家的前途放在首位，置自家利益于度外，这是一种令人钦佩的崇高精神与人格力量。其与管仲之间则存在一种难能可贵的超越功利的真正友谊。当今社会，不少人往往趋利避害、斤斤计较、患得患失，太多的自私世故渐渐磨灭销蚀了损己利人、重义轻利的古风。因此，鲍叔牙"与人为善"的胸襟以及"知人之明"的睿智，仍能给我们提供有益的借鉴与无尽的启示。

【思考题】

一、为什么管仲以文韬武略建立了九合诸侯、一匡天下的卓著功勋，并且权位在鲍叔牙之上，但"天下不多管仲之贤而多鲍叔能知人也"？

二、比较《史记·管晏列传》与《世说新语·管华割席分坐》，谈谈你对交友的看法。

管宁、华歆共园中锄菜，见地有片金，管挥锄与瓦石不异，华捉而掷去之。又尝同席读书，有乘轩冕过门者，宁读如故，歆欲废书出观。宁割席分坐曰："子非吾友也。"

（黄新图）

上山采蘼芜

上山采蘼芜①，下山逢故夫。长跪②问故夫：新人复何如③？
新人虽言好，未若故人姝④。颜色⑤类相似，手爪⑥不相如。
新人从门入，故人从阁去⑦。新人工织缣⑧，故人工织素⑨。
织缣日一匹⑩，织素五丈余。将缣来比素，新人不如故。

【注释】

① 蘼芜：香草名，叶子风干后可做香料。　② 长跪：挺直上身而跪，表示恭敬。　③ 新人：新娶的人。　④ 故人：故妻。姝：好。此处泛指各个

方面，不专指容貌。 ⑤ 颜色：容貌。 ⑥ 手爪：指纺织技巧。 ⑦ "新人"两句：新人从大门被迎接进来，故妻只好从旁边小门离开了。 ⑧ 工：善于。缣：黄色的绢，价值较贱。 ⑨ 素：白色的绢，价值较贵。 ⑩ 一匹：长四丈，宽二尺二寸。

·导 读·

乐府乃秦汉时期开始设置的音乐机关，汉乐府诗是朝廷乐府或相当于乐府职能的音乐管理机关搜集、保存下来的汉代诗歌。其作者涵盖了从帝王到平民各阶层，作品大多有感而发，表现的也多是人们普遍关心的现实问题。汉乐府"感于哀乐，缘事而发"的现实主义精神，对后世诗歌的发展产生了深远而重大的影响。

《上山采蘼芜》最早见于《玉台新咏》（徐陵辑）卷一，是一首著名的弃妇诗。全文的情节安排极具戏剧化色彩，截取的是现实生活中极少出现且往往会有意回避的场景：弃妇与故夫在路途中偶然相遇，弃妇因无辜被弃，对喜新厌旧的故夫提出了责难。从双方的对话中可以看出，故人勤劳能干，柔顺美丽，毫无过错，结果却被无情抛弃；新人也是美丽勤快，能干也只比故人稍逊一筹，结果故夫仅仅因为"将缣来比素"便得出了"新人不如故"的结论。此诗形象地展现了封建社会中妇女在婚姻方面的悲惨遭遇。全诗通过丰富的对话来展开故事情节，刻画人物形象，体现思想主题，言近旨远，语短情长，乃是汉乐府民歌中的优秀篇章。

【思考题】

一、"故夫"从"喜新厌旧"到"喜旧厌新"的变化，反映了当时怎样的社会现实？

二、作品最后得出"新人不如故"的结论，在今天看来有什么现实意义？

三、你怎样看待"故夫"的形象？

（王　浩）

明月皎夜光

明月皎①夜光，促织②鸣东壁。玉衡③指孟冬，众星何历历④。
白露沾野草，时节忽复易⑤。秋蝉鸣树间，玄鸟逝安适⑥。

昔我同门友⑦，高举振六翮⑧。不念携手好⑨，弃我如遗迹⑩。
南箕北有斗，牵牛不负轭⑪。良无盘石固⑫，虚名复何益⑬？

【注 释】

① 皎：洁白。这里用作动词，指照亮。 ② 促织：蟋蟀。 ③ 玉衡：北斗七星中的斗柄三星。孟冬：初冬。 ④ 历历：星星行列分明的样子。 ⑤ 易：更换。 ⑥ 玄鸟：燕子。逝：飞往。安适：温暖舒适的地方。 ⑦ 同门友：同学兼朋友。 ⑧ 振六翮：六翮，鸟的翅膀。此句指从前的同学都得意了，仿佛有了坚硬的翅膀，远走高飞。 ⑨ 携手好：过去携手同游的好友。 ⑩ 遗迹：行人留下的足迹。 ⑪ 南箕：星名，形似簸箕。斗：北斗，星名，形似斗。牵牛：星名。轭：车辕前横木，牛拉车时所用。这两句比喻那些徒有空名、没有真实情意的"同门友"。 ⑫ 良：确实，诚然。磐石：大石，古人多用以象征感情的坚贞和不易更改。 ⑬ 虚名：徒有"同门友"之名。

·导 读·

南朝梁昭明太子萧统在《昭明文选·杂诗》中，把汉代无名氏所作的《行行重行行》等十九首五言抒情短诗编选在一起，题名为《古诗十九首》，以后便成为专名。这些诗歌不是一人一时之作，其以游子思妇、失志伤时为主要内容，成为我国感伤主义文学最早也是最集中的表现，代表了汉代文人五言诗歌的最高成就。清人沈德潜《说诗晬语》曰："大率逐臣弃妻、朋友阔绝、游子他乡、死生新故之感。"

《明月皎夜光》是《古诗十九首》中具有代表性的名篇佳作，是一首"怨朋友不相援引，乃秋夜即兴之作"（朱自清）。这首诗通过深秋时节、夜晚时分、物换星移、时节变化等景物描写，为表现诗人的主观感情而作了必要的烘托与渲染，描绘了朋友之间交情凉薄、遗弃贫贱、忘却旧交的现状，表现失意之士抚今追昔，对于富贵易交、人情反复、世态炎凉的怨愤。诗人在艺术上善于运用情景交融、物我互化的笔法，借季节的改变暗示感情的改变同样无法阻止，不可扭转；同时，也借秋景的凄清、悲凉、肃杀渲染作者的孤独、失意和惆怅。景物与情绪浑然一体，具有浑然圆融的艺术效果。

【思考题】

一、本诗是怎样层层递进揭示其主旨的？

二、明月、促织、秋蝉、众星等意象在诗歌中有什么作用?

三、试分析"时节忽复易"中的"易"字作为全诗的诗眼,是怎样成为情与景的联结点,从而达到情景交融、物我一体的境界的。

(王　浩)

世说新语·王子猷居山阴

刘义庆

王子猷居山阴①,夜大雪,眠觉,开室,命酌酒。四望皎然②,因起彷徨,咏左思《招隐诗》③。忽忆戴安道④。时戴在剡⑤,即便夜乘小船就之⑥。经宿方至⑦,造门不前而返⑧。人问其故,王曰:"吾本乘兴而行,兴尽而返,何必见戴?"

【注释】

① 王子猷(yóu):名徽之,王羲之的儿子,性孤高。山阴:今浙江绍兴。② 皎然:洁白光明的样子。　③ 左思:字太冲,临淄(今山东淄博)人,西晋时期著名的文学家。其代表作是《咏史诗》和《三都赋》。其《招隐诗》描写隐士生活,展现隐居的乐趣。　④ 戴安道:名逵,学问广博,多才多艺,通晓音乐、诗文、书画,隐居不仕。　⑤ 剡(shàn):今浙江嵊(shèng)县。⑥ 就:前往拜访。　⑦ 经宿:经过一个晚上。　⑧ 造:到,至。造门不前而返:到了门口不进去就返回了。

·导 读·

刘义庆(公元 403—444 年),彭城人,世袭临川王。与门下文士博采众书,编纂志人小说《世说新语》十卷,共有 36 门,记录汉末至东晋各类高士名流的言谈举止与趣闻轶事,多侧面、多角度地反映了士族阶级的生活方式、文化趣味和精神面貌,既为当时的人们提供茶余饭后津津乐道的谈资,又是文人们学习模仿、借鉴反思的范本。其远实用近娱乐的特点已较为明显,其文学价值与美学价值乃在其他笔记杂录之上,是我国古典小说发展初期具有代表性的典范。

《王子猷居山阴》选自《任诞门》。王子猷眠觉开室、酌酒咏诗,兴之所至的风范跃然纸上。尤其是雪夜忆友、乘舟访戴,不管时间是不是半夜,不管距离是不是遥远,率性而为,适意而行,尽显任诞本色。然而,访戴的结局异峰突起,令人讶异。我们从王子猷"经宿方至,造门不前而返"以及"吾本乘兴而行,兴尽而返,何必见戴"的怪异言行可以看出:魏晋名士所关注的不是外物,而是自我;魏晋名士所追求的不是礼节,而是趣味;见不见人是次要的,自己尽不尽兴才是首要的,他们超然物外,追求的就是这样一种非功利的、自由的、唯美的理想生活状态。魏晋风度作为当时士族意识形态的一种人格表现,成为当时的审美理想,深受作者的称许与世人的推崇。

【思考题】

一、请分析王子猷"经宿方至,造门不前而返"的深层原因。

二、请以《刘伶裸形》(如下)和《王子猷居山阴》为例,谈谈何为"魏晋风度"?我们应该如何正确评价"魏晋风度"?

刘伶恒纵酒放达。或脱衣裸形在室中。人见讥之。伶曰:"我以天地为栋宇,屋室为裈衣,诸君何为入我裈中?"

(黄新图)

春江花月夜[①]

张若虚

春江潮水连海平, 海上明月共潮生。
滟滟随波千万里[②], 何处春江无月明。
江流宛转绕芳甸[③], 月照花林皆似霰[④]。
空里流霜不觉飞, 汀上白沙看不见[⑤]。
江天一色无纤尘, 皎皎空中孤月轮。
江畔何人初见月, 江月何年初照人。
人生代代无穷已[⑥], 江月年年只相似。
不知江月待何人[⑦], 但见长江送流水[⑧]。
白云一片去悠悠[⑨], 青枫浦上不胜愁[⑩]。
谁家今夜扁舟子, 何处相思明月楼[⑪]。
可怜楼上月徘徊[⑫], 应照离人妆镜台[⑬]。
玉户帘中卷不去, 捣衣砧上拂还来[⑭]。
此时相望不相闻, 愿逐月华流照君[⑮]。

鸿雁长飞光不度，　　鱼龙潜跃水成文⑯。
昨夜闲潭梦落花⑰，　　可怜春半不还家⑱。
江水流春去欲尽，　　江潭落月复西斜。
斜月沉沉藏海雾，　　碣石潇湘无限路⑲。
不知乘月几人归，　　落月摇情满江树⑳。

【注　释】

①《春江花月夜》：乐府旧题，属《清商曲辞·吴声歌曲》，相传为南朝陈后主叔宝所创。　②滟滟：波光闪烁的样子。　③芳甸：花草丛生的原野。　④霰（xiàn）：细密的雪珠。　⑤"空里"二句，意为月光皎洁柔和，如流霜暗中飞泻；江畔白茫茫一片空明。飞霜：比喻月光悄悄泻满大地。汀：水中或水边平地，此指江畔沙滩。　⑥无穷已：没有止尽。已：止，止息。　⑦待，一本作"照"。　⑧但：只，只是。　⑨白云：此喻游子。去悠悠：形容白云缓缓飘逝。　⑩青枫浦：一名双枫浦，故址在今湖南浏阳境内。浦：原指大江、大河与其支流的交汇处，此指离别场所。不胜（shēng）：禁不起，受不了。　⑪"谁家"二句是说：在此月夜，有许多游子舟行江中，在外漂泊；也有许多思妇伫立楼头，思念丈夫。"谁家""何处"，互文见义。扁（piān）舟：小船。　⑫月徘徊：月影缓缓移动。　⑬妆镜台：梳妆台。　⑭"玉户"二句意为：月光似乎故意与思妇为难，帘卷不去，手拂还来。玉户：此指思妇居室。捣衣砧（zhēn）：捣衣时的垫石。　⑮逐：追随。月华：月光。　⑯"鸿雁"二句意为：游子、思妇彼此之间难通音信。鸿雁：此指信使。《汉书·苏武传》记有鸿雁传递书信之事。长飞光不度：鸿雁飞得再远，也不能逾越月光。度：通"渡"。鱼龙：此指鲤鱼。《古诗·饮马长城窟行》："客从远方来，遗我双鲤鱼，呼儿烹鲤鱼，中有尺素书。"说鲤鱼也能传递书信。潜跃水成文：鲤鱼在水底潜游，水面激起波纹。文：通"纹"，指波纹。　⑰闲潭：平和、幽静的水潭。　⑱可怜：可惜。　⑲"碣石"句意为：游子思妇分处天南地北，难以相见。碣石潇湘：此处借指天南地北。碣石：山名，故址在今河北省。一说碣石山已沉入海中。潇湘：水名，在今湖南省境内。　⑳"落月"句意为：江边树林洒满了落月的余晖，轻轻摇曳，牵系着游子的离情别绪。

·导读·

张若虚（生卒年不详），扬州（今属江苏）人，初唐诗人。《全唐诗》仅录存其诗二首，另一首为《代答闺梦还》。这首《春江花月夜》素享盛名。

这首七言古诗描绘了春江花月夜的优美景色，并由此生发出对宇宙与人生关系的思索，以及对游子思妇在明月今宵天各一方的惋惜。全诗共36句，从行文思路来看可分三个层次：前八句描绘月光普照；中八句由空中"孤月轮"联想到人生短暂；最后二十句又由联想回到现实，描写游子思妇天各一方的遗憾，这一层又由离别到离别后相互对对方的思念，畅叙游子思妇的离别之苦。全诗思路清晰，行文流畅。行文中尽管不无青春苦短的伤感，但叹息轻微，其中仍交织着对生命的留恋，对青春的珍惜，对"人生代代无穷已"的欣慰。尽管也有夫妇别离的哀愁，但写来柔婉似水，笔致缠绵，悠悠相思中饱含着脉脉温情，蕴涵着对重逢的美好企盼。

本诗绘景相当出色。作者以月光统摄群景，描绘了潮水、波光、花林、沙滩、夜空、白云、青枫、闺阁、镜台、海雾等一系列景物，如铺展开一幅春江花月夜的水墨长轴，画面清丽，意趣盎然。

在描绘景物的同时，作者还借以引发、渲染、暗示、寓托思妇游子的离怀，使画意、诗情、哲理交相融会，令人思索不尽。

本诗语言优美自然，声韵和谐流畅，结构也很有特色。作者一方面以明月初升到坠落的过程作为全诗起止的外在线索，另一方面又以月亮为景物描写的主体和抒写离情别绪的依托，使全诗显得神气凝聚，浑然一体。

【思考题】

一、有人认为，这首诗的情感基调是"哀而不伤"，请谈谈你的感受和认识。

二、"月光"是否是全诗的灵魂，为什么？

三、本诗哪些地方用了暗示手法？

(朱季远)

将 进 酒[①]

李 白

君不见黄河之水天上来，奔流到海不复回[②]。
君不见高堂明镜悲白发[③]，朝如青丝暮成雪。
人生得意须尽欢[④]，莫使金樽空对月[⑤]。
天生我材必有用，千金散尽还复来[⑥]。

烹羊宰牛且为乐⑦,会须一饮三百杯⑧。
岑夫子、丹丘生⑨,将进酒,杯莫停。
与君歌一曲,请君为我倾耳听。
钟鼓馔玉不足贵⑩,但愿长醉不复醒。
古来圣贤皆寂寞,惟有饮者留其名。
陈王昔时宴平乐,斗酒十千恣欢谑⑪。
主人何为言少钱,径须沽取对君酌⑫。
五花马⑬,千金裘,
呼儿将出换美酒⑭,与尔同销万古愁。

【注 释】

①《将进酒》:乐府《鼓吹曲·汉铙歌》旧题,内容多写饮酒放歌。 ②"黄河"二句:引起下文,意为岁月易逝、人生易老。高步瀛曰:"河出昆仑,以其地极高,故曰从'天上来'。" ③"高堂"句意为:于高堂明镜之中,照见白发生悲。 ④得意:有兴致的时候。 ⑤金樽:金杯。 ⑥"千金"句意为:豪爽不拘,仗义轻财。李白《上安州裴长史书》:"曩东游维扬,不逾一年,散金三十余万,有落魄公子,悉皆济之。" ⑦且为乐:姑且作乐。 ⑧会须:应该。 ⑨岑夫子:岑勋,南阳人。丹邱生:元邱丹。岑和元都是李白的好友。 ⑩钟鼓馔玉:这里用作功名富贵的代称。钟鼓:权贵人家的音乐。馔玉:以玉为馔,形容饮食精美豪奢。 ⑪"陈王"二句:曹植曾受封为陈王。其《名都篇》曰:"归来宴平乐,美酒斗十千。"平乐:观名。斗十千:一斗酒值十千钱,极言酒美。恣:尽情。 ⑫径:直接,不犹豫。 ⑬五花马:唐开元、天宝年间,最考究马的装饰。凡有名马,均常把鬃毛剪成花瓣形,剪三瓣的叫三花马,剪五瓣的叫五花马。一说五花马谓毛色斑驳之马。 ⑭将出:拿出。

·导 读·

李白(公元701—762年),字太白,号青莲居士。祖籍陇西成纪(今甘肃省秦安县附近),先世于隋末因罪迁徙中亚。他生于碎叶城(当时属唐安西都护府,在今吉尔吉斯北部托克马克附近)。李白是继屈原之后我国古代文学史上又一位伟大的浪漫主义诗人。其诗歌感情强烈,想象丰富,雄奇豪放,飘逸不群,李白被后人誉为"诗仙"。

李白一生的思想较为复杂,但始终怀抱远大政治理想,希望干一番轰轰烈烈的事业,但始终未能实现,这种复杂的情感在诗作中得到了淋漓尽致的展现。全诗可分三层:"君不见"句起至"会须一饮三百杯"凡十句为第一层,抒发怀才不遇的悲愤;"岑夫子、丹丘生"句起至"径须沽取对君酌"十四句为第二层,说明纵情饮酒的理由;"五花马"以下四句为第三层,抒写狂歌痛饮的豪兴。

在诗歌当中,虽然也表达了人生几何、及时行乐、圣者寂寞、饮者留名的虚无消沉思想,但更让人能从其中感受到的是李白那种充满自信、积极进取、渴望入世的精神,和他那傲岸不屈、放荡不拘的个性。诗歌深沉浑厚,气象不凡,情极悲愤狂傲,语极豪纵沉着,自始至终激情澎湃,其势如滔滔江河,不可阻挡。希望与绝望、理想与现实反复冲击,掀起了层层感情波涛,悲而不伤,愤而有力,激荡人心。诗歌句子长短不一,参差错落;节奏快慢多变,一泻千里。

【思考题】

一、如何理解李白诗歌中所言之"愁"?

二、"天生我材必有用,千金散尽还复来"所倡导的是怎样的一种精神品质?对于我们的现实人生有何启发意义?

三、李白诗歌的浪漫主义风格在本诗中是如何得以充分体现的?

(欧阳俊杰)

月夜忆舍弟

杜 甫

戍鼓断人行①,边秋一雁声②。
露从今夜白,月是故乡明。
有弟皆分散,无家问死生。
寄书长不达③,况乃未休兵。

【注 释】

① 戍鼓:戍楼上的更鼓。 ② 边秋:一作"秋边",秋天的边境。 ③ 长:一直,老是。

·导 读·

杜甫(公元712—770年),字子美,河南巩县人,是我国古代最伟大的现实主义诗人，也是兼工各体的诗歌艺术大师。他的诗深刻反映了当时社会政治生活的许多重大问题，故称"诗史"。他的诗歌所体现出来的博大胸怀和高尚人品也对后世影响十分深远，故他被称为"诗圣"。

《月夜忆舍弟》一诗作于乾元二年（公元 759 年），这时安史之乱尚未平定，杜甫在颠沛流离中暂时寓居秦州（今甘肃天水）。他的几个弟弟杜颖、杜观、杜丰则分散在河南、山东各地，由于戎乱四起，下落不明。面对国难家忧，杜甫心中满腔悲愤，写下了这首思念手足兄弟、寄托深切的家国之情的名作。

戍楼上响起更鼓，可见已到夜深人静之时，鼓声惊醒了身处边关、饱经忧患的诗人。人行断绝不仅是因为禁夜，而且因为战争而致使交通断绝。秋天大雁南飞是眼前之景，雁能传书，诗人自然想到了远方的兄弟。白露在阴历八月，"今夜白"说明这一夜正是白露节。虽然天下共此明月，但诗人觉得它不如故乡之月明亮，此乃景随情异之故。故乡之月虽明，却已无家可问音信，"有弟皆分散"的事实正是"寄书长不达"的原因。更何况兵革未息，家书能否寄到尚且未知。全诗由望月而思乡，由思乡而忆弟，由忆弟而忧国，层次井然，首尾照应，结构严密，环环相扣，句句转意，一气呵成。

【思考题】

一、怎样理解该诗在诗意上的"起承转合"？

二、"露从今夜白，月是故乡明"一联，向来被人们称为名句，请谈谈这一联在艺术上的特点。

三、"沉郁顿挫"是杜甫诗歌的主要艺术特色，该诗是怎样具体体现出这一特色的？

（欧阳俊杰）

进 学 解

韩 愈

国子先生晨入太学①，召诸生立馆下②，诲之曰："业精于勤，荒于嬉；行成于思，毁于随③。方今圣贤相逢，治具毕张④。拔去凶邪，登崇俊良。占小善者率以录，名一艺者无不庸⑤。爬罗剔抉⑥，刮垢磨光⑦。盖有幸而获选，孰云多而不扬？诸生业患不能精，无患有司之不明⑧。行患不能成，无患有司之不公。"

言未既，有笑于列者曰："先生欺余哉！弟子事先生⑨，于兹有年矣。先生口不绝吟于六艺之文⑩，手不停披于百家之编⑪；记事者必提其要⑫，纂言者必钩其玄⑬；贪多务得，细大不捐⑭；焚膏油以继晷⑮，恒兀兀以穷年⑯。先生之业，可谓勤矣。抵排异端，攘斥佛老；补苴罅漏⑰，张皇幽眇⑱；寻坠绪之茫茫⑲，独旁搜而远绍⑳。障百川而东之㉑，回狂澜于既倒。先生之于儒，可谓有劳矣。沈浸醲郁，含英咀华㉒，作为文章，其书满家。上规姚姒，浑浑无涯㉓，周诰殷盘，佶屈聱牙㉔，春秋谨严，左氏浮夸，易奇而法，诗正而葩㉕，下逮庄骚，太史所录；子云、相如，同工异曲。先生之于文，可谓闳其中而肆其外矣㉖。少始知学，勇于敢为；长通于方，左右具宜。先生之于为人，可谓成矣。然而公不见信于人，私不见助于友。跋前踬后㉗，动辄得咎㉘。暂为御史，遂窜南夷。三年博士，冗不见治㉙。命与仇谋㉚，取败几时。冬暖而儿号寒，年丰而妻啼饥。头童齿豁㉛，竟死何裨㉜？不知虑此，而反教人为？"

先生曰："吁！子来前。夫大木为杗㉝，细木为桷㉞，欂栌侏儒㉟，椳闑扂楔㊱，各得其宜，施以成室者，匠氏之工也。玉札丹砂，赤箭青芝㊲，牛溲马勃㊳，败鼓之皮，俱收并蓄，待用无遗者，医师之良也。登明选公㊴，杂进巧拙㊵，纡余为妍㊶，卓荦为杰㊷，校短量长，惟器是适者㊸，宰相之方也㊹。昔者孟轲好辩，孔道以明。辙环天下，卒老于行㊺。荀卿守正，大论是弘㊻。逃谗于楚，废死兰陵。是二儒者，吐辞为经，举足为法㊼，绝类离伦㊽，优入圣域㊾，其遇于世何如也！今先生学虽勤而不繇其统㊿，言虽多而不要其中51，文虽奇而不济于用，行虽修而不显于众，犹且月费俸钱，岁靡廪粟52。子不知耕，妇不知织。乘马从徒，安坐而食。踵常途之役役，窥陈编以盗窃53。然而圣主不加诛，宰臣不见斥，兹非其幸欤！动而得谤，名亦随之。投闲置散，乃分之宜。若夫商财贿之有亡，计班资之崇庳54。忘己量之所称，指前人之瑕疵55。是所谓诘匠氏之不以杙为楹56，而訾医师以昌阳引年，欲进其豨苓也57。"

【注释】

① 国子先生：唐代对国子博士（官名）的尊称。元和七年（公元812年）春，韩愈为国子博士，此为作者自称。太学：当时的国子监（主管教育的官署）。唐国子监相当于古代的太学。　② 馆：学舍。　③ 业：学业。行：德行。思：思考。　④ 治具：法令。毕张：全部得到实施。　⑤ 占：有。率：大都。录：录用。名一艺：能以治一种经书著称的人。庸：通"用"。　⑥ 爬：爬梳。罗：搜罗。剔：剔除。抉（jué）：选择。以上均指搜取人才。　⑦ 刮垢：刮去污垢。磨光：磨去毛瑕，使之光洁。以上均指精心造就人才。　⑧ 有司：古代设官分

职，各有专司，故称主管的官吏或官府为有司。此指负责选拔人才的官吏。⑨ 事：侍奉。 ⑩ 六艺：六经，即《诗》《书》《礼》《乐》《易》《春秋》。 ⑪ 披：翻阅。百家：诸子百家。百家之编：诸子百家的著作。 ⑫ 记事者：史籍一类的著作。要：纲要，要点。 ⑬ 纂言者：立论一类的著作。钩其玄：探索深奥的道理。 ⑭ 贪多务得：贪图多学，务求得益。捐：抛弃。 ⑮ 焚膏油：点燃灯烛。晷（guǐ）：日影。此句指夜以继日。 ⑯ 兀兀：劳苦的样子。 ⑰ 补苴（jū）：填补，引申为弥缝。罅（xià）漏：裂缝，缺漏，指前人学说未尽完善之处。 ⑱ 张皇：张大，引申为阐发。幽眇：深奥隐微的道理。 ⑲ 坠绪：已衰落不振的儒学。茫茫：远貌。 ⑳ 绍：继承。 ㉑ 障：防，堵。 ㉒ 含英咀华：对文章的精华细细地咀嚼、体会。 ㉓ 规：取法。姚：虞舜之姓。姒：夏禹之姓。浑浑：深而大的样子。无涯：无边无际。 ㉔ 周诰：《周书》。殷盘：《尚书》中的《殷庚》篇。佶（jié）屈聱（áo）牙：文章艰涩难读。 ㉕ 易奇而法：《易经》变异多奇而有法则。诗正而葩：《诗经》思想纯正而文采华美。 ㉖ 闳其中：内容精深博大。肆其外：文辞波澜壮阔。 ㉗ 跋前踬后：此处指进退两难。 ㉘ 辄：就，总是。咎：罪。 ㉙ 冗：闲散。见（xiàn）：表现。治：治绩。 ㉚ 命与仇谋：命运和仇敌相合。谋：合。 ㉛ 头童齿豁：人老秃发，如山木无草木，故曰童。豁：开裂、破缺，指牙齿脱落。 ㉜ 竟死何裨（pí）：意为直到死有什么好处。裨：补益。 ㉝ 宋（máng）：栋梁。 ㉞ 桷（jué）：屋椽。 ㉟ 欂（bó）：壁柱。栌（lú）：斗拱。 ㊱ 椳（wēi）：承门枢的门臼。闑（niè）：古代房屋门中间所竖短木。扂（diàn）：门闩。楔（xiē）：门框两侧长木。 ㊲ 玉札、丹砂、赤箭、青芝：均为药物名。 ㊳ 牛溲、马勃：均用来治病。 ㊴ 登明选公：选拔人才时既明察又公正。 ㊵ 杂进巧拙：聪敏的人和拙笨的人都能得到合理录用。 ㊶ 纡余：形容才气从容。妍：美。 ㊷ 卓荦（luò）：超绝。 ㊸ 惟器是适：各种人才都能获得合理的使用。 ㊹ 方：治术。 ㊺ 辙环天下，卒老于行：意思是孟轲车迹遍布天下，终于老死在游说途中。行：道路。 ㊻ 守正：遵循正道。大论：博大精深的理论。弘：展开。 ㊼ 吐辞：言论。经：规范，经典。举足：行动。法：法则。 ㊽ 绝类离伦：超出同类，无与伦比。 ㊾ 圣域：圣人的境界。 ㊿ 繇（yóu）：通"由"。其，指儒家学说。 (51) 要：求。中：要害。 (52) 糜：消耗，浪费。廪粟：仓库中的粮食。 (53)"踵常途"二句：疲劳无休地随俗行事而无特殊表现，在旧籍中窃取前人陈言而无新异见解。 (54) 商：谋算。财贿：财货，俸禄。亡：通"无"。计：较量。班资：品秩。庳：通"卑"，低下。 (55) 前人：别人，对方。 (56) 杙（yì）：小木桩。楹：柱子。 (57) 訾（zī）：毁谤，非议。昌阳：昌蒲。引年：延年。豨（xī）苓：猪苓。

·导读·

韩愈（公元 768—824 年），唐代文学家、哲学家，字退之，河南河阳人，郡望昌黎，世称韩昌黎。因为官吏部侍郎，又称韩吏部。因谥号"文"，又称韩文公。韩愈是唐代古文运动的倡导者，主张学习先秦两汉的散文语言，破骈为散，扩大文言文的表达功能。宋代苏轼称他"文起八代之衰"，明人推他为唐宋八大家之首，与柳宗元并称"韩柳"。

本文是元和七八年间韩愈任国子博士时所作。韩愈假托向学生训话，勉励他们在学业、德行方面取得进步。学生提出质问，他再进行解释，故名"进学解"，借以抒发自己怀才不遇、仕途蹭蹬的牢骚。文中通过学生之口，突出了自己学习、捍卫儒家道德原则以及从事文章写作的努力与成就；而针锋相对的解释，表面上心平气和，字里行间却充满了郁勃的感情，也反映了他对社会的批评。本文"业精于勤，荒于嬉；行成于思，毁于随"等语，凝聚着作者治学、修德的经验结晶；从"浸沉醲郁"到"同工异曲"一段，生动地表现出他对前人文学艺术特点兼收并蓄的态度。韩愈作为散文家，也很推崇汉代扬雄的辞赋。本文在写作上对扬雄的《解嘲》《解难》等篇有所借鉴，辞采丰富，音节铿锵，对偶工切，虽属赋体，然气势奔放，语言流畅，摆脱了汉赋、骈文中常有的艰涩呆板、堆砌辞藻等缺点。

【思考题】

一、以《进学解》为例，谈谈如何提高自我素质。

二、围绕"业精于勤，荒于嬉；行成于思，毁于随"，联系现实，谈谈你的感受。

（李连霞）

杜 陵 叟[①]

白居易

杜陵叟，杜陵居，岁种薄田一顷[②]余。三月无雨旱风起，麦苗不秀[③]多黄死。九月降霜秋早寒，禾穗未熟皆青干。长吏明知不申破[④]，急敛暴征求考课[⑤]。典[⑥]桑卖地纳官租，明年衣食将何如？剥我身上帛，夺我口中粟。虐人害物即豺狼，何必钩爪锯牙食人肉？不知何人奏皇帝，帝心恻隐知人弊[⑦]。白麻纸上书德音⑧，京畿尽放今年税⑨。昨日里胥⑩方到门，手持敕牒⑪牓乡村。十家租税九家毕，虚受吾君蠲免⑫恩。

【注释】

① 杜陵：地名，长安附近，汉宣帝陵墓所在地。本诗为《新乐府》之一。② 一顷：《旧唐书·食货志》曰："五尺为步，步二百四十为亩，亩百为顷。丁男中男给百亩。"其实到中唐时，一般农民拥有的地极少，这里是据旧制，泛指一家农民的耕地，实际上不一定有这么多。 ③ 不秀：苗未开花。秀：开花。④ 长吏：地方官。申破：向上呈报具体情况。破，口语，指出事情的真相。⑤ 考课：考绩，对官员政绩的考评。 ⑥ 典：当。 ⑦ 人弊：民间疾苦。唐时避李世民讳，把"民"称作"人"。 ⑧ 白麻纸：这里指公文。唐代中书省的公文纸用麻制成，有黄、白二种。德音：这里指帝王降恩的好消息。 ⑨ 京畿：京都附近地区。杜陵在当时京畿范围之内。放：免。 ⑩ 里胥：里正。按唐制，百户设里正，负责催收租赋等。 ⑪ 敕牒：免租的命令。 ⑫ 蠲（juān）免：免除。

·导读·

白居易（公元 772—846 年），字乐天，号香山居士，下邽（今陕西渭南）人。本诗是白居易《新乐府》组诗之一。诗前原序云："伤农夫之困也。"从当时一位农夫"杜陵叟"的角度切入，完整地描绘了元和四年（公元 809 年）京畿大旱的情景。诗歌从其田地的贫瘠入笔，渐及当年的春旱、九月的霜灾，灾后地方官员瞒报灾情、急征暴敛，农民为缴纳租赋典桑卖地，清廉官吏（实为白居易和李绛）上奏，帝王蠲免恩的虚授，多角度、全方位地审视了这一历史事件。本诗揭露和批判了封建统治机构的腐朽和残暴，其锋芒直指最高统治者，同时也表达了诗人对苦难民众的同情和关怀。

在诗人众多的乐府诗作中，这是艺术性较强的一首。其诗常"为事而作"，善于叙事。本诗善于选取典型，将整个事件的展现落实到一位"杜陵叟"身上进行，避免了泛泛叙事。叙事跳跃轻灵，毫无叙事诗容易出现的板滞生涩之弊。"手持敕牒牓乡村"，通过叙事将抽象的救灾政策形象化。且将叙事与议论、抒情结合，表现手法多样。"虐人害物即豺狼，何必钩爪锯牙食人肉？"形象化的议论，将对腐败官吏丑陋面目和豺狼本质的揭露，以及由此而生发出的愤慨融为一体，轰然而出，表现力极强。

在形式上，本诗也具有白居易《新乐府》诗的代表性。以"杜陵叟"为题，"首句标其目"，本诗虽未"卒章显其志"，但现在的结尾更令人回味。语言质朴流畅，韵脚密促多变，富有音乐感，"可以播于乐章歌曲也"。

【思考题】

一、试分析本诗体现的白居易新乐府诗歌的风格特色。

二、结合本诗谈谈你对白居易新乐府诗"为君、为臣、为民、为物、为事而作，不为文而作"这一特点的看法。

（李树民）

《金铜仙人辞汉歌》① 并序

李 贺

魏明帝青龙元年八月，诏宫官牵车西取汉武帝捧露盘仙人，欲立置前殿。宫官既拆盘，仙人临载乃潸然泪下。唐诸王孙李长吉遂作《金铜仙人辞汉歌》。

茂陵刘郎秋风客②，夜闻马嘶晓无迹③。
画栏桂树悬秋香④，三十六宫土花碧⑤。
魏官牵车指千里⑥，东关酸风射眸子⑦。
空将汉月出宫门⑧，忆君清泪如铅水⑨。
衰兰送客咸阳道⑩，天若有情天亦老⑪。
携盘独出月荒凉，渭城已远波声小⑫。

【注 释】

① 金铜仙人：汉武帝刘彻曾经在长安建章宫门前造神明台，上铸金铜仙人，"高二十丈，大十围"（《三辅故事》），异常雄伟。金铜仙人手托承露盘以储露水，和玉屑服之，以求长生。辞：辞别。金铜仙人辞汉：魏明帝曹叡景初元年（公元237年）曾经命令宫官从长安拆移铜人，迁至洛阳。后因铜人过重，留于灞垒。相传金铜仙人被拆离时曾经流泪。歌：一种文体。"歌行体"诗是古代诗歌的一体，汉魏以下的乐府诗常题名为"歌"或"行"，如白居易的《长恨歌》《琵琶行》。
② 茂陵：汉武帝的陵墓。刘郎：刘彻，即汉武帝。秋风客：秋风中的过客。汉武帝著有《秋风辞》，故称刘彻为秋风客。 ③ "夜闻"句：夜间还似乎听到刘

彻的马嘶声，清早却不见了踪迹。此句借以慨叹韶华易逝，人生难久。　④ 画栏：绘有花纹图案的栏杆。秋香：菊花的芬芳。　⑤ 三十六宫：汉时长安有宫殿三十六所。土花：苔藓。此句描写汉宫的破败与荒凉。　⑥ 魏官牵车由长安向洛阳进发。　⑦ 东关：长安东门。酸风：刺眼的冷风，此为通感用法。眸子：眼中瞳仁。　⑧ "空将"句：金铜仙人出宫门时，只有天上的明月陪伴它。　⑨ 君：刘彻。铅水：铜人所流的眼泪。　⑩ 咸阳道：长安外的道路。此句是说从长安东去，只有路旁衰败的兰花为金铜仙人送行。　⑪ "天若"句：此情此景连苍天都要为之感伤而衰老。　⑫ 渭城：咸阳。波声：渭河的水声。

· 导　读 ·

李贺（公元790—816年），中唐诗人，字长吉，家居昌谷，又称"李昌谷"。他的诗想象独特，构思奇诡，是继屈原、李白之后浪漫主义诗歌的又一集大成者，其诗被称为"长吉体"（或"昌谷体"）。李贺为唐宗室之后，自幼家贫，却才华横溢，壮志凌云。因避父讳，朝廷不许其参加科考，故其一生抑郁不得志。

诗人借汉武帝建金铜仙人及其搬迁这一历史题材加以发挥。首四句写武帝当年炼丹求药，梦想长生不老，却如秋风中的过客一样来去匆匆，留下了离宫别馆的满目荒凉、茂陵荒冢。中间四句用拟人化的手法，写金铜仙人被魏官拆迁时依恋故都的凄婉情态。金铜仙人是汉朝由盛转衰的见证，如今又被魏官强行拆迁，意味着王朝易代。兴亡之感和别离情怀一齐涌上心头。关东悲风凄紧，射入眸子，使眼睛发酸，更使人心生发酸。这些描写烘托出金铜仙人的不舍之情。"汉月"抒发了一种怀旧感情，铜人触景生情，潸然泪下。"忆君清泪如铅水"，比喻奇妙恰切。"泪如铅水"既与铜人的身份相符合，也暗寓铜人心情沉重。最后四句以夸张的手法描写铜人辞别汉京，感情达到高潮。衰兰为之送行，此情此景，连苍天都为之变老。金铜仙人携带承露盘离开故都，在凄清的月光下孤零零地越走越远。诗人以金铜仙人自比，寄寓着诗人的痛苦愁怀，映射出诗人离开长安时的沉重心情。

本诗艺术上的成功，首先表现在拟人化手法的运用，极大增强了诗歌的艺术感染力；其次表现为构思奇特新颖，形象鲜明生动；最后表现为用词造句奇峭而又妥帖，感情深沉而感人。

【思考题】

一、结合本诗，试分析李贺诗歌奇诡险怪的特点。

二、试分析《金铜仙人辞汉歌》与《赤壁》借古讽今艺术手法的异同。

《赤　壁》
杜　牧

折戟沉沙铁未销，自将磨洗认前朝。
东风不与周郎便，铜雀春深锁二乔。

（李连霞）

安定城楼①

李商隐

迢递高城百尺楼②，绿杨枝外尽汀洲③。
贾生④年少虚垂涕，王粲⑤春来更远游。
永忆⑥江湖归白发，欲回天地入扁舟⑦。
不知腐鼠⑧成滋味，猜意鹓雏⑨竟未休。

【注释】

① 安定：地名，唐及唐以前称泾州（今甘肃平凉市泾川县一带）为安定郡。安定城楼即泾州城楼（今泾川县水泉寺）。　② 迢递：高峻貌。高城：这里指泾州城楼。　③ 汀洲：泾河岸边的沙地和水中洲渚。汀：水边平地。　④ 贾生：西汉贾谊。汉文帝六年（公元前174年），贾谊上疏陈时事，开头四句云："臣窃惟今之事势，可为痛哭者一，可为流涕者二，可为长太息者六。"　⑤ 王粲：字仲宣，山阳高平（今山东省邹县）人。东汉末年，北方大乱，王粲流浪至荆州依刘表，他曾登当阳（今湖北省当阳县）城楼，作《登楼赋》。　⑥ 永忆：自己时常想起以往。　⑦ 扁舟：小船。　⑧ 腐鼠：典故，出自《庄子·秋水篇》，喻高士不屑之物。　⑨ 鹓（yuān）雏：凤凰一类的鸟。

·导　读·

李商隐（约公元813年～约858年），字义山，号玉溪生。诗人当时下第入幕，满怀郁塞，正需眺瞩开解。诗人不辞辛劳，登临高城之上百尺楼中，料能获出尘之趣。果然，春到泾州，透过飘拂的嫩柳，极目所见，泾河崖涘洲渚之间，绿草丰茸，欣欣生意，让人沉湎其中。诗人之思不觉飘出了柳枝丰草：天妒英才，同为少年俊杰的贾生，不也仕途淹蹇？多少离家游子春愁难遣！当日王粲登楼，可能也是眼前这般光景吧。诗人不由得深入对人生命运的思考。诗人无意于俗世争竞，希望能在成就功业之后回归自然，在江湖之上、扁舟之中，安顿自己不羁的灵魂。但无奈鸥鸟眈眈相视，无法躲避其无尽的猜忌与中伤。

诗歌沉郁顿挫，曲折起伏，富于变化。由登临所见到虚幻的想象，由实入虚，由景入情，由面对某一具体时空片段时的感悟到对漫长的人生的思索，由现实而理想，由自身及他人。景、情、理逐步深入，以事维系，以情灌注。

诗人长于七律，此为其代表作之一。此诗为求对仗工稳，打破了常规的语言形式，颈联"永忆"对"欲回"，"江湖"对"天地"，"归"对"入"，"白发"对"扁舟"，在相同位置上的词语词性相同；若从整句的意义结构来看，两句的结构并不完全相同。破坏诗句的意义结构而追求形式工整，将内容的疏通留待读者在吟咏之后的品味中完成，后人深思。典故的运用也很成功。

【思考题】

一、试析本诗典故运用的特色。

二、何焯《义门读书记》云："义山顿挫曲折，有声有色，有情有味，所得为多。"本诗有这个特点吗？具体表现在哪些地方？

（李树民）

五代史伶官传序①

欧阳修

呜呼！盛衰之理，虽曰天命，岂非人事哉②！原庄宗之所以得天下③，与其所以失之者，可以知之矣④。

世言晋王之将终也⑤，以三矢赐庄宗而告之曰："梁，吾仇也⑥；燕王，吾所立⑦，契丹与吾约为兄弟，而皆背晋以归梁⑧。此三者，吾遗恨也。与尔三矢，尔其无忘乃父之志⑨！"庄宗受而藏之于庙⑩。其后用兵，则遣从事以一少牢告庙⑪，请其矢，盛以锦囊，负而前驱，及凯旋而纳之⑫。方其系燕父子以组⑬，函梁君臣之首⑭，入于太庙，还矢先王，而告以成功，其意气之盛，可谓壮哉！及仇雠已灭⑮，天下已定，一夫夜呼⑯，乱者四应，仓皇东出，未及见贼而士卒离散，君臣相顾，不知所归；至于誓天断发，泣下沾襟，何其衰也⑰！岂得之难而失之易欤？抑本其成败之迹，而皆自于人欤⑱？

《书》曰："满招损，谦得益⑲。"忧劳可以兴国，逸豫可以亡身⑳，自然之理也。

故方其盛也，举天下之豪杰㉑，莫能与之争；及其衰也，数十伶人困之，而身死国灭，为天下笑㉒。夫祸患常积于忽微㉓，而智勇多困于所溺㉔，岂独伶人也哉㉕！

作《伶官传》。

【注　释】

① 本文选自《新五代史·伶官传》。后人为了将宋初薛居正所编《五代史》和欧阳修所编《五代史》区别开来，通常称薛著为《旧五代史》，称欧著为《新五代史》。五代：唐朝崩溃后在中原更替的后梁、后唐、后晋、后汉、后周五个王朝。伶官：古时称演戏、歌舞、作乐的人。　② "虽曰"二句：虽然说是天上的意志，难道不是人为的吗？　③ 原：推本求原。　④ 之：指代"盛衰之理，虽曰天命，岂非人事哉"的道理。　⑤ 世言：世人说。　⑥ 朱温：原为黄巢将领，降唐后改名朱全忠，受封为梁王。他曾企图杀害李克用。后来朱全忠篡夺唐王朝的政权，国号梁，都汴州，后迁都洛阳。　⑦ 燕王：指刘仁恭。　⑧ 契丹：唐末北方少数民族，这里指契丹族首领耶律阿保机。　⑨ 其：语气副词，表示期望、命令的语气。乃：你的。　⑩ 庙：太庙，帝王祭祀祖先的宗庙。　⑪ 从事：这里指负责具体事务的官员。一少牢：用猪、羊各一头作祭品（祭祀时，牛、猪、羊齐备，称太牢）。牢：祭祀用的牲畜。告：祷告。　⑫ 及：等到。纳：放回。之：代词，指箭。　⑬ 系（jì）：捆绑。组：丝带，这里指绳索。　⑭ 函：木匣，这里意为用木匣装盛，名词作动词用。　⑮ 仇雠（chóu）：仇敌。　⑯ 一夫：一个人。　⑰ 何其衰也：多么衰败啊！　⑱ "岂得"三句：难道是因为得天下困难、失天下容易的缘故吗？或者认真推究他成败的原委，其实都是由于人为的呢？抑：或，还。本：推究本源，名词作动词用。自：由于。　⑲ 《书》：《尚书》。"满招损，谦得益"：见《尚书·大禹谟》，原文是"满招损，谦受益"。　⑳ 忧劳：忧患勤劳。逸豫：逍遥游乐，不能居安思危。　㉑ 举：全，所有的。　㉒ "数十伶人"三句：庄宗灭梁后，宠用伶人，纵情声色，朝政日非。继李嗣源兵变后，伶人出身的皇帝近卫军首领郭从谦乘机作乱，庄宗中流矢而死。国灭：庄宗死后，李嗣源即位称为明宗，后唐并未灭亡。不过李嗣源是李克用的养子，并非嫡传，按照当时的传统观念来看，也可以说是"国灭"。　㉓ 积于忽微：从细微小事逐渐积累起来。　㉔ 所溺：沉溺迷爱的人或事物。　㉕ 岂独伶人也哉：难道仅仅是伶人吗？

·导　读·☞

欧阳修（公元1007—1072年），字永叔，号醉翁，晚年又号六一居士，庐陵（今江西吉安）人。著作有《新五代史》《欧阳文忠公文集》，与宋祁合修有《新唐书》。《伶官传序》是他为《新五代史·伶官传》作的短序。《伶官传》记叙了五代时期后唐庄宗李存勖宠幸伶官景进、史彦琼、郭从谦等乱政误国的史实。欧阳修写《伶官传》并冠以短序，是为了告诫当时北宋王朝执政者，应当吸取历史的教训，居安思危，防微杜渐，不要满足于表面的繁荣。

《伶官传序》是一篇史论。作者通过后唐庄宗骤兴骤亡的历史教训，说明国家的盛衰、事业成败主要取决于人事的观点，总结出"忧劳可以兴国，逸豫可以亡身"和"祸患常积于忽微，而智勇多困于所溺"的经验教训。本文充分运用了一系列对比手法。文章始终紧扣"盛衰"二字，反复分析论证，先用后唐兴与亡的正反两方面进行鲜明的对比，然后又用对比手法说明"得天下"与"失天下"的原因，在对比中推导出"祸患常积于忽微，智勇多困于所溺""忧劳可以兴国，逸豫可以亡身"的结论。另外，文章中还很注意使用对称的词语，如"人事"和"天命"、"盛"和"衰"、"得"和"失"、"难"和"易"、"成"和"败"、"兴"和"亡"，等等。对比手法的运用使说理更富有逻辑力量，避免了说理的抽象化、概念化毛病。

【思考题】

一、本文总结了后唐庄宗身死国灭的历史教训，这对我们认识历史、社会和人生有什么启迪？

二、文章是如何用对比手法进行论证的？读了本文，你对自己写作论说文时运用对比手法有什么心得？

（朱季远）

望江南（春未老）

苏　轼

春未老，风细柳斜斜。试上超然台上看①，半壕春水一城花②，烟雨暗千家。寒食后③，酒醒却咨嗟④。休对故人思故国⑤，且将新火试新茶⑥，诗酒趁年华。

【注　释】

① 超然台：密州北城有台，名超然台，苏轼到密州后不久，让人修葺一新，经常登临游玩，并且写了散文《超然台》。超然台故址在今山东省诸城。

② 壕：护城河。　③ 寒食：节令名。清明节前一天（或说清明节前两天）。此节令相传起于晋文公悼介子推，因介子推抱木焚死，就定于是日禁火寒食。　④ 咨嗟：叹息。　⑤ 故国：故乡。　⑥ 新火：古代风俗，寒食节这一天是不烧火的，节后再点的火称为"新火"。

·导 读·

苏轼（公元 1037—1101 年），字子瞻，号东坡居士，眉州（今四川眉山）人，北宋著名文学家。宋神宗熙宁七年（公元 1074 年）秋，苏轼由杭州移守密州（今山东省诸城）。次年八月，他命人修葺城北旧台，并由其弟苏辙题名"超然"，取《老子》"虽有荣观，燕处超然"之义。熙宁九年（公元 1077 年）暮春，苏轼登超然台，眺望春色烟雨，触动乡思，写下此作。这首词通过春日景象和作者感情神态的复杂变化，表达词人豁达超脱的情怀和"用之则行，舍之则藏"的人生态度。

词的上片写登台时所见的暮春时节的郊外景色。作者用春水春花将眼前的图景铺排开来。然后以"烟雨暗千家"作结，满城风光尽收眼底。下片写情，乃触景生情。首二句，除进一步点明登临的时间外，还暗示寒食过后正是清明节，应当返乡扫墓，但此时却欲归而归不得，故而"咨嗟"不已。此二句词情荡漾，曲折有致，寄寓作者对故国、故人不绝如缕的思念之情。"休对故人思故国，且将新火试新茶"既隐含了作者难以解脱的苦闷，又表达了词人解脱苦闷的自我心理调适。"诗酒趁年华"进一步表明，必须超然物外，忘却尘世间的一切，抓紧时机，借诗酒以自娱。"年华"指好时光，与词首"春未老"相呼应。

这首词情由景发，情景交融。词中浑然一体的斜柳、春水、城花、烟雨等暮春景象，以及烧新火、试新茶的细节，细腻、生动地再现了作者细微而复杂的内心活动，抒发了作者炽热的思乡之情，将写异乡之景与抒思乡之情结合得天衣无缝，足见作者艺术功力之深。

【思考题】

一、作者在词中表达了一种怎样的人生态度？这种人生态度与古代儒家"达则兼济天下，穷则独善其身"有何异同？

二、试分析作者在词中是如何把状异乡之景和抒思乡之情融合在一起的。

三、"休对故人思故国，且将新火试新茶"隐含了作者怎样的思想感情？

（朱季远）

踏莎行[①]（郴州旅舍）

秦 观

雾失楼台，月迷津渡[②]，桃源望断无寻处[③]。可堪孤馆闭春寒，杜鹃声里斜阳暮[④]。　驿寄梅花[⑤]，鱼传尺素[⑥]，砌成此恨无重数。郴江幸自绕郴山，为谁流下潇湘去[⑦]？

【注释】

① 踏莎行：词牌名，唐、五代词不载，始见于北宋寇准、晏殊词。杨慎《词品》卷一："韩翃诗'踏莎行草过春溪'辞名《踏莎行》，本此。"　② 津渡：津，渡水的地方；渡：过河的地方。津渡即渡口。　③ 桃源：一解作东汉刘晨、阮肇入天台山逢仙女之事；一解作陶渊明《桃花源记》中的桃花源。前者比喻所向往的事物渺不可寻，后者点明是避乱隐居或理想寄托之处所。④ 杜鹃：杜鹃鸟，暮春至初夏常昼夜不停地啼叫，声音悲切、凄厉。民间传说蜀王杜宇死后，魂魄化为啼血的杜鹃鸟。据《本草》载："其鸣若曰：'不如归去！'"因此，它和思国、思乡、思人所产生的愁怨伤痛结下了不解之缘。⑤ 驿寄梅花：语出陆凯《赠范晔诗》："折梅逢驿使，寄与陇头人。江南无所有，聊寄一枝春。"此处作者以远离江南故乡的范晔自比。　⑥ 鱼传尺素：尺素，古人书写用素绢，通常为一尺，故称尺素，后用作书信的代称。⑦ "郴江"二句：张宗橚《词林纪事》卷六引释天隐云："末二句从'沅湘日夜东流去，不为愁人住少时'变化而来。"幸自：本是。潇湘：湖南二水名，合流后曰湘江。

·导 读·

秦观（公元1049—1100年），字少游，号淮海居士。扬州高邮（今属江苏）人，"苏门四学士"之一，北宋后期著名婉约派词人。其词多描写男女情爱和抒发仕途失意的哀怨，文字工巧，音律谐美，情韵兼胜，但缘情婉转，语多凄黯。

这首词题为"郴州旅舍"，作于宋哲宗绍圣四年（公元1097年）。此前，因新旧党争，秦观出为杭州通判，又因御史刘拯告他增损神宗实录，被贬为监处州酒税。绍圣三年（公元1096年），再因写佛书获罪，贬徙郴州。此作写于初抵郴州之时，抒写了谪居的凄苦与幽怨。

"雾失楼台,月迷津渡。"互文见义,漫天迷雾隐去了楼台,月色朦胧中,渡口显得迷茫难辨。"失""迷"二字既勾勒出月下雾中楼台、渡口的模糊,又写出了作者无限凄迷的情绪。"桃源望断无寻处"表明词人虽想寻找理想,但无处可寻,最终徒留怅惘与失望。首三句形象地反映出作者屡遭贬谪之后的极度灰心、失望的情绪。作者此时独处异乡贬所,遭受春寒料峭的袭击。耳之所听,杜鹃哀鸣;目之所见,残阳日暮。词人连用此等凄凉景物,营造出一种强烈的凄冷气氛。词人突然笔势宕开,连用两则友人投寄书信的典故。客居他乡能收到亲友寄赠的礼物与书信,按理应该欣喜若狂。但身为贬谪之人,反而觉得有无限的愁苦,"砌成此恨无重数"。恨谁?恨什么?身处逆境的词人没有明说,而是化实为虚,发问眼前山水:郴江本来是围绕着郴山而流的,为什么却要北流向潇湘而去呢?在貌似故作不解的诘问中,倾注了词人离乡远谪的无尽怨愤。

【思考题】

一、结合这首词,分析秦观词"辞情兼胜"的艺术特点。
二、有人说秦观的词是"伤心人的伤心词",谈谈你的看法。

(李连霞)

一 剪 梅①

李清照

红藕香残玉簟秋②。轻解罗裳③,独上兰舟④。云中谁寄锦书来⑤?雁字回时,月满西楼。　　花自飘零水自流⑥。一种相思,两处闲愁。此情无计可消除,才下眉头,却上心头。

【注 释】

① 一剪梅:词牌名,亦称"腊梅香",得名于周邦彦词中的"一剪梅花万样娇"。　② 红藕:红色荷花。玉簟(diàn):精美的竹席。　③ 罗裳(cháng):丝绸制的裙子。　④ 兰舟:木兰舟,船的美称。　⑤ 锦书:锦字回文书,这里指情书。　⑥ 自:空自。

·导读·

李清照（公元1084—约1155年），号易安居士，山东济南人，南宋杰出女词人，婉约词宗。早年生活安定、优裕，词作多写相思之情；金兵入侵后，国家剧变，后期词作多感慨身世飘零。

这首词在黄升《花庵词选》中作"别愁"，是赵明诚出外求学后，李清照抒写思念丈夫心情的。元伊世珍《琅嬛记》卷中载："易安结婚未久，明诚即负笈远游。易安殊不忍别，觅锦帕书《一剪梅》词以送之。"

首句"红藕香残玉簟秋"不仅点明时节，而且渲染了环境气氛，对作者的孤独闲愁起了衬托作用。词人面对这样一个荷残席冷、万物萧疏的景象，愁苦伤感之情油然而生，故有了"轻解罗裳，独上兰舟"之念，想借泛舟取乐以消愁。但纵使泛舟，忧思依然。明月自满，人却未圆；雁字空回，锦书也无，所以有"谁寄"之叹。因惦念丈夫而盼望锦书到达，遂从遥望云空引出雁足传书的遐想。月明人倚楼的景象，形象化地写出了词人对丈夫的深深思念。可惜落花飘零，流水自去。描写落花流水，一种无可奈何的伤感之情油然而生。词人在抒情的同时，由己身推想到对方："一种相思，两处闲愁。"足见夫妻两心相印。"此情无计可消除，才下眉头，却上心头。"写出了这种相思之情无法排遣，极其形象地展现出感情的起伏变化。

全词写"别情"，擅长通过景物的变化写出不变的别离相思；巧妙地注入神思遐想，写出了夫妻双方的两地情思。

【思考题】

一、试析这首词的"抒情造景"特色。
二、李清照与李煜词均长于描写"离愁"，试比较其创作手法的异同。

（李连霞）

摸 鱼 儿

辛弃疾

淳熙己亥①，自湖北漕②移湖南，司官王正之置酒小山亭③，为赋④。

更能消⑤，几番风雨，匆匆春又归去。惜春长怕花开早，何况落红⑥无数。春且⑦住，见说道，天涯芳草无归路。怨春不语。算⑧只有殷勤，画檐蛛网，尽日惹飞絮⑨。　长门事⑩，准拟佳期又误⑪。蛾眉⑫曾有人妒。千金纵买相如赋⑬，脉脉此情谁诉。君⑭莫舞，君不见、玉环飞燕⑮皆尘土。闲愁⑯最苦。休去倚危栏⑰，斜阳正在，烟柳断肠处。

【注 释】

① 淳熙己亥：宋孝宗淳熙六年（公元1179年）。　② 漕：宋代转运使的简称，掌管一路租税财赋等事务。其时作者自湖北转运副使调任湖南转运副使。　③ 王正之：作者的友人，时任湖北转运判官，故称"同官"。小山亭：在鄂州（今湖北武汉市武昌）湖北转运使衙门内。　④ 赋：作词。　⑤ 消：经受。　⑥ 落红：落花。　⑦ 且：姑且。　⑧ 算：料想，看来。　⑨ 飞絮：纷飞的柳絮。　⑩ 长门事：典故，相传汉武帝皇后陈阿娇，失宠后住在长门宫。　⑪ 准拟：约定。佳期：指汉武帝与陈皇后相会的日子。　⑫ 蛾眉：代指美女。　⑬ 相如赋：典故，相传陈阿娇愁闷悲思，无奈之际，用黄金百斤请司马相如作《长门赋》，武帝读后十分感动，阿娇复受宠爱。　⑭ 君：此处指得意小人。　⑮ 玉环：杨玉环，唐玄宗的宠妃，后于马嵬坡被迫赐死。飞燕：赵飞燕，汉成帝的宠幸的皇后，后废为庶人，自杀。　⑯ 闲愁：无端无谓的忧愁。　⑰ 危栏：高楼上的栏杆。

·导 读·

辛弃疾（公元1140—1207年），南宋词人。本词抒写了作者长期积郁于胸的苦闷之情。虽然转运使在当时拥有很大的权力，但这样的调迁，词人却是难以接受的。南归以来，收复失地的策略未被采纳，扶危救亡的壮志无从实现，词人反而因此遭到排挤打击，不得重用。这次由湖北转运副使调官湖南，距离他日夜向往的抗金前线越来越远，实现收复失地的志愿越来越难以实现了，故"词意殊怨"。这首词抒发了作者对国事的忧虑和屡遭排挤打击的沉重心情。词中对南宋小朝廷的昏庸腐朽，对投降派的得意猖獗均表示了强烈不满。

词作取得了很高的艺术成就，是辛弃疾词的一篇代表作，也是辛弃疾摧刚为柔的典范之作。虽为豪放词的代表词人，辛弃疾却不同于在他之前的那些豪放词人惯有的那种血脉贲张式的豪放，他常常将超我人格的追求以婉曲的笔触加以表现，将满腔郁郁不平之气，用婉语吐出。上片把惜春、恨春、唤春、叹春、怨春的复杂心理表现得极其自然动人，这似为婉约词作的典型话语，但词人实以惜春、恨春、唤春、叹春、怨春喻自己对国势的关注，以春归喻南宋朝廷在风雨飘摇中大势已去,以蛛网飞絮喻春天无法挽回,以斜阳烟柳喻国势日暮黄昏……意蕴深刻。用失宠的阿娇以自喻,用得宠的玉环、飞燕以喻微小,同样是为了讽喻现实。辛弃疾常以文为词,不仅用文的表现方法,也用文的语言,用文的词语、句式。与诗文一样,本词也多用典故。典故的运用丰富了词作韵味,使表意含蓄而深刻。本词语言明白流利,善用虚词传情,艺术性也相当强。

【思考题】

一、试析辛弃疾在本词中表现出的爱国思想。

二、本词是一首豪放词吗?谈谈你对辛弃疾词风的看法。

(李树民)

中吕·卖花声·怀古①

张可久

美人自刎乌江岸②,战火曾烧赤壁山,将军空老玉门关③。伤心秦汉,生民涂炭④,读书人一声长叹。

【注 释】

① 中吕:官调名。卖花声:曲牌名。　② 乌江:地名,位于今安徽和县东北,地处长江中游西岸。美人:指西楚霸王项羽的宠妃虞姬。此句指楚汉相争,决战前夕,四面楚歌,霸王别姬,虞姬自刎而亡。项羽兵败垓下,亦自刎于乌江。　③ 赤壁:山名,位于今湖北武昌西面,地处长江中游南岸。此句指三国时的赤壁之战,孙刘联合,抗击曹军,火烧赤壁,以少胜多。　④ 玉门关:关塞名,位于今甘肃敦煌西北,乃古代西域重要的军事关隘和交通要道。将军:指东汉名将班超。此句指班超守护西域31年,功勋卓著,官至西域都护,被封为定远侯。晚年思乡,上疏乞归,有"臣不敢望到酒泉郡,但愿生入玉门关"之语。　⑤ 涂炭:陷入泥沼中、坠入炭火中,比喻极为困苦的境地。生民涂炭:喻百姓遭受劫难,陷入极端困苦的境地。

·导 读·

张可久(大约公元1270—1348年以后),字小山,庆元元路(今浙江宁波)

人，乃元代后期最负盛名的散曲作家，今存小令855首，套数9套，其数量为元人之冠。其风格清丽雅正又不失自然，深受后人推崇，被誉为"词林之宗匠"，且有"乐府之有乔张，犹诗家之有李杜"之说。

　　本曲开篇连用三个典故，看似毫不相关，实则蕴涵深意：纵使是叱咤风云的霸王项羽，也不免四面楚歌，难逃宠妃自刎之厄运；纵使是傲视天下的枭雄曹操，也不免兵败赤壁，难逃火烧战船之劫数；纵使是功勋卓著的名将班超，也不免思乡情切，难逃老死关外的恐惧。这些显赫一时、彪炳史册的英雄虽有惨烈哀艳的结局，但在历史长河中最值得同情的却是那些籍籍无名、遭受苦难的普通将士与无辜民众。历代战争均以生灵涂炭作为代价，所以作者回顾秦汉史实，感到悲伤不已。那些兵败乌江之岸、丧生赤壁战火、长期戍边无归的众多无名将士，又有谁知晓、有谁关注、有谁记载？不同时期不同结局的战争可以使英雄名垂青史，但给百姓带来了无穷苦难，所以民生疾苦更甚于英雄失意。最后作者以"读书人一声长叹"结束全曲，言有尽而意无穷：一则由于读书人熟读史书，了解史实，所以更能浮想联翩，借古喻今；二则由于作者本人就是读书人中的一员，所以有诸多切身体会与感受；三则由于读书人向来"万言不值一杯水"、"百无一用是书生"，因此只能一声长叹，虽伤心愤慨，但无力回天。元代战争频繁、民不聊生，这样的慨叹审视历史兼抨击时政，具有很强的现实针对性。

【思考题】

　　一、请简要分析文中三个典故的相同之处以及与"伤心秦汉，生民涂炭，读书人一声长叹"之间的因果关系。

　　二、"鼎足对"是元代散曲中较为常见的一种对仗方式，请以"美人自刎乌江岸，战火曾烧赤壁山，将军空老玉门关"、"和露摘黄花，带霜烹紫蟹，煮酒烧红叶"（马致远《秋思》）、"身似浮云，心如飞絮，气若游丝"（徐再思《春情》）为例，分析"鼎足对"独特的艺术效果。

（黄新图）

牡丹亭·惊梦

汤显祖

【绕池游】[旦①上] 梦回莺啭②，乱煞年光遍③。人立小庭深院。[贴] 烬尽沉烟④，抛残绣线⑤，恁今春关情似去年⑥？〔乌夜啼〕"〔旦〕晓来望断梅关⑦，宿妆残⑧。〔贴〕⑨你侧着宜春髻子⑩恰凭阑。〔旦〕翦不断，理还乱，闷无端⑪。〔贴〕已分付催花莺燕借春看。"〔旦〕春香，可曾叫人扫除花径？〔贴〕分付了。〔旦〕取镜台衣服来。〔贴取镜台衣服上〕"云髻罢梳还对镜，罗衣欲换更添香。"镜台衣服在此。

【步步娇】〔旦〕袅晴丝⑫吹来闲庭院，摇漾春如线。停半晌、整花钿⑬。没揣菱花⑭，偷人半面，迤逗的彩云偏⑮。〔行介〕步香闺怎便把全身现！〔贴〕今日穿插的好⑯。

【醉扶归】〔旦〕你道翠生生出落的裙衫儿茜⑰，艳晶晶花簪八宝填⑱，可知我常一生儿爱好是天然⑲。恰三春好处⑳无人见。不提防沉鱼落雁鸟惊喧，则怕的羞花闭月花愁颤。〔贴〕早茶时了，请行。〔行介〕你看："画廊金粉半零星，池馆苍苔一片青。踏草怕泥㉑新绣袜，惜花疼煞小金铃㉒。"〔旦〕不到园林，怎知春色如许！

【皂罗袍】原来姹紫嫣红开遍，似这般都付与断井颓垣㉓。良辰美景奈何天㉔，赏心乐事谁家院㉕！恁般景致，我老爷和奶奶再不提起㉖。〔合〕朝飞暮卷㉗，云霞翠轩㉘；雨丝风片㉙，烟波㉚画船——锦屏人忒看的这韶光贱㉛！〔贴〕是㉜花都放了，那牡丹还早。

【好姐姐】〔旦〕遍青山啼红了杜鹃㉝，荼蘼外烟丝醉软㉞。春香啊，牡丹虽好，他春归怎占的先㉟！〔贴〕成对儿莺燕啊。〔合〕闲凝眄㊱，生生燕语明如翦㊲，呖呖莺歌溜的圆㊳。〔旦〕去罢。〔贴〕这园子委是观之不足也。〔旦〕提他怎的！〔行介〕

【隔尾】观之不足由他缱㊴，便赏遍了十二㊵亭台是枉然。到不如兴尽回家闲过遣㊶。〔作到介〕〔贴〕"开我西阁门，展我东阁床。瓶插映山紫㊷，炉添沉水香。"小姐，你歇息片时，俺瞧老夫人去也。〔下〕〔旦叹介〕"默地游春转，小试宜春面。"春啊，得和你两留连，春去如何遣？咳，恁般天气，好困人也。春香那里？〔作左右瞧介〕〔又低首沉吟介〕天呵，春色恼人，信有之乎！常观诗词乐府，古之女子，因春感情，遇秋成恨，诚不谬矣。吾今年已二八，未逢折桂㊸之夫；忽慕春情，怎得蟾宫之客？昔日韩夫人得遇于郎㊹，张生偶逢崔氏㊺，曾有《题红记》、《崔徽传》㊻二书。此佳人才子，前以密约偷期㊼，后皆得成秦晋。〔长叹介〕吾生于宦族，长在名门。年已及笄㊽，不得早成佳配，诚为虚度青春，光阴如过隙耳。〔泪介〕可惜妾身颜色如花，岂料命如一叶乎！

【注 释】

① 旦：正旦，戏曲中的女主角，此指杜丽娘。　② 梦回莺啭：一梦醒来，听到黄莺宛转的鸣声。啭：鸟鸣宛转的声音。　③ 乱煞年光遍：到处是眼花缭乱的春光。煞：极尽，非常。年光：春光。　④ 炷尽：燃烧完。沉烟：沉香，一种香料。　⑤ 抛残绣线：抛开剩余的绣线，无心再绣下去。残：剩余。　⑥ "怎今"句：为什么今年的怀春之情胜过去年。怎：怎地，怎么，为什么。关情：心中怀春之情。似：胜似，胜过、甚于。　⑦ 梅关：即大庾岭，宋代在此设有梅关。此剧故事发生于江西南安府，即大庾岭的南面。　⑧ 宿妆残：隔夜的妆饰已经散乱，起来后尚不事梳理。宿：隔夜。宿妆：隔夜的妆饰。残：本为败坏意，此作散乱讲。　⑨ 贴：贴旦，戏曲中的女配角，指丫环春香。　⑩ 宜春髻子：相传古代妇女于立春时，把彩色的丝绸剪成燕子形，戴于髻上，上贴"宜春"二字，故称。　⑪ 无端：无边，一说无缘无故，不知来由。　⑫ 裊：摇动，飘动貌。晴丝：春天晴空飘动的游丝。　⑬ 花钿：妇女头上戴的装饰物。　⑭ 没揣：意想不到。菱花：镜子。　⑮ "迤逗"句：照镜子看到自己的美貌，感到害羞而慌乱中使得发髻也弄歪了。实际上是不好意思再看镜子，把头一侧，照进镜子的发髻就侧向一边了。迤逗：引惹。彩云：美丽的发髻。　⑯ 穿插的好：穿戴得美。插：指戴首饰。　⑰ 翠生生出落的裙衫儿茜：裙衫色彩艳丽，显得那么光彩夺目。翠生生：色彩艳丽。出落的：显得。茜：同"倩"，本鲜明意，此可作光彩夺目讲。　⑱ "艳晶晶"句：戴着镶有各种宝石、光彩灿烂的簪子。艳晶晶：光彩灿烂。八宝：泛指各种宝石。　⑲ "可知"句：要知道一生爱美正是我的本性。可知：要知道。常：即常好，亦作"畅好"，正好意。好：美。天然：天赋，本性。　⑳ 三春好处：此以春天之美喻自己的美。三春：孟春、仲春、季春的合称，指整个春季。好处：美的地方。　㉑ 泥：沾污。　㉒ "惜花"句：《开元天宝遗事》："天宝初，宁王……于后园中纫红丝为绳，密缀金铃，系于花梢之上。每有鸟雀翔集，则令园吏掣铃索以惊之。盖惜华之故也。"意指因为爱惜花，怕鸟雀来损害它们，于是常掣铃以防之，由于拉得频繁，小金铃也感到疼痛。　㉓ 这般：这样美的景色。断井颓垣：衰败冷落的庭院。　㉔ "良辰美景"句：对着这晴朗的天气、美丽的景致，我无可奈何，只能引起苦闷、惆怅，满怀烦愁无可排遣。奈何天：烦愁无可排遣。　㉕ "赏心乐事"句：能使心情愉悦的欢乐的事，哪家才有呢？　㉖ 老爷：古代对官绅和有权势者的敬称。奶奶：本是对女主人的尊称，此指杜丽娘对其父母的敬称。　㉗ 朝飞暮卷：唐代王勃《滕王阁序》"画栋朝飞南浦云，珠帘暮卷西山云"的

省文，以此形容楼阁的壮丽。　㉘ 云霞翠轩：像云霞一样美丽的亭台。　㉙ 雨丝风片：丝丝细雨，微微清风。　㉚ 烟波：雾霭苍茫的水面。　㉛ "锦屏人"句：杜丽娘一向太辜负了美丽的春光，感到多么惋惜。锦屏人：幽居深闺的人，此指杜丽娘。忒：太。韶光：春光。　㉜ 是：凡是，一切。　㉝ 啼红了杜鹃：开遍了杜鹃花。用"啼红"联想到"杜鹃泣血"的传说。以此增添悲痛的感情色彩。　㉞ "荼蘼外"句：荼蘼架四周挂着的游丝，显得那么柔弱难支。荼蘼：花名，白色重瓣，晚春开花，此处作荼蘼架讲。外：四周。烟丝：游丝。醉软：柔弱难支。　㉟ "牡丹虽好"二句：牡丹春尽才开花，虽美，但不能在春天百花中独占魁首。以此寓杜丽娘虽容貌绝伦，然青春却在幽闺中消磨掉的哀怨。　㊱ 凝眄：眼睛注视。　㊲ "生生"句：清脆的燕语明快如奏。生生：形容声音清脆。　㊳ "呖呖"句：黄莺流利的歌声是那么圆润。呖呖：形容声音流利。溜：滑溜。圆：圆润。　㊴ 缱：留恋。　㊵ 十二：虚指，谓所有。　㊶ 闲：喻百无聊赖的愁怀。过遣：排遣。　㊷ 映山紫：杜鹃花的一种。　㊸ 折桂：比喻科举及第。下句"蟾宫"意同。　㊹ 韩夫人得遇于郎：唐·张子京《流红记》传奇典故，写唐僖宗时宫女韩氏以红叶题诗，从御花园沟中流出宫外，被书生于祐拾到。于祐也以红叶题诗，从御沟上游流入宫中，恰巧又被韩氏拾获。后来唐僖宗放宫女出宫，韩氏与于祐结为夫妇，一时传为美谈。　㊺ 张生偶逢崔氏：张生与崔莺莺的爱情故事。　㊻ 《题红记》即《流红记》。《崔徽传》疑为《莺莺传》之误。《崔徽传》亦为唐传奇，写崔徽与裴敬中的恋爱故事，与上文所述崔张故事无关。　㊼ 密约偷期：暗中相约幽会。　㊽ 及笄：古代女子十五岁可以盘发插簪，表示已经成年，可以婚配。

·导 读·

汤显祖（公元1550—1616年），字义仍，晚号若士，江西临川人，明代戏曲家。其《牡丹亭》代表着明代戏曲创作的最高成就。

《牡丹亭》写南宋时太守杜宝之女杜丽娘私自游园，在梦中与素不相识的书生柳梦梅幽会，尽男女之欢。醒来幽怀难道，抑郁而死。杜宝迁官异地，葬女于官衙花园。柳梦梅上京赴试时路过此地，拾得杜丽娘的自画像。他观画思人，终于和杜丽娘的阴魂相会。后柳梦梅挖墓开棺，杜丽娘起死回生，两人结为夫妇。继而柳梦梅考中状元，杜宝拒不承认两人的婚事，最终由皇帝出面解决，全家大团圆。

《惊梦》是全剧最重要的一出，写杜丽娘和柳梦梅梦中幽会。梦遇是整剧戏的关键性关目，贯穿戏的始终，其后的《寻梦》《写真》《闹殇》《拾画》《玩真》《冥誓》《回生》一系列情节，均由此梦引起。

丽娘游园，本为消遣，不想绚丽春色触发了她深潜于心的爱情欲望。"吾生于宦族，长在名门。年已及笄，不得早成婚配，诚为虚度青春，光阴如过隙耳"，感叹韶华虚度、青春愁闷，表现了她对自由爱情的追求和对礼教束缚的不满。梦中幽会，就是内心渴求而生发的一种浪漫境界。游园展示了她青春的觉醒，惊梦则以梦中行为反映其大胆追求，二者相关相连，不可分割。

此出诸曲，集中体现了《牡丹亭》艺术上的成就。【绕池游】【步步娇】【醉扶归】三曲，描写杜丽娘游园前的心情，把她向往自然、热爱青春，但又因初出闺阁而感到娇羞犹疑的微妙心态刻画得栩栩如生。【皂罗袍】【好姐姐】【隔尾】三曲，是游园时的唱段，作者借丽娘之口描绘了一幅动人的春景，同时把人物的惊叹、伤感自然地糅入其中，不仅表现了她对青春的觉醒，而且也为后面惊梦乃至伤春而亡埋下了伏笔。

【思考题】

一、杜丽娘在游园的过程中，面对无限美好的春色，为什么却发出"良辰美景奈何天，赏心乐事谁家院"的慨叹？

二、《牡丹亭》是中国古代著名的三大诗剧之一，词曲优美，富于意境，试以《惊梦》为例，谈谈该剧的意境之美。

三、《红楼梦》第二十三回《西厢记妙词通戏语 牡丹亭艳曲警芳心》描写黛玉素来不太喜看戏文，却为《惊梦》之曲词如醉如痴，请分析黛玉对此剧深有同感、产生共鸣的原因。

（欧阳俊杰）

聊斋志异·席方平

蒲松龄

席方平，东安①人。其父名廉，性戆拙②。因与里中富室羊姓有郤③，羊先死；数年，廉病垂危，谓人曰："羊某今贿嘱冥使④搒⑤我矣！"俄而身赤肿，号呼遂死。席惨怛⑥不食，曰："我父朴讷⑦，今见陵⑧于强鬼，我将赴地下，代伸冤气耳。"自此不复言，时坐时立，状类痴，盖魂已离舍⑨矣。

席觉初出门，莫知所往，但见路有行人，便问城邑。少选⑩，入城。其父已收狱中。至狱门，遥见父卧檐下，似甚狼狈。举目见子，潸然流涕。便谓："狱吏悉受赇嘱⑪，日夜搒掠，胫股摧残甚矣！"席怒，大骂狱吏："父如有罪，自有王章⑫，岂汝等死魅所能操耶！"遂出，抽笔为词⑬。值城隍早衙⑭，喊冤以投。羊惧，内外贿通，始出质理。城隍以所告无据，颇不直⑮席。席忿气无所复伸，冥行⑯百余里，至郡，以官役私状⑰，告之郡司。迟之半月，始得质理。郡司扑席，仍批城隍复案⑱。席至邑，备受械梏，惨冤不能自舒⑲。城隍恐其再讼，遣役押送归家。役至门辞去。席不肯入，遁赴冥府，诉郡邑之酷贪。冥王⑳立拘质对。二官密遣腹心，与席关说㉑，许以千金。席不听。过数日，逆旅㉒主人告曰："君负气已甚，官府求和而执不从，今闻于王前各有函进，恐事殆㉓矣！"席以道路之口㉔，犹未深信。俄有皂衣人唤入。升堂，见冥王有怒色，不容置词㉕，命笞二十。席厉声问："小人何罪？"冥王漠若不闻。席受笞，喊曰："受笞允当㉖，谁教我无钱耶！"冥王益怒，命置火床。两鬼捽㉗席下，见东墀㉘有铁床，炽火其下，床面通赤。鬼脱席衣，掬㉙置其上，反复揉捺之。痛极，骨肉焦黑，苦不得死。约一时许，鬼曰："可矣。"遂扶起，促使下床着衣，犹幸跛而能行。复至堂上，冥王问："敢再讼呼？"席曰："大冤未伸，寸心不死，若言不讼，是欺王也。必讼！"又问："讼何词？"席曰："身所受者，皆言之耳。"冥王又怒，命以锯解其体。二鬼拉去，见立木，高八九尺许，有木板二，仰置其下，上下凝血模糊。方将就缚，忽堂上大呼"席某"，二鬼即复押回。冥王又问："尚敢讼否？"答曰："必讼！"冥王命捉去速解。既下，鬼乃以二板夹席，缚木上。锯方下，觉顶脑渐辟㉚，痛不可禁，顾亦忍而不号㉛。闻鬼曰："壮哉此汉！"锯隆隆然寻㉜至胸下。又闻一鬼云："此人大孝无辜，锯令稍偏，勿损其心。"遂觉锯锋曲折而下，其痛倍苦。俄顷，半身辟矣。板解，两身俱仆。鬼上堂大声以报。堂上传呼，令合身来见。二鬼即推令复合，曳使行。席觉锯缝一道，痛欲复裂，半步而踣㉝。一鬼于腰间出丝带一条授之，曰："赠此以报汝孝。"受而束之，一身顿健，殊无少苦。遂升堂而伏。冥王复问如前；席恐再罹㉞酷毒，便答："不讼矣。"冥王立命送还阳界。隶率出北门，指示归途，反身遂去。

席念阴曹之暗昧尤甚于阳间，奈无路可达帝听㉟。世传灌口二郎为帝勋戚㊱，其神聪明正直，诉之当有灵异。窃喜两隶已去，遂转身南向。奔驰间，有二人追至，曰："王疑汝不归，今果然矣。"捽回复见冥王。窃意冥王益怒，祸必更惨；而王殊无厉容，谓席曰："汝志诚孝。但汝父冤，我已为若雪之矣。今已往生富贵家，何用汝鸣呼为㊲。今送汝归，予以千金之产、期颐㊳之寿，于愿足乎？"乃注籍中，嵌㊴以巨印，使亲视之。席谢而下。鬼与俱出，至途，驱而骂曰："奸猾贼！频频翻复，使人奔波欲死！再犯，当捉入大磨中，细细研之！"席张目叱曰："鬼子胡为者！我性耐刀锯，不耐挞楚。请反见王，王如令我自归，亦复何劳相送。"乃返奔。二鬼惧，温语劝回。席故蹇缓⁴⁰，行数步，辄憩路侧。鬼含怒不敢复言。约半日，至一村，一门半辟，鬼引与共坐；席便据门阈⁴¹。二鬼乘其不备，推入门中。惊定自视，身已生为婴儿。愤啼不乳⁴²，三日遂殇⁴³。

魂摇摇不忘灌口，约奔数十里，忽见羽葆⁴⁴来，旗戟⁴⁵横路。越道避之，因犯卤簿⁴⁶，为前马⁴⁷所执，絷迭车前。仰见车中一少年，丰仪瑰玮⁴⁸。问席："何人？"席冤愤正无所出，且意是必巨官，或当能作威福⁴⁹，因缅诉⁵⁰毒痛。车中人命释其缚，使随车行。俄至一处，官府十余员，迎谒道左，车中人各有问讯。已而指席谓一官曰："此下方人，正欲往愬⁵¹，宜即为之剖决。"席询之从者，始知车中即上帝殿下九王，所嘱即二郎也。席视二郎，修躯多髯⁵²，不类世间所传。九王既去，席从二郎至一官廨⁵³，则其父与羊姓并衙隶俱在。少顷，槛车⁵⁴中有囚人出，则冥王及郡司、城隍也。当堂对勘⁵⁵，席所言皆不妄。三官战栗，状若伏鼠。二郎援笔立判；顷之，传下判语，令案中人共视之。

判云："勘得冥王者：职膺王爵，身受帝恩。自应贞洁以率臣僚，不当贪墨以速官谤⁵⁶。而乃繁缨棨戟⁵⁷，徒夸品秩⁵⁸之尊；羊很狼贪⁵⁹，竟玷人臣之节。斧敲斨⁶⁰，斨入木，妇子之皮骨皆空；鲸吞鱼，鱼食虾，蝼蚁之微生可悯。当掬西江之水，为尔涮肠⁶¹；即烧东壁之床，请君入瓮⁶²。城隍、郡司，为小民父母之官⁶³，司上帝牛羊之牧⁶⁴。虽则职居下列，而尽瘁者不辞折腰⁶⁵；即或势逼大僚，而有志者亦应强项⁶⁶。乃上下其鹰鸷之手⁶⁷，既罔念夫民贫；且飞扬其狙狯之奸⁶⁸，更不嫌乎鬼瘦。惟受赃而枉法，真人面而兽心！是宜剔髓伐毛⁶⁹，暂罚冥死；所当脱皮换革，仍令胎生⁷⁰。隶役者：既在鬼曹，便非人类。只宜公门修行，庶还落蓐之身⁷¹；何得苦海生波，益造弥天之孽⁷²？飞扬跋扈，狗脸生六月之霜⁷³；隳突叫号⁷⁴，虎威断九衢⁷⁵之路。肆淫威于冥界，咸知狱吏为尊；助酷虐于昏官，共以屠伯⁷⁶是惧。当于法场⁷⁷之内，剁其四肢；更向汤镬之中⁷⁸，捞其筋骨。羊某：富而不仁，狡而多诈。金光盖地⁷⁹，因使阎摩殿⁸⁰上，尽是阴霾；铜臭熏天，遂教枉死城中，全无日月⁸¹。余腥犹能役鬼，大力直可通神⁸²。宜籍羊氏之家，以偿席生之孝。即押赴东岳⁸³施行。"又谓席廉："念汝子孝义，汝性良懦，可再赐阳寿三纪⁸⁴。"

因使两人送之归里。席乃抄其判词，途中父子共读之。既至家，席先苏；令家人启棺视父，僵尸犹冰，俟之终日，渐温而活。及索抄词，则已无矣。自此，家日益丰，三年间，良沃遍野；而羊氏子孙微⁸⁵矣，楼阁田产，尽为席有。

里人或有买其田者，夜梦神人叱之曰："此席家物，汝乌得有之!"初未深信；既而种作，则终年升斗无所获，于是复鬻归席。席父九十余岁而卒。

异史氏曰："人人言净土[86]，而不知生死隔世，意念都迷，且不知其所以来，又乌知其所以去；而况死而又死，生而复生者乎？忠孝志定，万劫不移，异哉席生，何其伟也!"

【注释】

① 东安：旧县名，包括河北安次、山东沂水等多处。 ② 戆（zhuàng）拙：迂直诚实，缺少心机。 ③ 郤（xì）：嫌隙，仇恨。 ④ 冥使：阴间的官吏。 ⑤ 搒（bàng）：搒掠，拷打。 ⑥ 惨怛（dà）：忧伤，痛悼。 ⑦ 朴讷（nè）：朴实，不会说话。讷：拙于言辞。 ⑧ 陵：欺凌。 ⑨ 舍：此处指躯体。迷信认为肉身是灵魂的宅舍。 ⑩ 少选：一会儿。 ⑪ 赇（qiú）嘱：行贿打点。赇：贿赂。 ⑫ 王章：王法。 ⑬ 词：这里指讼词。 ⑭ 早衙：指官府上午坐堂问事。 ⑮ 不直：不以为然。 ⑯ 冥行：摸黑赶路。 ⑰ 私状：营私舞弊的情况。 ⑱ 复案：重审。 ⑲ 舒：这里指申冤。 ⑳ 冥王：阎王。 ㉑ 关说：通"关节"，意为说人情。 ㉒ 逆旅：客舍，旅馆。 ㉓ 殆：危险。 ㉔ 道路之口：道路上的传闻。 ㉕ 置词：说话；申辩。 ㉖ 允当：公允，恰当。 ㉗ 捽（zuó）：揪住头发。 ㉘ 墀（chǐ）：阶梯。 ㉙ 掬（jū）：双手捧取。 ㉚ 辟：开。 ㉛ 号：叫。 ㉜ 寻：不久。 ㉝ 踣（bó）：向前倒下。 ㉞ 罹（lí）：遭受。 ㉟ 达帝听：上达玉帝知道。 ㊱ 勋戚：有功勋的皇亲国戚。灌口二郎：蜀中灌口二郎庙所祀者，当是秦蜀郡守李冰之次子；或称二郎神为杨戬，疑从李冰次子故事演变而来。为帝勋戚：传说杨戬是玉帝的外甥。 ㊲ 何用汝鸣呼为：哪里用得着你去喊冤。 ㊳ 期（jī）颐（yí）之寿：百岁的寿数。 ㊴ 嵌：此处为盖上印章的意思。 ㊵ 蹇（jiǎn）缓：行路艰难迟缓。 ㊶ 门阈（yù）：门槛。 ㊷ 乳：吃奶。 ㊸ 殇（shāng）：夭亡。 ㊹ 羽葆：以鸟羽为饰的仪仗。 ㊺ 旛戟：长旛、棨戟等仪仗。旛：长幅下垂的旌旗。戟：即后文所说的"棨戟"，附有套衣的木戟，用作仪仗。横路：遮路。 ㊻ 卤（lǔ）簿：古时帝王或达官出行时的仪仗队。 ㊼ 前马：仪仗队的前驱。 ㊽ 丰仪瑰玮：丰姿仪态奇伟不凡。 ㊾ 作威福：指当权者专行赏罚，独揽威权。 ㊿ 缅诉：追诉。 (51) 愬（sù）：同"诉"，诉冤。 (52) 修躯多髯：身材高大，胡须很多。修：长。髯：络腮胡。 (53) 官廨（xiè）：官署，衙门。 (54) 槛车：囚车。 (55) 对勘：对质审讯。勘：审问。 (56) 贪墨以速官谤：贪污腐败招致

责难。贪墨：同"贪冒"，意指贪以败官。速：招致。官谤：居官不称职而受到责难。 (57) 繁（pán）缨棨戟：仪仗。繁缨：古时天子、诸侯的马饰。繁：马腹带。缨：马颈饰。棨戟：有缯衣或涂漆的木戟，用为仪仗。 (58) 品秩：官阶品级。 (59) 羊很狼贪：比喻冥王的凶狠与贪婪。很：通"狠"。 (60) 斫（zhuó）：砍削，此借作名词之"凿"。"斧敲"三句：意为层层敲剥、勒索，妇孺的脂膏、骨髓被压榨一空。 (61)"当掬"二句：意为当用长江之水，清洗冥王之污肠，即涤刷其罪。西江：西来之江，指长江。湔（jiān）：清洗。 (62) 请君入瓮：比喻以其人之道还治其人之身。"即烧"二句：意为以其人之道还治其人之身，叫冥王也受酷刑。东壁之床：指上文"东墀有铁床"，即火床。 (63) 父母之官：封建时代称地方官为"父母官"。此指县令。 (64) 司上帝牛羊之牧：职掌代替天帝管理人民之事。地方官吏应解除民困。 (65)"尽瘁"句：意为应当尽瘁事国，屈己奉公。尽瘁：竭尽心力。不辞折腰：指委屈奉公。 (66) 强项：不低头，喻刚直不阿。东汉董宣为洛阳令，光武帝称之为"强项令"。 (67) 上下其鹰鸷之手：意为枉法作弊，颠倒是非。鹰鸷：鹰和鸷，都是猛禽，比喻凶狠。 (68) 飞扬：任意施展。狙（jū）狯之奸：狡猾的奸谋。 (69) 人面而兽心：此指品质恶劣，外貌像人，内心狠毒，犹如恶兽。剔髓伐毛：脱胎换骨，涤除污垢，使之改恶从善。此指致死的酷刑。 (70)"所当"二句：意为罚其转世胎生，但不得为人。 (71)"只宜公门"二句：意为只有在衙门内洁身向善，才可转世为人。公门：衙门。修行：修身行善，指不枉法害民。落蓐（rù）之身：指人身。落蓐：指人的降生。蓐（rù）：产蓐。 (72)"何得苦海"二句：意为怎能在苦深如海的世俗之中，兴风作浪，作孽多端。苦海：佛家语，谓人间烦恼，苦深如海。弥天之孽：天大的罪孽。弥：满，广大。 (73)"飞扬"二句：意为隶役恣肆蛮横，满面杀气，迫害无辜。狗脸：指隶役的面孔。生六月之霜：意指狗脸布满杀气，将使无辜受冤。 (74)"隳（huī）突"句：意为隶役狐假虎威，骚扰百姓。隳突：冲撞毁坏。 (75) 九衢：指四通八达的道路。衢：大路。 (76) 屠伯：宰牲的能手，喻指滥杀的酷吏。伯：长也。 (77) 法场：刑场。 (78) 汤镬（huò）：汤锅，古代烹囚的刑具。 (79)"金光"二句：意为贿赂公行，致使官府昏暗不明，公理不彰。金光：喻金钱的魔力。 (80) 阎摩殿：阎王殿。阴霾：昏暗的浊雾。 (81)"铜臭"二句：意同上句，指收买官府，遂使阴间世界，暗无天日。铜臭：将钱买官，谓之铜臭。枉死城：指地狱。 (82)"余腥"二句：意为小额金钱可以役使鬼吏；而巨额金钱则可买通神灵。余腥：钱的余臭。大力：指巨额金钱的威力。 (83) 东岳：泰山。迷信传说，东岳泰山之神总管天地人间的生死祸福，并施行赏罚。 (84) 纪：古代以十二年为一纪。 (85) 微：衰微，败落。

⑧⑥ 净土：佛教认为西天佛土清净自然，是"极乐世界"，故称为"净土"。

·导读·

蒲松龄（公元1640—1715年），字留仙，号柳泉居士。《聊斋志异》最主要的内容之一是抨击社会黑暗，《席方平》是这方面的名篇。作品借冥间来影射现实。描绘了冥间富室豪家买通冥官，欺压善良，整个阴司暗无天日的景象。揭露并批判了封建官府各级贪官污吏的黑暗腐朽和豪绅恶霸的为非作歹以及百姓含冤莫申的现状。同时，歌颂了被压迫者不畏强暴、勇于抗争的坚决彻底的反抗精神。

小说的人物形象性格鲜明。通过叙述席方平魂赴冥府代父申冤的曲折经历，成功地塑造了席方平这一光辉形象。他同情良弱，憎恨邪恶，刚烈勇敢。他坚信正义一定能够伸张，具有百折不挠的反抗精神，历经阴曹地府各级官吏以及冥王的种种酷刑，甚至被锯解肢体，始终不屈，亦不为利所诱，坚持斗争，直至胜利。他机智聪敏，察觉到城隍、郡司被羊姓贿通，做贼心虚，遂机智地骗过了冥王，避开其监控，寻找向二郎神申诉的机会，最终获得了胜利。另外，冥王性格的多面性、小鬼的人性，虽着墨不多，却也个性鲜明。

《聊斋志异》兼具魏晋南北朝志怪小说和唐人传奇小说两体之长。小说采取"说鬼"的方法，以非现实的形式表现现实的内容，用荒诞虚妄的手法表达严肃的思想感情。《席方平》立足现实，蕴涵深厚的现实生活内容；同时又有丰富的想象，充满浓郁的浪漫气息。故事情节跌宕起伏，四次申冤告状，绝不重复，委婉曲折，明显有传奇艺术的影响。语言精炼，词汇丰富。特别是"冥判"一节，从情节需要看，显得过于滞重，但于思想的表达却很有价值。

【思考题】

一、作者以什么方式揭露和批判了哪些社会现实？
二、试析席方平的性格特点。
三、鲁迅《中国小说史略》称："《聊斋志异》虽亦如当时同类之书，不外记神仙狐鬼精魅故事，然描写委曲，叙次井然，用传奇法，而以志怪、变幻之状，如在目前；又或易调改弦，别叙畸人异行，出于幻域，顿入人间；偶叙琐闻，亦多简洁，故读者耳目，为之一新。"《席方平》体现了这些特点吗？

（李树民）

记棚民事[1]

梅曾亮

余为董文恪公[2]作行状[3],尽览其奏议。其任安徽巡抚,奏准棚民开山事甚力,大旨言与棚民相告讦[4]者,皆溺于龙脉风水之说,至有以数百亩之山,保一棺之土,弃典礼,荒地利,不可施行。而棚民能攻苦茹淡[5]于丛山峻岭、人迹不可通之地,开种旱谷,以佐稻粱。人无闲民,地无遗利,于策至便,不可禁止,以启事端。余览其说而是之。

及余来宣城[6],问诸乡人。皆言未开之山,土坚石固,草树茂密,腐叶积数年,可二三寸,每天雨从树至叶,从叶至土石,历石罅[7]滴沥成泉。其下水也缓,又水下而土不随其下。水缓,故低田受之不为灾;而半月不雨,高田犹受其浸溉。今以斤斧童[8]其山,而以锄犁疏其土,一雨未毕,沙石随下,奔流注壑涧中,皆填污不可贮水,毕至洼田中乃止;及洼田竭,而山田之水无继者。是为开不毛之土[9],而病有谷之田;利无税之佣[10],而瘠[11]有税之户也。余亦闻其说而是之。

嗟夫!利害之不能两全也久矣。由前之说,可以息事;由后之说,可以保利。若无失其利,而又不至如董公之所忧,则吾盖未得其术也。故记之以俟夫习民事者。

【注释】

① 棚民:指失去土地、筑棚而居、居无定所的流民。 ② 董文恪:指董教增,字益甫,南京人。嘉庆年间官至浙闽总督,卒谥文恪。 ③ 行状:记述死者世系、籍贯及生平事迹的文字。 ④ 告讦(jié):告发别人的隐私。 ⑤ 攻苦茹淡:吃苦耐劳。茹淡:吃没有滋味的东西。 ⑥ 宣城:今安徽宣城县。 ⑦ 石罅(xià):石缝。 ⑧ 童:山无草木。这里用作动词,指把草木砍掉。 ⑨ 不毛之土:不生长植物的土地,这里特指不长庄稼的土地。 ⑩ 无税之佣:指因失去土地而不承担赋税的人。 ⑪ 瘠:贫,这里用作动词。

·导读·

梅曾亮(公元1786—1856年),字伯言,江苏上元(今南京)人,清桐城派后期代表作家。这篇文章分析了棚民开垦荒山的得与失,亦即尽收地利与保护环境之间的矛盾,其论题至今仍有借鉴意义。在艺术上,本文也有很高的成就。文字简洁，紧紧围绕开垦荒山的利弊展开，将原本头绪纷繁、涉及面甚广的事件以短短数百字叙述得清楚明了。作者显然注意了叙事策略，以第一人称"余"为视角，按"余"对事件的认识过程展开，"余"从最初的"览其说而是之"到后来"亦闻其说而是之"，前后矛盾，成为"骑墙"者，这一戏剧性的变化发人深省。文章文字虽少，却因此波澜起伏，富于变化，韵味悠远，意蕴深厚，富有思辨性。作者将问题留待"习民事者"，显示了可贵的科学态度。

【思考题】

一、试分析本文的叙事技巧。

二、结合本文谈谈你对资源利用与保护环境之间的矛盾的看法。

（李树民）

中国现代部分

伤　逝（节选）
——涓生的手记

鲁　迅

　　我已经记不清那时怎样地将我的纯真热烈的爱表示给她。岂但现在，那时的事后便已模胡，夜间回想，早只剩了一些断片了；同居以后一两月，便连这些断片也化作无可追踪的梦影。我只记得那时以前的十几天，曾经很仔细地研究过表示的态度，排列过措辞的先后，以及倘或遭了拒绝以后的情形。可是临时似乎都无用，在慌张中，身不由己地竟用了在电影上见过的方法了。后来一想到，就使我很愧恧，但在记忆上却偏只有这一点永远留遗，至今还如暗室的孤灯一般，照见我含泪握着她的手，一条腿跪了下去……

　　不但我自己的，便是子君的言语举动，我那时就没有看得分明；仅知道她已经允许我了。但也还仿佛记得她脸色变成青白，后来又渐渐转作绯红，——没有见过，也没有再见的绯红；孩子似的眼里射出悲喜，但是夹着惊疑的光，虽然力避我的视线，张皇地似乎要破窗飞去。然而我知道她已经允许我了，没有知道她怎样说或是没有说。

　　她却是什么都记得：我的言辞，竟至于读熟了的一般，能够滔滔背诵；我的举动，就如有一张我所看不见的影片挂在眼下，叙述得如生，很细微，自然连那使我不愿再想的浅薄的电影的一闪。夜阑人静，是相对温习的时候了，我常是被质问，被考验，并且被命复述当时的言语，然而常须由她补足，由她纠正，像一个丁等的学生。

　　这温习后来也渐渐稀疏起来。但我只要看见她两眼注视空中，出神似的凝想着，于是神色越加柔和，笑窝也深下去，便知道她又在自修旧课了，只是我很怕她看到我那可笑的电影的一闪。但我又知道，她一定要看见，而且也非看不可的。

　　然而她并不觉得可笑。即使我自己以为可笑，甚而至于可鄙的，她也毫不以为可笑。这事我知道得很清楚，因为她爱我，是这样地热烈，这样地纯真。

　　去年的暮春是最为幸福，也是最为忙碌的时光。我的心平静下去了，但又有别一部分和身体一同忙碌起来。我们这时才在路上同行,也到过几回公园,最多的是寻住所。我觉得在路上时时遇到探索,讥笑,猥亵和轻蔑的眼光,一不小心,便使我的全身有些瑟缩,只得即刻提起我的骄傲和反抗来支持。她却是大无畏的,对于这些全不关心,只是镇静地缓缓前行,坦然如入无人之境。

寻住所实在不是容易事,大半是被托辞拒绝,小半是我们以为不相宜。起先我们选择得很苛酷,——也非苛酷,因为看去大抵不像是我们的安身之所;后来,便只要他们能相容了。看了二十多处,这才得到可以暂且敷衍的处所,是吉兆胡同一所小屋里的两间南屋;主人是一个小官,然而倒是明白人,自住着正屋和厢房。他只有夫人和一个不到周岁的女孩子,雇一个乡下的女工,只要孩子不啼哭,是极其安闲幽静的。

我们的家具很简单,但已经用去了我的筹来的款子的大半;子君还卖掉了她唯一的金戒指和耳环。我拦阻她,还是定要卖,我也就不再坚持下去了;我知道不给她加入一点股份去,她是住不舒服的。

和她的叔子,她早经闹开,至于使他气愤到不再认她做侄女;我也陆续和几个自以为忠告,其实是替我胆怯,或者竟是嫉妒的朋友绝了交。然而这倒很清静。每日办公散后,虽然已近黄昏,车夫又一定走得这样慢,但究竟还有二人相对的时候。我们先是沉默的相视,接着是放怀而亲密的交谈,后来又是沉默。大家低头沉思着,却并未想着什么事。我也渐渐清醒地读遍了她的身体,她的灵魂,不过三星期,我似乎于她已经更加了解,揭去许多先前以为了解而现在看来却是隔膜,即所谓真的隔膜了。

子君也逐日活泼起来。但她并不爱花,我在庙会①时买来的两盆小草花,四天不浇,枯死在壁角了,我又没有照顾一切的闲暇。然而她爱动物,也许是从官太太那里传染的罢,不一月,我们的眷属便骤然加得很多,四只小油鸡,在小院子里和房主人的十多只在一同走。但她们却认识鸡的相貌,各知道那一只是自家的。还有一只花白的叭儿狗,从庙会买来,记得似乎原有名字,子君却给它另起了一个,叫作阿随。我就叫它阿随,但我不喜欢这名字。

这是真的,爱情必须时时更新,生长,创造。我和子君说起这,她也领会地点点头。

唉唉,那是怎样的宁静而幸福的夜呵!

安宁和幸福是要凝固的,永久是这样的安宁和幸福。我们在会馆里时,还偶有议论的冲突和意思的误会,自从到吉兆胡同以来,连这一点也没有了;我们只在灯下对坐的怀旧谭中,回味那时冲突以后的和解的重生一般的乐趣。

子君竟胖了起来,脸色也红活了;可惜的是忙。管了家务便连谈天的工夫也没有，何况读书和散步。我们常说，我们总还得雇一个女工。

这就使我也一样地不快活，傍晚回来，常见她包藏着不快活的颜色，尤其使我不乐的是她要装作勉强的笑容。幸而探听出来了，也还是和那小官太太的暗斗，导火线便是两家的小油鸡。但又何必硬不告诉我呢？人总该有一个独立的家庭。这样的处所，是不能居住的。

我的路也铸定了，每星期中的六天，是由家到局，又由局到家。在局里便坐在办公桌前钞，钞，钞些公文和信件；在家里是和她相对或帮她生白炉子，煮饭，蒸馒头。我学会了煮饭，就在这时候。

但我的食品却比在会馆里时好得多了。做菜虽不是子君的特长，然而她于此却倾注着全力；对于她的日夜的操心，使我也不能不一同操心，来算作分甘共苦。况且她又这样地终日汗流满面，短发都粘在脑额上；两只手又只是这样地粗糙起来。

况且还要饲阿随，饲油鸡，……都是非她不可的工作。

我曾经忠告她：我不吃，倒也罢了；却万不可这样地操劳。她只看了我一眼，不开口，神色却似乎有点凄然；我也只好不开口。然而她还是这样地操劳。

我所豫期的打击果然到来。双十节的前一晚，我呆坐着，她在洗碗。听到打门声，我去开门时，是局里的信差，交给我一张油印的纸条。我就有些料到了，到灯下去一看，果然，印着的就是：

> 奉
> 局长谕史涓生着毋庸到局办事
> 秘书处启　十月九号

这在会馆里时，我就早已料到了；那雪花膏便是局长的儿子的赌友，一定要去添些谣言，设法报告的。到现在才发生效验，已经要算是很晚的了。其实这在我不能算是一个打击，因为我早就决定，可以给别人去钞写，或者教读，或者虽然费力，也还可以译点书，况且《自由之友》的总编辑便是见过几次的熟人，两月前还通过信。但我的心却跳跃着。那么一个无畏的子君也变了色，尤其使我痛心；她近来似乎也较为怯弱了。

"那算什么。哼，我们干新的。我们……"她说。

她的话没有说完；不知怎地，那声音在我听去却只是浮浮的；灯光也觉得格外黯淡。人们真是可笑的动物，一点极微末的小事情，便会受着很深的影响。

我们先是默默地相视，逐渐商量起来，终于决定将现有的钱竭力节省，一面登"小广告"去寻求钞写和教读，一面写信给《自由之友》的总编辑，说明我目下的遭遇，请他收用我的译本，给我帮一点艰辛时候的忙。

"说做，就做罢！来开一条新的路！"

我立刻转身向了书案，推开盛香油的瓶子和醋碟，子君便送过那黯淡的灯来。我先拟广告；其次是选定可译的书，迁移以来未曾翻阅过，每本的头上都满漫着灰尘了；最后才写信。

我很费踌躇，不知道怎样措辞好。当停笔凝思的时候，转眼去一瞥她的脸，在昏暗的灯光下，又很见得凄然。我真不料这样微细的小事情，竟会给坚决的、无畏的子君以这么显著的变化。她近来实在变得很怯弱了，但也并不是今夜才开始的。我的心因此更缭乱，忽然有安宁的生活的影像——会馆里的破屋的寂静，在眼前一闪，刚刚想定睛凝视，却又看见了昏暗的灯光。

许久之后，信也写成了，是一封颇长的信；很觉得疲劳，仿佛近来自己也较为怯弱了。于是我们决定，广告和发信，就在明日一同实行。大家不约而同地伸直了腰肢，在无言中，似乎又都感到彼此的坚忍倔强的精神，还看见从新萌芽起来的将来的希望。

外来的打击其实倒是振作了我们的新精神。局里的生活，原如鸟贩子手里的禽鸟一般，仅有一点小米维系残生，决不会肥胖；日子一久，只落得麻痹了翅子，即使放出笼外，早已不能奋飞。现在总算脱出这牢笼了，我从此要在新的开阔的天空中翱翔，趁我还未忘却了我的翅子的扇动。

小广告是一时自然不会发生效力的；但译书也不是容易事，先前看过，以为已经懂得的，一动手，却疑难百出了，进行得很慢。然而我决计努力地做，一本半新的字典，不到半月，边上便有了一大片乌黑的指痕，这就证明着我的工作的切实。《自由之友》的总编辑曾经说过，他的刊物是决不会埋没好稿子的。

可惜的是我没有一间静室，子君又没有先前那么幽静，善于体帖了，屋子里总是散乱着碗碟，弥漫着煤烟，使人不能安心做事，但是这自然还只能怨我自己无力置一间书斋。然而又加以阿随，加以油鸡们。加以油鸡们又大起来了，更容易成为两家争吵的引线。

加以每日的"川流不息"的吃饭；子君的功业，仿佛就完全建立在这吃饭中。吃了筹钱，筹来吃饭，还要喂阿随，饲油鸡；她似乎将先前所知道的全都忘掉了，也不想到我的构思就常常为了这催促吃饭而打断。即使在坐中给看一点怒色，她总是不改变，仍然毫无感触似的大嚼起来。

使她明白了我的作工不能受规定的吃饭的束缚，就费去五星期。她明白之后，大约很不高兴罢，可是没有说。我的工作果然从此较为迅速地进行，不久就共译了五万言，只要润色一回，便可以和做好的两篇小品，一同寄给《自由之友》去。只是吃饭却依然给我苦恼。菜冷，是无妨的，然而竟不够；有时连饭也不够，虽然我因为终日坐在家里用脑，饭量已经比先前要减少得多。这是先去喂了阿随了，有时还并那近来连自己也轻易不吃的羊肉。她说，阿随实在瘦得太可怜，房东太太还因此嗤笑我们了，她受不住这样的奚落。

于是吃我残饭的便只有油鸡们。这是我积久才看出来的，但同时也如赫胥黎②的论定"人类在宇宙间的位置"一般，自觉了我在这里的位置：不过是叭儿狗和油鸡之间。

后来，经多次的抗争和催逼，油鸡们也逐渐成为肴馔，我们和阿随都享用了十多日的鲜肥；可是其实都很瘦，因为它们早已每日只能得到几粒高粱了。从此便清静得多。只有子君很颓唐，似乎常觉得凄苦和无聊，至于不大愿意开口。我想，人是多么容易改变呵！

但是阿随也将留不住了。我们已经不能再希望从什么地方会有来信，子君也早没有一点食物可以引它打拱或直立起来。冬季又逼近得这么快，火炉就要成为很大的问题；它的食量，在我们其实早是一个极易觉得的很重的负担。于是连它也留不住了。

倘使插了草标③到庙市去出卖，也许能得几文钱罢，然而我们都不能，也不愿这样做。终于是用包袱蒙着头，由我带到西郊去放掉了，还要追上来，便推在一个并不很深的土坑里。

我一回寓，觉得又清静得多多了；但子君的凄惨的神色，却使我很吃惊。那是没有见过的神色，自然是为阿随。但又何至于此呢？我还没有说起推在土坑里的事。

到夜间，在她的凄惨的神色中，加上冰冷的分子了。

"奇怪。——子君，你怎么今天这样儿了？"我忍不住问。

"什么？"她连看也不看我。

"你的脸色……"

"没有什么，——什么也没有。"

我终于从她言动上看出，她大概已经认定我是一个忍心的人。其实，我一个人，是容易生活的，虽然因为骄傲，向来不与世交来往，迁居以后，也疏远了所有旧识的人，然而只要能远走高飞，生路还宽广得很。现在忍受着这生活压迫的苦痛,大半倒是为她,便是放掉阿随,也何尝不如此。但子君的识见却似乎只是浅薄起来,竟至于连这一点也想不到了。

我拣了一个机会,将这些道理暗示她;她领会似的点头。然而看她后来的情形,她是没有懂,或者是并不相信的。

天气的冷和神情的冷,逼迫我不能在家庭中安身。但是,往那里去呢?大道上,公园里,虽然没有冰冷的神情,冷风究竟也刺得人皮肤欲裂。我终于在通俗图书馆里觅得了我的天堂。

那里无须买票;阅书室里又装着两个铁火炉。纵使不过是烧着不死不活的煤的火炉,但单是看见装着它,精神上也就总觉得有些温暖。书却无可看:旧的陈腐,新的是几乎没有的。

好在我到那里去也并非为看书。另外时常还有几个人,多则十余人,都是单薄衣裳,正如我,各人看各人的书,作为取暖的口实。这于我尤为合式。道路上容易遇见熟人,得到轻蔑的一瞥,但此地却决无那样的横祸,因为他们是永远匿在别的铁炉旁,或者靠在自家的白炉边的。

那里虽然没有书给我看,却还有安闲容得我想。待到孤身枯坐,回忆从前,这才觉得大半年来,只为了爱,——盲目的爱,——而将别的人生的要义全盘疏忽了。第一,便是生活。人必生活着,爱才有所附丽。世界上并非没有为了奋斗者而开的活路;我也还未忘却翅子的扇动,虽然比先前已经颓唐得多……

屋子和读者渐渐消失了,我看见怒涛中的渔夫,战壕中的兵士,摩托车④中的贵人,洋场上的投机家,深山密林中的豪杰,讲台上的教授,昏夜的运动者和深夜的偷儿……子君,——不在近旁。她的勇气都失掉了,只为着阿随悲愤,为着做饭出神;然而奇怪的是倒也并不怎样瘦损……

冷了起来,火炉里的不死不活的几片硬煤,也终于烧尽了,已是闭馆的时候。又须回到吉兆胡同,领略冰冷的颜色去了。近来也间或遇到温暖的神情,但这却反而增加我的苦痛。记得有一夜,子君的眼里忽而又发出久已不见的稚气的光来,笑着和我谈到还在会馆时候的情形,时时又很带些恐怖的神色。我知道我近来的超过她的冷漠,已经引起她的忧疑来,只得也勉力谈笑,想给她一点慰藉。然而我的笑貌一上脸,我的话一出口,却即刻变为空虚,这空虚又即刻发生反响,回向我的耳目里,给我一个难堪的恶毒的冷嘲。

子君似乎也觉得的,从此便失掉了她往常的麻木似的镇静,虽然竭力掩饰,总还是时时露出忧疑的神色来,但对我却温和得多了。

我要明告她,但我还没有敢,当决心要说的时候,看见她孩子一般的眼色,就使我只得暂且改作勉强的欢容。但是这又即刻来冷嘲我，并使我失却那冷漠的镇静。

她从此又开始了往事的温习和新的考验，逼我做出许多虚伪的温存的答案来，将温存示给她，虚伪的草稿便写在自己的心上。我的心渐被这些草稿填满了，常觉得难于呼吸。我在苦恼中常常想，说真实自然须有极大的勇气的；假如没有这勇气，而苟安于虚伪，那也便是不能开辟新的生路的人。不独不是这个，连这人也未尝有！

子君有怨色，在早晨，极冷的早晨，这是从未见过的，但也许是从我看来的怨色。我那时冷冷地气愤和暗笑了；她所磨练的思想和豁达无畏的言论，到底也还是一个空虚，而对于这空虚却并未自觉。她早已什么书也不看，已不知道人的生活的第一着是求生，向着这求生的道路，是必须携手同行，或奋身孤往的了，倘使只知道捶着一个人的衣角，那便是虽战士也难于战斗，只得一同灭亡。

我觉得新的希望就只在我们的分离；她应该决然舍去，——我也突然想到她的死，然而立刻自责，忏悔了。幸而是早晨，时间正多，我可以说我的真实。我们的新的道路的开辟，便在这一遭。

我和她闲谈，故意地引起我们的往事，提到文艺，于是涉及外国的文人，文人的作品：《诺拉》，《海的女人》⑤。称扬诺拉的果决……。也还是去年在会馆的破屋里讲过的那些话，但现在已经变成空虚，从我的嘴传入自己的耳中，时时疑心有一个隐形的坏孩子，在背后恶意地刻毒地学舌。

她还是点头答应着倾听，后来沉默了。我也就断续地说完了我的话，连余音都消失在虚空中了。

"是的。"她又沉默了一会，说，"但是，……涓生，我觉得你近来很两样了。可是的？你，——你老实告诉我。"

我觉得这似乎给了我当头一击，但也立即定了神，说出我的意见和主张来：新的路的开辟，新的生活的再造，为的是免得一同灭亡。

临末，我用了十分的决心，加上这几句话：

"……况且你已经可以无须顾虑，勇往直前了。你要我老实说；是的，人是不该虚伪的。我老实说罢：因为，因为我已经不爱你了！但这于你倒好得多，因为你更可以毫无挂念地做事……"

我同时豫期着大的变故的到来，然而只有沉默。她脸色陡然变成灰黄，死了似的；瞬间便又苏生，眼里也发了稚气的闪闪的光泽。这眼光射向四处，正如孩子在饥渴中寻求着慈爱的母亲，但只在空中寻求，恐怖地回避着我的眼。

我不能看下去了,幸而是早晨,我冒着寒风径奔通俗图书馆。

【注 释】

① 庙会:又称"庙市",旧时在节日或规定的日子,设在寺庙或其附近的集市。 ② 赫胥黎:(T.Huxley,1825—1895年),英国生物学家。他的《人类在宇宙间的位置》(今译《人类在自然界的位置》),是宣传达尔文的进化论的重要著作。 ③ 草标:旧时在被卖的人身或物品上插置的草秆,作为出卖的标志。 ④ 摩托车:当时对小汽车的称呼。 ⑤《诺拉》:通译《娜拉》(又译作《玩偶之家》)。《海的女人》:通译《海的夫人》。这些都是易卜生的著名剧作。

·导 读·

鲁迅(公元1881—1936年),原名周树人,浙江绍兴人。中国现代文学家、思想家。《伤逝》是鲁迅唯一的一篇爱情小说,描写了五四运动时期一对具有个性解放思想的知识青年涓生与子君冲破封建礼教、追求恋爱和婚姻自由最后却以悲剧告终的爱情故事,尖锐地提出了个性解放与社会解放的关系问题:只有完成整个社会的改革、解放,恋爱婚姻问题才能真正解决。

小说着重塑造了受五四新文化影响的女性知识青年子君的形象。她把个性解放思想作为她争取婚姻自主的思想武器,勇敢地和封建旧家庭分裂,大无畏地对待那些讥笑和轻蔑的眼光,和涓生建立起通过自由恋爱而结合的小家庭。但在目标实现后,她就心安理得地做起家庭主妇,没有了新的理想和追求。她因个性觉醒而从旧家庭出走,却走进了小家庭,脱离了广大的社会生活,最终在传统偏见的巨大压力下忧郁而死。当然,造成悲剧的原因还有封建旧势力的压迫、涓生的自私软弱等。鲁迅正是通过子君的悲剧,揭示了个性解放不是妇女解放的道路。

《伤逝》采取涓生手记的形式表现丰富、复杂的内心活动。作者不重在事件过程的叙述,而把笔力集中于人物的心灵历程和感情波澜的抒写,展示主人公悲欢离合的感情世界。用涓生追忆往事、心灵自剖的方法,使作品具有浓烈的抒情色调。

【思考题】

一、分析《伤逝》中涓生、子君爱情悲剧的原因。
二、你如何理解"人必生活着,爱才有所附丽"?

三、《伤逝》中内心独白的叙事方式在表现文章主题方面的作用是什么?

(古春梅)

喝　茶

周作人

前回徐志摩先生在平民中学讲"吃茶",——并不是胡适之先生所说的"吃讲茶",——我没有工夫去听,又可惜没有见到他精心结构的讲稿,但我推想他是在讲日本的"茶道"(英文译作 Teaism),而且一定说的很好。茶道的意思,用平凡的话来说,可以称作"忙里偷闲,苦中作乐",在不完全的现世享乐一点美与和谐,在刹那间体会永久,是日本之"象征的文化"里的一种代表艺术。关于这一件事,徐先生一定已有透彻巧妙的解说,不必再来多嘴,我现在所想说的,只是我个人的很平常的喝茶罢了。

喝茶以绿茶为正宗,红茶已经没有什么意味,何况又加糖——与牛奶?葛辛(George Gissing)的《草堂随笔》(Private Papers of Henry Ryecroft)确是很有趣味的书,但冬之卷里说及饮茶,以为英国家庭里下午的红茶与黄油面包是一日中最大的乐事,东方饮茶已历千百年,未必能领略此种乐趣与实益的万分之一,则我殊不以为然。红茶带"土斯"未始不可吃,但这只是当饭,在肚饥时食之而已;我的所谓喝茶,却是在喝清茶,在赏鉴其色与香与味,意未必在止渴,自然更不在果腹了。中国古昔曾吃过煎茶及抹茶,现在所用的都是泡茶,冈仓觉三在《茶之书》(Book of Tea, 1919)里很巧妙的称之曰"自然主义的茶",所以我们所重的即在这自然之妙味。中国人上茶馆去,左一碗右一碗的喝了半天,好象是刚从沙漠里回来的样子,颇合于我的喝茶的意思(听说闽粤有所谓吃工夫茶者自然也有道理),只可惜近来太是洋场化,失了本意,其结果成为饭馆子之流,只在乡村间还保存一点古风,唯是屋宇器具简陋万分,或者但可称为颇有喝茶之意,而未可许为已得喝茶之道也。

喝茶当于瓦屋纸窗下,清泉绿茶,用素雅的陶瓷茶具,同二三人共饮,得半日之闲,可抵十年的尘梦。喝茶之后,再去继续修各人的胜业,无论为名为利,都无不可,但偶然的片刻优游乃正亦断不可少。中国喝茶时多吃瓜子,我觉得不很适宜,喝茶时可吃的东西应当是清淡的"茶食"。中国的茶食却变了"满汉饽饽",其性质与"阿阿兜"相差无几,不是喝茶时所吃的东西了。日本的点心虽是豆米的成品,但那优雅的形色,朴素的味道,很合于茶食的资格,如各色的"羊羹"（据上田恭辅氏考据，说是出于中国唐时的羊肝饼），尤有特殊的风味。江南茶馆中有一种"干丝"，用豆腐干切成细丝，加姜丝酱油，重汤炖热，上浇麻油，出以供客，其利益为"堂倌"所独有。豆腐干中本有一种"茶干"，今变而为丝，亦颇与茶相宜。在南京时常食此品，据云有某寺方丈所制为最，虽也曾尝试，却已忘记，所记得者乃只是下关的江天阁而已。学生们的习惯，平常"干丝"既出，大抵不即食，等到麻油再加，开水重换之后，始行举箸，最为合式，因为一到即罄，次碗继至，不遑应酬，否则麻油三浇，旋即撤去，怒形于色，未免使客不欢而散，茶意都消了。

吾乡昌安门外有一处地方，名三脚桥（实在并无三脚，乃是三出，因以一桥而跨三汊的河上也），其地有豆腐店曰周德和者，制茶干最有名。寻常的豆腐干方约寸半，厚可三分，值钱二文，周德和的价值相同，小而且薄，才及一半，黝黑坚实，如紫檀片。我家距三脚桥有步行两小时路程，故殊不易得，但能吃到油炸者而已。每天有人挑担设炉镬，沿街叫卖，其词曰：

辣酱辣，

麻油炸，

红酱搽，

辣酱拓：

周德和格五香油炸豆腐干。

其制法如上所述，以竹丝插其末端，每枚三文。豆腐干大小如周德和，而甚柔软，大约系常品，唯经过这样烹调，虽然不是茶食之一　却也不失为一种好豆食。——豆腐的确也是极好的佳妙的食品，可以有种种的变化，唯在西洋不会被领解，正如茶一般。

日本用茶淘饭，名曰"茶渍"，以腌菜及"泽庵"（即福建的黄土萝卜，日本泽庵法师始传此法，盖从中国传去）等为佐，很有清淡而可香的风味。中国人未尝不这样吃，唯其原因，非由穷困即为节省，殆少有故意往清茶淡饭中寻其固有之味者，此所以为可惜也。

（十三年十二月）

·导 读·

周作人（公元1885—1967年），浙江绍兴人，现代著名散文家。周作人最早在理论上从西方引入"美文"的概念，提倡文艺性的叙事抒情散文，对中国现代散文的发展起了积极的作用。

周作人的散文以生活见闻和日常生活体验为载体,形成了他独特的"闲话体"散文。"闲话体"散文取材于平凡琐事,在平淡的叙述中有人生的况味,展示了内心的情趣。《喝茶》从别人讲"吃茶"入手,引出日本的"茶道",旨在说明"喝茶"是"忙里偷闲,苦中作乐","在不完全的现世享乐一点美与和谐,在刹那间体会永久"。在谈了他理想中的喝茶环境、器具、韵味之后,又细数与喝茶不可分开的茶食。作者在写这些"茶食"时,并不是单纯地罗列,而是把它们的制作方法以及吃的方法,甚至小吃摊怎样沿街叫卖,都写得淋漓尽致、有声有色,不但写出了当时的民风民俗,也给我们描绘出一个别具一格的艺术世界。

周作人散文有"闲话"的情趣,又有令人咀嚼的"涩味":"喝茶当于瓦屋纸窗下,清泉绿茶,用素雅的陶瓷茶具,同二三人共饮,得半日之闲,可抵十年的尘梦。"既优游闲适,又落寞惆怅。隐伏其间的是五四运动后知识分子失望于现实的时代苦闷和内心苦涩。文章在大谈自己的审美趣味与对民俗的爱好外,借饮食寄托了自己的思乡之情,隐然可见其对故乡挥之不去的留恋与执著。当然,在"喝茶"的背后,也许既有回避现实的一面,又包含了对生命的领悟,以及对人类文化的根本、生命境界的超越性关怀。

周作人"闲话"的散文意味隽永,从容舒徐。其"闲话"在思想内容上表现为"名士雅趣",在体式上表现为平和自然。那率意写出的文字,却有一种耐人品读、追味的丰神和韵味,可谓朴中有灵,平中见奇。

【思考题】

一、品味作家追求的情趣和字里行间隐含的"涩味"。

二、阅读《北京的茶食》《乌篷船》《故乡的野菜》等作品,学习作家取材平凡琐屑生活、展示自己情趣志向的创作风格。

(古春梅)

大学的生活(节选)

胡 适

目前很多学生选择科系时,从师长的眼光看,都不免带有短见,倾向于功利主义方面。天才比较高的都跑到医工科去,而且只走入实用方面,而又不选择基本学科,譬如学医的,内科、外科、产科、妇科,有很多人选,而基本学科譬如生物化学、病理学,很少青年人去选读,这使我感到今日的青年不免短视，带着近视眼镜去看自己的前途与将来。我今天头一项要讲的，就是根据我们老一辈的对选科系的经验，贡献给各位。

　　我讲一段故事。记得四十八年前，我考取了官费出洋，我的哥哥特地从东三省赶到上海为我送行，临行时对我说，我们的家早已破坏中落了，你出国要学些有用之学，帮助复兴家业，重振门楣，他要我学开矿或造铁路，因为这是比较容易找到工作的，千万不要学些没用的文学、哲学之类没饭吃的东西。我说好的，船就要开了。那时和我一起去美国的留学生共有七十人，分别进入各大学。在船上我就想，开矿没兴趣，造铁路也不感兴趣，于是只好采取调和折衷的办法，要学有用之学，当时康奈尔大学有全美国最好的农学院，于是就决定进去学科学的农学，也许对国家社会有点贡献吧！那时进康大的原因有二：一是康大有当时最好的农学院，且不收学费，而每个月又可获得八十元的津贴；我刚才说过，我家破了产，母亲待养，那时我还没结婚，一切从俭，所以可将部分的钱拿回养家。另一是我国有百分之八十的人是农民，将来学会了科学的农业，也许可以有益于国家。

　　入校后头一星期就突然接到农场实习部的信，叫我去报到。那时教授便问我："你有什么农场经验？"我答"没有。""难道一点都没有吗？""要有嘛，我的外公和外婆，都是道地的农夫。"教授说："这与你不相干。"我又说："就是因为没有，才要来学呀！"后来他又问："你洗过马没有？"我说："没有。"我就告诉他中国人种田是不用马的。于是老师就先教我洗马，他洗一面，我洗另一面。他又问我会套车吗，我说也不会。于是他又教我套车，老师套一边，我套一边，套好跳上去，兜一圈子。接着就到农场做选种的实习工作，手起了泡，但仍继续的忍耐下去。农复会的沈宗瀚先生写一本《克难苦学记》，要我和他作一篇序，我也就替他做一篇很长的序。我们那时学农的人很多，但只有沈宗瀚先生赤过脚下过田，是唯一确实有农场经验的人。学了一年，成绩还不错，功课都在八十五分以上。第二年我就可以多选两个学分，于是我选种果学，即种苹果学。分上午讲课与下午实习。上课倒没有什么，还甚感兴趣；下午实验，走入实习室，桌上有各色各样的苹果三十个，颜色有红的、有黄的、有青的……形状有圆的、有长的、有椭圆的、有四方的……要照着一本手册上的标准，去定每一苹果的学名，蒂有多长？花是什么颜色？肉是甜是酸？是软是硬？弄了两个小时。弄了半个小时一个都弄不了，满头大汗，真是冬天出大汗。抬头一看，呀！不对头，那些美国同学都做完跑光了，把苹果拿回去吃了。他们不需剖开，因为他们比较熟悉，查查册子后面的普通名词就可以定学名，在他们是很简单。我只弄了一半，一半又是错的。回去就自己问自己学这个有什么用？

要是靠当时的活力与记性，用上一个晚上来强记，四百多个名字都可记下来应付考试。但试想有什么用呢？那些苹果在我国烟台也没有，青岛也没有，安徽也没有……我认为科学的农学无用了，于是决定改行，那时正是民国元年，国内正在革命的时候，也许学别的东西更有好处。

那么，转系要以什么为标准呢？依自己的兴趣呢？还是看社会的需要？我年轻时候《留学日记》有一首诗，现在我也背不出来了。我选课用什么做标准？听哥哥的话？看国家的需要？还是凭自己？只有两个标准：一个是"我"；一个是"社会"，看看社会需要什么？国家需要什么？中国现代需要什么？但这个标准——社会上三百六十行，行行都需要，现在可以说三千六百行，从诺贝尔得奖人到修理马桶的，社会都需要，所以社会的标准并不重要。因此，在定主意的时候，便要依着自我的兴趣了——即性之所近，力之所能。我的兴趣在什么地方？与我性质相近的是什么？问我能做什么？对什么感兴趣？我便照着这个标准转到文学院了。但又有一个困难，文科要缴费，而从康大中途退出，要赔出以前二年的学费，我也顾不得这些。经过四位朋友的帮忙，由八十元减到三十五元，终于达成愿望。在文学院以哲学为主，英国文学、经济、政治学之门为副。后又以哲学为主，经济理论、英国文学为副科。到哥伦比亚大学后，仍以哲学为主，以政治理论、英国文学为副。我现在六十八岁了，人家问我学什么？我自己也不知道学些什么？我对文学也感兴趣，白话文方面也曾经有过一点小贡献。在北大，我曾做过哲学系主任、外国文学系主任、英国文学系主任，中国文学系也做过四年的系主任，在北大文学院六个学系中，五系全做过主任。现在我自己也不知道学些什么，我刚才讲过现在的青年太倾向于现实了，不凭性之所近、力之所能去选课。譬如一位有做诗天才的人，不进中文系学做诗，而偏要去医学院学外科，那么文学院便失去了一个一流的诗人，而国内却添了一个三四流甚至五流的饭桶外科医生，这是国家的损失，也是你们自己的损失。

在一个头等，第一流的大学，当初日本筹划帝大的时候，真的计划远大，规模宏伟，单就医学院就比当初日本总督府还要大。科学的书籍都是从第一号编起。基础良好，我们接收已有十余年了，总算没有辜负当初的计划。今日台大可说是国内唯一最完善的大学，各位不要有成见，带着近视眼镜来看自己的前途，看自己的将来。听说入学考试时有七十二个志愿可填，这样七十二变，变到最后不知变成了什么，当初所填的志愿，不要当做最后的决定，只当做暂时的方向。要在大学一、二年的时候，东摸摸西摸摸的瞎摸。不要有短见，十八九岁的青年仍没有能力决定自己的前途、职业。进大学后第一年到处去摸、去看，探险去，不知道的我偏要去学。如在中学时候的数学不好，现在我偏要去学，中学时不感兴趣，也许是老师不好。现在去听听最好的教授的讲课，也许会提起你的兴趣。好的先生会指导你走上一个好的方向，第一、二年甚至于第三年还来得及，只要依着自己"性之所近，力之所能"的做去，这是清代大儒章学诚的话。

现在我再说一个故事，不是我自己的，而是近代科学的开山大师——伽利略（Galileo）。他是意大利人，父亲是一个有名的数学家，他的父亲叫他不要学他这一行，学这一行是没饭吃的，要他学医。他奉命而去。当时意大利正是文艺复兴的时候，他到大学以后曾被教授和同学捧誉为"天才的画家"，他也很得意。父亲要他学医，他却发现了美术的天才。他读书的佛劳伦斯地方是一工业区，当地的工业界首领希望在这大学多造就些科学的人才，鼓励学生研究几何，于是在这大学里特为官儿们开设了几何学一科，聘请一位叫RICCi氏当教授。有一天，他打从那个地方过，偶然的定脚在听讲，有的官儿们在打瞌睡，而这位年轻的伽利略却非常感兴趣。于是不断地一直继续下去，趣味横生，便改学数学，由于浓厚的兴趣与天才，就决心去东摸摸西摸摸，摸出一条兴趣之路，创造了新的天文学、新的物理学，终于成为一位近代科学的开山大师。

大学生选择学科就是选择职业。我现在六十八岁了，我也不知道所学的是什么？希望各位不要学我这样老不成器的人。勿以七十二志愿中所填的一愿就定了终身，还没有的，就是大学二、三年也还没定。各位在此完备的大学里，目前更有这么多好的教授人才来指导，趁此机会加以利用。社会上需要什么，不要管它，家里的爸爸、妈妈、哥哥、朋友等，要你做律师、做医生，你也不要管他们，不要听他们的话，只要跟着自己的兴趣走。想起当初我哥哥要我学开矿、造铁路，我也没听他的话，自己变来变去变成一个老不成器的人。后来我哥哥也没说什么。只管我自己，别人不要管他。依着"性之所近，力之所能"学下去，其未来对国家的贡献也许比现在盲目所选的或被动选择的学科会大得多，将来前途也是无可限量的。

·导 读·

胡适（公元 1891—1962 年），安徽绩溪人。他是著名的学者，也是著名的演讲家。1917 年至 1918 年在《新青年》上发表《文学改良刍议》《建设的文学革命论》，提倡白话文学，亲自尝试写作白话诗，引起巨大的社会反响。此后主要从事文学、哲学的研究，其开创的"大胆的假设，小心的求证"的研究方法，其热爱民主和自由的精神，对中国现代学术和中国知识分子影响深远。一生著述颇丰，著名的有《尝试集》《白话文学史》《中国哲学史大纲》《胡适文存》等。

胡适在《大学的生活》(节选)中总结了自己的求学经验，认为一个人依着"性之所近，力之所能"的原则来选择科系和专业，必定有所创造、有所成就，其未来对国家的贡献比盲目或被动选择学科会大得多，将来前途也是无可限量的。这里，胡适强调了个人选择的独立性和自主性，但如何理性地把自身的需要同社会的需要结合起来，更值得我们深思。也许这更符合人的科学发展、全面发展的原则，在我们生活的今天具有强烈的现实意义。《大学的生活》主题明确，立意高远，开头和结尾的随意自然与中间部分严谨的论证有机结合，语言亲切，很有说服力。

【思考题】

一、兴趣是最好的老师，兴趣是创造的胚芽。谈谈你对如何引导、激发、强化学生的兴趣，促进学生个性的健康、全面发展的认识。

二、结合自己的实际，谈谈"性之所近，力之所能"的原则给你的启示。

（代晓冬）

我不知道风是在哪一个方向吹

徐志摩

我不知道风
是在哪一个方向吹——
我是在梦中，
在梦的轻波里依洄。

我不知道风
是在哪一个方向吹——
我是在梦中，
她的温存，我的迷醉。

我不知道风
是在哪一个方向吹——
我是在梦中，

甜美是梦里的光辉。

我不知道风
是在哪一个方向吹 ——
我是在梦中,
她的负心,我的伤悲。

我不知道风
是在哪一个方向吹 ——
我是在梦中,
在梦的悲哀里心碎!

我不知道风
是在哪一个方向吹 ——
我是在梦中,
黯淡是梦里的光辉。

·导 读·

徐志摩(公元1896—1931年),原名徐章旭,浙江海宁人,新月派的代表人物,作品有《志摩的诗》《猛虎集》《云游集》等。徐志摩的诗具有音乐美、绘画美、建筑美。

《我不知道风是在哪一个方向吹》这首诗,可以说是徐志摩的"标签"之作。该诗着意于抒写情感波澜,诗人将感情加以精心提炼,采用委婉曲折的表达方式,以"我是在梦中"作为意象,用这种非现实的意象来暗示自己同现实的游离。全诗共六节,每节的前三句相同,辗转反复,余音袅袅。这种刻意经营的旋律组合,渲染了诗中"梦"的氛围。

这是怎样的一个梦呢?它不是"她的温存,我的迷醉""她的负心,我的伤悲"之类的恋爱苦情。这是一个大梦,一种大的理想。徐志摩最高的诗歌理想,就是"回到生命本体中去"。他要人们张扬生命中的善,压抑生命中的恶,以达到人格完美的境界。他要摆脱物的羁绊,心游物外,去追寻人生与宇宙的真理。

我们在感叹诗人所追寻的理想破碎时,值得思考的是,当我们在面对纷繁复杂的现实社会时,又该怎样去把握自己的"梦"?

【思考题】

一、这首诗的情感基调是什么？请谈谈你的感受和认识。
二、"梦"是否是全诗的灵魂？为什么？

（伍　丹）

桨声灯影里的秦淮河

朱自清

一九二三年八月的一晚，我和平伯同游秦淮河；平伯是初泛，我是重来了。我们雇了一只"七板子"，在夕阳已去，皎月方来的时候，便下了船。于是桨声汩——汩，我们开始领略那晃荡着蔷薇色的历史的秦淮河的滋味了。

秦淮河里的船，比北京万牲园、颐和园的船好，比西湖的船好，比扬州瘦西湖的船也好。这几处的船不是觉着笨，就是觉着简陋、局促；都不能引起乘客们的情韵，如秦淮河的船一样。秦淮河的船约略可分为两种：一是大船；一是小船，就是所谓"七板子"。大船舱口阔大，可容二三十人。里面陈设着字画和光洁的红木家具，桌上一律嵌着冰凉的大理石面。窗格雕镂颇细，使人起柔腻之感。窗格里映着红色蓝色的玻璃；玻璃上有精致的花纹，也颇悦人目。"七板子"规模虽不及大船，但那淡蓝色的栏干，空敞的舱，也足系人情思。而最出色处却在它的舱前。舱前是甲板上的一部。上面有弧形的顶，两边用疏疏的栏干支着。里面通常放着两张藤的躺椅。躺下，可以谈天，可以望远，可以顾盼两岸的河房。大船上也有这个，便在小船上更觉清隽罢了。舱前的顶下，一律悬着灯彩；灯的多少，明暗，彩苏的精粗，艳晦，是不一的。但好歹总还你一个灯彩。这灯彩实在是最能钩人的东西。夜幕垂垂地下来时，大小船上都点起灯火。从两重玻璃里映出那辐射着的黄黄的散光，反晕出一片朦胧的烟霭；透过这烟霭，在黯黯的水波里，又逗起缕缕的明漪。在这薄霭和微漪里，听着那悠然的间歇的桨声，谁能不被引入他的美梦去呢？只愁梦太多了，这些大小船儿如何载得起呀？我们这时模模糊糊的谈着明末的秦淮河的艳迹，如《桃花扇》及《板桥杂记》里所载的。我们真神往了。我们仿佛亲见那时华灯映水，画舫凌波的光景了。于是我们的船便成了历史的重载了。我们终于恍然秦淮河的船所以雅丽过于他处，而又有奇异的吸引力的，实在是许多历史的影象使然了。

秦淮河的水是碧阴阴的；看起来厚而不腻，或者是六朝金粉所凝么？我们初上船的时候，天色还未断黑，那漾漾的柔波是这样的恬静，委婉，使我们一面有水阔天空之想，一面又憧憬着纸醉金迷之境。等到灯火明时，阴阴的变为沉沉了：黯淡的水光，像梦一般；那偶然闪烁着的光芒，就是梦的眼睛了。我们坐在舱前，因了那隆起的顶棚，仿佛总是昂着首向前走着似的；于是飘飘然如御风而行的我们，看着那些自在的湾泊着的船，船里走马灯般的人物，便像是下界一般，迢迢的远了，又像在雾里看花，尽朦朦胧胧的。这时我们已过了利涉桥，望见东关头了。沿路听见断续的歌声：有从沿河的妓楼飘来的，有从河上船里度来的。我们明知那些歌声，只是些因袭的言词，从生涩的歌喉里机械的发出来的；但它们经了夏夜的微风的吹漾和水波的摇拂，袅娜着到我们耳边的时候，已经不单是她们的歌声，而混着微风和河水的密语了。于是我们不得不被牵惹着，震撼着，相与浮沉于这歌声里了。从东关头转湾，不久就到大中桥。大中桥共有三个桥拱，都很阔大，俨然是三座门儿；使我们觉得我们的船和船里的我们，在桥下过去时，真是太无颜色了。桥砖是深褐色，表明它的历史的长久；但都完好无缺，令人太息于古昔工程的坚美。桥上两旁都是木壁的房子，中间应该有街路？这些房子都破旧了，多年烟熏的迹，遮没了当年的美丽。我想象秦淮河的极盛时，在这样宏阔的桥上，特地盖了房子，必然是髹漆得富富丽丽的；晚间必然是灯火通明的。现在却只剩下一片黑沉沉！但是桥上造着房子，毕竟使我们多少可以想见往日的繁华；这也慰情聊胜无了。过了大中桥，便到了灯月交辉，笙歌彻夜的秦淮河；这才是秦淮河的真面目哩。

　　大中桥外，顿然空阔，和桥内两岸排着密密的人家的景象大异了。一眼望去，疏疏的林，淡淡的月，衬着蓝蔚的天，颇像荒江野渡光景；那边呢，郁丛丛的，阴森森的，又似乎藏着无边的黑暗：令人几乎不信那是繁华的秦淮河了。但是河中眩晕着的灯光，纵横着的画舫，悠扬着的笛韵，夹着那吱吱的胡琴声，终于使我们认识绿如茵陈酒的秦淮水了。此地天裸露着的多些，故觉夜来的独迟些；从清清的水影里，我们感到的只是薄薄的夜——这正是秦淮河的夜。大中桥外，本来还有一座复成桥，是船夫口中的我们的游踪尽处，或也是秦淮河繁华的尽处了。我的脚曾踏过复成桥的脊，在十三四岁的时候。但是两次游秦淮河，却都不曾见着复成桥的面；明知总在前途的，却常觉得有些虚无缥缈似的。我想，不见倒也好。这时正是盛夏。我们下船后，借着新生的晚凉和河上的微风，暑气已渐渐销散；到了此地，豁然开朗，身子顿然轻了——习习的清风荏苒在面上，手上，衣上，这便又感到了一缕新凉了。南京的日光，大概没有杭州猛烈；西湖的夏夜老是热蓬蓬的，水像沸着一般，秦淮河的水却尽是这样冷冷地绿着。任你人影的憧憧，歌声的扰扰，总像隔着一层薄薄的绿纱面幕似的；它尽是这样静静的，冷冷的绿着。我们出了大中桥，走不上半里路，船夫便将船划到一旁，停了桨由它宕着。他以为那里正是繁华的极点，再过去就是荒凉了；所以让我们多多赏鉴一会儿。他自己却静静的蹲着。他是看惯这光景的了，大约只是一个无可无不可。这无可无不可，无论是升的沉的，总之，都比我们高了。

　　那时河里闹热极了；船大半泊着，小半在水上穿梭似的来往。停泊着的都在近市的那一边，我们的船自然也夹在其中。因为这边略略的挤，便觉得那边十分的疏了。在每一只船从那边过去时，我们能画出它的轻轻的影和曲曲的波，在我们的心上；这显着是空，且显着是静了。那时处处都是歌声和凄厉的胡琴声，圆润的喉咙，确乎是很少的。但那生涩的，尖脆的调子能使人有少年的，粗率不拘的感觉，也正可快我们的意。况且多少隔开些儿听着，因为想象与渴慕的做美，总觉更有滋味；而竞发的喧嚣，抑扬的不齐，远近的杂沓，和乐器的嘈嘈切切，合成另一意味的谐音，也使我们无所适从，如随着大风而走。这实在因为我们的心枯涩久了，变为脆弱；故偶然润泽一下，便疯狂似的不能自主了。但秦淮河确也腻人。即如船里的人面，无论是和我们一堆儿泊着的，无论是从我们眼前过去的，总是模模糊糊的，甚至渺渺茫茫的；任你张圆了眼睛，揩净了眦垢，也是枉然。这真够人想呢。在我们停泊的地方，灯光原是纷然的；不过这些灯光都是黄而有晕的。黄已经不能明了，再加上了晕，便更不成了。灯愈多，晕就愈甚；在繁星般的黄的交错里，秦淮河仿佛笼上了一团光雾。光芒与雾气腾腾的晕着，什么都只剩了轮廓了；所以人面的详细的曲线，便消失于我们的眼底了。但灯光究竟夺不了那边的月色；灯光是浑的，月色是清的，在浑沌的灯光里，渗入了一派清辉，却真是奇迹！那晚月儿已瘦削了两三分。她晚妆才罢，盈盈的上了柳梢头。天是蓝得可爱，仿佛一汪水似的；月儿便更出落得精神了。岸上原有三株两株的垂杨树，淡淡的影子，在水里摇曳着。它们那柔细的枝条浴着月光，就像一支支美人的臂膊，交互的缠着，挽着；又像是月儿披着的发。而月儿偶然也从它们的交叉处偷偷窥看我们，大有小姑娘怕羞的样子。岸上另有几株不知名的老树，光光的立着；在月光里照起来，却又俨然是精神矍铄的老人。远处——快到天际线了，才有一两片白云，亮得现出异彩，像美丽的贝壳一般。白云下便是黑黑的一带轮廓；是一条随意画的不规则的曲线。这一段光景，和河中的风味大异了。但灯与月竟能并存着，交融着，使月成了缠绵的月，灯射着渺渺的灵辉；这正是天之所以厚秦淮河，也正是天之所以厚我们了。

　　这时却遇着了难解的纠纷。秦淮河上原有一种歌妓，是以歌为业的。从前都在茶舫上，唱些大曲之类。每日午后一时起；什么时候止，却忘记了。晚上照样也有一回。也在黄晕的灯光里。我从前过南京时，曾随着朋友去听过两次。因为茶舫里的人脸太多了，觉得不大适意，终于听不出所以然。前年听说歌妓被取缔了，不知怎的，颇涉想了几次——却想不出什么。这次到南京，先到茶舫上去看看，觉得颇是寂寥，令我无端的怅怅了。不料她们却仍在秦淮河里挣扎着，不料她们竟会纠缠到我们，我于是很张皇了。她们也乘着"七板子"，她们总是坐在舱前的。舱前点着石油汽灯，光亮眩人眼目；坐在下面的，自然是纤毫毕见了——引诱客人们的力量，也便在此了。舱里躲着乐工等人，映着汽灯的余辉蠕动着；他们是永远不被注意的。每船的歌妓大约都是二人；天色一黑。她们的船就在大中桥外往来不息的兜生意。无论行着的船，泊着的船，都要来兜揽的。这都是我后来推想出来的。那晚不知怎样，忽然轮着我们的船了。我们的船好好的停着，一只歌舫划向我们来的；渐渐和我们的船并着了。铄铄的灯光逼得我们皱起了眉头；我们的风尘色全给它托出来了，这使我踟躇不安了。那时一个伙计跨过船来，拿着摊开的歌折，就近塞向我的手里，说："点几出吧！"他跨过来的时候，我们船上似乎有许多眼光跟着。同时相近的别的船上也似乎有许多眼睛炯炯的向我们船上看着。我真窘了！我也装出大方的样子，向歌妓们瞥了一眼，但究竟是不成的！我勉强将那歌折翻了一翻，却不曾看清了几个字；便赶紧递还那伙计，一面不好意思地说："不要。我们……不要。"他便塞给平伯。平伯掉转头去，摇手说："不要！"那人还腻着不走。平伯又回过脸来，摇着头道："不要！"于是那人重到我处。我窘着再拒绝了他。他这才有所不屑似的走了。我的心立刻放下，如释了重负一般。我们就开始自白了。

　　我说我受了道德律的压迫，拒绝了她们；心里似乎很抱歉的。这所谓抱歉，一面对于她们，一面对于我自己。她们于我们虽然没有很奢的希望；但总有些希望的。我们拒绝了她们，无论理由如何充足，却使她们的希望受了伤；这总有几分不做美了。这是我觉得很怅怅的。至于我自己，更有一种不足之感。我这时被四面的歌声诱惑了，降服了；但是远远的，远远的歌声总仿佛隔着重衣搔痒似的，越搔越搔不着痒处。我于是憧憬着贴耳的妙音了。在歌舫划来时，我的憧憬，变为盼望；我固执的盼望着，有如饥渴。虽然从浅薄的经验里，也能够推知，那贴耳的歌声，将剥去了一切的美妙；但一个平常的人像我的，谁愿凭了理性之力去丑化未来呢？我宁愿自己骗着了。不过我的社会感性是很敏锐的；我的思力能拆穿道德律的西洋镜，而我的感情却终于被它压服着，我于是有所顾忌了，尤其是在众目昭彰的时候。道德律的力，本来是民众赋予的；在民众的面前，自然更显出它的威严了。我这时一面盼望，一面却感到了两重的禁制：一，在通俗的意义上，接近妓者总算一种不正当的行为；二，妓是一种不健全的职业，我们对于她们，应有哀矜勿喜之心，不应赏玩的去听她们的歌。在众目睽睽之下，这两种思想在我心里最为旺盛。她们暂时压倒了我的听歌的盼望，这便成就了我的灰色的拒绝。那时的心实在异常状态中，觉得颇是昏乱。歌舫去了，暂时宁静之后，我的思绪又如潮涌了。两个相反的意思在我心头往复：卖歌和卖淫不同，听歌和狎妓不同，又干道德甚事？——但是，但是，她们既被逼的以歌为业，她们的歌必无艺术味的；况她们的身世，我们究竟该同情的。所以拒绝倒也是正办。但这些意思终于不曾撇开我的听歌的盼望。它力量异常坚强；它总想将别的思绪踏在脚下。从这重重的争斗里，我感到了浓厚的不足之感。这不足之感使我的心盘旋不安，起坐都不安宁了。唉！我承认我是一个自私的人！平伯呢，却与我不同。他引周启明先生的诗："因为我有妻子，所以我爱一切的女人，因为我有子女，所以我爱一切的孩子。"他的意思可以见了。他因为推及的同情，爱着那些歌妓，并且尊重着她们，所以拒绝了她们。在这种情形下，他自然以为听歌是对于她们的一种侮辱。但他也是想听歌的，虽然不和我一样，所以在他的心中，当然也有一番小小的争斗；争斗的结果，是同情胜了。至于道德律，在他是没有什么的；因为他很有蔑视一切的倾向，民众的力量在他是不大觉着的。这时他的心意的活动比较简单，又比较松弱，故事后还怡然自若；我却不能了。这里平伯又比我高了。

在我们谈话中间，又来了两只歌舫。伙计照前一样的请我们点戏，我们照前一样的拒绝了。我受了三次窘，心里的不安更甚了。清艳的夜景也为之减色。船夫大约因为要赶第二趟生意，催着我们回去；我们无可无不可的答应了。我们渐渐和那些晕黄的灯光远了，只有些月色冷清清的随着我们的归舟。我们的船竟没个伴儿，秦淮河的夜正长哩！到大中桥近处，才遇着一只来船。这是一只载妓的板船，黑漆漆的没有一点光。船头上坐着一个妓女；暗里看出，白地小花的衫子，黑的下衣。她手里拉着胡琴，口里唱着青衫的调子。她唱得响亮而圆转；当她的船箭一般驶过去时，余音还袅袅的在我们耳际，使我们倾听而向往。想不到在弩末的游踪里，还能领略到这样的清歌！这时船过大中桥了，森森的水影，如黑暗张着巨口，要将我们的船吞了下去，我们回顾那渺渺的黄光，不胜依恋之情；我们感到了寂寞了！这一段地方夜色甚浓，又有两头的灯火招邀着；桥外的灯火不用说了，过了桥另有东关头疏疏的灯火。我们忽然仰头看见依人的素月，不觉深悔归来之早了！走过东关头，有一两只大船湾泊着，又有几只船向我们来着。嚣嚣的一阵歌声人语，仿佛笑我们无伴的孤舟哩。东关头转弯，河上的夜色更浓了；临水的妓楼上，时时从帘缝里射出一线一线的灯光；仿佛黑暗从酣睡里眨了一眨眼。我们默然的对着，静听那汩——汩的桨声，几乎要入睡了；朦胧里却温寻着适才的繁华的余味。我那不安的心在静里愈显活跃了！这时我们都有了不足之感，而我的更其浓厚。我们却只不愿回去，于是只能由懊悔而怅惘了。船里便满载着怅惘了。直到利涉桥下，微微嘈杂的人声，才使我豁然一惊；那光景却又不同。右岸的河房里，都大开着窗户，里面亮着晃晃的电灯，电灯的光射到水上，蜿蜒曲折，闪闪不息，正如跳舞着的仙女的臂膊。我们的船已在她的臂膊里了；如睡在摇篮里一样，倦了的我们便又入梦了。那电灯下的人物，只觉像蚂蚁一般，更不去萦念。这是最后的梦；可惜是最短的梦！黑暗重复落在我们面前，我们看见傍岸的空船上一星两星的，枯燥无力又摇摇不定的灯光。我们的梦醒了，我们知道就要上岸了；我们心里充满了幻灭的情思。

1923 年 10 月 11 日作完，于温州

·导 读·

朱自清（公元 1898—1948 年），原名自华，号秋实，后改名自清，字佩弦，原籍浙江绍兴。一生有著作 27 种，共约 190 万言，包括诗歌、散文、文艺批评、学术研究等，尤以散文著称于世。他的散文素朴缜密、清隽沉郁，以语言洗练、文笔清丽著称，极富真情实感。

朱自清的成名作《桨声灯影里的秦淮河》，记叙了他和俞平伯夏夜泛舟秦淮河的见闻感受。作者在声光色彩的协奏中，敏锐地捕捉到了秦淮河不同时地、不同情境中的绰约风姿，引人发思远古之幽情。

"纸醉金迷""六朝金粉"的秦淮河，随着历史长河的流淌而逐渐失去了它昔日的风韵。在本文中，作者却以浓墨重彩为它猛绘一笔，再次展现了浓妆艳丽的秦淮河的风采。在作者笔下，秦淮河显现得那样如诗、如画、如梦。船只、绿水、灯光、月光、大中桥、歌声……种种景物，作者抓住其光、形、色、味，细细描绘，却是明丽中不见雕琢，淡雅而不俗气，使得秦淮河在水、灯、月中熠熠生辉。历史是秦淮河的养料，可以说历史成就了秦淮河，没有历史的秦淮河就失去了一切意义。作者从现实走进历史回忆，从形态与神态两方面唤醒了秦淮河，借助对历史的缅怀，将秦淮河写得虚虚实实、朦朦胧胧，让人陶醉，令人神往。

这篇文章体现了朱自清散文缜密、细致的特色。作者在描绘秦淮河的景色

时，将自然景色、历史影像、真实情感融会起来，洋溢着一股真挚深沉而又细腻的感情，给人以眷恋思慕、追怀的感受，给世人展现了一幅令人缅怀的桨声灯影里的秦淮河别样的景象。

【思考题】

一、把握本文在艺术上的成就。

二、阅读俞平伯的同题散文，区别两篇散文在思想和艺术上的不同之处。

（沈穷竹）

丈　夫（节选）

沈从文

上了船，花钱半元到五块，随心所欲吃烟睡觉，同妇人毫无拘束的放肆取乐，这些在船上生活的大臀肥身年青女人，就用一个妇人的好处，服侍男子过夜。

船上人，她们把这件事也像其余地方一样称呼，这叫做"生意"。她们都是做生意而来的。在名分上，那名称与别的工作同样，既不与道德相冲突，也并不违反健康。她们从乡下来，从那些种田挖园的人家，离了乡村，离了石磨同小牛，离了那年青而强健的丈夫，跟随到一个熟人，就来到这船上做生意了。做了生意，慢慢的变成为城市里人，慢慢的与乡村离远，慢慢的学会了一些只有城市里才需要的恶德，于是这妇人就毁了。但那毁，是慢慢的，因为需要一些日子，所以谁也不去注意了。而且也仍然不缺少在任何情形下还依然会好好的保留着那乡村纯朴气质的妇人，所以在市的小河妓船上，决不会缺少年青女子的来路。

事情非常简单，一个不亟亟于生养孩子的妇人，到了城市，能够每月把从城市里两个晚上所得的钱，送给那留在乡下诚实耐劳种田为生的丈夫处去，在那方面就可以过了好日子，名分不失，利益存在，所以许多年青的丈夫，在娶妻以后，把妻送出来，自己留在家中耕田种地安分过日子，也竟是极其平常的事。

这种丈夫，到什么时候，想及那在船上做生意的年青的媳妇，或逢年过节，照规矩要见见媳妇的面了，自己便换了一身浆洗干净的衣服，腰带上挂了那个工作时常不离口的短烟袋，背了整箩整篓的红薯糍粑之类，赶到市上来，象访远亲一样，从码头第一号船上问起，一直到认出自己女人所在的船上为止。问明白了，到了船上，小心小心的把一双布鞋放到舱外护板上，把带来的东西交给了女人，一面便用着吃惊的眼睛，搜索女人的全身。这时节，女人在丈夫眼下自然已完全不同了。

大而油光的发髻，用小镊子扯成的细细眉毛，脸上的白粉同绯红胭脂，以及那城市里人神气派头，城市里人的衣裳，都一定使从乡下来的丈夫感到极大的惊讶，有点手足无措。那呆象是女人很容易清楚的。女人到后开了口，或者问："那次五块钱得了么？"或者问："我们那对猪养儿子了没有？"女人说话时口音自然也完全不同了，变成象城市里做太太的大方自由，完全不是在乡下做媳妇的神气了。

听女人问到钱，问到家乡豢养的猪，这做丈夫的看出自己做主人的身分，并不在这船上失去，看出这城里奶奶还不完全忘记乡下，胆子大了一点，慢慢的摸出烟管同火镰。第二次惊讶，是烟管忽然被女人夺去，即刻在那粗而厚大的掌握里，塞了一枝哈德门香烟的缘故。吃惊也仍然是暂时的事，于是这做丈夫的，一面吸烟一面谈话，……

到了晚上，吃过晚饭，仍然在吸那有新鲜趣味的香烟。来了客，一个船主或一个商人，穿生牛皮长统靴子，抱兜一角露出粗而发亮的银链，喝过一肚子烧酒，摇摇荡荡的上了船。

一上船就大声的嚷要亲嘴要睡，那洪大而含胡的声音，那势派，都使这做丈夫的想起了村长同乡绅那些大人物的威风，于是这丈夫不必指点，也就知道怯生生的往后舱钻去，躲到那后梢舱上去低低的喘气，一面把含在口上那枝卷烟摘下来，毫无目的的眺望河中暮景。夜把河上改变了，岸上河上已经全是灯火，这丈夫到这时节一定要想起家里的鸡同小猪，仿佛那些小小东西才是自己的朋友，仿佛那些才是亲人，如今与妻接近，与家庭却离得很远，淡淡的寂寞袭上了身，他愿意转去了。

当真转去没有？不。三十里路路上有豺狗，有野猫，有查夜的放哨的团丁，全是不好惹的东西，转去自然做不到。船上的大娘自然还得留他上三元宫看夜戏，到四海春去喝清茶，并且既然到了市上，大街上的灯同城市中的人更不可不去看看。于是留下了，坐到后舱看河中景致，等候大娘的空暇。到后要上岸了，就由小阳桥上扳篷架到船头；玩过后，仍然由那旧地方转到船上，小心小心使声音放轻，省得留在舱里躺到床上烧烟的人发怒。

到要睡觉的时候，城里起了更，西梁山上的更鼓冬冬响了一会，悄悄的从板缝里看看客人还不走，丈夫没有什么话可说，就在梢舱上新棉絮里一个人睡了。半夜里，或者已睡着，或者还在胡思乱想，那媳妇抽空爬过了后舱，问是不是想吃一点糖。本来非常欢喜口含冰糖的脾气，是做媳妇的记得清楚明白，所以即或说已经睡觉，已经吃过，也仍然还是塞了一小片冰糖在口里。媳妇用着略略抱怨自己那种神气走去了，丈夫把冰糖含在口里，正象仅仅为了这一点理由，就得原谅媳妇的行为，尽她在前舱陪客，自己也仍然很和平的睡觉了。

…………

因为这琴是从一个卖琴熟人手上拿来，一个钱不花，听到大娘的谎话，五多分辩，大娘就骂五多，老七却笑了。男子以为这是笑大娘不懂事，所以也在一旁干笑。

男子先把饭吃完，就动手拉琴，新琴声音又清又亮，五多高兴到得意忘形，放下碗筷唱将起来，被大娘结结实实打了一筷子头，才忙着吃饭、收碗、洗锅子。

到了晚上，前舱盖了篷，男子拉琴，五多唱歌，老七也唱歌，美孚灯罩子有红纸剪成的遮光帽，全舱灯光红红的如办大喜事，年青人在热闹中像过年，心上开了花。可是过不久，有兵士从河街过身，喝得烂醉，听到这声音了。

两个醉鬼踉踉跄跄到了船边，两手全是污泥，用手扳船，口含胡桃那么混混胡胡的嚷叫：

"什么人唱，报上名来！唱得好，赏一个五百。不听到么？老子赏你五百！"

里面琴声戛然而止，沉静了。

醉鬼用脚不住踢船，蓬蓬蓬发出钝而沉闷的声音，且想推篷，搜索不到篷盖接榫处，于是又叫嚷："不要赏么，婊子狗造的？装聋，装哑？什么人敢在这里作乐？我怕谁？皇帝我也不怕。大爷，我怕皇帝我不是人！我们军长师长，都是混账王八蛋！是皮蛋鸡蛋，寡了的臭蛋！我才不怕。"

另一个喉咙发沙的说道：

"骚婊子？出来拖老子上船！"

且即刻听到用石头打船篷，大声的辱骂祖宗。一船人都吓慌了。大娘忙把灯扭小一点，走出去推篷，男子听到那汹汹声气，夹了胡琴就往后舱钻去。不一会，醉人已经进到前舱了。两个人一面说着野话一面要争到同老七亲嘴，同大娘五多亲嘴。且听到问："是什么人在此唱歌作乐，把拉琴的抓来再给老子唱一个歌。"

大娘不敢作声，老七也无主意了，两个酒疯子就大声的骂人。

"臭货，喊龟子出来，跟老子拉琴，赏一千！英雄盖世的曹孟德也不会这样大方！我赏一千，一千个红薯，快来，不出来我烧掉你们这只船！听着没有，老东西！？赶快，莫让老子们生了气，灯笼子认不得人？"

"大爷，这是我们自己家几个人玩玩，不是外人……"

"不！不！不！老婊子，你不中吃。你老了，皱皮柑！快叫拉琴的来！杂种！我要拉琴，我要自己唱！"一面说一面便站起身来，想向后舱去搜寻。大娘弄慌了，把口张大合不拢去。老七急中生智，拖着那醉鬼的手，安置到自己的大奶上。

醉人懂到这意思，又坐下了。"好的，妙的，老子出得起钱，老子今天晚上要到这里睡觉！孤王酒醉在桃花宫，韩素梅生来好貌容……"

这一个在老七左边躺下去后，另一个不说什么，也在右边躺了下去。

年青人听到前舱仿佛安静了一会，在隔壁轻轻的喊大娘。

正感到一种侮辱的大娘，悄悄爬过去，男子还不大分明是什么事情，问大娘：

"什么事情？"

"营上的副爷，醉了，象猫，等一会儿就得走。"

"要走才行。我忘记告你们了，今天有一个大方脸人来，好象大官，吩咐过我，他晚上要来，不许留客。"

"是脚上穿大皮靴子，说话象打锣么？"

"是的，是的。他手上还有一个大金戒子。"

"那是老七干爹。他今旦上来过了么？"

"来过的。他说了半天话才走，吃过些干栗子。"

"他说些什么？"

"他说一定要来，一定莫留客，……还说一定要请我喝酒。"

大娘想想，来做什么？难道是水保自己要来歇夜？难道是老对老，水保注意到……想不通，一个老鸨虽一切丑事做成习惯，什么也不至于红脸，但被人说到"不中吃"时，是多少感到一种羞辱的。她悄悄的回到前舱，看前舱新事情不成样子，扁了扁瘪嘴，骂了一声猪狗，终归又转到后舱来了。

"怎么？"

"不怎。"

"怎么，他们走了？"

"不怎，他们睡了。"

"睡了？"

大娘虽不看清楚这时男子的脸色，但她很懂这语气，就说："姐夫，你难得上城来,我们可以上岸玩去。今夜三元宫夜戏,我请你坐高台子,是'秋胡三戏结发妻'。"

男子摇头不语。

兵士胡闹一阵走后,五多大娘老七都在前舱灯光下说笑,说那兵士的醉态。男子留在后舱不出来。大娘到门边喊过了二次,不答应,不明白这脾气从什么地方发生。大娘回头就来检查那四张票子的花纹,因为她已经认得出票子的真假了。

票子倒是真的,她在灯光下指点给老七看那些记号,那些花,且放到鼻子上嗅嗅,说这个一定是清真馆子里找出来的,因为有牛油味道。

五多第二次又走过去,"姐夫,姐夫,他们走了,我们来把那个唱完,我们还得……"

女人老七象是想到了什么心事,拉着了五多,不许她说话。

一切沉默了。男子在后舱先还是正用手指扣琴弦,作小小声音,这时手也离开那弦索了。

三个女人都听到从河街上飘来的锣鼓唢呐声音,河街上一个做生意人办喜事,客来贺喜,大唱堂戏,一定有一整夜热闹。

过了一会,老七一个人轻脚轻手爬到后舱去,但即刻又回来了。

大娘问:"怎么了?"

老七摇摇头,叹了一口气。

先以为水保恐怕不会来的,所以大家仍然睡了觉,大娘老七五多三个人在前舱,只把男子放到后面。

查船的在半夜时,由水保领来了,水面鸦雀无声,四个全副武装警察守在船头,水保同巡官晃着手电筒进到前舱。这时大娘已把灯捻明了,她经验多,懂得这不是大事情。老七披了衣坐在床上,喊干爹,喊巡官老爷,要五多倒茶。五多还睡意迷蒙,只想到梦里在乡下摘三月莓。

男子被大娘摇醒揪出来,看到水保,看到一个穿黑制服的大人物,吓得不能说话,不晓得有什么严重事情发生。

那巡官装成很有威风的神气开了口:"这是什么人?"

水保代为答应:"老七的汉子,才从乡下来走亲戚。"

老七说道:"老爷,他昨天才来的。"

巡官看了一会儿男子,又看了一会儿女人,仿佛看出水保的话不是谎话,就不再说话了,随意在前舱各处翻翻。待注意到那个贮风干栗子的小坛子时,水保便抓了一大把栗子塞到巡官那件体面制服的大口袋里去,巡官只是笑,也不说什么。

一伙人一会儿就走到另一船上去了。大娘刚要盖篷，一个警察回来传话："大娘，大娘，你告老七，巡官要回来过细考察她一下。你懂不懂？"

大娘说："就来么？"

"查完夜就来。"

"当真吗？"

"我什么时候同你这老婊子说过谎？"

大娘很欢喜的样子，使男子很奇怪，因为他不明白为什么巡官还要回来考察老七。但这时节望到老七睡起的样子，上半晚的气已经没有了，他愿意讲和，愿意同她在床上说点家常私话，商量件事情，就傍床沿坐定不动。

大娘象是明白男子的心事，明白男子的欲望，也明白他不懂事，故只同老七打知会，"巡官就要来的！"

老七咬着嘴唇不作声，半天发痴。

男子一早起来就要走路，沉默的一句话不说，端整了自己的草鞋，找到了自己的烟袋。一切归一了，就坐到那矮床边沿，象是有话说又说不出口。

老七问他，"你不是昨晚上答应过干爹，今天到他家中吃中饭吗？"

"……"摇摇头，不作答。

"人家特意为你办了酒席，好意思不领情？"

"……"

"戏也不看看么？"

"……"

"满天红的晕油包子，到半日才上笼，那是你欢喜的包子。"

"……"

一定要走了，老七很为难，走出船头呆了一会，回身从荷包里掏出昨晚上那兵士给的票子来，点了一下数，一共四张，捏成一把塞到男子左手心里去。男子无话说，老七似乎懂到那意思了，"大娘，你拿那三张也把我。"大娘将钱取出，老七又把这钱塞到男子右手心里去。

男子摇摇头，把票子撒到地下去，两只大而粗的手掌捣着脸孔，象小孩子那样莫名其妙的哭了起来。

五多同大娘看情形不好，一齐逃到后舱去了。五多心想这真是怪事，那么大的人会哭，好笑。可是她并不笑。她站在船后梢舵，看见挂在梢舱顶梁上的胡琴，很愿意唱一个歌，可是不知为什么也总唱不出声音来。

水保来船上请远客吃酒，只有大娘同五多在船上。问到时，才明白两夫妇一早都回转乡下去了。

1930年4月作于吴淞

·导读·

沈从文（公元1902—1988年），原名沈岳焕，湖南凤凰县人，汉族，但有部分苗族血统，现代著名作家、历史文物研究家、京派小说代表人物。1924年开始文学创作，代表作有《边城》等。新中国成立后在中国历史博物馆和中国社会科学院历史研究所工作，主要从事中国古代服饰研究。

沈从文小说《丈夫》写的是湘西某地花船上的妓女的生活故事。为了铺排故事的矛盾冲突，作者特意选择了丈夫前来探望妻子时的几个场景，作了绘声绘色而又淋漓尽致的描述。其间还穿插介绍了与之相关的乡风民俗和社会背景，穿插刻画了几位主要人物的性格以及他们相互间的微妙关系，读来别有风致而又耐人寻味。在《丈夫》里，沈从文原原本本地道来，平铺直叙，淡然素朴地保留了事件的自在性与原生态，也没有明显的正邪较量，没有动作与反动作，没有人物之间的戏剧性冲突，给我们娓娓地叙述了一个丈夫痛苦的沉默背后复杂的心境变化及其痛苦的心理斗争，以及他妻子从蒙昧到觉醒，渐渐复苏人性的历程。作者以其故乡为道德判断和价值选择的参照，象征了他对物欲社会的对立与反抗，体现了他对故乡勤劳、安宁、可亲近的理想世界的坚守，由此让我们从中感受到作者对生命关注的伟大力量。

【思考题】

一、把握文中"丈夫"的性格特征。

二、思考"丈夫"思想前后发生变化的原因。

三、通过学习本文，思考什么才是沈从文所倡导的"优美、健康、自然"的人性。

（沈穷竹）

人生哲学的一课

艾 芜

一 卖草鞋碰了壁

昆明这都市，罩着淡黄的斜阳，伏在峰峦围绕的平原里，仿佛发着寂寞的微笑。

从远山峰里下来的我，右手挟个小小的包袱，在淡黄光霭的向西街道上，茫然地踯躅。

这时正是一九二五年的秋天，——残酷的异乡的秋天。

虽然昨夜在山里人家用完了最后的一文钱，但这一夜的下宿处，总得设法去找的，而那住下去的结果将会怎样，目前是暂时不用想象。

铺面卖茶的一家鸡毛店①里，我从容不迫地走了进去。

把包袱寄在柜上，由闪有小聪明眼光的幺厮②使着欺负乡下人的脸色，引我到阴暗暗的一间小房里。这里面只放一张床，床上一卷肮脏的铺盖，包着一个白昼睡觉的人，长发两寸的头，露在外面。

幺厮呼喝一声："喂！"

那一卷由白变黄以至于污黑的铺盖，蠕动了几下，伸出一张尖下巴的黄脸，且抬了起来，把两角略现红丝含着眼屎的眼睛张着，不高兴地望望幺厮的脸，又移射着我。

"你们俩一床睡！"幺厮手一举，发出这道照例的命令，去了。

睡的人"唔"的一声，依然倒下，尖下巴的黄脸，没入铺盖卷了。

我无可奈何地在床边坐下。

这同陌生人一床睡的事，于我并不觉得诧异。我在云南东部山里漂泊时，好些晚上都得有闻不识者脚臭的机会。如今是见惯不惊了。

屋里，比初进去时，明亮些了。

给烟熏黄的粉壁上，客人用木炭写的歪歪斜斜的字，也看得十分清楚。

"出门人未带家眷……"这一类的诗句，就并不少。但我一天来没有吃饭，实在提不起闲情逸致来叹赏这些吃饱饭的人所作的好东西。

我得去找点塞肚皮的，但怎样找，却还全不知道，只是本能地要出去找罢了。

我到街上乱走，拖着微微酸痛的腿，如同战线上退下来的兵。

饭馆子小菜下锅的声响，油烟番到街头的浓味，诱出我的舌尖，溜向上下唇舔了两舔，虽然我的眼睛早就准备着，不朝那挂有牛肉猪肉的铺面瞧。

这时我的欲望并不大，吃三块烧饼，或者一堆干胡豆，尽够了。

我缓缓地顺着街边走，向着那些伙计匆匆忙忙正做面饼的铺面，以及老太婆带着睡眼坐守的小吃摊子，溜着老鹰似的眼睛。喉头不时冒出馋水，又一口一口地吞下去。

叫化子三口吃完一个烧饼的故事，闪电般地掠上我的心头。

是这样：他，一个褴褛的叫化子，饿急了，跳到烧饼摊前，抢着两三个冷硬的烧饼，转身就跑，连忙大口地咬，拼命哽下。等老板捏着擀面棒气呼呼地打来时，他已三口吃完了一个。

这故事在我的心里诱起了两种不同的声音：

一种嘲弄地道："你有三口哽完一个冷烧饼的本事么？"

另一种悲凉地答道："没有！"

嘲弄的更加嘲弄道："没有？那就活该饿！"

……

吃了饭没钱会账的汉子，给店主人弄来头顶板凳当街示众的事，也回忆起了，地点似乎在成都。不知昆明的老板，对待一个白吃的客人，是采用怎样的手段，想来总不是轻易放走的吧。

肚子里时而发着咆哮声，简直是在威逼我。脑里也打算乱来这么一下：做个很气派的风度，拐着八字脚走进饭馆，拣一方最尊的座位坐着。带点鼻音叫旁边侍候的伙计，来肥肉汤一大碗，干牛肉一大盘，辣椒酱一小碟。……舒舒服服地饱吃一顿。

然而，料到那饭后不轻的处罚，可就难受。

只有找点东西卖了。卖东西，就很生问题，包袱还放在柜上，要当老板面前取出东西卖，似觉不妥，这非晚上再为设法不行。而且，可卖的东西，除了身上的毛蓝布衫子外，包袱里的衣裤，都是脏的，有的甚至已脱了一两个钮扣。给老太婆填鞋底，作小孩的垫尿布，倒满有资格，要别人买来穿，那就全不可能。至于书，虽有两三本，可是边角通卷起了，很坏。当然那些残书摊的老头儿，看见了，便会摆手不要的。总之，就我的全部所有变卖不出一文钱来。

一面走，一面思索，脑子简直弄昏了。

直到檐头河也似的天空渐渐转成深蓝，都市的大街全换上了辉煌的新装时，我才转回店里。

店老板的一家人，正在吃着饭。我连忙背着灯光，又吞了几口馋水。

托辞取得了包袱之后，拿到小房间里打开看。这一晚要同我一床睡的黄脸尖下巴人，早已溜出去了。包袱里找得一双精致的草鞋，细绒绳作的绊结，满新的。

我由成都到昆明，这一个多月的山路，全凭两只赤裸裸的脚板走。因为着布鞋，鞋容易烂，经济上划算不来。着草鞋，倒是便宜，但会磨烂脚皮，走路更痛得难忍。因此，由昭通买好的一双草鞋，就躲在我包袱里，跟我走了一两千里的路。这在当时是可以带也可以丢弃的东西，料不到如今会成了我的一份不小的财产。拿到十字街头去拍卖吧,马上心里快活起来了。

草鞋塞在裤裆里,满有生气地、又象作贼一般梭出店外。在街灯照不到的地方,看看两头没有警察的影子,便忙从裤裆里取了出来。摆出做生意人的正经嘴脸,把货拿到灯光灿烂的街上,去找主顾。

立刻想着,这该怎样措词,才使人家看不出我是仅仅拍卖一双,价钱上不致折本呢。

这简直是一般的原则:货在商人店里,贵得如同宝贝,真是言不二价的;等落到你我手中,而要拍卖的时候,虽然你并不曾用过,可那价钱就照例减少一半。这双草鞋,由我的手托到街头标卖,准于亏本了,还说什么呢?然而,我不能听其得着自然结下的局面,我得弄点小聪明,就是装假也不要紧。真的,为了必须生存下去的事情,连贼也要作的,如果是逼得非饿死不可的时候。围绕我们的社会,根本就容不下一个处处露本来面目的好人。真诚的好人,也可以生活的话,那须要另一个新的天地了。假如我一进店时就向店老板申明,来的我正饥饿着,店账毫没把握,那我真要睡在街边吃警察的棒了。

依据这生存的哲理,我就向小贩摊边休息着的黄包车夫叫一面伸出拿草鞋的手。

"喂,你们要草鞋么?新从昭通带来一挑,这是一双样子,看!要不要?"

黄包车夫一个个把草鞋接递着,在小贩摊边的臭油灯下,摩挲着瞧。我背着手,象个有经验的老板样,观察着顾主们的神色。

一个喜爱地说:"这太贵了!"

一个摆摆短髭的下巴道:"不经穿哪!"

一个悠然自足地说:"还是穿我们的麻打草鞋好!"

这行市,实在太坏,我有点着急了。忽然那卖花生胡豆的小贩,问我的价:"一双多少钱?"

"你要买几双?"做得真象卖过几百双草鞋似的样子问,"多,价钱就让一点。只买一双,就要四百文!"我就是照这个价钱买的,并不心狠,本想喊高一点,又怕失去这位好主顾。

"吓,再添一点钱,就得买一双布鞋了!哪有这样贵?"小贩就装着不看货了,另把眼光射在摊子上,似乎在默数花生胡豆的堆数。

我抓着草鞋给他看,说:"看,这是昭通草鞋哪!"其实昭通草鞋之所以特别于昆明的,我一点也不知道,只是装成象行家也似地在说话。

"不管你什么昭通来的,草鞋总是草鞋,不象蛋会变鸡哟!"小贩微微地歪着嘴讥讽我起来了。

我的脸，不知怎的，登时红了，气忿忿地拿着草鞋就走。

"两百文！卖吗？"他突然还我一个价钱。

"三百五！"我掉头答，脚放松一点。

"一个添，一个让，二百五。"一个黄包车夫打总成。

"就是他说的好了！"小贩高声叫着我，我站住了。

"三百！一个也不少！"坚持我的价钱。

"去你的！不要了。"

我去走了一大转，找了一大批主顾：黄包车夫、脚夫、小贩、小伙计。象留声机器把话重说了许多次：一挑草鞋……样子一双……买得多就减价。然而，结果糟糕得很，不是还价一百六，就是一百八，仿佛他们都看穿了我是正等着卖了草鞋才吃饭的。

我没有好办法了，就只得仍走回去找这卖花生胡豆的小贩，由二百五的价钱卖出。但他却拿出不摆不吃的嘴脸，鼻子里哼哼地应我。大概我刚才挂的假面孔，已给窘迫的神气撕掉了。因此，落得他目前装模做样。最后，他才"唔"的一声说："不要！这草鞋不经穿哪！"

这真是碰了一个很响的壁锣，我掉身就跑。

"好！两百，两百！"他又这样抓住了我。

这一声是实际地比一百八多了二十文，而这二十文之于此时此地的我，价值是大到无可比拟。于是我就卖给他了。

酱黄色的铜板（一枚值二十文）由他的手一枚一枚地数放在我的掌上，一共十个。我小心得很，又把铜板一个一个地掷在阶石上，听听有没有哑板子，——这举动，全不像一个贩卖一挑货物的商人了，但我已顾不到这些。

同时侧边的黄包车夫说："呵，两百文一双，那我们也要了。再去拿几双来！"

"不卖了，不卖了！"我有点气。但这气不久就消失了。

如同在袋里放了十个银元，欢愉在我的唇边颤动。

我走进一家烧饼店，把十个铜板握在左手里，右手伸出去选那大一点的烧饼；一面问着价钱。缠着洋面口袋改成围腰的伙计回答：

"一个铜板一个！"

我想着用当二十的铜板，当然可买两个了。便噔的一声丢了一个在摊上，两个黄黄的热烧饼便握在我的手里了，正动身要走，伙计叫起来了：

"喂，还要一个铜板！"

"嗯，你说的一个铜板一个饼，是当十的铜板，还是当二十的？"我诧异地问。

"全城都没有当十的铜板了!"伙计的声音已放低,似乎业已悟出我是远乡的人。

再丢下一个铜板之后,对于现存的财产,消失好些乐观了。

我走到灯光暗淡的阶石上坐着,匆忙地大嚼我的烧饼。

昆明初秋的凉意,随着夜的翅子,掠着我的眉梢了。

头一个饼,连我也不明白是怎样哽完了的。第二个,我得慢些嚼。咬了一口,从饼心里溢出来的热香,也已嗅着。越吃越好吃,完了,还渴想要,觉得有点不对。象悭吝老头子警告放浪儿子那样的心情,竟也有了。

终于忍不住,后来又去另一家店里买一个。全部的财产就消耗去十分之三,然而,到底还没有饱。不过,人是恢复元气了。

有了元气的我,就走进夜的都市的腹心,领略异地的新鲜的情调,一面还伸出舌头去舔舔嘴角上的烧饼屑。

滇越铁路这条大动脉,不断地运送来法国的货物和机器,把这原是村姑娘面孔的山国都市,出落成一个标致的摩登小姐了。在她的怀中,正孕育着不同的胎儿:从洋货店里出来的肉圆子,踏着人力车上的铃子,瞠唥瞠唥地驰在花岗石砌成的街上,朝每夜觅得欢乐的地方去。那些对着辉煌的酒店、热闹的饭馆,投着饥饿眼光的人,街头巷尾随处都可以遇着。卖面包的黑衣安南人,叫着"洋巴巴"的云南声调,寂寞地走在人丛中,不时晃在眼前,又立即消失。

拥有七个铜板的财产,在各街闲游,仿佛我还不算得怎样地不幸福了。

夜深回去。这要同我一床睡的人,悄然地坐在床边吸烟。他对我投一个温和的眼光;同时一支烟,很有礼貌地送在我的手头。我望见他递给烟支的手颈,密散着黑顶的红点,登时使我怕起来了。"呵呀,今晚要同一个生疥疮的人睡,怎了得!"这由心里弹出的声音,幸好忍在唇边了,我才仍然有礼貌地把烟支退还。当他偶然抓抓身上的时候,我周身的皮子,也急地发着痒了。我不得不去找老板另换房间,他却白着眼睛给我一个干脆的拒绝。

同我睡的伙伴,是终夜醒着,不住地抓他的腿,抓他的背,抓他的肚皮,抓他的脚板……

我憎恶着,恐惧着,昏昏迷迷地度了一个不舒服的初秋之夜。

二 拉黄包车也不成

走到黄包车行的门前,就把腰干伸直,拿出一点尚武精神来:总之,要在车行老板的面前,给他一个并非病弱的印象。同时,觉得自己也有九分把握,两只脚杆,只要拉起裤脚给他看,包会认为满意的。在学校的期间,我爱踢足球，近来又几乎走了两个月的山路，脚腿实在发育得很健全的。

见着戴瓜皮帽的经理，向他用委婉的语气说明来意之后，便又急促地问了一句：

"我这样的身体，也可以拉黄包车么？"

"怎么不可以？你来拉最合适了！"他发出鼻子瓮塞的涩音，咳呛了一下，吐了一口痰，"十四五岁的孩子，五十多岁的老头儿，都还拉车在街上跑哩！"

我起初担忧着我的病色的脸，会生出别的问题。如果他斜着白眼说"你不行"，我的手就预备着拉起裤脚，亮出脚腿，作最后争辩的保证的。料不到结果如此之佳，自然，心里就很快乐。

"你认识街道么？这倒很——"涨红了脸，又咳呛了几下，"很要紧的！"

这确实是一个不小的难题，使我有点费神解答了，"我……街道……"突然增加了勇气，"认识的。"

"真的么？"见我回答得似很勉强，自然怀疑了。

"不认识街道，我敢拉车么？"饥饿的威胁，逼我一直勇敢下去。

"对！那就很好！"他取出属于账簿那类的庞大的书。提起笔，把我报告给他的姓名、年龄、籍贯，全录了上去。随即眼里射出一丝狡猾的光芒，十分郑重地说：

"车租一天一元哪！"擤了一下清鼻涕，粘在两根指头上的滑腻东西，就从容地揩在他坐的椅子下面，"这也不打紧，多跑几条街，什么钱都赚回来了。还有，客人给你车钱，不管他够不够，你都伸着手说，'先生，添一点！'我告诉你，这就是找钱的法宝！"

"车租可以少点么？"这一天一元的租钱，确实吓着了我。

"这是一定的规矩，你不拉，算了！"

"好，我拉！我拉！"要把走到绝路的生命延续下去，目前的敲榨和苛待，就暂时全不管了。

"呵，谁保你？是哪一家铺子？"他在胜利之后，得意地问。

"呵，我没有铺保哪！"我有点惊惶了。

"哼，铺保也没有找着，就来拉车么？小伙子，你怎么不先打听打听哪？"

"实在找不着铺保，没法哪！"窘迫地回答他。

"什么？什么？找不着铺保！"眼睛立刻睁得大大的，很诧异，一定在脑里把我推测成一个歹人吧？他涨红了脸，咳呛了几下，"去你的！去你的！"急摆手，头转向另一边。

我微愠地退了出去。门外初秋早上的阳光，抹在我颓然的脸上。市声在一碧无云的天空下面，轰轰地散播着，但一种莫名其妙的寂寞，却卷睡在我的心里。我伸手进衣袋里，昨天剩下的七个铜板的财产，依然存在，刚才由那瓮塞鼻音给我的悲观，就减少些了。只要有炭来添，我这个火车头，是不怕一天到晚都跑的。找百回事，总要碰着一件吧，我是抱这样不灰颓的心情了。

虽象无目的地在每一条街上乱走，但我的眼睛，总愿意在不知不觉的时候，看见有可以觅得工作的地方。这时，我是无所选择的了。只要有安身之处，有饭吃，不管是什么工作，不管有没有工资，都得干了。

本来我在成都想读书而没法继续进学堂的时候，就计划在中国的大都市漂泊，最好能找着每天还有剩余时间来读书的工作的；如今不但全成了泡影，而且连变牛变马的工作也找不着，但这并不使我丧失了毅力；不过处世须要奋斗的意义，如今却深切地烙在我每一条记忆的神经线上了。

走到城隍庙街，依往昔在成都的脾气，我是要到那些新书店里，翻翻架上的新书，消磨半个钟头的。但在这时的我，却自觉有点羞惭，因为凭着买书的资格，而在书店里随意翻书的好时光，于我已全成过去的了。如今，我只要一走进店里，我的手，我的足，准是被许多人的眼睛监视着、憎恶着哩。

在这条街漫步徘徊，忽然发现了通俗阅报社的招牌，挂在商业场的楼上，打算进去休息，同时还想给脑筋一点粮食，就完全不顾及由污旧衣衫表现出的身份了。

一间临街的小楼屋做的阅报室，没个人在里面，看守的又似乎出街去了。只是真上放些杂志，放些书，放些报纸。窗上射进一两线阳光。满室都浮着通明的微笑。这安适的小天地，正合我的意，正能寄托我彷徨的心。如果我是这阅报室的看守人，多么好呵！每天一定的工作，大致是扫地板，拭桌椅，整理杂志，夹好新旧的报吧？这我一定会做得有条有理，而且得着阅者的称赞的。其余的时间，得让我象一个阅者似地自由看书。工钱没有也可以，如有两块钱作零用，那就更好。拿着新杂志，看看封面，看看题名，全无心管它的内容。当指头在翻动的时候，心里只是幻想些暂时安定的甜蜜的梦。

后来，又翻看报，华安机器厂招收学徒的大字广告，跳到我的眼里来了，地点说是南门外商埠里，——那儿是滇越铁路的终点。目前待遇学徒以及将来成了匠人的好处，诱惑地讲了好些；详细的章程，须到厂里办事处去取，在那上面似乎就把好处形容得更其尽致。这是一线生机，我记好街名厂名，就去了。

由商业场到南门外的商埠，只不过两三里路，却因街道不熟，东问一个老头子，西问一个小孩儿，走了好些冤枉路。到了机器厂的屋檐下时，我在秋阳下的影子已缩成一堆，蹲在我的脚下了。厂里刚放了工，黑烟筒下的铅板屋顶，还有放哨后的白色水蒸气，淡淡地遗留着在。在机器厂门前贴了一张招收学徒的章程，我就站着看，用不着再进去取一份了。上面说：学徒进厂后，食宿均由厂方供给，自然这使我非常满意。但说到三年才得满师，就令我有点作难了。然而，一转念：不要紧，住三四个月或者一年半载就跳槽吧。另一条，满了师后，须替该厂服务。这倒用不着挂虑，未学完，我已跑得天远地远了，你要用条件来限制我，由你剥削么？那是在做梦。一面看，一面就斜眼看见厂门内那两桌的人——大概是些技师吧，正在饮酒吃饭，欢快得很。声音和容貌，全是些安南人，那饮酒的惯例，就同中国人大有分别，一大碗酒放在许多菜碗的中间，在座的人就用调羹舀来饮，倒别有风致。同时，我的食欲，不消说也被骚动的了。我想，等我进去做学徒时，一定要吃个饱饱。然而目前只能尽量地咽下一大口馋水了。继续再注意向壁上看下去，又一条说，须有殷实的铺保——有鬼有鬼，我低声连叫几下。这还不算可恶，跟着来的，且要三十两银子的保证金呢。真够气煞人！为什么不在广告上讲个明白，叫我冤枉跑了大半天，流了一身汗，才触这霉头呢？你这狗厂主，捉弄老子。两个拳头一捏，想干他一顿，然而，除了面前脏污的硬墙壁而外，全没有可打的东西。那该痛打一顿始足以消我的气的厂主，现在大概正从温软的被窝里爬了出来，躺在另一张华丽的床上，惬意地烧着鸦片烟吧？

　　装着一肚皮的气，又开始无目的地向没有希望的地方走去。人是有点疲倦，感觉得十分饿了。花去两个铜板，买点东西马马虎虎地吃了之后，觉得这两次小小的挫折，也算不得什么一回事。我的肌肉，还没有倒在尘埃里给野狗拖扯、蚂蚁嘬食的时候，我总得挣扎下去，奋斗下去的。不过七个铜板的财产，只剩下了五个，倒是一件担心的事情。无论你怎样的乐观，五个铜板总是五个铜板，不会添多，只会减少的。

　　下午的照着秋阳的街上，我拖着影子不息地走着。无意识中忽又碰着救急的地方，这地方的门口挂着职业介绍所的招牌，我就不管三七二十一地碰了进去。这时，我的心里早已制造出应付环境的诡计了。

　　一个半老年纪的职员，猫儿似地正在打盹，给我的脚声惊动了，揉着眼睛，懒洋洋地听我的问询。

　　最后我说："写字挂账③，这我会的。给人家跑街、挑水、扫地，也都愿意。老实说，先生，我不论什么事都可以做。"

　　他打了个满意称心的哈欠之后，皱皱眉，望望我，便取一本厚册来，二指伸在唇边抹了一点唾沫，就开始一页一页地翻着，忽然，某一页上触了灵机似的，就把眼睛移射着我，问：

"你会作厨子么？"

"会的，会的。"我满口承允了。在云南东部的山里，那一带的客店很异样，都是卖米不卖饭，须由你走疲倦了的客人，自己煮饭炒菜的；因此，厨子的本领，我是粗具一点点，不过不精熟，而且手艺也不齐全。这时，我大胆而冒昧地承允，全是逼于切肤的饥饿。他就不说什么了，便照例问我姓名年纪，自然又问到铺保，这我已计划好了，很自如地说出："南门外广马街，德盛隆号保。"

"老板姓什么？"他毫不迟疑地问。

"姓张名鸿发，"我答复非常地快，然而心里忍不住想发笑。字写完了，他顺手拿出一张印有字的条子，交给我，说："叫保人在这里盖个章，就对了。"

我接在手里，就问哪一天上工呢？

"到底会不会？"他伸出两个手指，在稀疏的头发里，近乎搔痒那样地抓，也许是帮他考虑的，"小伙子，不要云了才丢人。连介绍人也难为情的。"

"怎么不会，不会还敢答允吗？"我的态度表示得十分坚决，但心里却不免起着恐慌。

"这是罗家公馆请的哪！"他的眼光逼射着我说，"工钱是很多的，就是要你会烧烤鸡鸭。还有他家的大老爷大太太，爱吃燕窝鱼翅，这也要你会做。我看，你们手艺人倒满不在乎，满高兴做这些的。我怕你年轻点，烧烤煎炒这类经验不多，做出来难免味道不合的。"又戟起手指在头发里戳了一会，慢慢地又说："还有点为难，就是好多厨子，去做了几天都不干了。罗家的老爷、大太、大少爷、大少奶奶，他们晚上都要烧鸦片烟，烧到半夜后两三点多钟，就要叫你起来做点心消夜。小伙子，你勤快一点，就好了，工钱是不会少你的！"

"半夜三更，我倒不能起来服侍老爷太太的！对不起！"我很气忿，同时又感到滑稽，就顺口吹吹牛，出出胸中的恶气，"从前我住过好多大馆子，烧烤过无数的鸡鸭，说到做鱼翅燕窝，简直是我的拿手好戏。至于半夜起来服侍太太老爷，那倒从来没有过！"

"唉，这样不对哪！"起初是他冷酷地盘问我，现在倒反给我顽梗的态度窘着了。"有钱人，你得好好地服侍，自然会有好处。难怪你有这样一副好手艺，弄到找不着事做，全是你的脾气不好哪！年轻人，听我劝吧！"

"硬没有办法罗！我天生就不能好好地侍候有钱人的。老先生，另找一件事情吧！"

"你不去作厨子，那是没有另外的工作了。你不知道，年轻人，现在的乡下人，都挤到城里来，好象城里的街上，随地都可以捡着宝贝似的。每天都有些人来，上午便忙得不得了。许多人都只是报个名等工作哪。"他说到这里，便感概系之似地叹一声："城里哪有许多的工作等人做呢！唉！"

"对不起，打扰你了！"我懊丧地走了出去。门外向暮的秋风，扬起街上的灰尘，扑着眉宇，人是感着更不舒服了。

一天的奔波，失望和饥饿，到这时，不能不感到忿怒了，重重地骂了几句粗话之后，便把手里拿着叫王八蛋来盖章的单子，扯得粉碎，片片纸花就随着街上的秋风，飘飘飞去。

在秋风里，一面缓缓地走，就一面深深地、痛切地觉着：这样的世界，无论如何，须要弄来翻个身子。

三　鞋子又给人偷去了

在这离开故乡两三千里的陌生都市里，我象被人类抛弃的垃圾一样了。成天就只同饥饿作了朋友，在各街各巷寂寞地巡游。我心里没有悲哀，眼中也没有泪。只是每一条骨髓中，每一根血管里，每一颗细胞内，都燃烧着一个原始的单纯的念头：我要活下去！就是有时饥饿把人弄到头昏脑胀浑身发出虚汗的那一刻儿，昏黑的眼前，恍惚间看见了自己的生命，仿佛檐头一根软弱的蛛丝，快要给向晚的秋风吹断了的光景，我也这样强烈地想着：至少我得坚持到明天，看见鲜明的太阳，晴美的秋空。

工作找不到手，食物找不到口，就只得让饥饿侵蚀自己的肌肉，让饥饿吮吸自己的血液了，不过这究竟还能够把生命支持到某些时候的。然而，当前最痛切而要立刻解决的问题，却是夜来躲避秋风和白露的地方了。早上走出店子和晚上进去，一看见店主人那样不高兴的脸色，伙计们那样带嘲带讽的恶声，虽然可以勉强地厚着脸皮，但心里总有着说不出的万千委屈。夜里给那生着疥疮的同伴弄得不能入睡的时候，脑里就爬着许多的飘渺的幻想，连千年前被店主人逼迫的秦叔宝拉着黄骠马在街道上拍卖的悲惨事情，也热烈地艳羡起来：想着有一匹马来卖，那多好呀！比如隔壁房间内有人拉胡琴唱欢乐的小曲，我就会不知不觉神往地小声唱起来："店主东，你不要吵来不要骂，待咱牵出黄骠马……"但是越唱越感到自己的空虚，心便会暗暗地给深沉的悲切侵袭着、围困着了。

在店里住到第五天的晚上，我被幺厮引到另一间更黑暗更肮脏的屋子里，介绍给另一个陌生人同睡的时候，我就忍不住问及和我往天晚上一块儿睡觉的那个同伴了。因为我虽是讨厌他一身癞虾蟆似的疥疮，但我却忘不了他那待人和善而有礼貌的样子。

"没店钱,赶出店外去了!"幺厮这样粗声粗气地回答,语势里藏着威胁和狞笑。

我打了个寒噤,说不出什么话来,只是这样地想:可怜他还是可怜我呢?我知道,我不久也会给人赶到街头去的。掉转身,望着小窗外的黑夜,——一个广漠的冷酷的昆明的黑夜。

这位新同伴呢,睡在床上,脸朝着壁头,在半明半暗的灯光下面,看不出他是一个怎样的人来,而我的心里早就制造出这样的公式:"同是天涯伦落人,相睡何必曾相识。"也就无须乎详细的观察和询问。我只是默默地倚窗站着,望着无边黑暗闪着小星点的秋空,追想那给店主人赶在街头的旧同伴,这一夜不知蹲在哪儿,含着眼泪,痛苦地搔着他身上发痒的疮疤呢!他的身世,我可不知道,只在夜里听见他一面搔痒一面这样愤激地说过:"家乡活不下了,才来到省城的,哪知道省城还是活不下去呢。"就只是知道这一点子,然而这一点也尽够一个沦落人的注解了,所以我也就不曾追问,而且我也没有追问别人身世的好心绪的。但这时我整个的心却为被赶的他悲哀了。仿佛我已看见他荒凉不堪的家乡,在斜阳中躺着无数烧毁的破屋,没有一缕黄昏的炊烟,只有一队乱鸦,在空中飞鸣一会,散到远处去了。

"老兄,吹灯睡了吧!"床上睡的那人,看着我尽是那样默默地站着,便忍不住这样说了。这一声,骤然打散了我心中的幻象,同时还觉得他的语气很是柔和、亲切,就无心地问他道:

"你老兄可也是来省城找事做的么?"

"不,我明天要到外县去!"好像听着我这样的问询,有着憎恶似地便用这样硬的话来搪塞。等我吹了灯上床睡的时候,他才深深地叹了一声:"这年头儿有什么事可做呢?"

安慰的话,对他是没用处的.而我也说不出安慰的话来。于是两人静静地躺着,不作一声。秋夜的黑暗,把我们深深地掩埋着了。

一股汗脚臭的气味,不时钻进我的鼻子,在平时是会使人发着呕吐的。但在这一夜却并不感到讨厌和憎恶,我只深切地体味到这脚臭的主人,有着辛苦的奔波、惨痛的劳碌和伤心的失望哩。

第二天早上醒来,约莫九点钟的光景,发现昨夜同睡的半侣和我的一双旧鞋子,通不见了。没有鞋子穿,我十分地懊恼,但对于偷去鞋子的人,我并没有起着怎样的痛恨和诅咒。因为连一双快要破烂的鞋子也要偷去,则那人的可怜处境,是不能不勾起我的加倍的同情的。然而,我看着一汉赤裸裸的脚板,终于生气了，冒火了。我气冲冲地走到账房去，用着顽强的态度和咆哮的声音，同老板吵闹起来，把四五天来他给我的气闷，通通还给他了。我不管他辩护的话；只觉得在他的屋里掉了东西，作主人的他，是应该首先负这责任的。于是吵闹，吵闹，不息地吵闹。

老板到底屈服了，就赔我一双半新的鞋子，鞋面是黑色哔叽做的，自然比我的旧布鞋子漂亮得多。我便马上感觉到偷我鞋子的朋友，倒替我做了一件不无利益的生意。但在老板交鞋子给我的时候，却严厉而忿怒地告诫，也许可以说是等于责骂吧，因为他的眼睛睁得很大，仿佛快要爆出火花的光景。他说："限你今夜清算店账，不……"气得说不出了。

"好的，"虽然我是回答得很不软弱，但心里却有点失悔我的吵闹，太过于凶悍了。然而想到迟早都要给他赶到店外的，捉到一个可以为难他的机会的时候，客气的和平那是用不着的了。

赔偿的漂亮鞋子，诚然是出乎意外的收获，但等我朝脚上一比的时候，才知道这鞋子比我的脚短了一寸。以为我是胜利了的，看来还是失败了。没有别的方法可想，只有把这双短小的鞋子，无可奈何地套在脚上。于是，在这山国的都市上又凭空添上了一个拖着倒跟鞋子的流浪青年，而我在街头走路的样子，也就更加狼狈更加滑稽了。但这些，我全顾不到。我只是一面拐出店外，一面就盘算：在这一夜应该在哪儿寻得一块遮蔽秋风秋雨的地方。

同时我想：就是这个社会不容我立足的时候，我也要钢铁一般顽强地生存下去！

一九三一年冬，上海

【注 释】

① 鸡毛店：一种很小的客店。　② 幺厮：对茶房伙计的称呼。　③ 挂账：记账。

·导 读·

艾芜（公元1904—1992年），四川新繁人，著有短篇小说集《南行记》。作品大多反映西南边疆和缅甸等地下层人民的苦难生活及其自发的反抗斗争，开拓了新文学创作题材的领域。

《人生哲学的一课》选自短篇小说集《南行记》，是该集中自叙传色彩最为浓厚的小说。

在《人生哲学的一课》这篇小说中,作者描述了自己初到昆明的遭遇:"总之,就我的全部所有,变卖不出一文钱来。"为了活命,为了躲过店老板一家人的目光,他把一双舍不得穿的草鞋塞到裤裆里,拿到街上卖。于是,10个铜板使他侥幸活了下来。他想拉黄包车却找不到铺保,找工作、求生存屡屡碰壁,鞋子又被人偷去,因索赔被小店老板赶到街头找不到一块遮蔽风雨的地方。尽管生存的艰难几乎使他走投无路、客死异乡,但他对生活的信念始终不曾动摇,对生活依然执著,他仍然顽强地抗争:"就是社会不容我立足的时候,我也要钢铁一般顽强地生存!"透出"我"的呐喊,折射出西南边地底层人民的生存困境和在生活重压下强烈的求生欲望。我们在感叹其不幸遭遇的同时更应试着去思考:在现代社会,青年应如何去面对成长道路上的沮丧、伤心、困顿、失败?我们可以不喜欢失败、挫折甚至痛苦的感情经历,但是我们不能被它们打倒;我们可以为不幸而流泪,但是我们不能在不幸面前低头,而应从一次次的打击中坚强地站起来。

小说突出的艺术特点是塑造了"我"这样一个"克服苦难、砥砺自我、直面人生"的形象,带有浓郁的自叙传色彩。

【思考题】

一、你如何理解和评价"我"?

二、这篇小说表现了作者怎样的思想感情?读后有什么感想?

(伍 丹)

雪落在中国的土地上

艾 青

雪落在中国的土地上。
寒冷在封锁着中国呀……
风,
象一个太悲哀了的老妇。
紧紧地跟随着,
伸出寒冷的指爪,
拉扯着行人的衣襟。
用着象土地一样古老的,

一刻也不停地絮聒着……
那从林间出现的,
赶着马车的,
你中国的农夫,
戴着皮帽,
冒着大雪,
你要到哪儿去呢?
告诉你,
我也是农人的后裔——
由于你们的,
刻满了痛苦的皱纹的脸,
我能如此深深地,
知道了,
生活在草原上的人们的,
岁月的艰辛。
而我,
也并不比你们快乐啊,
——躺在时间的河流上,
苦难的浪涛,
曾经几次把我吞没而又卷起——
流浪与监禁,
已失去了我的青春的最可贵的日子,
我的生命,
也象你们的生命,
一样的憔悴呀。

雪落在中国的土地上,
寒冷在封锁着中国呀……
沿着雪夜的河流,
一盏小油灯在徐缓地移行,
那破烂的乌篷船里,
映着灯光,垂着头,
坐着的是谁呀?

——啊,你,
蓬发垢面的小妇,
是不是?
你的家,
——那幸福与温暖的巢穴——
已被暴戾的敌人,
烧毁了么?
是不是?
也象这样的夜间,
失去了男人的保护,
在死亡的恐怖里,
你已经受尽敌人刺刀的戏弄?

咳,就在如此寒冷的今夜,
无数的,
我们的年老的母亲,
都蜷伏在不是自己的家里,
就象异邦人,
不知明天的车轮,
要滚上怎样的路程?
——而且,
中国的路,
是如此的崎岖,
是如此的泥泞呀。

雪落在中国的土地上。
寒冷在封锁着中国呀……
透过雪夜的草原,
那些被烽火所啮啃着的地域,
无数的,土地的垦植者,
失去了他们所饲养的家禽,
失去了他们肥沃的田地,
拥挤在,
生活的绝望的污巷里;

机遇的大地,
朗向阴暗的天,
伸出乞援的,
颤抖着的两臂。
中国的痛苦与灾难,
象这雪夜一样广阔而又漫长呀!

雪落在中国的土地上,
寒冷在封锁着中国呀……
中国,
我的在没有灯光的晚上,
所写的无力的诗句,
能给你些许的温暖么?

· 导 读 ·

艾青(公元1910—1996年),浙江金华人。在中国新诗发展史上,他是继郭沫若、闻一多等人之后又一位推动一代诗风并产生过重要影响的诗人,在世界上也享有盛誉。

艾青的这首《雪落在中国的土地上》诗歌选自《北方》,发表于1937年。全诗通过描写大雪纷扬下的农夫、少妇、母亲的形象,表现了中华民族的苦痛与灾难,表达了诗人深厚的爱国热情。

《雪落在中国的土地上》这首诗一开头就创造了一种富有象征意义的阴冷、凄怆的气氛和意象:"雪落在中国的土地上,寒冷在封锁着中国呀……"作者接下来还用拟人的手法写道:"风,/象一个太悲哀的老妇,/紧紧地跟随着/伸出寒冷的指爪/拉扯着行人的衣襟,/用着象土地一样古老的话/一刻也不停地絮聒着……"这两处的"风"和"雪"既是对大自然景象的如实描写,又是当时惨遭战乱的现实的艺术再现,不仅表现了自然界的严酷寒冷,而且暗示了当时的政治气候和民族命运,表达了深刻的思想内容,为诗篇后面倾诉心曲、抒发忧国忧民的深情作了铺垫。

这是一首充分体现艾青早期感情基调的诗。他那种赤诚炽烈、深沉执著的对祖国人民命运的关怀,使他不能不以一种急切忧虑的心绪、冷峻而真实的笔触,把当时的社会气氛传达出来。这种感情和气质,是早期艾青的典型的感情和气质。如果不深刻了解艾青这种个性上的特色,我们就将很难认识他早期的艺术风格。

【思考题】

一、请认真领会作者在这首诗中所透露出的思想情感。
二、试比较此诗与艾青另一名作《我爱这土地》情感风格上的异同。

(沈穷竹)

封　锁

张爱玲

　　开电车的人开电车。在大太阳底下，电车轨道像两条光莹莹的，水里钻出来的曲蟮，抽长了，又缩短了；抽长了，又缩短了，就这么样往前移——柔滑的，老长老长的曲蟮，没有完，没有完……开电车的人眼睛盯住了这两条蠕蠕的车轨，然而他不发疯。

　　如果不碰到封锁，电车的进行是永远不会断的。封锁了。摇铃了。"叮玲玲玲玲玲"，每一个"玲"字是冷冷的一小点，一点一点连成了一条虚线，切断了时间与空间。

　　电车停了，马路上的人却开始奔跑，在街的左面的人们奔到街的右面，在右面的人们奔到左面。商店一律地沙啦啦拉上铁门。女太太们发狂一般扯动铁栅栏，叫道："让我们进来一会儿！我这儿有孩子哪，有年纪大的人！"然而门还是关得紧腾腾的。铁门旦的人和铁门外的人眼睁睁对看着，互相惧怕着。

　　电车里的人相当镇静。他们有座位可坐，虽然设备简陋一点，和多数乘客的家里的情形比较起来，还是略胜一筹。街上渐渐地也安静下来，并不是绝对的寂静，但是人声逐渐渺茫，像睡梦里所听到的芦花枕头里的窸窣。这庞大的城市在阳光里盹着了，重重地把头搁在人们的肩上，口涎顺着人们的衣服缓缓流下去，不能想象的巨大的重量压住了每一个人。上海似乎从来没有这么静过——大白天里！一个乞丐趁着鸦雀无声的时候，提高了喉咙唱将起来："阿有老爷太太先生小姐做做好事救救我可怜人哇？阿有老爷太太……"然而他不久就停了下来，被这不经见的沉寂吓噤住了。

　　还有一个较有勇气的山东乞丐，毅然打破了这静默。他的嗓子浑圆嘹亮："可怜啊可怜！一个人啊没钱！"悠久的歌，从一个世纪唱到下一个世纪。音乐性的节奏传染上了开电车的，开电车的也是山东人。他长长地叹了一口气，抱着胳膊，向车门上一靠，跟着唱了起来："可怜啊可怜！一个人啊没钱！"

电车里，一部分的乘客下去了。剩下的一群中，零零落落也有人说句把话。靠近门口的几个公事房里回来的人继续谈讲下去。一个人撒喇一声抖开了扇子，下了结论道："总而言之，他别的毛病没有，就吃亏在不会做人。"另一个鼻子里哼了一声，冷笑道："说他不会做人，他把上头敷衍得挺好的呢！"

一对长得颇像兄妹的中年夫妇把手吊在皮圈上，双双站在电车的正中，她突然叫道："当心别把裤子弄脏了！"他吃了一惊，抬起他的手，手里拎着一包熏鱼。他小心翼翼使那油汪汪的纸口袋与他的西装裤子维持二寸远的距离。他太太兀自絮叨道："现在干洗是什么价钱？做一条裤子是什么价钱？"

坐在角落里的吕宗桢，华茂银行的会计师，看见了那熏鱼，就联想到他夫人托他在银行附近一家面食摊子上买的菠菜包子。女人就是这样！弯弯扭扭最难找的小胡同里买来的包子必定是价廉物美的！她一点也不为他着想——一个齐齐整整穿着西装戴着玳瑁边眼镜提着公事皮包的人，抱着报纸里的热腾腾的包子满街跑，实在是不像话！然而无论如何，假使这封锁延长下去，耽误了他的晚饭，至少这包子可以派用场。他看了看手表，才四点半。该是心理作用罢？他已经觉得饿了。他轻轻揭开报纸的一角，向里面张了一张。一个个雪白的，喷出淡淡的麻油气味。一部分的报纸粘住了包子，他谨慎地把报纸撕了下来，包子上印了铅字，字都是反的，像镜子里映出来的，然而他有这耐心，低下头去逐个认了出来："讣告……申请……华股动态……隆重登场候教……"都是得用的字眼儿，不知道为什么转载到包子上，就带点开玩笑性质。也许因为"吃"是太严重的一件事了，相形之下，其他的一切都成了笑话。吕宗桢看着也觉得不顺眼，可是他并没有笑，他是一个老实人。他从包子上的文章看到报上的文章，把半页旧报纸读完了，若是翻过来看，包子就得跌出来，只得罢了。他在这里看报，全车的人都学了样，有报的看报，没有报的看发票，看章程，看名片。任何印刷物都没有的人，就看街上的市招。他们不能不填满这可怕的空虚——不然，他们的脑子也许会活动起来。思想是痛苦的一件事。

只有吕宗桢对面坐着的一个老头子，手心里骨碌碌骨碌碌搓着两只油光水滑的核桃，有板有眼的小动作代替了思想。他剃着光头，红黄皮色，满脸浮油，打着皱，整个的头像一个核桃。他的脑子就像核桃仁，甜的，滋润的，可是没有多大意思。

老头子右首坐着吴翠远，看上去像一个教会派的少奶奶，但是还没有结婚。她穿着一件白洋纱旗袍，滚一道窄窄的蓝边——深蓝与白，很有点讣闻的风味。她携着一把蓝白格子小遮阳伞。头发梳成千篇一律的式样，唯恐唤起公众的注意。然而她实在没有过分触目的危险。她长得不难看，可是她那种美是一种模棱两可的,仿佛怕得罪了谁的美,脸上一切都是淡淡的,松弛的,没有轮廓。连她自己的母亲也形容不出她是长脸还是圆脸。

在家里她是一个好女儿,在学校里她是一个好学生。大学毕了业后,翠远就在母校服务,担任英文助教。她现在打算利用封锁的时间改文卷子。翻开了第一篇,是一个男生做的,大声疾呼抨击都市的罪恶,充满了正义感的愤怒,用不很合文法的,吃吃艾艾的句子,骂着"红嘴唇的卖淫妇……大世界……下等舞场与酒吧间"。翠远略略沉吟了一会,就找出红铅笔来批了一个"A"字。若在平时,批了也就批了,可是今天她有太多的考虑的时间,她不由地要质问自己,为什么她给了他这么好的分数:不问倒也罢了,一问,她竟涨红了脸。她突然明白了:因为这学生是胆敢这么毫无顾忌地对她说这些话的唯一的一个男子。

他拿她当做一个见多识广的人看待;他拿她当做一个男人,一个心腹。他看得起她。翠远在学校里老是觉得谁都看不起她——从校长起,教授、学生、校役……学生们尤其愤慨得厉害:"申大越来越糟了!一天不如一天!用中国人教英文,照说,已经是不应当,何况是没有出过洋的中国人!"翠远在学校里受气,在家里也受气。吴家是一个新式的,带着宗教背景的模范家庭。家里竭力鼓励女儿用功读书,一步一步往上爬,爬到了顶儿尖儿上——一个二十来岁的女孩子在大学里教书!打破了女子职业的新纪录。然而家长渐渐对她失掉了兴趣,宁愿她当初在书本上马虎一点,匀出点时间来找一个有钱的女婿。

她是一个好女儿,好学生。她家里都是好人,天天洗澡,看报,听无线电向来不听申曲滑稽京戏什么的,而专听贝多芬瓦格涅①交响乐,听不懂也要听。世界上的好人比真人多……翠远不快乐。

生命像圣经,从希伯莱文译成希腊文,从希腊文译成拉丁文,从拉丁文译成英文,从英文译成国语。翠远读它的时候,国语又在她脑子里译成了上海话。那未免有点隔膜。

翠远搁下了那本卷子,双手捧着脸。太阳滚热地晒在她背脊上。

隔壁坐着个奶妈,怀里躺着小孩,孩子的脚底心紧紧抵在翠远的腿上。小小的老虎头红鞋包着柔软而坚硬的脚……这至少是真的。

电车里,一位医科学生拿出一本图画簿,孜孜修改一张人体骨骼的简图。其他的乘客以为他在那里速写他对面盹着的那个人。大家闲着没事干,一个一个聚拢来,三三两两,撑着腰,背着手,围绕着他,看他写生。拎着熏鱼的丈夫向他妻子低声道:"我就看不惯现在兴的这些立体派,印象派!"他妻子附耳道:"你的裤子!"

那医科学生细细填写每一根骨头,神经,筋络的名字。有一个公事房里回来的人将折扇半掩着脸，悄悄向他的同事解释道："中国画的影响。现在的西洋画也时兴题字了，倒真是'东风西渐'！"

吕宗桢没凑热闹，孤零零地坐在原处。他决定他是饿了。大家都走开了，他正好从容地吃他的菠菜包子，偏偏他一抬头，瞥见了三等车厢里有他一个亲戚，是他太太的姨表妹的儿子。他恨透了这董培芝。培芝是一个胸怀大志的清寒子弟，一心只想娶个略具资产的小姐。吕宗桢的大女儿今年方才十三岁，已经被培芝睃在眼里，心里打着如意算盘，脚步儿越发走得勤了。吕宗桢一眼望见了这年青人，暗暗叫声不好，只怕培芝看见了他，要利用这绝好的机会向他进攻。若是在封锁期间和这董培芝困在一间屋子里，这情形一定是不堪设想！他匆匆收拾起公事皮包和包子，一阵风奔到对面一排座位上，坐了下来。现在他恰巧被隔壁的吴翠远挡住了，他表侄绝对不能够看见他。翠远回过头来，微微瞪了他一眼。糟了！这女人准是以为他无缘无故换了一个座位，不怀好意。他认得出那被调戏的女人的脸谱——脸板得纹丝不动，眼睛里没有笑意，嘴角也没有笑意，连鼻洼里都没有笑意，然而不知道什么地方有一点颤巍巍的微笑，随时可以散布开来。觉得自己太可爱了的人，是熬不住要笑的。

该死，董培芝毕竟看见了他，向头等车厢走过来了，谦卑地，老远地就躬着腰，红喷喷的长长的面颊，含有僧尼气息的灰布长衫——一个吃苦耐劳，守身如玉的青年，最合理想的乘龙快婿。宗桢迅疾地决定将计就计，顺水推舟，伸出一只手臂来搁在翠远背后的窗台上，不声不响宣布了他的调情的计划。他知道他这么一来，并不能吓退了董培芝，因为培芝眼中的他素来是一个无恶不作的老年人。由培芝看来，过了三十岁的人都是老年人，老年人都是一肚子的坏。培芝今天亲眼看见他这样下流，少不得一五一十要去报告给他太太听——气气他太太也好！谁叫她给他弄上这么一个表侄！气，活该气！

他不怎么喜欢身边这女人。她的手臂，白倒是白的，像挤出来的牙膏。她的整个的人像挤出来的牙膏，没有款式。

他向她低声笑道："这封锁，几时完哪？真讨厌！"翠远吃了一惊，掉过头来，看见了他搁在她身后的那只胳膊，整个身子就僵了一僵，宗桢无论如何不能容许他自己抽回那只胳膊。他的表侄正在那里双眼灼灼望着他，脸上带着点会心的微笑。如果他夹忙里跟他表侄对一对眼光，也许那小子会怯怯地低下头去——处女风韵的窘态；也许那小子会向他挤一挤眼睛——谁知道？

他咬一咬牙，重新向翠远进攻。他道："您也觉着闷罢？我们说两句话，总没有什么要紧！我们——我们谈谈！"他不由自主的，声音里带着哀恳的调子。翠远重新吃了一惊，又掉回头来看了他一眼。他现在记得了，他瞧见她上车的

——非常戏剧化的一刹那，但是那戏剧效果是碰巧得到的，并不能归功于她。他低声道："你知道么？我看见你上车，前头的玻璃上贴的广告，撕破了一块，从这破的地方我看见你的侧面，就只一点下巴。"是乃络维奶粉的广告，画着一个胖孩子，孩子的耳朵底下突然出现了这女人的下巴，仔细想起来是有点吓人的。"后来你低下头去从皮包里拿钱，我才看见你的眼睛，眉毛，头发。"拆开来一部分一部分地看，她未尝没有她的一种风韵。

翠远笑了。看不出这人倒也会花言巧语——以为他是个靠得住的生意人模样！她又看了他一眼。太阳光红红地晒穿他鼻尖下的软骨。他搁在报纸包上的那只手，从袖口里出来，黄色的，敏感的——一个真的人！不很诚实，也不很聪明，但是一个真的人！她突然觉得炽热，快乐。她背过脸去，细声道："这种话，少说些罢！"

宗桢道："嗯？"他早忘了他说了些什么。他眼睛盯着他表侄的背影——那知趣的青年觉得他在这儿是多余的，他不愿得罪了表叔，以后他们还要见面呢，大家都是快刀斩不断的好亲戚；他竟退回三等车厢去了。董培芝一走，宗桢立刻将他的手臂收回，谈吐也正经起来了。他搭讪着望了一望她膝上摊着的练习簿，道："申光大学……您在申光读书！"

他以为她这么年青？她还是一个学生？她笑了，没做声。

宗桢道："我是华济毕业的。华济。"她颈子上有一粒小小的棕色的痣，像指甲刻的印子。宗桢下意识地用右手捻了一捻左手的指甲，咳嗽了一声，接下去问道："您读的是哪一科？"

翠远注意到他的手臂不在那儿了,以为他态度的转变是由于她端凝的人格，潜移默化所致。这么一想，倒不能不答话了，便道："文科。您呢？"宗桢道："商科。"他忽然觉得他们的对话，道学气太浓了一点，便道：'当初在学校里的时候，忙着运动，出了学校，又忙着混饭吃。书，简直没念多少！"翠远道："你公事忙么？"宗桢道："忙得没头没脑。早上乘电车上公事房去，下午又乘电车回来，也不知道为什么去，为什么来！我对于我的工作一点也不感到兴趣。说是为了挣钱罢，也不知道是为谁挣的！"翠远道："谁都有点家累。"宗桢道："你不知道——我家里——咳，别提了！"翠远暗道："来了！他太太一点都不同情他！世上有了太太的男人，似乎都是急切需要别的女人的同情。"宗桢迟疑了一会，方才吞吞吐吐，万分为难地说道："我太太——一点都不同情我。"

翠远皱着眉毛望着他，表示充分了解。宗桢道："我简直不懂我为什么天天到了时候就回家去。回到哪儿去？实际上我是无家可归的。"他褪下眼镜来，迎着亮，用手绢拭去上面的水渍，道："咳！混着也就混下去了　不能想——就是不能想!"近视眼的人当众摘下眼镜子,翠远觉得有点秽亵,仿佛当众脱衣服似的,不成体统。宗桢继续说道:"你——你不知道她是怎么样的一个女人!"翠远道:"那么,你当初……"宗桢道:"当初我也反对来着。她是我母亲给订下的。我自然是愿意让我自己拣,可是……她从前非常的美……我那时又年青……年青的人,你知道……"翠远点点头。

　　宗桢道:"她后来变成了这么样的一个人——连我母亲都跟她闹翻了,倒过来怪我不该娶了她!她……她那脾气——她连小学都没有毕业。"翠远不禁微笑道:"你仿佛非常看重那一纸文凭!其实,女子教育也不过是那么一回事!"她不知道为什么她说出这句话来,伤了她自己的心。宗桢道:"当然哪,你可以在旁边说风凉话,因为你是受过上等教育的。你不知道她是怎么样的一个——"他顿住了口,上气不接下气,刚戴上了眼镜子,又褪下来擦镜片。翠远道:"你说得太过分了一点罢?"宗桢手里捏着眼镜,艰难地做了一个手势道:"你不知道她是——"翠远忙道:"我知道,我知道。"她知道他们夫妇不和,决不能单怪他太太,他自己也是一个思想简单的人。他需要一个原谅他,包涵他的女人。

　　街上一阵乱,轰隆轰隆来了两辆卡车,载满了兵。翠远与宗桢同时探头出去张望;出其不意地,两人的面庞异常接近。在极短的距离内,任何人的脸都和寻常不同,像银幕上特写镜头一般的紧张。宗桢和翠远突然觉得他们俩还是第一次见面。在宗桢的眼中,她的脸像一朵淡淡几笔的白描牡丹花,额角上两三根吹乱的短发便是风中的花蕊。

　　他看着她,她红了脸,她一脸红,让他看见了,他显然是很愉快。她的脸就越发红了。

　　宗桢没有想到他能够使一个女人脸红,使她微笑,使她背过脸去,使她掉过头来。在这里,他是一个男子。平时,他是会计师,他是孩子的父亲,他是家长,他是车上的搭客,他是店里的主顾,他是市民。可是对于这个不知道他的底细的女人,他只是一个单纯的男子。

　　他们恋爱着了。他告诉她许多话,关于他们银行里,谁跟他最好,谁跟他面和心不和,家里怎样闹口舌,他的秘密的悲哀,他读书时代的志愿……无休无歇的话,可是她并不嫌烦。恋爱着的男子向来是喜欢说,恋爱着的女人向来是喜欢听。恋爱着的女人破例地不大爱说话,因为下意识地她知道:男人彻底地懂得了一个女人之后,是不会爱她的。

　　宗桢断定了翠远是一个可爱的女人——白,稀薄,温热,像冬天里你自己嘴里呵出来的一口气。你不要她,她就悄悄地飘散了。她是你自己的一部分,她什么都懂,什么都宽宥你。你说真话,她为你心酸;你说假话,她微笑着,仿佛说:"瞧你这张嘴!"

宗桢沉默了一会,忽然说道:"我打算重新结婚。"翠远连忙做出惊慌的神气,叫道:"你要离婚?那……恐怕不行罢?"宗桢道:"我不能够离婚。我得顾全孩子们的幸福。我大女儿今年十三岁了,才考进了中学,成绩很不错。"翠远暗道:"这跟当前的问题又有什么关系?"她冷冷地道:"哦,你打算娶妾。"宗桢道:"我预备将她当妻子看待。我——我会替她安排好的。我不会让她为难。"翠远道:"可是,如果她是个好人家的女孩子,只怕她未见得肯罢?种种法律上的麻烦……"宗桢叹了口气道:"是的。你这话对。我没有这权利。我根本不该起这种念头……我年纪也太大了。我已经三十五了。"翠远缓缓地道:"其实,照现在的眼光看来,那倒也不算大。"宗桢默然。半晌方说道:"你……几岁?"翠远低下头去道:"二十五。"宗桢顿了一顿,又道:"你是自由的么?"翠远不答。宗桢道:"你不是自由的。即使你答应了,你的家里人也不会答应的,是不是?……是不是?"

翠远抿紧了嘴唇。她家里的人——那些一尘不染的好人——她恨他们!他们哄够了她。他们要她找个有钱的女婿,宗桢没有钱而有太太——气气他们也好!气,活该气!

车上的人又渐渐多了起来,外面许是有了"封锁行将开放"的谣言,乘客一个一个上来,坐下,宗桢与翠远给他们挤得紧紧的,坐近一点,再坐近一点。

宗桢与翠远奇怪他们刚才怎么这样的糊涂,就想不到自动地坐近一点,宗桢觉得她太快乐了,不能不抗议。他用苦楚的声音向她说:"不行!这不行!我不能让你牺牲了你的前程!你是上等人,你受过这样好的教育……我——我又没有多少钱,我不能坑了你的一生!"可不是,还是钱的问题。他的话有理。翠远想道:"完了。"以后她多半是会嫁人的,可是她的丈夫决不会像一个萍水相逢的人一般的可爱——封锁中的电车上的人……一切再也不会像这样自然。再也不会……呵,这个人,这么笨!这么笨!她只要他的生命中的一部分,谁也不希罕的一部分。他白糟蹋了他自己的幸福。那么愚蠢的浪费!她哭了,可是那不是斯斯文文的,淑女式的哭。她简直把她的眼泪唾到他脸上。他是个好人——世界上的好人又多了一个!

向他解释有什么用?如果一个女人必须倚仗着她的言语来打动一个男人,她也就太可怜了。

宗桢一急,竟说不出话来,连连用手去摇撼她手里的阳伞。她不理他。他又去摇撼她的手,道:"我说——我说——这儿有人哪!别!别这样!等会儿我们在电话上仔细谈。你告诉我你的电话。"翠远不答。他逼着问道:"你无论如何得给我一个电话号码。"翠远飞快地说了一遍道:"七五三六九。"宗桢道:"七五三六九?"她又不做声了。宗桢嘴里喃喃重复着"七五三六九",伸手在上下的口袋里掏摸自来水笔,越忙越摸不着。翠远皮包里有红铅笔,但是她有意地不拿出来。她的电话号码,他理该记得。记不得,他是不爱她,他们也就用不着往下谈了。

封锁开放了。"叮玲玲玲玲玲玲"摇着铃,每一个"玲"字是冷冷的一点,一点一点连成一条虚线,切断时间与空间。

一阵欢呼的风刮过这大城市。电车当当当往前开了。宗桢突然站起身来,挤到人丛中,不见了。翠远偏过头去,只做不理会。他走了。对于她,他等于死了。电车加足了速力前进,黄昏的人行道上,卖臭豆腐干的歇下了担子,一个人捧着文王神卦的匣子,闭着眼霍霍地摇。一个大个子的金发女人,背上背着大草帽,露出大牙齿来向一个意大利水兵一笑,说了句玩笑话。翠远的眼睛看到了他们,他们就活了,只活那么一刹那。车往前当当地跑,他们一个个的死去了。

翠远烦恼地合上了眼。他如果打电话给她,她一定管不住她自己的声音,对他分外的热烈,因为他是一个死去了又活过来的人。

电车里点上了灯,她一睁眼望见他遥遥坐在他原先的位子上。她震了一震——原来他并没有下车去!她明白他的意思了:封锁期间的一切,等于没有发生。整个的上海打了个盹,做了个不近情理的梦。

开电车的放声唱道:"可怜啊可怜!一个人啊没钱!可怜啊可……"一个缝穷婆子慌里慌张掠过车头,横穿过马路。开电车的大喝道:"猪猡!"

吕宗桢到家正赶上吃晚饭。他一面吃一面阅读他女儿的成绩报告单,刚寄来的。他还记得电车上那一回事,可是翠远的脸已经有点模糊——那是天生使人忘记的脸。他不记得她说了些什么,可是他自己的话他记得很清楚——温柔地:"你——几岁?"慷慨激昂地:"我不能让你牺牲了你的前程!"

饭后,他接过热手巾,擦着脸,踱到卧室里来,扭开了电灯。一只乌壳虫从房这头爬到房那头,爬了一半,灯一开,它只得伏在地板的正中,一动也不动。在装死么?在思想着么?整天爬来爬去,很少有思想的时间罢?然而思想毕竟是痛苦的。宗桢捻灭了电灯,手按在机括上,手心汗潮了,浑身一滴滴沁出汗来,像小虫子痒痒地在爬。他又开了灯,乌壳虫不见了,爬回窠里去了。

(一九四三年八月)

【注 释】

① 瓦格涅:又译作瓦格纳,19世纪德国著名作曲家。

·导 读·

张爱玲（公元 1920—1995 年），中国现代作家。《封锁》写于 1943 年 8 月，以 20 世纪 40 年代初的旧上海为背景，描绘了一幅在非常时期因故被封锁在电车车厢内，脱离了习惯生活轨道的人生百态图。宗桢和翠远是都市好人的代表，他们的内心充满了不满、孤独，但他们渴望做真人的欲望只有在"封锁"下才敢表现出来。当封锁开放后，他们又都恢复了惯常的生活状态，他们的"恋爱"只是"整个的上海打了个盹，做了个不近情理的梦"。张爱玲以冷峻的目光来审视这些人的内心世界，让人深深体会一份世态人情的炎凉和小人物的无奈与悲怆。

小说具有张爱玲一贯的艺术风格。作品用了大量的篇幅真切入微地描写了电车上形形色色的人物，揭示出那个时代人们思想上的空虚与麻木。对两个主人公在电车上由陌生到恋爱的复杂心理过程刻画得细腻生动，使这段恋爱貌似有些荒唐，却又有其内在的合理性。小说采用了整体象征的手法，把人生的真实处境比作是一种无形的封锁，有形的封锁解除了现实生活中无形的封锁，有形的封锁的开放反而使人回到了无形的更大的封锁之中。作者两次使用电车车铃来暗示封锁中的环境是超现实的，使封锁后的电车车厢获得了超越自身的意义。

【思考题】

一、你觉得电车上的这段爱情故事可信吗？为什么？
二、这篇小说揭示了怎样的主题？
三、小说两次提到电车铃声有何意义？

（古春梅）

中国当代部分

谈 妒

孙 犁

"文人相轻",是曹丕说的话。曹丕是皇帝、作家、文艺评论家,又是当时文坛的实际领导人,他的话自然是有很大的权威性。他并且说,这种现象是"自古而然",可见文人之间的相轻,几乎是一种不可动摇的规律了。

但是,虽然他有这么一说,在他以前以后,还是出了那么多伟大的作家和作品,终于使我国有了一本厚厚的琳琅满目的文学史。就在他的当时,建安文学也已经巍然形成了一座艺术的高峰。

这说明什么呢?只能说明文人之相轻,只是相轻而已,并不妨碍更不能消灭文学的发展。文人和文章,总是不免有可轻的地方,互相攻磨,也很难说就是嫉妒。记得一位大作家,在回忆录中,记述了托尔斯泰对青年作家的所谓妒,并不当作恶德,而是作为美谈和逸事来记述的。

妒、嫉,都是女字旁,在造字的圣人看来,在女性身上,这种性质,是于兹为烈了。中国小说,写闺阁的妒嫉的很不少,《金瓶梅》写的最淋漓尽致,可以说是生命攸关、你死我活。其实这只能表示当时妇女生存之难,并非只有女人才是这样。

据弗洛伊德学派分析,嫉妒是一种心理状态,是人人都具有的,从儿童那里也可以看到的。这当然是一种缺陷心理,是由于羡慕一种较高的生活,想获得一种较好的地位,或是想得到一种较贵重的东西产生的。自己不能得到心理的补偿,发现身边的人,或站在同等位置的人先得到了,就会产生嫉妒。

按照达尔文的生物学说以及遗传学说,这种心理,本来是不足奇怪,也无可厚非的。这是生物界长期在优胜劣败、物竞天择这一规律下生存演变,自然形成的,不分圣贤愚劣,人人都有份的一种本能。

它并不像有些理学家所说的,只有别人才会有,他那里没有。试想:性的嫉妒,可以说是一种典型的"妒",如果这种天生的正人君子,涉足了桃色事件,而且作了失败者,他会没有一点妒心,无动于衷吗?那倒是成了心理的大缺陷了。有的理论家把嫉妒归咎于"小农经济",把意识形态甚至心理现象简单地和物质基础联系起来,好像很科学。其实,"大农经济",资本主义经济,也没有把这种心理消灭。

蒲松龄是伟大的。他在一篇小说里，借一个非常可爱的少女的口说："幸灾乐祸，人之常情，可以原谅。"幸灾乐祸也是一种嫉妒。

当然，这并不是一种可贵的心理，也不是不能克服的。人类社会的教育设施、道德准则，都是为了克服人的固有的缺陷，包括心理的缺陷，才建立起来并逐渐完善的。

嫉妒心理的一个特征是：它的强弱与引之发生的物象的距离，成为正比。就是说，一个人发生妒心，常常是由于只看到了近处，比如家庭之间、闺阁之内、邻居朋友之间，地位相同，或是处境相同，一旦别人较之上升，他就发生了嫉妒。

如果，他增加了文化知识，把眼界放开了，或是他经历了更多的社会磨炼，他的妒心，就会得到相应的减少与克服。

人类社会的道德准则，对这种心理，是排斥的，是认为不光彩的。这样有时也会使这种心理，变得更阴暗，发展为阴狠毒辣，驱使人去犯罪，造成不幸的事件。如果当事人的地位高，把这种心理加上伪装，其造成的不幸局面，就会更大，影响的人，也就会更多。

由嫉妒造成的大变乱，在中国历史上，是不乏例证的。远的不说，即如"文化大革命"，"四人帮"的所作所为，其中就有很大的嫉妒心理在作祟。他们把这种心理，加上冠冕堂皇的伪装，称之为"革命"，并且用一切办法，把社会分成无数的等级、差别，结果造成社会的大动乱。

革命的动力，是经济和政治主导的、要求的，并非仅凭嫉妒心理，泄一时之忿，可以完成的。以这种缺陷心理为主导，为动力，是不能支持长久的，一定要失败的。

最不容易分辨清楚的是：少数人的野心，不逞之徒的非分之想，流氓混混儿的趁火打劫，和广大群众受压迫，所表现的不平和反抗。

项羽看见秦始皇，大言曰："彼可取而代之也。"猛一听，其中好像有嫉妒的成分。另一位英雄所喊的："帝王将相，宁有种乎？"乍一看也好像是一个人的愤愤不平，其实他们的声音是和时代，和那一时代的广大群众的心相连的，所以他们能取得一时的成功。

1981年12月28日

· 导 读 ·

《谈妒》选自《孙犁文集·续编二》，是孙犁总题为"芸斋琐谈"系列议论散文中的第一篇。"芸斋琐谈"系列散文堪称孙犁在经历了几十载风雨人生之后对于社会、历史、人生深刻感悟的思想珍品。在这一系列散文中，早年以清新隽秀风格著称的小说家孙犁，潜心读书，远瞻历史，近察现实，用深沉、幽远、凝重、遒劲的文笔，谈名，谈妒，谈才，谈谀，谈谅，谈慎，谈几十年来自己对人生独特的体会，显得另有一番韵味。

《谈妒》表现了孙犁散文一贯的特色。首先是"重理"，这使孙犁的散文有一种苍劲的骨力。嫉妒心理是生活中一种常见的、普遍的心理，作者分析了嫉妒心理产生的原因，认为不仅仅是"小农经济"使然，"大农经济"中也没能避免，可见，"嫉妒"心理是人性的弱点。对于"嫉妒"这个"人性的弱点"，孙犁认为："如果，他增加了文化知识，把眼界放开了，或是他经历了更多的社会磨炼，他的妒心，就会得到相应的减少与克服。"说理透彻，言简意赅。其次是"有韵"，也就是说，孙犁散文的语言达到了极高的境界。孙犁散文的语言简易平淡，但字简而情深，文尽而意远；懂得节制，善于节制，总是赋予所要表现的对象以最为经济恰当的艺术空间，不只典型地反映了生活，而且给读者留白，达到一种余意深长、风韵隽永的艺术效果。可以说，孙犁的散文语言远慕前贤，近追鲁迅，已经达到了自成一家、炉火纯青的境界。

【思考题】

一、对人的嫉妒心理你是怎样理解和认识的？如果你自己产生了嫉妒心理，该怎么办？

二、本文表现了孙犁散文的哪些特点？你喜欢吗？谈谈你的理由。

（王　余）

苹果树下

闻　捷

苹果树下那个小伙子，
你不要、不要再唱歌；
姑娘沿着水渠走来了，
年轻的心在胸中跳着。
她的心为什么跳啊？
为什么跳得失去节拍？……

春天，姑娘在果园劳作，
歌声轻轻从她耳边飘过，
枝头的花苞还没有开放，
小伙子就盼望它早结果。
奇怪的念头姑娘不懂得，
她说：别用歌声打扰我。

小伙子夏天在果园度过，
一边劳动一边把姑娘盯着，
果子才结得葡萄那么大，
小伙子就唱着赶快去采摘。
满腔的心思姑娘猜不着。
她说：别像影子一样缠着我。

淡红的果子压弯绿枝，
秋天是一个成熟季节，
姑娘整夜整夜地睡不着，
是不是挂念那树好苹果？
这些事小伙子应该明白，
她说：有句话你怎么不说？

……苹果树下那个小秋子，
你不要，不要再唱歌；
姑娘踏着草坪过来了，
她的笑容里藏着什么？……
说出那句真心的话吧！
种下的爱情已该收获。

· 导 读 ·

《苹果树下》是组诗《吐鲁番情歌》中的优秀之作。这是一首构思精巧、情趣盎然的爱情诗，写得极有生活情趣。诗人在欢快的劳动画面中，表现了青年男女对爱情的热烈追求。诗人十分巧妙地用苹果来比喻爱情，把苹果从开花到结果的过程，喻为爱情的孕育、发展和成熟过程。

本诗描写了姑娘与小伙子约会的一个具体场景。诗人以姑娘的心"跳得失去节拍"作为审美的切入点，逼真地刻画出恋爱中的姑娘那复杂而微妙的心理。诗人以"春""夏""秋"的自然时序，追叙了姑娘和小伙子相爱的过程，展现了小伙子的执著、热情的性格特征。姑娘在小伙子的追求下，由"不懂得""猜不着"到"整夜整夜地睡不着"，这一心理变化过程的描写自然、巧妙，合乎情理。同时，诗人以苹果来象征爱情，通过写苹果从含苞、开花到结果的过程，暗示青年人的爱情也有一个孕育、发展、成熟的过程。姑娘和小伙子的恋爱与生产劳动相互交织，同步推进，爱情与劳动被巧妙地糅合在一起了。字里行间没有出现一个"爱"字，但浓烈的爱恋之情却溢满全诗，表现出闻捷善于摄取小镜头来表现生活的诗意的艺术才华。闻捷的诗歌音乐节奏感强，格调轻快而开朗，语言朴实动人，通俗而又幽默。

总之，闻捷善于抓住富有地方色彩和生活情趣的画面来展示人物的性格。生动的叙述、热烈的抒情、鲜明的形象和细腻的心理描写，构思独特，语言明快，散发出浓郁的生活气息，从而构成了他清新高雅、含蓄、幽默的艺术风格。

【思考题】

一、姑娘为什么会"整夜整夜地睡不着"？
二、对于20世纪50～60年代的爱情模式，你有什么看法？

（王　余）

光 之 四 书

林清玄

（一）光之色

当塞尚①把苹果画成蓝色以后，大家对颜色突然开始有了奇异的视野，更不要说马蒂斯②蓝色的向日葵，毕加索③鲜红色的人体，夏卡尔④绿色的脸了。

艺术家们都在追求绝对的真实，其实这种绝对往往不是一种常态。

我是真正见过蓝色苹果的人。有一次去参加朋友的舞会，舞会不免有些水果点心，我发现就在我坐的位子旁边一个摆设得精美的果盘，中间有几只梨山的青苹果，苹果之上一个色纸包扎的蓝灯，一束光正好打在苹果上，那苹果的蓝色正是塞尚画布上的色泽。那种感动竟使我微微地颤抖起来，想到诗人里尔克⑤称赞塞尚的画："是法国式的雅致与德国式的热情之平衡。"

设若有一个人，他从来没有见过苹果，那一刻，我指着苹果说：苹果是蓝色的。他必然要相信不疑。

然后，灯光变了，是一支快速度的舞，七彩的光在屋内旋转，打在果盘上，所有的水果顿时成为七彩的斑点流动。我抬头看到舞会男女，每个人脸上的肤色隐去，都是霓虹灯一样，只是一些活动的碎点，像极了秀拉⑥用细点的描绘。当刻，我不仅理解了马蒂斯、毕加索、夏卡尔种种，甚至看见了除去阳光以外的真实。

在阳光下，所有的事物自有它的颜色，当阳光隐去，在黑暗里，事物全失去了颜色。设若我们换了灯，同样是灯，灯泡与日光灯会使色泽不同，即使同是灯泡，百烛与十烛间相去甚巨，不要说是一支蜡烛了。我们时常说在黑夜的月光与烛光下就有了气氛，那是我们多出一种想象的空间，少去了逼人的现实，即使在阳光艳照的天气，我们突然走进树林，枝叶掩映，点点丝丝，气氛仿佛滤过，就围绕了周边。什么才是气氛呢？因为不真实，才有气有氛，令人迷惑。或者说除去直接无情的真实，留下迂回间接的真实，那就是一般人口里的气氛了。

有一回在乡下，听到一位农夫说道现今社会风气的败坏，他说："都是电灯害的，电灯使人有了夜里的活动，而所有的坏事全是在黑暗里进行的。"想想，人在阳光的照耀下，到底还是保持着本色，黑暗里本色失去，一只苹果可以蓝，可以七彩，人还有什么不可以为呢？

这样一想，阳光确实是无情，它让我们无所隐藏，它的无情在于它的无色，也在于它的永恒，又在于它的自然。不管人世有多少沧桑，阳光总不改变它的颜色，所以仿佛也不值得歌颂了。熟知中国文学的人应该发现，中国诗人词家少有写阳光下的心情，他们写到的阳光尽是日暮（天寒翠袖薄，日暮倚修竹），尽是黄昏（月上柳梢头，人约黄昏后），尽是落日（大漠孤烟直，长河落日圆），尽是夕阳（去年天气旧亭台，夕阳西下几时回），尽是斜阳（斜阳外，寒鸦数点，流水绕孤村），尽是落照（家住苍烟落照间，丝毫尘事不相关）……阳光的无所不在，无地不照，反而只有离去时最后的照影，才能勾起艺术家诗人的灵感，想起来真是奇怪的事。

一朝唐诗、一代宋词，大部分是在月下、灯烛下进行，你说奇怪不奇怪？说起来就是气氛作怪，如果是日正当午，仿佛都与情思、离愁、国仇、家恨无缘，思念故人自然是在月夜空山才有气氛，怀忧边地也只有在清风明月里才能服人，即使饮酒作乐，不在有月的晚上，难道是在白天吗？其实天底下最大的痛苦不是在夜里，而是在大太阳下也令人战栗，只是没有气氛，无法描摹罢了。

有阳光的天色，是给人工作的，不是给人艺术的，不是给人联想和忧思的。有阳光的艺术不是诗人词家的，是画家的专利，中国一部艺术史大部分写着阳光，西方的艺术史也是亮灿照耀，到印象派的时候更是光影辉煌，只是现代艺术家似乎不满意这样，他们有意无意地改变光的颜色。抽象自不必说了，写实，也不要俗人都看得见的颜色，而要透过画家的眼睛，他们说这是"超脱"，这是"真实"，这是"爱怎么画就怎么画才是创作"。

我常说艺术家是上帝的错误设计，因为他们要在阳光的永恒下，另外做自己的永恒，以为这样就成为永恒的主宰，艺术背叛了阳光的原色，生活也是如此。我们的黑夜愈来愈长，我们的屋子越来越密，谁还在乎有没有阳光呢？现在我如果批评塞尚的蓝苹果，一定引来一阵乱棒，就像齐白石若画了蓝色的柿子也会挨骂一样；其实前后还不过是百年的时间，一百年，就让现代人相信没有阳光，日子一样自在；让现代人相信艺术家的真实胜过阳光的真实。

阳光本色的失落是现代人最可悲的一种，许多人不知道在阳光下，稻子可以绿成如何，天可以蓝到什么程度，玫瑰花可以红到透明，那是因为过去在阳光下工作的占人类的大部分，现在变成了小部分了；即使是在有光的日子，推窗究竟看的是什么颜色呢？

我常在都市热闹的街路上散步，有时走过长长的一条路，找不到一根小草，有时一年看不到一只蝴蝶，这时我终于知道：我们心里的小草有时候是黑的，而在繁屋的每一面窗中，埋藏了无数苍白没有血色的蝴蝶。

（二）光之香

我遇见一位年轻的农夫，在南方一个充满阳光的小镇。

那时是春末了，一期稻作刚刚收成，春日阳光的金线如雨倾盆地泼在温暖的土地上，牵牛花在篱笆上缠绵盛开，苦苓树上鸟雀追逐，竹林里的笋子正纷纷胀破土地。细心地想着植物突破土地，在阳光下成长的声音，真是人间里非常幸福的感觉。

农夫和我坐在稻埕旁边，稻子已经铺平张开在场上。由于阳光的照射，稻埕闪耀着金色的光泽，农夫的皮肤染了一种强悍的铜色。我在农夫家做客，刚刚是我们一起把谷包的稻子倒出来，用犁耙推平的，也不是推平，是推成小小山脉一般，一条棱线接着一条棱线，这样可以让山脉两边的稻谷同时接受阳光的照射，似乎几千年来就是这样晒谷子，因为等到阳光晒过，八爪耙把棱线推进原来的谷底，则稻谷翻身，原来埋在里面的谷子全翻到向阳的一面来——这样的晒谷比平面有效而均衡，简直是一种阴阳的哲学了。

农夫用斗笠扇着脸上的汗珠，转过脸来对我说："你深呼吸看看。"

我深深地吸了一口气，缓缓吐出。

他说："你吸到什么没有？"

"我吸到的是稻子的气味，有一点香。"我说。

他开颜地笑了，说："这不是稻子的气味，是阳光的香味。"

阳光的香味？我不解地望着他。

那年轻的农夫领着我走到稻埕中间，伸手抓起一把向阳一面的谷子，叫我用力地嗅，那时稻子成熟的香气整个扑进我的胸腔，然后，他抓起一把向阴的埋在内部的谷子让我嗅，却是没有香味了。这个实验我深深地吃惊，感觉到阳光的神奇，究竟为什么只有晒到阳光的谷子才有香味呢？年轻的农夫说他也不知道，是偶然在翻稻谷晒太阳时发现的，那时他还是大学学生，暑假偶尔帮忙农作，想象着都市里多彩多姿的生活，自从晒谷时发现了阳光的香味，竟使他下决心要留在家乡。我们坐在稻埕边，漫无边际地谈起阳光的香味来，然后我几乎闻到了幼时刚晒干的衣服上的味道，新晒的棉被、新晒的书画，光的香气就那样淡淡地从童年中流泻出来。自从有了烘干机，那种衣香就消失在记忆里，从未想过竟是阳光的关系。

农夫自有他的哲学，他说："你们都市人可不要小看阳光，有阳光的时候，空气的味道都是不同的。就说花香好了，你有没有分辨过阳光下的花与屋里的花，香气不同呢？"

我说："那夜来香、昙花香又作何解呢？"

他笑得更得意了："那是一种阴香，没有壮怀的。"

我便那样坐在稻埕边，一再地深呼吸，希望能细细品味阳光的香气，看我那样正经庄重，农夫说："其实不必深呼吸也可以闻到，只是你的嗅觉在都市退化了。"

（三）光之味

在澎湖访问的时候，我常在路边看渔民晒鱿鱼，发现晒鱿鱼有两种方式：一种是把鱿鱼放在水泥地上，隔一段时间就翻过身来。在没有水泥地的土地，为了怕蒸起的水气，渔民把鱿鱼像旗子一样，一面面挂在架起的竹竿上——这种景观是在澎湖、兰屿随处可见的，有的台湾沿海也看得见。

有一次，一位渔民请我吃饭，桌子上就有两盘鱿鱼，一盘是新鲜的刚从海里捕到的鱿鱼，一盘是阳光晒干以后，用水泡发，再拿来煮的。渔民告诉我，鱿鱼不同于其他的鱼，其他的鱼当然是新鲜最好，鱿鱼则非经过阳光烤炙，不会显出它的味道来。我仔细地吃起鱿鱼，发现新鲜虽脆，却不像晒干的那样有味、有劲，为什么这样，真是没什么道理。难道阳光真有那样大的力量吗？

渔民见我不信，捞起一碗鱼翅汤给我，说："你看这鱼翅好了，新鲜的鱼翅，卖不到什么价钱的,因为一点也不好吃,只有晒干的鱼翅才珍贵,因为香味百倍。"

为什么鱿鱼、鱼翅经过阳光曝晒以后会特别好吃呢?确是不可思议,其实不必说那么远,就是一只乌鱼子,干的乌鱼子价钱何止是新鲜乌鱼卵的十倍?

后来我在各地旅行的时候,特别留意这个问题,有一次在南投竹山吃东坡肉油焖笋尖,差一点没有吞下盘子。主人说那是今年的阳光特别好,晒出了最好吃的笋干,阳光差的时候,笋干也显不出它的美味,嫩笋虽自有它的鲜美,经过阳光,却完全不同了。

对鱿鱼、鱼翅、乌鱼子、笋干等等,阳光的功能不仅让它干燥、耐于久藏,也仿若穿透它,把气味凝聚起来,使它发散不同的味道。我们走入南货行里所闻到的干货聚集的味道,我们走进中药铺子扑鼻而来的草香药香,在从前,无一不是经由阳光的凝结。现在毋需阳光的干燥方法,据说味道也不如从前了。一位老中医师向我描述从前"当归"的味道,说如今怎样熬炼也不如昔日,我没有吃过旧日当归,不知其味,但这样说,让我感觉现今的阳光也不像古时有味了。

不久前,我到一个产制茶叶的地方,茶农对我说,好天气采摘的茶叶与阴天采摘的,烘焙出来的茶就是不同,同是一株茶,春茶与冬茶也全然两样,则似乎一天与一天的阳光味觉不同,一季与一季的阳光更天差地别了,而它的先决条件,就是要具备一只敏感的舌头。不管在什么时代,总有一些人具备好的舌头能辨别阳光的壮烈与阴柔 —— 阳光那时刻像是一碟精心调制的小菜,差一些些,在食宾口中已自有高下了。

这样想,使我悲哀,因为盘中的阳光之味在时代的进程中似乎日渐清淡起来。

(四)光之触

八月的时候,我在埃及,沿着尼罗河自北向南,从开罗逆流而溯,一直往路克索、帝王谷、亚斯文诸地经过。那是埃及最热的天气,晒两天,就能让人换过一层皮肤。

由于埃及阳光可怕的热度,我特别留心到当地人的穿着,北非各地,夏天的衣着也是一袭长袍长袖的服装,甚至头脸全包扎起来。我问一位埃及人:"为什么太阳这么大,你们不穿短袖的衣服,反而把全身包扎起来呢?"他的回答很妙:"因为太阳实在太大,短袖长袖同样热,长袖反而可以保护皮肤。"

在埃及八天的旅行,我在亚斯文旅店洗浴时,发现皮肤一层层地凋落,如同干去的黄叶。埃及经验使我感受到阳光的威力,它不只是烧炙着人,甚至是刺痛、鞭打、揉搓着人的肌肤,阳光热烘烘地把握推进一个不可回避的地方,每一秒的照射都能真实地感应。

后来到了希腊，在爱琴海滨，阳光也从埃及那种磅礴波澜里进入一个细致的形式，虽然同样强烈地包围着我们。海风一吹，阳光在四周汹涌，有浪大与浪小的时候，我感觉希腊的阳光像水一样推涌着，好像手指的按摩。

再来是意大利，阳光像极文艺复兴时代米开朗基罗的雕像，开朗、强壮，但给人一种美学的感应，那时阳光是轻拍着人的一双手，让我们面对艺术时真切的清醒着。

到了中欧诸国，阳光简直成为慈和温柔的怀抱，拥抱着我们。我感到相当的惊异，因为同是八月盛暑，阳光竟有着种种变化的触觉：或狂野、或壮朗、或温和、或柔腻，变化万千，加以欧洲空气的干燥，更触觉到阳光的直接照射。

那种触觉简直不只是肌肤的，乜是心灵的，我想起中国的一个寓言：

有一个瞎子，从来没有见过太阳，有一天他问一个好眼睛的人："太阳是什么样子呢？"

那人告诉他："太阳的样子像个铜盘。"

瞎子敲了敲铜盘，记住了铜盘的声音，过了几天，他听见敲钟的声音，以为那就是太阳了。

后来又有一个好眼睛的人告诉他："太阳是会发光的，就像蜡烛一样。"

瞎子摸摸蜡烛，认出了蜡烛的形式，又过了几天，他摸到一支萧，以为这就是太阳了。

他一直无法搞清楚太阳是什么样子。

瞎子永远不能看见太阳的样子，自然是可悲的，但幸而瞎子同样有阳光的触觉。寓言里只有手的触觉，而没有心灵的触觉，失去这种触觉，就是好眼睛的人，也不能真正知道太阳的。

冬天的时候，我坐在阳台上晒太阳，同一个下午的太阳，我们能感觉到每一刻的触觉都不一样，有时温暖得让人想脱去棉衫，有时一片云飘过，又冷得令人战栗。晒太阳的时候，我觉得阳光虽大，它却是活的，是宇宙大心灵的证明，我想只要真正地面对过阳光，人就不会觉得自己是神，是万物的主宰。

只要晒过太阳，也会知道，冬天里的阳光是想着我们，但走远了，夏天则又逼近，不管什么时刻，我们都触及了它的存在。

记得梭罗在华尔腾湖畔，清晨吸到新鲜空气，希望将那空气瓶子装起，卖给那些迟起的人。我在晒太阳时则想，是不是有一个瓶子可以装满阳光，卖给那些没有晒过太阳的人呢？

每一天出门的时候，我们对阳光有没有触觉呢？如果没有，我们的感官能力正在消失，因为一个人对阳光竟能无感，如果说他能对花鸟虫鱼、草木山河有观，都是自欺欺人的了。

【注 释】

① 保罗·塞尚（Paul Cezanne，1839—1906年），后印象主义的代表画家，出生于法国南部城市埃克斯-普罗旺斯。 ② 亨利·马蒂斯（Henri Matisse，1869—1954年），法国画家，野兽派的创始人、主要代表人物，也是一位雕塑家、版画家。他以使用鲜明、大胆的色彩而著名。 ③ 巴伯罗·毕加索（Pablo Picasso，1881—1973年）西班牙画家、雕塑家。他是现代艺术（立体派）的创始人，西方现代派绘画的主要代表。 ④ 马克·夏卡尔（Marc.Chagall，1887—1985年），超现实主义画家之一，出生于俄国的犹太家庭。 ⑤ 赖内·马利亚·里尔克（Rainer Maria Rilke，1875—1926年），奥地利诗人。 ⑥ 乔治·皮埃尔·秀拉（Georges-Pierre Seurat，1859—1891年），法国画家，点彩画派的代表，后印象派的重要人物。

·导 读·

林清玄，笔名秦情、林漓、林大悲等，1935年生于中国台湾省高雄旗山。作品有散文集《莲花开落》《冷月钟笛》《温一壶月光下的酒》等。他的散文融入了东方的生存智慧和佛家的哲理与情怀，文笔流畅清新，表现了醇厚、浪漫的情感，在平易中有着感人的力量。

阳光为人所习见，又为人所忽略；处处存在，却又难以捉摸和描摹。但林清玄先生却以明澈的心境、细腻的感受、入理的思索、温润的语言，品味出了它的色、香、味、触，用细滑的文字在不经意间把读者的心灵带入了另一个澄清洞明的天地，充满了新奇之感，透露出对阳光奇特功效的热情赞美和歌颂之情；同时，也有对现代人疏离阳光与自然、感触麻木的淡淡失落与哀愁之思，读来五味杂陈，充盈无比。楼肇明先生认为《光之四书》堪称"化实为虚、化虚为实的典范之作"，"是一种十分罕见的化'浩然之气'为潺潺细流的艺术之极致"。在阳光下，世界万事万物才有了本真的形态；失去了阳光，生命就会被扭曲，甚至变得邪恶。也正因为有了阳光的照耀，有了阳光独特而神奇的力量，我们的世界才变得丰富多彩，我们的心灵才变得丰富多彩。一个人如果失去了对阳光的感受能力，其生命的缺憾就不言而喻。然而，要真正感受到阳光，需要我们用心灵去面对，而不仅仅是用我们的感官去接受。

【思考题】

一、结合现实人生,谈谈你对"艺术背叛了阳光的原色,生活也是如此"这句话的理解。

二、谈谈在人类文明的进程中,人与自然之间关系的变化。

(赵修翠)

一棵开花的树

席慕蓉

如何让你遇见我
在我最美丽的时刻

为这
我已在佛前求了五百年
求佛让我们结一段尘缘
佛于是把我化做一棵树
长在你必经的路旁

阳光下
慎重地开满了花
朵朵都是我前世的盼望

当你走近
请你细听
那颤抖的叶
是我等待的热情

而当你终于无视地走过
在你身后落了一地的
朋友啊
那不是花瓣
那是我凋零的心

· 导 读 ·

席慕蓉,1943年10月15日出生于四川,祖籍内蒙古。1981年,台湾大地出版社出版了席慕蓉的第一本诗集《七里香》。

席慕蓉的诗多写爱情、人生、乡愁，写得极为深情，而又有纯美的意境，被称为"软性诗"。她的诗极受少男少女的青睐，曾一度出现了"席慕蓉现象"。席慕蓉只是因喜好而写诗，因此她的诗歌语言不像一般现代诗那么高亢、奇绝或者晦涩，而是如流水般清澈细致。她认为写诗不是什么经国之大业，不过是坚持记下生命里那些最美丽的细节，书写出对于生命的体认和眷恋。《一棵开花的树》是她的诗歌的代表作，情深意浓而具有张力。在诗中，诗人将"前世的盼望"与"今生的相遇"、"五百年的祈求"与"一段尘缘"、"热情地等待"与"无视地走过"、"慎重地开满花"与"落了一地的花瓣"进行鲜明的对比，完成了对一段凄美爱情的表达，赋予作品一种令人着迷的深度。理想的爱情是执著的、虔诚的、圣洁的，有着长久的祈求与期待，但如果不被理解、接受和珍惜，最后伴随爱的体验的必将是极度的失落、痛苦、无奈与绝望。于是，坚贞、执著与失落、伤感共同丰富了爱的内涵。同时，这首诗看似单纯明晰，实际上意蕴丰富，深含哲理。"树"静止的形象与盼望、花开、颤抖、凋零等"动"的内在情态构成诗歌的张力，深深地打动着一代又一代读者的心灵。

【思考题】

一、就《一棵开花的树》谈谈你对爱情的理解。

二、结合现实人生，谈谈有些人为什么会失去爱情。

（赵修翠）

失去的岁月

周国平

一

上大学时，常常当我在灯下聚精会神读书时，灯突然灭了。这是全宿舍同学针对我一致作出的决议：遵守校规，按时熄灯。我多么恨那只拉开关的手，咔嚓一声，又从我的生命线上割走了一天。怔怔地坐在黑暗里，凝望着月色朦胧的窗外，我委屈得泪眼汪汪。

年龄愈大，光阴流逝愈快，但我好像愈麻木了。一天又一天，日子无声无息地消失，就像水滴消失于大海。蓦然回首，我在世上活了一万多个昼夜，它们都已经不知去向。

"子在川上曰：逝者如斯夫，不舍昼夜。"其实，光阴何尝是这样一条河，可以让我们伫立其上，河水从身边流过，而我却依然故我？时间不是某种从我身边流过的东西，而就是我的生命。弃我而去的不是日历上的一个个日子，而是我生命中的岁月；甚至也不仅仅是我的岁月，而就是我自己。我不但找不回逝去的年华，而且也找不回从前的我了。

当我回想很久以前的我，譬如说，回想大学宿舍里那个泪眼汪汪的我的时候，在我眼前出现的总是一个孤儿的影子，他被无情地遗弃在过去的岁月里了。他孑然一身，举目无亲，徒劳地盼望回到活人的世界上来，而事实上却不可阻挡地被过去的岁月带往更远的远方。我伸出手去，但是我无法触及他并把他领回。我大声呼唤，但是我的声音到达不了他的耳中。我不得不承认这是一种死亡，从前的我已经成为一个死者，我对他的怀念与对一个死者的怀念有着相同的性质。

二

自古以来，不知多少人问过：时间是什么？它在哪里？人们在时间中追问和苦思，得不到回答，又被时间永远地带走了。

时间在哪里？被时间带走的人在哪里？

为了度量时间，我们的祖先发明了日历，于是人类有历史，个人有年龄。年龄代表一个人从出生到现在所拥有的时间。真的拥有吗？它们在哪里？

总是这样：因为失去童年，我们才知道自己长大；因为失去岁月，我们才知道自己活着；因为失去，我们才知道时间。

我们把已经失去的称作过去，尚未得到的称作未来，停留在手上的称作现在。但时间何尝停留，现在转瞬成为过去，我们究竟有什么？

多少个深夜，我守在灯下，不甘心一天就此结束。然而，即使我通宵不眠，一天还是结束了。我们没有任何办法能留住时间。

我们永远不能占有时间，时间却掌握着我们的命运。在它宽大无边的手掌里，我们短暂的一生同时呈现，无所谓过去、现在、未来，我们的生和死、幸福和灾祸早已记录在案。

可是，既然过去不复存在，现在稍纵即逝，未来尚不存在，世上真有时间吗？这个操世间一切生灵生杀之权的隐身者究竟是谁？

我想象自己是草地上的一座雕像，目睹一代又一代孩子嬉闹着从远处走来，渐渐长大，在我身旁谈情说爱，寻欢作乐，又慢慢衰老，蹒跚着向远处走去。我在他们中间认出了我自己的身影，他走着和大家一样的路程。我焦急地朝他瞪眼，示意他停下来，但他毫不理会。现在他已经越过我，继续向前走去了。我悲哀地看着他无可挽救地走向衰老和死亡。

三

　　许多年以后，我回到我出生的那个城市，一位小学时的老同学陪伴我穿越面貌依旧的老街。他突然指着坐在街沿屋门口的一个丑女人悄悄告诉我，她就是我们的同班同学某某。我赶紧转过脸去，不敢相信我昔日心目中的偶像竟是这般模样。我的心中保存着许多美丽的面影，然而一旦邂逅重逢，没有不立即破灭的。

　　我们总是觉得儿时尝过的某样点心最香甜，儿时听过的某支曲子最美妙，儿时见过的某片风景最秀丽。"幸福的岁月是那失去的岁月。"你可以找回那点心、曲子、风景，可是找不回岁月。所以，同一样点心不再那么香甜，同一支曲子不再那么美妙，同一片风景不再那么秀丽。

　　当我坐在电影院里看电影时，我明明知道，人类的彩色摄影技术已经有了非凡的长进，但我还是找不回像幼时看的幻灯片那么鲜亮的色彩了。失去的岁月便如同那些幻灯片一样，在记忆中闪烁着永远不可企及的幸福的光华。

　　每次回母校，我都要久久徘徊在我过去住的那间宿舍的窗外。窗前仍是那株木槿，隔了这么些年居然既没有死去，也没有长大。我很想进屋去，看看从前那个我是否还在那里。从那时到现在，我到过许多地方，有过许多遭遇，可是这一切会不会是幻觉呢？也许，我仍然是那个我，只不过走了一会儿神？也许，根本没有时间，只有许多个我同时存在，说不定会在哪里突然相遇？但我终于没有进屋，因为我知道我的宿舍已被陌生人占据，他们会把我看作入侵者，尽管在我眼中，他们才是我的神圣的青春岁月的入侵者。

　　在回忆的引导下，我们寻访旧友，重游故地，企图找回当年的感觉，然而徒劳。我们终于怅然发现，与时光一起消逝的不仅是我们的童年和青春，而且是由当年的人、树木、房屋、街道、天空组成的一个完整的世界，其中也包括我们当年的爱和忧愁，感觉和心情，我们当年的整个心灵世界。

四

　　可是，我仍然不相信时间带走了一切。逝去的年华，我们最珍贵的童年和青春岁月，我们必定以某种方式把它们保存在一个安全的地方了。我们遗忘了藏宝的地点，但必定有这么一个地方，否则我们不会这样苦苦地追寻。或者说，有一间心灵的密室，其中藏着我们过去的全部珍宝，只是我们竭尽全力也回想不起开锁的密码了。然而，可能会有一次纯属偶然，我们漫不经心地碰对了这密码，于是密室开启，我们重新置身于从前的岁月。

当普鲁斯特的主人公口含一块泡过茶水的玛德莱娜小点心，突然感觉到一种奇特的快感和震颤的时候，便是碰对了密码。一种当下的感觉，也许是一种滋味，一阵气息，一个旋律，石板上的一片阳光，与早已遗忘的那个感觉巧合，因而混合进了和这感觉联结在一起的昔日的心境，于是昔日的生活情景便从这心境中涌现出来。

其实，每个人的生活中都不乏这种普鲁斯特式幸福的机缘，在此机缘触发下，我们会产生一种对某样东西似曾相识又若有所失的感觉。但是，很少有人像普鲁斯特那样抓住这种机缘，促使韶光重现。我们总是生活在眼前，忙碌着外在的事务。我们的日子是断裂的，缺乏内在的连续性。逝去的岁月如同一张张未经显影的底片，杂乱堆积在暗室里。它们仍在那里，但和我们永远失去了它们又有什么区别？

五

诗人之为诗人，就在于他对时光的流逝比一般人更加敏感，诗便是他为逃脱这流逝自筑的避难所。摆脱时间有三种方式：活在回忆中，把过去永恒化；活在当下的激情中，把现在永恒化；活在期待中，把未来永恒化。然而，想象中的永恒并不能阻止事实上的时光流逝。所以，回忆是忧伤的，期待是迷惘的，当下的激情混合着狂喜和绝望。难怪一个最乐观的诗人也如此喊道：

"时针指示着瞬息，但什么能指示永恒呢？"

诗人承担着悲壮的使命：把瞬间变成永恒，在时间之中摆脱时间。

谁能生活在时间之外，真正拥有永恒呢？

孩子和上帝。

孩子不在乎时光流逝。在孩子眼里，岁月是无穷无尽的。童年之所以令人怀念，是因为我们在童年曾经一度拥有永恒。可是，孩子会长大，我们终将失去童年。我们的童年是在我们明白自己必将死去的那一天结束的。自从失去了童年，我们也就失去了永恒。

从那以后，我所知道的惟一的永恒便是我死后时间的无限绵延，我的永恒的不存在。

还有上帝呢？我多么愿意和圣奥古斯丁一起歌颂上帝："你的岁月无往无来，永是现在，我们的昨天和明天都在你的今天之中过去和到来。"我多么希望世上真有一面永恒的镜子，其中映照着被时间劫走的我的一切珍宝，包括我的生命。可是，我知道，上帝也只是诗人的一个避难所！

在很小的时候，我就自己偷偷写起了日记。一开始的日记极幼稚，只是写些今天吃了什么好东西之类。我仿佛本能地意识到那好滋味容易消逝，于是想用文字把它留住。年岁渐大，我用文字留住了许多好滋味：爱，友谊，孤独，欢乐，痛苦……在青年时代的一次劫难中，我烧掉了全部日记。后来我才知道此举的严重性，为我的过去岁月的真正死亡痛哭不止。但是，写作的习惯延续下来了。我不断把自己最好的部分转移到我的文字中去，到最后，罗马不在罗马了，我借此逃脱了时光的流逝。

仍是想象中的，可是，在一个已经失去童年而又不相信上帝的人，此外还能怎样呢？

·导 读·

周国平，1945年生于上海。中国当代哲学家、学者和作家。特殊的知识背景使得周国平的散文别具特色，善于借助寻常的人、事、物景传递哲学感悟，字里行间闪烁着哲思的光芒。因此，他的文章多被归诸哲理散文、思想随笔。

本文的主题是时间，是关于"时间之谜"的探问与叙说。时间是一个历久弥新的话题，它既是哲学的传统主题之一，也是人们日常生活中随时可能迎面遭遇的问题。借用加缪的话来说，它"可以在随便哪条街的拐弯处打在随便哪个人的脸上"。当然，加缪所言的是"荒诞感"而非"时间"。本文可以说是周国平的"时间之思"，对时间的叩问和沉思，尤其是对逝去的时间。文章第一节由大学时光的回顾引发时间"就是我的生命"的感慨，进而喟叹"从前的我"也随着岁月逝去了。第二节转入对时间本质的冥思，并追问逝去时间的去向。结果，寻得的却是刁诡的悖论："因为失去童年，我们才知道自己长大；因为失去岁月，我们才知道自己活着；因为失去，我们才知道时间。"第三节通过一系列事例来印证一句话："幸福的岁月是那失去的岁月。"第四节探讨如何追寻逝去的年华。作者渴慕普鲁斯特式"幸福的机缘"，凭借种种"密码"叩开往昔，使韶光重现。第五节谈论如何摆脱时间的束缚而达至永恒，也即寻找使时间永恒的途径。作者一次次提出方案：回忆、期待与活在当下，又一次次自我否弃，因为谁也无法超然时间之外，无论诗人、孩子，还是上帝。最后，作者寄望于在写作中逃脱时光的流逝，尽管这是一种想象中的理想方式，同时也是一种无奈的寄望，但正是这种寄望，赋予作者的写作以抗拒时光流逝的形而上意义。

【思考题】

一、课外阅读周国平的其他散文作品，了解其哲理散文的特征。
二、时间是一个奇特而重要的现象，谈谈你对时间问题的认识和理解。

（王小平）

中国人，你为什么不生气

龙应台

在昨晚的电视新闻中，有人微笑着说："你把检验不合格的厂商都揭露了，叫这些生意人怎么吃饭？"

我觉得恶心，觉得愤怒。但我生气的对象倒不是这位人士，而是台湾一千八百万懦弱自私的中国人。

我所不能了解的是：中国人，你为什么不生气？

包德甫①的《苦海余生》英文原本中有一段他在台湾的经验：他看见一辆车子把小孩撞伤了，一脸的血。过路的人很多，却没有一个人停下来帮助受伤的小孩，或谴责肇事的人。我在美国读到这一段，曾经很肯定地跟朋友说：不可能！中国人以人情味自许，这种情况简直不可能！

回国一年了，我睁大眼睛，发觉包德甫所描述的不只可能，根本就是每天发生、随地可见的生活常态。在台湾，最容易生存的不是蟑螂，而是"坏人"，因为中国人怕事、自私，只要不杀到他床上去，他宁可闭着眼假寐。

我看见摊贩占据着你家的骑楼，在那儿烧火洗锅，使走廊垢上一层厚厚的油污，腐臭的菜叶塞在墙角。半夜里，吃客喝酒猜拳作乐，吵得鸡犬不宁。

你为什么不生气？你为什么不跟他说"滚蛋"？

哎呀！不敢呀！这些摊贩都是流氓，会动刀子的。

那么为什么不找警察呢？

警察跟摊贩相熟，报了也没有用；到时候若曝了光，那才真惹祸上门了。

所以呢？

所以忍呀！反正中国人讲忍耐！你耸耸肩、摇摇头！

在一个法治上轨道的社会里，人是有权利生气的。受折磨的你首先应该双手叉腰，很愤怒地对摊贩说："请你滚蛋！"他们不走，就请警察来。若发觉警察与小贩有勾结——那更严重。这一团怒火应该往上烧，烧到警察肃清纪律为止，烧到摊贩离开你家为止。可是你什么都不做；畏缩地把门窗关上，耸耸肩、摇摇头！

我看见成百的人到淡水河畔去欣赏落日、去钓鱼。我也看见淡水河畔的住家整笼整笼地把恶臭的垃圾往河里倒；厕所的排泄管直接通到河底。河水一涨，污秽气直逼到呼吸里来。

爱河的人，你又为什么不生气？

你为什么没有勇气对那个丢汽水瓶的少年郎大声说："你敢丢我就把你也丢进去？"你静静坐在那儿钓鱼（那已经布满癌细胞的鱼），想着今晚的鱼汤，假装没看见那个几百年都化解不了的汽水瓶。你为什么不丢掉鱼竿，站起来，告诉他你很生气？

我看见计程车穿来插去，最后停在右转线上，却没有右转的意思。一整列想右转的车子就停滞下来，造成大阻塞。你坐在方向盘前，叹口气，觉得无奈。

你为什么不生气？

哦！跟计程车可理论不得！报上说，司机都带着扁钻的。

问题不在于他带不带扁钻。问题在于你们这廿个受他阻碍的人没有种推开车门，很果断地让他知道你们不齿他的行为，你们很愤怒！

经过郊区，我闻到刺鼻的化学品燃烧的味道。走近海滩，看见工厂的废料大股大股地流进海里，把海水染成一种奇异的颜色。湾里的小商人焚烧电缆，使湾里生出许多缺少脑子的婴儿。我们的下一代——眼睛明亮、嗓音稚嫩、脸颊透红的下一代，将在化学废料中学游泳，他们的血管里将流着我们连名字都说不出来的毒素——

你又为什么不生气呢？难道一定要等到你自己的手臂也温柔地捧着一个无脑婴儿，你再无言地对天哭泣？

西方人来台湾观光，他们的旅行社频频呼吁：绝对不能吃摊子上的东西，最好也少上餐厅；饮料最好喝瓶装的，但台湾本地出产的也别喝，他们的饮料不保险……

这是美丽宝岛的名誉，但是名誉还真是其次。最重要的是我们自己的健康、我们下一代的健康。一百位交大的学生食物中毒——这真的只是一场笑话吗？中国人的命这么不值钱吗？好不容易总算有几个人生起气来，组织了一个消费者团体。现在却又有"占着茅坑不拉屎"的"卫生署"、为不知道什么人做说客的"立法委员"要扼杀这个还没做几桩事的组织。

你怎么能够不生气呢？你怎么还有良心躲在角落里做"沉默的大多数"？你以为你是好人，但是就因为你不生气、你忍耐、你退让，所以摊贩把你的家搞得像个破落大杂院，所以台北的交通一切乌烟瘴气，所以淡水河是条烂肠子；

就是因为你不讲话、不骂人、不表示意见,所以你疼爱的娃娃每天吃着、喝着、呼吸着化学毒素,你还在梦想他大学毕业的那一天!你忘了,几年前在南部有许多孕妇,怀胎九月中,她们也闭着眼梦想孩子长大的那一天,却没想到吃了滴滴纯净的沙拉油,孩子生下来是瞎的、黑的!

不要以为你是大学教授,所以作研究比较重要;不要以为你是杀猪的,所以没有人会听你的话;也不要以为你是个学生,不够资格管社会的事。你今天不生气,不站出来说话,明天你——还有我、还有你我的下一代,就要成为沉默的牺牲者、受害人!如果你有种、有良心,你现在就去告诉你的公仆"立法委员"、告诉"卫生署"、告诉环保局:你受够了,你很生气!

你一定要很大声地说。

【注 释】

① 包德甫(Fox Butterfield),《纽约时报》首任北京分社主任。著有《苦海余生》(1982年5月美国时代出版社出版),该书荣获"美国非小说类文学书籍奖"。

·导 读·

龙应台,1952年出生于台湾高雄,祖籍湖南,作家、社会批评家、思想家。1985年、1986年在台湾《中国时报》等报刊撰写了大量杂文、书评,掀起了轩然大波。《野火集》《龙应台评小说》在短时间内分别印了20余版、10余版。余光中称此现象为"龙卷风"。

龙应台是一位极具社会责任感的作家和社会批评家,对社会现实有着强烈的批判意识,她的锐利和胆识获得了读者的高度赞赏。文章由一则电视新闻引出的恶心和愤怒开篇,连续以四个"你为什么不生气"带出种种社会不良现象,直逼台湾一千八百万懦弱自私的中国人,以及他们良知与正义感的缺失;最后以"你怎么能够不生气"反诘大众,道出"不生气"、不反抗和不抵制,一味忍耐、退让的后果是触目惊心、骇人听闻的现实环境的污染与秩序的破坏。文章启示我们要关注自己生存的环境、生存的秩序和生存的权利,我们有责任也要有勇气去抵制社会不良现象。"不生气"就等于姑息,最终自己也难逃其咎,难逃其害。继这篇文章之后,作者又发表了《生气,没有用吗?》一文,分析了造成"生气"失败的三个原因:一是社会有太多暴戾的人;二是法令不全;三是执法的人姑息。但作者说这些都不是造成失败的主要原因,造成失败的主要原因是"生气"的人太少。在这篇文章的结尾处,作者说:"我只想做一个文明的人,生活在一个文明的社会里罢了。你说,我的要求过分吗?"这句话发人深省,耐人寻味。

【思考题】

一、结合现实,谈谈中国人为什么"不生气"。
二、根据作者的态度,谈谈知识分子的社会责任问题。

(赵修翠)

一只特立独行的猪

王小波

插队的时候,我喂过猪、也放过牛。假如没有人来管,这两种动物也完全知道该怎样生活。它们会自由自在地闲逛,饥则食渴则饮,春天来临时还要谈谈爱情;这样一来,它们的生活层次很低,完全乏善可陈。人来了以后,给它们的生活做出了安排:每一头牛和每一口猪的生活都有了主题。就它们中的大多数而言,这种生活主题是很悲惨的:前者的主题是干活,后者的主题是长肉。我不认为这有什么可抱怨的,因为我当时的生活也不见得丰富了多少,除了八个样板戏,也没有什么消遣。有极少数的猪和牛,它们的生活另有安排。以猪为例,种猪和母猪除了吃,还有别的事可干。就我所见,它们对这些安排也不大喜欢。种猪的任务是交配,换言之,我们的政策准许它当个花花公子。但是疲惫的种猪往往摆出一种肉猪(肉猪是阉过的)才有的正人君子架势,死活不肯跳到母猪背上去。母猪的任务是生崽儿,但有些母猪却要把猪崽儿吃掉。总的来说,人的安排使猪痛苦不堪。但它们还是接受了:猪总是猪啊。

对生活做种种设置是人特有的品性。不光是设置动物,也设置自己。我们知道,在古希腊有个斯巴达,那里的生活被设置得了无生趣,其目的就是要使男人成为亡命战士,使女人成为生育机器,前者像些斗鸡,后者像些母猪。这两类动物是很特别的,但我以为,它们肯定不喜欢自己的生活。但不喜欢又能怎么样?人也好,动物也罢,都很难改变自己的命运。

以下谈到的一只猪有些与众不同。我喂猪时,它已经有四五岁了,从名分上说,它是肉猪,但长得又黑又瘦,两眼炯炯有光。这家伙像山羊一样敏捷,一米高的猪栏一跳就过；它还能跳上猪圈的房顶，这一点又像是猫——所以它总是到处游逛，根本就不在圈里呆着。所有喂过猪的知青都把它当宠儿来对待，它也是我的宠儿——因为它只对知青好，容许他们走到三米之内，要是别的人，它早就跑了。它是公的，原本该劁掉。不过你去试试看，哪怕你把劁猪刀藏在身后，它也能嗅出来，朝你瞪大眼睛，噢噢地吼起来。我总是用细米糠熬的粥喂它，等它吃够了以后，才把糠对到野草里喂别的猪。其他猪看了嫉妒，一起嚷起来。这时候整个猪场一片鬼哭狼嚎，但我和它都不在乎。吃饱了以后，它就跳上房顶去晒太阳，或者模仿各种声音。它会学汽车响、拖拉机响，学得都很像；有时整天不见踪影，我估计它到附近的村寨里找母猪去了。我们这里也有母猪，都关在圈里，被过度的生育搞得走了形，又脏又臭，它对它们不感兴趣；村寨里的母猪好看一些。它有很多精彩的事迹，但我喂猪的时间短，知道得有限，索性就不写了。总而言之，所有喂过猪的知青都喜欢它，喜欢它特立独行的派头儿，还说它活得潇洒。但老乡们就不这么浪漫，他们说，这猪不正经。领导则痛恨它，这一点以后还要谈到。我对它则不止是喜欢——我尊敬它，常常不顾自己虚长十几岁这一现实，把它叫做"猪兄"。如前所述，这位猪兄会模仿各种声音。我想它也学过人说话，但没有学会——假如学会了，我们就可以做倾心之谈。但这不能怪它。人和猪的音色差得太远了。

后来，猪兄学会了汽笛叫，这个本领给它招来了麻烦。我们那里有座糖厂，中午要鸣一次汽笛，让工人换班。我们队下地干活时，听见这次汽笛响就收工回来。我的猪兄每天上午十点钟总要跳到房上学汽笛，地里的人听见它叫就回来——这可比糖厂鸣笛早了一个半小时。坦白地说，这不能全怪猪兄，它毕竟不是锅炉，叫起来和汽笛还有些区别，但老乡们却硬说听不出来。领导上因此开了一个会，把它定成了破坏春耕的坏分子，要对它采取专政手段——会议的精神我已经知道了，但我不为它担忧——因为假如专政是指绳索和杀猪刀的话，那是一点门都没有的。以前的领导也不是没试过，一百人也逮不住它。狗也没用：猪兄跑起来像颗鱼雷，能把狗撞出一丈开外。谁知这回是动了真格的，指导员带了二十几个人，手拿五四式手枪；副指导员带了十几人，手持看青的火枪，分两路在猪场外的空地上兜捕它。这就使我陷入了内心的矛盾：按我和它的交情，我该舞起两把杀猪刀冲出去，和它并肩战斗，但我又觉得这样做太过惊世骇俗——它毕竟是只猪啊；还有一个理由，我不敢对抗领导，我怀疑这才是问题之所在。总之，我在一边看着。猪兄的镇定使我佩服之极：它很冷静地躲在手枪和火枪的连线之内，任凭人喊狗咬，不离那条线。这样，拿手枪的人开火就会把拿火枪的打死，反之亦然；两头同时开火，两头都会被打死。至于它，因为目标小，多半没事。就这样连兜了几个圈子，它找到了一个空子，一头撞出去了；跑得潇洒之极。以后我在甘蔗地里还见过它一次，它长出了獠牙，还认识我，但已不容我走近了。这种冷淡使我痛心，但我也赞成它对心怀叵测的人保持距离。

我已经四十岁了，除了这只猪，还没见过谁敢于如此无视对生活的设置。相反，我倒见过很多想要设置别人生活的人，还有对被设置的生活安之若泰的人。因为这个原故，我一直怀念这只特立独行的猪。

·导 读·

王小波（公元 1952—1997 年），中国当代著名学者、作家。王小波无论是为人还是为文，都颇有特立独行的意味。其写作标榜"智慧""自然的人性""爱""有趣"，别具一格，深具批判精神。

最能表现王小波自由精神的还是他的随笔和杂文。他的随笔以其所坚持的理性、自由文化立场和生动活泼的文风见长。他的杂文问题意识很强，往往针对具体的文化思想问题进行写作，在嬉笑怒骂中表现自己的态度，常常通过一个故事或一段经历，进入对问题的讨论，并随时机敏而生动地插入对相关问题的评点与论述。

在王小波众多的杂文中，《一只特立独行的猪》给读者留下了极其深刻的印象。文中的那只猪，不是一般的猪。作为一只猪，它几乎没有"猪性"：猪本该肥，它却瘦；本该笨拙，它却敏捷；本该在又臭又脏的猪圈中浑浑噩噩地打发日子，它却在吃饱后到屋顶上去晒太阳，甚至不辞辛苦跑到村子里去找干净的母猪。如此地与众不同，如此地特立独行，在这只猪的身上，分明体现了王小波的特质。

王小波是新一代的自由主义思想家，是一个理想主义者，他的理想就是人应当自由地生活在宽松的环境里，而这是人类能做到的。王小波的价值在于，他让我们看到自由的真相：既理性又激情，既现实又浪漫，既精英又平民，既深刻又有趣，自由是多么美好。

【思考题】

一、什么是特立独行？你怎样看待特立独行？
二、那只特立独行的猪为什么会长出獠牙，会对"我"冷淡？

（王　余）

我不是个好儿子

贾平凹

在我四十岁以后,在我几十年里雄心勃勃所从事的事业、爱情遭受了挫折和失意,我才觉悟了做儿子的不是。母亲的伟大不仅生下血肉的儿子,还在于她并不指望儿子的回报,不管儿子离她多远又回来多近,她永远使儿子有亲情,有力量,有根有本。人生的车途上,母亲是加油站。

母亲一生都在乡下,没有文化,不善说会道,飞机只望见过天上的影子。她并不清楚我在远远的城里干什么,惟一晓得的是我能写字,她说我写字的时候眼睛在不停地眨,就操心我的苦,"世上的字能写完?!"一次一次地阻止我。前些年,母亲每次到城里小住,总是为我和孩子缝制过冬的衣物,棉花垫得极厚,总害怕我着冷,结果使我和孩子都穿得像狗熊一样笨拙。她过不惯城里的生活,嫌吃油太多,来人太多,客厅的灯不灭,东西一旧就扔,说:"日子没乡下整端。"最不能忍受我们打骂孩子,孩子不哭,她却哭,和我闹一场后就生气回乡下去。母亲每一次都高高兴兴来,每一次都生了气回去。回去了,我并未思念过她,甚至一年一年的夜里不曾梦着过她。母亲对我的好是我不觉得了母亲对我的好,当我得意的时候我忘记了母亲的存在,当我有委屈了就想给母亲诉说,当着她的面哭一回鼻子。

母亲姓周,这是从舅舅那里知道的,但母亲叫什么名字,十二岁那年,一次与同村的孩子骂仗——乡下骂仗以高声大叫对方父母名字为最解气的——她父亲叫鱼,我骂她鱼,鱼,河里的鱼!她骂我:蛾,蛾,小小的蛾!我清楚了母亲是叫周小蛾的。大人物之所以大人物,是名字被千万人呼喊,母亲的名字我至今没有叫过,似乎也很少听老家村子里的人叫过,但母亲不是大人物却并不失却她的伟大,她的老实、本分、善良、勤劳在家乡有口皆碑。现在有人讥讽我有农民的品性,我并不羞耻,我就是农民的儿子,母亲教育我的忍字,使我忍了该忍的事情,避免了许多祸灾发生,而我的错误在于忍了不该忍的事情,企图以委曲求全却未能求全。

七年前,父亲作了胃癌手术,我全部的心思都在父亲身上。父亲去世后,我仍是常常梦到父亲,父亲依然还是有病痛的样子,醒来就伤心落泪,要买了阴纸来烧。在纸灰飞扬的时候,突然间我会想起乡下的母亲,又是数日不安,也就必会寄一笔钱到乡下去。寄走了钱,心安理得地又投入到我的工作中了,心中再也没有母亲的影子。老家的村子里,人人都在夸我给母亲寄钱,可我心里明白，给母亲寄钱并不是我心中多么有母亲，完全是为了我的心理平衡。而母亲收到寄去的钱总舍不得花，听妹妹说，她把钱没处放，一卷一卷塞在床下的破棉鞋里，几乎让老鼠做了窝去。我埋怨过母亲，母亲说："我要那么多钱干啥？零着攒下了将来整着给你。你们都精精神神了，我喝凉水都高兴的，我现在又不至于就喝着凉水！"去年回去，她真的把积攒的钱要给我，我气恼了，要她逢集赶会了去买个零嘴吃，她果然一次买回了许多红糖，装在一个瓷罐儿里，但凡谁家的孩子去她那儿了，就三个指头一捏，往孩子嘴一塞，再一抹。孩子们为糖而来，得糖而去，母亲笑着骂着"喂不熟的狗！"末了就呆呆地发半天愣。

　　母亲在晚年是寂寞的，我们兄妹就商议了，主张她给大妹看管孩子，有孩子占心，累是累些，日月总是好打发的吧。小外甥就成了她的尾巴，走到哪儿带到哪儿。一次婆孙到城里来，见我书屋里挂有父亲的遗像，她眼睛就潮了，说："人一死就有了日子了，不觉是四个年头了！"我忙劝她，越劝她越流下泪来。外甥偏过来对着照片要爷爷，我以为母亲更要伤心的，母亲却说："爷爷埋在土里。"孩子说："土里埋下什么都长哩，爷爷埋在土里怎么不再长个爷爷？"母亲竟没有恼，倒破涕而笑了。母亲疼孩子爱孩子，当着众人面要骂孩子没出息，这般地大了夜夜还要噙着她的奶头睡觉，孩子就羞了脸，过来捂她的嘴不让说。两人绞在一起倒在地上，母亲笑得直喘气。我和妹妹批评过母亲太娇惯孩子，她就说："我不懂教育嘛，你们怎么现在都英英武武的？！"我们拗不过她，就盼外甥永远长这么大。可外甥如庄稼苗一样，见风生长，不觉今年要上学了，母亲显得很失落，她依然住在妹妹家，急得心火把嘴角都烧烂了。我作想，如果母亲能信佛，每日去寺院烧香，回家念经就好了，但母亲没有那个信仰。后来总算让邻居的老太太们拉着天天去练气功，我们做儿女的心才稍有了些踏实。

　　小时候，我对母亲的印象是她只管家里人的吃和穿，白日除了去生产队出工，夜里总是洗萝卜呀，切红薯片呀，或者纺线，纳鞋底，在门栓上拉了麻丝合绳子。母亲不会做大菜，一年一次的蒸碗大菜，父亲是亲自操作的，但母亲的面条擀得最好，满村出名。家里一来客，父亲说：吃面吧。厨房一阵案响，一阵风箱声。母亲很快就用箕盘端上几碗热腾腾的面条来。客人吃的时候，我们做孩子的就被打发着去村巷里玩，玩不了多久，我们就偷偷溜回来，盼着客人是否吃过了，是否有剩下的。果然在锅项里就留有那么一碗半碗。在那困难的年月里，纯白面条只是待客，没有客人的时候，中午可以吃一顿包谷糁面。母亲差不多是先给父亲捞一碗，然后下些浆水和菜，连菜带面再给我们兄妹捞一碗，最后她的碗里就只有包谷糁和菜了。那时少粮缺柴的，生活苦巴，我们做孩子的并不愁容满面，平日倒快活得要死，最烦恼的是帮母亲推磨子了。常常天一黑母亲就收拾磨子，在麦子里掺上白包谷或豆子磨一种杂面，偌大的石磨她一个人推不动，就要我和弟弟合推一个磨棍，月明星稀之下，走一圈又一圈，昏头晕脑的发迷怔。磨过一遍了，母亲在那里过箩，我和弟弟就趴在磨盘上瞌睡。母亲喊我们醒来再推，我和弟弟总是说磨好了，母亲说再磨几遍，需要把麦麸磨得如蚊子翅膀一样薄才肯结束。我和弟弟就同母亲吵，扔了磨棍致气。母亲叹口气，末了去敲邻家的窗子，哀求人家：二嫂子，二嫂子，你起来帮我推推磨子！人家半天不吱声，她还在求，说："咱换换工，你家推磨子了，我再帮你……孩子明日要上学，不敢耽搁娃的课的。"瞧着母亲低声下气的样子，我和弟弟就不忍心了，揉揉鼻子又把磨棍拿起来。母亲操持家里的吃穿琐碎事无巨细，而家里的大事，母亲是不管的，一切由当教师的星期天才能回家的父亲做主。在我上大学的那些年，每次寒暑假结束要进城，头一天夜里总是开家庭会，家庭会差不多是父亲主讲，要用功学习呀，真诚待人呀，孔子是怎么讲，古今历史上什么人是如何奋斗的，直要讲二三个小时。母亲就坐在一边，为父亲不住吸着的水烟袋卷纸媒，纸媒卷了好多，便袖了手打盹。父亲最后说："你妈还有啥说的？"母亲一怔方清醒过来，父亲就生气了："瞧你，你竟能睡着？！"训几句。母亲只是笑着，说："你是老师能说，我说啥呀？"大家都笑笑，说天不早了，睡吧，就分头去睡。这当儿母亲却精神了，去关院门，关猪圈，检查柜盖上的各种米面瓦罐是否盖严了，防备老鼠进去，然后就收拾我的行李，然后一个人去灶房为我包天明起来吃的素饺子。

父亲去世后，我原本立即接她来城里住，她不来，说父亲三年没过，没过三年的亡人会有阴灵常常回来的，她得在家顿顿往灵牌前供献饭莱。平日太阳暖和的时候，她也去和村里一些老太太们抹花花牌，她们玩的是二分钱一个注儿，每次出门就带两角钱三角钱，她塞在袜筒。她养过几只鸡，清早一开鸡棚，一一要在鸡屁股里揣揣有没有蛋要下，若揣着有蛋，半晌午抹牌就半途赶回来收拾产下的蛋。可她不大吃鸡蛋，只要有人来家坐了，却总热惦着要烧煎水，煎水里就卧荷包蛋。每年院里的梅李熟了，总摘一些留给我，托人往城里带，没人进城，她一直给我留着，"平爱吃酸果子"，她这话要唠叨好长时间，梅李就留到彻底腐烂了才肯倒去。她在妹妹家学练了气功，我去看她，未说几句话就叫我到小房去，一定要让我喝一个瓶子里的凉水，不喝不行，问这是怎么啦，她才说是气功师给她的信息水，治百病的，"你要喝的，你一喝肝病或许就好了！"我喝了半杯，她就又取苹果橘子让我吃，说是信息果。

我成不成为什么专家名人，母亲一向是不大理会的，她既不晓得我工作的荣耀，我工作上的烦恼和苦闷也就不给她说。一部《废都》，国之内外怎样风雨不止，我受怎样的赞誉和攻击，母亲未说过一句话。当知道我已孤单一人，又病得入了院，她悲伤得落泪，要到城里来看我，弟妹不让她来，不领她，她气得在家里骂这个骂那个，后来冒着风雪来了，她的眼睛已患了严重的疾病，却哭着说："我娃这是什么命啊？！"

我告诉母亲，我的命并不苦的，什么委屈和劫难我都可以受得，少年时期我上山砍柴，挑百十斤的柴担在山岭道上行走，因为路窄，不到固定的歇息处是不能放下柴担的，肩膀再疼腿再酸也不能放下柴担的，从那时起我就练出了一股韧劲的。而现在最苦的是我不能亲自伺候母亲！父亲去世了，作为长子，我是应该为这个家操心，使母亲在晚年活得幸福，但现在既不能照料母亲，反倒让母亲还为儿子牵肠挂肚，我这做的是什么儿子呢？把母亲送出医院，看着她上车要回去了，我还是掏出身上仅有的钱给她，我说，钱是不能代替了孝顺的，但我如今只能这样啊！母亲懂得了我的心，她把钱收了，紧紧地握在手里，再一次整整我的衣领，摸摸我的脸，说我的胡子长了，用热毛巾捂捂，好好刮刮，才上了车。眼看着车越走越远，最后看不见了，我回到病房，躺在床上开始打吊针，我的眼泪默默地流下来。

草于 1993 年 11 月 27 日 病房

·导读·

贾平凹（公元 1952—），陕西省丹凤县人。中国当代著名小说家、散文家。有论者认为，作为 20 世纪 80 年代散文创作中的"新星"，贾平凹的散文擅长表达古典情致与乡土情结，具有哲理且有情趣，深得美文的品质。本文就很好地体现了这些特征。

"真实与真诚是散文文体的基本精神与品格"，文章首先体现了写人散文情真意切的特性。贾平凹认为，中国散文一兴一衰，皆是真情的一得一失，现在的散文要振兴，关键是为真情招魂。可见，他对于散文情真意切的体认是深刻的，而本文字里行间无不流露出真情切意。大量生活场景的选取和日常琐事的追忆，实现了个体叙事对宏大叙事的超越；个人情感的委婉表达，抗拒着 20 世纪五六十年代一度占据文学（特别是散文）主流的虚假意识形态。其次，文章富有哲理。文章始终围绕着这样一个中心语来写："母亲的伟大不仅生下血肉的儿子，还在于她并不指望儿子的回报，不管儿子离她多远又回来多近，她永远使儿子有亲情，有力量，有根有本。"这一中心语在娓娓道来的叙述中最终上升为某种哲理，成为超越个体情感、抵达人们心灵的共同的亲情认知：母爱的淳朴与无私，力量感与皈依感。最后，文章体现出了作者文笔的质朴有致和古朴神韵。文中大量使用口语和方言，具有浓浓的乡土气息。同时，文中杂以古典语词，多用单字和短句，显现出古雅韵味。贾平凹曾说：散文应该是美文，不仅是写什么，而还要怎么写。以本文观之，实为深得其中三昧。

【思考题】

一、找出文章中最为感人的几个片段，谈谈文章如何体现散文"真"的特性。

二、文章结尾处写道："一部《废都》，国之内外怎样风雨不止，我受怎样的赞誉和攻击……"查阅有关资料，了解"《废都》风波"始末，并讨论其对贾平凹文学事业的影响。

三、结合本文，阅读贾平凹长篇自传《我是农民》，更好地体会作者在文中表达的真挚情感。

（王小平）

山上的小屋

残 雪

在我家屋后的荒山上，有一座木板搭起来的小屋。

我每天都在家中清理抽屉。当我不清理抽屉的时候，我坐在围椅里，把双手平放在膝头上，听见呼啸声。是北风在凶猛地抽打小屋杉木皮搭成的屋顶，狼的嗥叫在山谷里回荡。

"抽屉永生永世也清理不好，哼。"妈妈说，朝我做出一个虚伪的笑容。

"所有的人的耳朵都出了毛病。"我憋着一口气说下去，"月光下，有那么多的小偷在我们这栋房子周围徘徊。我打开灯，看见窗子上被人用手指捅出数不清的洞眼。隔壁房里，你和父亲的鼾声格外沉重，震得瓶瓶罐罐在碗柜里跳跃起来。我蹬了一脚床板，侧转肿大的头，听见那个被反锁在小屋里的人暴怒地撞着木板门，声音一直持续到天亮。"

"每次你来我房里找东西，总把我吓得直哆嗦。"妈妈小心翼翼地盯着我，向门边退去，我看见她一边脸上的肉有可笑地惊跳。

有一天，我决定到山上去看个究竟。风一停我就上山，我爬了好久，太阳刺得我头昏眼花，每一块石子都闪动着白色的小火苗。我咳着嗽，在山上辗转。我眉毛上冒出的盐汗滴到眼珠里，我什么也看不见，什么也听不见。我回家时在房门外站了一会，看见镜子里那个人鞋上沾满了湿泥巴，眼圈周围浮着两大团紫晕。

"这是一种病。"听见家人们在黑咕隆咚的地方窃笑。

等我的眼睛适应了屋内的黑暗时，他们已经躲起来了——他们一边笑一边躲。我发现他们趁我不在的时候把我的抽屉翻得乱七八糟，几只死蛾子、死蜻蜓全扔到了地上，他们很清楚那是我心爱的东西。

"他们帮你重新清理了抽屉，你不在的时候。"小妹告诉我，目光直勾勾的，左边的那只眼变成了绿色。

"我听见了狼嗥，"我故意吓唬她，"狼群在外面绕着房子奔来奔去，还把头从门缝里挤进来，天一黑就有这些事。你在睡梦中那么害怕，脚心直出冷汗。这屋里的人睡着了脚心都出冷汗。你看看被子有多么潮就知道了。"

我心里很乱，因为抽屉里的一些东西遗失了。母亲假装什么也不知道，垂着眼。但是她正恶狠狠地盯着我的后脑勺，我感觉得出来。每次她盯着我的后脑勺，我头皮上被她盯的那块地方就发麻，而且肿起来。我知道他们把我的一盒围棋埋在后面的水井边上了，他们已经这样做过无数次，每次都被我在半夜里挖了出来。我挖的时候，他们打开灯，从窗口探出头来。他们对于我的反抗不动声色。

吃饭的时候我对他们说："在山上，有一座小屋。"

他们全都埋着头稀里呼噜地喝汤，大概谁也没听到我的话。

"许多大老鼠在风中狂奔。"我提高了嗓子，放下筷子，"山上的砂石轰隆隆地朝我们屋后的墙倒下来，你们全吓得脚心直出冷汗，你们记不记得？只要看一看被子就知道。天一晴，你们就晒被子，外面的绳子上总被你们晒满了被子。"

父亲用一只眼迅速地盯了我一下，我感觉到那是一只熟悉的狼眼。我恍然大悟。原来父亲每天夜里变为狼群中的一只，绕着这栋房子奔跑，发出凄厉的嗥叫。

"到处都是白色在晃动，"我用一只手抠住母亲的肩头摇晃着，"所有的东西都那么扎眼，搞得眼泪直流。你什么印象也得不到。但是我一回到屋里，坐在围椅里面，把双手平放在膝头上，就清清楚楚地看见了杉木皮搭成的屋顶。那形象隔得十分近，你一定也看到过，实际上，我们家里的人全看到过。的确有一个人蹲在那里面，他的眼眶下也有两大团紫晕，那是熬夜的结果。"

"每次你在井边挖得那块麻石响，我和你妈就被悬到了半空，我们簌簌发抖，用赤脚蹬来蹬去，踩不到地面。"父亲避开我的目光，把脸向窗口转过去。窗玻璃上沾着密密麻麻的蝇屎。"那井底，有我掉下的一把剪刀。我在梦里暗暗下定决心，要把它打捞上来。一醒来，我总发现自己搞错了，原来并不曾掉下什么剪刀，你母亲断言我是搞错了。我不死心，下一次又记起它。我躺着，会忽然觉得很遗憾，因为剪刀沉在井底生锈，我为什么不去打捞。我为这件事苦恼了几十年，脸上的皱纹如刀刻的一般。终于有一回，我到了井边，试着放下吊桶去，绳子又重又滑，我的手一软，木桶发出轰隆一声巨响，散落在井中。我奔回屋里，朝镜子里一瞥，左边的鬓发全白了。"

"北风真凶，"我缩头缩脑，脸上紫一块蓝一块，"我的胃里面结出了小小的冰块。我坐在围椅里的时候，听见它们丁丁当当响个不停。"

我一直想把抽屉清理好，但妈妈老在暗中与我作对。她在隔壁房里走来走去，弄得"踏踏"作响，使我胡思乱想。我想忘记那脚步，于是打开一副扑克，口中念着："一二三四五……"脚步却忽然停下了，母亲从门边伸进来墨绿色的小脸，嗡嗡地说话："我做了一个很下流的梦，到现在背上还流冷汗。"

"还有脚板心，"我补充说，"大家的脚板心都出冷汗。昨天你又晒了被子。这种事，很平常。"

小妹偷偷跑来告诉我，母亲一直在打主意要弄断我的胳膊，因为我开关抽屉的声音使她发狂，她一听到那声音就痛苦得将脑袋浸在冷水里，直泡得患上重伤风。

"这样的事，可不是偶然的。"小妹的目光永远是直勾勾的，刺得我脖子上长出红色的小疹子来。"比如说父亲吧，我听他说那把剪刀，怕说了有二十年了？不管什么事，都是由来已久的。"

我在抽屉侧面打上油，轻轻地开关，做到毫无声响。我这样试验了好多天，隔壁的脚步没响，她被我蒙蔽了。可见许多事都是可以蒙混过去的，只要你稍微小心一点儿。我很兴奋，起劲地干起通宵来，抽屉眼看就要清理干净一点儿，但是灯泡忽然坏了，母亲在隔壁房里冷笑。

"被你房里的光亮刺激着，我的血管里发出怦怦的响声，像是在打鼓。你看看这里，"她指着自己的太阳穴，那里爬着一条圆鼓鼓的蚯蚓。"我倒宁愿是坏血症。整天有东西在体内捣鼓，这里那里弄得响，这滋味，你没尝过。为了这样的毛病，你父亲动过自杀的念头。"她伸出一只胖手搭在我的肩上，那只手像被冰镇过一样冷，不停地滴下水来。

有一个人在井边捣鬼。我听见他反复不停地将吊桶放下去，在井壁上碰出轰隆隆的响声。天明的时候，他咚地一声扔下木桶，跑掉了。我打开隔壁的房门,看见父亲正在昏睡,一只暴出青筋的手难受地抠紧了床沿,在梦中发出惨烈的呻吟。母亲披头散发,手持一把笤帚在地上扑来扑去。她告诉我,在天明的那一瞬间,一大群天牛从窗口飞进来,撞在墙上,落得满地皆是。她起床来收拾,把脚伸进拖鞋,脚趾被藏在拖鞋里的天牛咬了一口,整条腿肿得像根铅柱。

"他,"母亲指了指昏睡的父亲,"梦见被咬的是他自己呢。"

"在山上的小屋里,也有一个人正在呻吟。黑风里夹带着一些山葡萄的叶子。"

"你听到了没有?"母亲在半明半暗里将耳朵聚精会神地贴在地板上,"这些个东西,在地板上摔得痛昏了过去。它们是在天明那一瞬间闯进来的。"

那一天,我的确又上了山,我记得十分清楚。起先我坐在藤椅里,把双手平放在膝头上,然后我打开门,走进白光里面去。我爬上山,满眼都是白石子的火焰,没有山葡萄,也没有小屋。

·导 读·

残雪,当代作家,曾经被视为先锋派的代表人物,以潜意识写作著称。其体验独异,思想前瞻,天马行空,在中国当代文学界是一个极为特殊的作家。她的代表作有《山上的小屋》《黄泥街》《苍老的浮云》等。林白、陈染等20世纪90年代的女性作家在一定程度上受其影响。

残雪的小说总体上给人一种噩梦般的印象,几乎每一篇作品都充满了变异错乱的感觉,故事环境无一例外使人感到恐怖和恶心,人物居于其中总有宿命般的恐惧感。或者也可以说,人物已蜕化为某种恐惧心理的象征物。

残雪有着特殊的艺术敏感,她以破碎的心灵感触世界,用变异的感觉展示一个荒诞、变形、梦魇般的世界。因此,她不仅写出了人类生存的悲剧,而且写出了人的某种本质性的丑陋特点。残雪小说的这一特点与西方现代荒诞小说似乎很接近,但其传达出来的生命本体的苦痛,涌动出来的对生存的深刻绝望和绝望边缘的呐喊和挣扎,绝不仅仅是对西方现代荒诞小说的简单模仿,而且与她所生存的现实、所经历的历史有着密切的关系。

残雪的小说没有一般女作家那种温柔、细腻、平和、情绪化等特征,而是将现实与梦幻加以"混淆",以精神变异者的冷峻感觉和眼光,创造一个怪异的世界。在这个世界里,有许多丑恶的意象。残雪的小说构建了一个梦魇般的世界,在这个世界里,人是孤独的、痛苦的,人与人之间互相戒备着、仇视着。

【思考题】

一、"我爬上山,满眼都是白石子的火焰,没有山葡萄,也没有小屋。"请谈谈你对这句话的理解。

二、在《山上的小屋》中,残雪为什么要构建一个梦魇般的世界?

(王　余)

简　历

顾　城

我是一个悲哀的孩子
始终没有长大
我从北方的草滩上
走出,沿着一条
发白的路,走进
布满齿轮的城市
走进狭小的街巷
板棚,每颗低低的心
我在一片淡漠的烟中
继续讲绿色的故事
我相信我的听众
——天空,还有
海上迸溅的水滴
它们将覆盖我的一切
覆盖那无法寻找的
坟墓,我知道
那时,所有的草和小花
都会围拢
在灯光暗淡的一瞬
轻轻地亲吻我的悲哀

·导　读·

顾城(公元1956—1992年),朦胧诗派的代表诗人。《简历》是作者第二阶段的作品，此一阶段的顾城，执著于对文化身份的表述，应和着当时社会上盛行的寻找"自我"的强烈呼声。

"黑夜给了我黑色的眼睛，我却用它寻找光明。"简短而富有深意的《一代人》，是顾城诗歌中最简短的一首，但却是他两千多首诗歌中最为脍炙人口的一首。此诗最大的特点是通过强烈的二元对立表彰人对光明、美好之不屈追寻，并赋予这种追寻以使命感和神圣感；同时，诗歌一再申述"我"的身份感，短短的两句诗中句句有"我"，并以"却"字强调"我"的不合作与反抗，彰显一种坚毅与果敢。《简历》依然延续了《一代人》中对"我"的身份感的申述，但不同于《一代人》的坚毅、果敢和确定性，更多的是不断地"走出""走进"，以及"寻找"过程中的迷茫、不适与不确定。"我"从"北方的草滩"出发，开始一条从熟悉的"家园"到陌生的"异乡"的寻找之路。沿着令人惊惧的"发白"的路，走进"布满齿轮"的城市、"狭小"的街巷和板棚，以及"淡漠"烟雾中"低低的心"，在他者林立之中寻找聆听故事的真正听众，因为"我"的听众只有"天空"和海上迸溅的"水滴"。诗歌最后将归属指向"坟墓"，并凄然地祈望"草"和"小花"亲吻孤独的灵魂，流露出深沉的悲哀和莫名的宿命感。此诗虽然写于1981年，但像一簇黯然神伤的水仙花，又犹如诗人呢喃细语的诡谲谶语，更像一篇提前镌刻在激流岛上的墓志铭，成为顾城在世的真正"简历"。

【思考题】

一、阅读顾城的诗歌，结合北岛、舒婷等朦胧诗人的作品，体会朦胧诗的"朦胧"特征。

二、如果希望进一步阅读顾城的诗歌，了解顾城的世界，可以登陆"顾城之城"网站（http://www.gucheng.net/），分享阅读感悟，品鉴诗歌魅力。

（王小平）

有关大雁塔

韩　东

有关大雁塔
　我们又能知道些什么
　有很多人从远方赶来
　为了爬上去

做一次英雄
也有的还来第二次
或者更多
那些不得意的人们
那些发福的人们
统统爬上去
做一做英雄
也有有种的往下跳
　　在台阶上开一朵红花
那就真的成了英雄——
当代英雄

有关大雁塔
我们又能知道些什么
我们爬上去
看看四周的风景
然后再下来

· 导 读 ·

韩东（公元1961—）是20世纪80年代中期南京"他们"文学社的代表人物，也是新生代诗人中"开风气"的人物。"像市民一样生活，像上帝一样思考"是"他们"文学社的共同追求。

《有关大雁塔》是一首发人深省的诗，在这首诗中，充分体现了新生代诗歌的特色：对传统文化的消解；反崇高、反英雄的意识；以冷抒情、叙事性、反讽为特征的表达手段；口语化和对特殊语感的审美追求。诗人消解了历史和权威，消解了英雄和崇拜，消解了富贵和精英。

对于大雁塔内蕴的文化元素，那些"不得意"的人和"发福"的人，未必真的理解，他们爬上大雁塔，无非是想"做一做英雄"。平常直白的语句似乎不用评论家解释，但是，就是这么几句直白的话切中了现实生活的要害：凭吊历史遗迹只不过是一次简单的游玩或者是满足自己的需要与虚荣。与此同时，诗人对所谓的"英雄"也进行了消解："也有有种的往下跳/在台阶上开一朵红花/那就真的成了英雄——/当代英雄"。过去人们心目中的英雄，都是一些为国为民英勇牺牲的壮士，而"当代英雄"则是从大雁塔上跳下来，"在台阶上开一朵红花"的平凡人物。

面对"大雁塔"——丰厚而诗意的传统文化，其实我们什么都不知道，虽然我们曾经走进了"大雁塔"，但又有几人真的看懂了它？

【思考题】

一、你如何理解"有关大雁塔/我们又能知道什么/我们爬上去/看看四周的风景/然后再下来"这几句诗？

二、你怎样评价新生代的诗歌？

（王　余）

美

曹明华

她爱美。

她懂得美。

"我来替你梳理，我最喜欢设计发型了！"——一声热切的提议，会让你情不自禁地向她那双明澈的眸子投去含笑的一瞥。随即，充满信任地将头发交给她"玩"上一会儿。

……那常在琴键上欢快跳动的纤柔手指，从我细长的发丝上轻轻滑过……凭借小圆镜的反射，我有些出神地凝望着她。

——嗯……她又那么蹙起了眉。

那个晚霞灿烂的黄昏了，我们身着游泳衣途经水库边一棵古树旁时，她就这么微微地蹙起了眉。

落日，给波光粼粼的水面抹上一层晕红。绿叶飘洒着垂下，几乎是企图与岸边英姿飒爽的小草相吻……仪态万千的网眼中，漏进一缕炫目的光。

她蹙起眉，静静地伫立了好一会儿……直至亲手摄下这幅充满了韵味的图案。

——呵……她又那么抿紧了唇。

那个雾霭袅袅的晨曦里，她领我来到一块绿毡般的"微型草原"跟前——"看！这像不像一幅中世纪油画……"随即，就是那么紧紧地抿住了唇的。

绿色，迷迷蒙蒙，由狭到阔紧夹在两根急转直出的雄浑线条之中，两旁是庄严矗立着的原始森林般的树木。远处，起伏的群峦略有层次地向深奥莫测的空中隐去、隐去……

她抿紧唇，许是在提防不留神呵出的一口气会惊着了幻觉中的那位"得了得了"直奔开阔地而来的中世纪骑士——而拨转了马头罢？

——哎？她又那么神秘地颤动起了长长的睫毛。

那个颠簸动荡的车厢里，我俩并肩相依遥望窗外时，她就曾这般悄悄地颤动着睫毛的。

"你说，……这是一种什么美？"她终止了洒满一路的口琴声。抬起的胳膊指向远方，指向遮在轻柔纱幔中的黛色山峦。

没等我答，她的眼帘便使劲抖动了几下："——距离美！"

不容辩驳的目光射向我："这应该叫——距离美。"

"距离美……"我玩味着。

"一种朦胧的美。"她的语调变得沉缓，"有一次，我和同学骑车去郊游。夜幕降临了——忽然，我们发现空旷的田野边，有一间孤零零的小茅屋。昏黄的灯光从半掩开着的门边射出，童话般的小屋正沐浴在淡淡的光晕里……这能唤起人多少美妙的遐思呵……我们径直走去，我们要去彻底地发觉美，尽情地拥抱美……"她轻轻地舒了一口气，"可待真正走近了……美感，却在不知不觉中丧失了……"

"那么，你是想说，它们——"我指着车窗外，"其实也并不美？"

"不，有一些，即便走到最近处，你也始终会觉得很美，甚至是令你惊叹的、在我们这样的距离上难以领略的——美，但另有一些，却是真的不美，甚至丑……不过，在现在这样的距离上，我承认它们都是美的……因为距离，巧妙地遮蔽了我们不该看到的一切，又信手添上些神奇的飘逸……"

她，垂下眼帘。

是沉醉在自我编织的意境里罢？

忽然，她的手肘触了我一下："……你说，古往今来所描写的……爱，哪一种最美？"

"……也许，是没有得到的……"

"真的，我想，这恐怕也是一种'距离美'……"

一丝狡黠的微笑浮上我的嘴角：

"难道，你也向往这种浪漫的美？"

"噢，不！这是纯悲哀的美，屈辱的美……"晚霞，将她的双颊抹得绯红，

"……我要的是流畅的美、甜蜜的美，……"她的语调沉得很低了，"不断地，有距离感；长久地，相互吸引……"

……镜子里，映出她凝神的微笑和轻轻颤动的睫毛。

我猜，那可爱的小脑瓜，又在以它独特的频率转了、转了……

果真，她反复地捋着我的一缕卷曲的长发：

"曲线，给人的感觉要比直线美。"

"是啊。"我说，"它包容着无穷多的直线，却避免了单调和重复。"

她沉吟片刻：

"生活，似乎也是这样的。也需要这样的'曲线美'。"

我饶有兴趣地盯住她那抖动的眼睫毛了。

"我在想，安逸、闲适，就犹如一条索然无味的直线。奋斗中的挫折好比一条曲线的'波谷'，成功，则好比'波峰'——它们共同构成了美妙的曲线，构成了富有弹性的生活。"

富有弹性的生活！

她伸出食指，在空中勾勒出一条洒脱的曲线：

"这就叫——曲线美……"

乌拉！我们的"曲线美"！还有——"距离美"……

真的，我可爱的朋友！但愿和你的每一次相处，都能发现一种……美。

·导 读·

曹明华（公元 1962—），女，上海人，散文家，著有《一个女大学生的手记》等。

《美》这篇文章，以谈"美"为契机，记录了一个女大学生成长的心路历程。她热爱生活，热爱思考，对美的事物有着敏锐的发现能力并懂得如何在对美的审思中去欣赏一切感性、愉悦的东西。她对符合"距离美"的东西情有独钟。她认为，美感的获得是在一定的距离中完成的，"在这样的距离上，我承认它们都是美的……因为距离，巧妙地遮蔽了我们不该看到的一切，又信手添上些神奇的飘逸……"；她认为在充满形式美感的线条中，"曲线，给人的感觉比直线美"，"安逸、闲适，就犹如一条索然无味的直线"，而"奋斗中的挫折好比一条曲线的'波谷'，成功，则好比'波峰'"，这两者"构成了富有弹性的生活"。而一种"弹性的生活"在她看来应该是一种在奋斗与成功中积极健康的生活态度，一种圆润流畅的生活情趣。

在《美》这篇文章中，作者几乎在通篇的语言独白中完成了对主人公心理的刻画。在丰富的独白式语言的展开中，一个热爱自然美景、欣赏纯真之爱、期待激情生活的青春形象活脱脱而出。尽管文章的语言独白具有极大的跳跃性，用了非常多的破折号和省略号，似乎给人意犹未尽的感觉，但这种手法的运用，恰恰比较准确地将主人公爱思考的特征概括出来了。通过这种手法，也揭示了人物在成长过程中的那种多样的、复杂的心理情愫或说青春期的"烦恼"。

【思考题】

一、什么是"距离美"？"距离美"中的"距离"是指时空距离，还是一种心理距离？

二、什么是"富有弹性的生活"？请结合文章与个人生活实际予以理解。

（王　益）

青花瓷①

方文山

素胚勾勒出青花笔锋浓转淡
瓶身描绘的牡丹一如你初妆
冉冉檀香透过窗心事我了然
宣纸上走笔至此搁一半

釉色渲染仕女图韵味被私藏
而你嫣然的一笑如含苞待放
你的美一缕飘散去到我去不了的地方

天青色等烟雨而我在等你②
炊烟袅袅升起隔江千万里
在瓶底书汉隶仿前朝的飘逸
就当我为遇见你伏笔

天青色等烟雨而我在等你
月色被打捞起晕开了结局
如传世的青花瓷自顾自美丽你眼带笑意

色白花青的锦鲤跃然于碗底
临摹宋体落款时却惦记着你
你隐藏在窑烧里千年的秘密
极细腻犹如绣花针落地
帘外芭蕉惹骤雨门环惹铜绿
而我路过那江南小镇惹了你
在泼墨山水画里你从墨色深处被隐去

天青色等烟雨而我在等你
炊烟袅袅升起隔江千万里
在瓶底书汉隶仿前朝的飘逸
就当我为遇见你伏笔

天青色等烟雨而我在等你
月色被打捞起晕开了结局
如传世的青花瓷自顾自美丽你眼带笑意

【注 释】

① 青花瓷器起始于唐宋。到了元代，景德镇青花瓷器的制作已经成熟，这是我国制瓷史上的进步。青花是运用天然钴料在白泥上进行绘画装饰，再罩以透明釉，然后在高温1300摄氏度上下一次烧成，使色料充分渗透于坯釉之中，而呈现的青翠欲滴的蓝色花纹。

② 青花瓷中最难烧制的釉色是天青色。传说，只有在雨过天晴时才能烧出真正的天青色的瓷器。

·导 读·

方文山（公元 1969—），台湾著名词人。其主要代表作有《双截棍》《东风破》《七里香》《发如雪》《霍元甲》《菊花台》《青花瓷》等。

全词通过想象描述了一个少年邂逅一位佳人后久久不能忘怀的种种情景。

全词意象鲜明，意境空灵。在"牡丹""檀香""侍女""烟雨""月色""锦鲤""芭蕉""骤雨""门环""墨色"的氤氲弥漫中，一幅幅优美的画卷缓缓展开。一句"天青色等烟雨而我在等你"为全词的点睛之语，由此带出反复吟咏最动人的两段旋律，优雅而深情。"天青色等烟雨"不但诗化了语言，而且串联

"而我在等你",彰显出伊人于"我"而言多么地可贵。再加上动人优美的旋律,令人如闻天籁。"炊烟袅袅升起隔江千万里",画面感极强。一石三鸟,既描述了江南的美景,也是青花瓷上的常见景色,更以景衬情,唯美的场景给思绪抹上了淡淡的伤感。"在瓶底书汉隶仿前朝的飘逸/就当我为遇见你伏笔",一边勾勒青花一边展开思绪。而"伏笔"一词其实对以后的结局作了暗示:"我"是否与曾经邂逅的女子缘悭一面呢?在"月色被打捞起晕开了结局""如传世的青花瓷自顾自美丽你眼带笑意"的期许中,一段段甜蜜而忧伤的感情生活浮动在"我"与"你"的朦胧相望之中。

词中大量运用了隐喻、暗示等手法,节奏明快,语言含蓄、优美、典雅、生动。

【思考题】

一、《青花瓷》里涉及的意象有哪些?

二、"素胚勾勒出青花笔锋浓转淡/瓶身描绘的牡丹一如你初妆"这两句曾出现在北京大学自主招生考试的命题中,考题要求考生指出此两句的语法错误。请谈谈你的看法。

三、当代著名收藏家马未都先生认为《青花瓷》有两处地方存在着严重的谬误,一处是"在瓶底书汉隶仿前朝的飘逸"。马未都的解释是:青花瓷自诞生之时迅速成为中国瓷器的霸主,七百年来无人撼动。可瓶底从未书写过汉隶,仅在明崇祯一朝某些青花器身偶写过隶书,显然写词者并不太懂瓷器。另一处是"临摹宋体落款时却惦记着你"。马未都说,这句歌词的错误之处在于"宋体落款仅见康雍乾三朝珐琅彩瓷器,而青花瓷器中未见过"。就此,请你谈谈文学真实与生活真实的关系。

(王 益)

外国部分

朝拜贝多芬

［德］瓦格纳

我的故乡是德国中部的一座中等城市。我不很清楚，当时命运究竟是怎么安排的，只记得一天晚上我第一次去听贝多芬的交响曲的演出，随后我便发烧病倒，而当我重新康复之后，我就成了音乐家。或者就是由于这个缘故，尽管随着时间的推移我也熟悉了其他一些优美的音乐，但我格外喜爱、尊敬和崇拜贝多芬。

我吃的面包是非常硬的，我喝的饮料也是非常淡的，因为授课这个差使在我们那里的收入并不丰厚。

一段时间以来我就这样在我的阁楼里生活，有一天我突然想到，那个人还活着，他的作品我极为崇拜，我不能想象贝多芬和我们一样吃面包，呼吸空气，这个贝多芬可就生活在维也纳，而且还是一个穷苦的德国音乐家。

现在我失去了往日的平静。我所有的念头都化为一种愿望：去看望贝多芬！
……

我来到下一站的旅店，准备落脚休息一下，可一眼看到那个英国人正在用餐，饭菜精美丰盛。他长时间地观察我，最终说起了结结巴巴的德语。"您的同伴在哪？"他问。

"回他们故乡去了。"我说。

"拿出您的小提琴来，演奏点什么，"他继续说，"呶，这里是钱。"

这使我恼火，我解释说，我不是为了钱才演奏的，再说我也没有小提琴。我简短地对他讲明我是怎样和那些江湖艺人遇到一起的。

"是些很好的艺人哪，"这个英国人说，"贝多芬的交响曲也很好啊。"

"Yes，"他回答说，"我每周吹两天长笛，星期四吹英国号，星期天作曲。"

我感到惊奇，这太多了。我一生还没有听说过英国的旅行音乐家呢。我觉得，如果他们乘这样华丽的马车进行漫游，那他们的生活一定是相当优裕的。我问他是不是职业音乐家。

他好长一段时间没有答话，最终他慢吞吞地说，他有许多钱。

我一下子明白了，我刚才的问话对他是一种侮辱。我窘得一言不发，埋头吃自己简单的饭菜。

可这个英国人还是长时间地观察我，又重新拾起话头："您认识贝多芬吗？"他问我。

我回答说，我没有在维也纳呆过，现在正想到那里去见这位受崇拜的人，以慰自己炽烈的渴望。

"您从哪里来？"他问道，"是从 L 城来吗？这并不远啊！我来自英国，也要去认识贝多芬。我们俩都要去认识他，他是一位非常有名的音乐家。"

我在思忖，"这是多么奇妙的邂逅呵！"

崇高的大师，你吸引的人是多么地不同啊！他们有的徒步有的乘车奔向你！这个英国人引起了我的兴趣，我承认我对他的马车感到少许的嫉妒。可我觉得，徒步的朝拜虽然辛苦，却比那些到那里去的傲慢和派头十足的人更神圣些，达到目的地时也更幸福。

车夫吹起了号角，英国人向我打了招呼，说能比我更先看到贝多芬，随后就动身而去。

……

本来我内心对他就感到厌烦，像有一种阴郁的预感在压抑着我，觉得这个英国人会给我带来巨大的苦恼。此外，在我看来，他对贝多芬的尊敬以及他想结识贝多芬的行为，与其说是出于一个热情灵魂的深沉而闪在的渴望，不如说是出于一个富有绅士的奇思怪想。因此，为了不致同他一道亵渎我的神圣思念，我最好远远地离开他。

但是我的命运仿佛还是要把我拖入同这个绅士的危险关系之中，当天晚上我又一次遇见了他，是在一家旅店的前面，看得出来他是在等我。

因为他在马车里面朝后坐着，向着来路望我。

"先生，"他劝说我，"我又等了您几个钟点。您愿同我一道去见贝多芬吗？"

这次在我的惊奇之中掺杂着一种秘密的恐怖。英国人坚持要我同行的这种惹人注目的固执做法，我不可能有另外的解释，他只是觉察到我的一再增长的厌恶，存心来触我的霉头罢了。我明显不耐烦地再次回绝了他的邀请。于是他傲慢地喊了起来：

"天哪！您并不尊重贝多芬啊。我很快会看到他。"说罢疾驶而去。

这次可真是我在去维也纳的漫长途中最后一次遇到他了。我终于来到了维也纳的街头。维也纳，这是我朝拜的目的地。我是怀着一种什么样的心情进入我信仰中的麦加圣地①啊！漫长而艰辛的旅途劳顿都抛到脑后了。我到了目的地，进入了贝多芬正生活在其中的古城。

我十分激动,立即进行我的计划。先是打听贝多芬的住处,好在他的附近找一个住处。就在与这位大师住宅斜对面的地方有一家中等旅馆,我在六层楼上为自己租了一个小房间,在这里我着手准备去拜访贝多芬,这是我生活中一桩伟大的事件啊。

经过两天的休息、戒斋和祈祷——我对维也纳还没有很好地仔细看上一眼——就鼓起勇气,离开旅馆进入斜对面的那所房子。人们告诉我,贝多芬先生不在。这对我来说也正好,因为我又有了重新聚集勇气的时间。这一整天我继续做了四次同样的决定,每次人们答复我的声音越来越高。我把这一天看做是不祥的日子,于是放弃了我的拜访。

当我回到旅馆的庭院时,在我住的楼房的第二层楼里那个英国人相当殷勤地对我打招呼:"您见到了贝多芬吗?"他向我喊道。

"还没有,没遇到他。"我回答说,并十分惊奇又一次碰到了他。他在楼梯上迎着我,以出奇的友善态度拉我到他的房间里去。"先生",他说,"我今天看见您到贝多芬的房子去了五次。我在这里已经四天了,为了接近贝多芬,我住在这样一家蹩脚的旅馆里。相信我吧,和这个贝多芬见面太困难了,这位绅士的脾气太古怪了。一开头我到他那里去了六次,每次都被拒绝。现在我很早起来,在窗旁一直坐到傍晚,看看贝多芬什么时候出来。可这位绅士像是没有出来过。"

"那么你是说贝多芬今天也是在家,故意不见我了?"我惊讶地叫了起来。

"很清楚,您和我都被拒绝了。这使我很不愉快,我到这里来,不是为了参观维也纳,而是为了结识贝多芬啊。"

这对我说来可是一个非常坏的消息。次日我试图再去碰碰运气,但依然无济于事,通往天堂的大门对我关闭起来。

这个英国人一直从窗户那儿极度紧张地注视着我的一再没有结果的尝试,而他通过观察也肯定贝多芬没有从家里出来。他很恼火,但还固执地坚持着。可我却失去了耐性,这当然有非常充足的理由;一个星期逐渐地过去了,我没有达到目的,而我通过谱写加洛卜舞曲所赚到的几个钱却不允许我长时间地呆在维也纳。我慢慢地开始绝望起来。

我把我的烦恼告诉旅店的老板。老板微笑起来,答应告诉我不幸的原因,但是他要我发誓不泄露给那个英国人。我发了誓,也预感到了我倒霉的根源。

"您知道得很清楚,"好心的老板说道,"有许许多多英国人来这里,为的是看看贝多芬先生,结识这位音乐家。可这使贝多芬先生十分厌恶,他对这些人的死皮赖脸十分愤怒,致使他对任何一个外人都闭门不纳。他是一个奇怪的先生，人们得谅解这点才成。我的旅馆却因此而收入增多，因为旅馆里经常住满了英国人，这些英国人由于很难看到贝多芬先生，不得不比通常多停留一些日子。您答应我，不把这点透露给他们，我想办法使您看到贝多芬先生。"

我于是恍然大悟，我之所以没有达到目的，是因为我被看成了英国人！噢，我的预感果然有道理：这个英国人就是我倒霉的根源呀！

……

为了使大师摆脱他的这种烦恼，该怎么办呢？这一切都在于要使他知道我是一个地道的德国人，备尝尘世的辛酸，但却洋溢着上界的热情。

最后我决定向大师写封信，倾吐我的衷肠。于是我这样做了。我写了信，简短地叙述了我的经历，我怎样成了音乐家，我怎样崇拜他，我怎样希望能见他一次，我怎样做出了两年的牺牲以便获得一个加洛卜作曲家的名声，我怎样开始我的这次朝拜之行，而最后写道，这个英国人给我带来多大的痛苦，我现在的处境又是多么不幸。在我倾诉这些痛苦时，我的心明显地感到轻松，甚至陷入某种程度上的信赖感，我十分坦率地在信中倾泄这一切，甚至相当强烈地责备大师对待我这十分可怜的人的不公正的残忍态度。终于我怀着一种真正的激情结束了这封信，当我写完了信封："路德维希·万·贝多芬先生展"时，我眼前闪动着微光。我又默默地祷告了一番，把这封信亲自送到贝多芬的住处。

……

几个小时之后，我真的收到了一小片乐谱纸头，我该怎样来描述我内心的一切、我周围的景色呵。在这张纸头上潦草地写着：

"请您原谅，R先生……可否请您明天上午来我这里，因为我今天有事，要去寄一部乐谱。我明天等候您。贝多芬。"

首先我跪了下来，感谢上苍给予我的这异乎寻常的喜悦，我的眼睛里充盈着炽热的泪水，最终我的这种感情爆发为一种狂喜，我跳了起来，像一个疯子似的在我的小房间里舞个不停。我说不清我在跳什么舞，只是我记得，我突然感到羞愧难当，我是在用口哨吹奏我的一支加洛卜舞曲哪。我离开了我的房间、旅馆，被喜悦的陶醉冲到了维也纳的马路上。

……

这一夜我无法入睡。我所经历的和明晨即将发生的，太伟大，太强有力了，这不是我在一个梦里所能承受得了的。我醒着，做着去见贝多芬的准备。新的一天终于到来；我焦急不安地在等着去拜访的合适时刻。这个时刻到来了，我开始动身。我一生中最重大的事件就要出现在我的面前，一想到此我就惊恐不安。

但是，我还得经受一种可怕的考验。

我的那个魔鬼——英国人冷漠地倚在贝多芬住宅的门旁等着我！这个家伙他买通了整个世界，最终也买通了我们旅馆的老板，老板比我更早地看到了贝多芬给我的信束，并把内容透露给了这个英国人。

我一看到这个景象，浑身直冒冷汗，所有的诗情，所有的激动一下消失得无影无踪。我又被置于他的强力之下。

"您来吧，"这个倒霉的人说，"我们去向贝多芬做自我介绍去！"

开头我想撒谎，说我不是想去贝多芬那里。但他却十分坦率地向我表明，我的这个秘密他都一清二楚，并声称除了从贝多芬那里回来之后，他是不会离开我的。我先是说好话，使他改变主意，没用！我动了肝火，也没用！最后我希望加快脚步摆脱他：我像箭一样地飞下楼去，像一个疯子似地扯动门铃。但还没等门开，这位绅士就来到我身边，抓住了我的上衣并且说道："您别想逃开我！我有撕您的上衣的权利，我要抓住您，直到贝多芬的面前为止。"

我惊惶地转过身来，试图把他甩掉，正好这时门开了。出来一个年老的看门女人，当她看到我们这种反常的景象时，面色阴沉下来，并要立即把门重新关上。在恐惧中我大声地喊出了我的名字，并说明是贝多芬邀请我来的。

这个老妇人还在怀疑，因为英国人的表情引起了她的诧异，正在这时，贝多芬本人也偶然出现在他的房门前。我利用这个机会，很快地进入门内，朝大师走去，以便表示歉意。可同时英国人也跟着我进来了，他还是把我抓得紧紧的。他倒是说话算话，直至我们站到了贝多芬的面前，他才放开了我。我鞠躬致意，讷讷地说出我的名字；虽然他不懂得我说些什么，但似乎知道我就是那个给他写信的人。贝多芬让我进入他的房间，而那个英国人对贝多芬的惊异目光毫不在乎，他也匆忙地跟着我走了进去。

我到了圣地，但是这个英国人给我带来的窘迫却把我品享幸福的任何该有的兴致都打消了。贝多芬本人的外貌也绝不会激起舒适和愉快的情绪。他身穿一件相当凌乱的便服，灰发蓬松地围着头部，他那阴沉的、不快的表情根本不可能解除我的窘迫。我们坐在一张桌子旁边，上面摊满了纸张和笔。

没有一个人讲话，屋内笼罩着一种不祥的气氛。很明显，原定接待一个客人，却来了两个，很使贝多芬感到不悦。

终于他开始讲话了，他用嘶哑的声音问道："您是从L城来的？……"

我想回答，可他打断了我，同时把一张纸和一支铅笔摊放开来，补充说："您写，我听不见。"

我知道贝多芬耳聋，也对此有所准备，但当我听到这嘶哑的、破碎的声音说出"我听不见"时，它依然像一把利剑刺在我的心上似的。在这个世界上他毫无快乐，贫困清苦，只知道在声音的国度里寻求唯一的喜悦，而就这样还得说："我听不见！"在这一瞬间，我完全懂得了他那不修边幅的外表，他面颊上深深的恼怒，他目光中阴郁的愤懑。这是因为他听不见呵！

我慌慌张张地写着，不知道究竟写了些什么，反正要他原谅并简短地说明英国人来到这里的情况。这个英国人在此期间一声不响，心满意足地坐在贝多芬的对面，贝多芬看了我写的之后，就相当急遽地转身向他，问他有何贵干。

"我十分荣幸……"不列颠人说道。

贝多芬叫了起来："我不懂！"他倏地打断他，"我听不见，也不能多说。您写下来，您有何贵干。"

这个英国人不慌不忙地想了片刻，随后他从衣袋里抽出一本装潢得十分讲究的乐谱，对我说道："很好。您写：我请求贝多芬先生看一看我的作品，要是他对其中某个地方不满，劳他的驾，请在上面打个叉。"

我逐字逐句地写下了他的要求，希望快点摆脱掉他，事情也确实这样了。贝多芬读了之后，用奇特的目光瞥了放在桌子上的英国人的作品一眼，微微颔首说道："我会退给您的。"

这位英国绅士十分满意，他站了起来，特别庄重地鞠了一躬便告辞了。

我呼了一口气，他可走了。

现在我才觉得我是在圣地。就是贝多芬的表情也明显地欢快起来，他安详地望了我片刻，随后说："这个不列颠人给您带来很多烦恼吧？"他说道，"宽宽心，轻轻松松；这些英国游人早就使我厌烦死了。他们今天来这里看望一个贫困的音乐家，像明天去看一头动物一样。我很抱歉把您跟他们混在一起。您写信给我，说您很喜欢我的作品。这我很高兴，因为现在我想只有少数人满意我的东西。"

他的这种亲切口吻使我很快就不那么拘谨发窘了。我在纸上写道，对他的每一部作品都充满了炽烈的热情，确实不只是我一个人，我除了在故乡能有幸看到他之外，再没有什么是我所希望的了，那时他会亲眼看到他的作品对听众发生什么样的影响。

"我相信，"贝多芬回答说，"我的作品更适合北部德国。维也纳人经常使我恼火，他们每天听的坏音乐太多了，他们向来漫不经心，不能用严肃的态度来对待严肃的作品。"

我想对此反驳说，我昨天观看了《费德里奥》的演出，维也纳的观众以极大的热情接受了这部作品。

"哼，哼！"大师发怒地说，"《费德里奥》，我可是知道，他们现在鼓掌只是出于一种虚荣，因为他们劝说过，我应当只按照他们的意见来修改这部歌剧。现在他们要报答我的努力，高声叫好了，这是一个好心肠的民族，可是缺少文化素养，为此我宁愿在你们那里而不愿跟这些聪明伶俐的人在一起。

……

贝多芬本人指点我去充分理解他的最后一部伟大的交响曲，这份幸福直到今天我都几乎无法表述出来，这部交响曲那时候至多不过刚刚完成，没有一个人知道。我对他给予我的这种少有的器重表达了我最衷心的感激，与此同时，他把他的这部伟大的新交响曲即将问世的消息告诉了我，我不禁惊喜得热泪盈眶了。

贝多芬像是觉察到我的激动。他微笑地望着我，说道："如果我的新作品遭到非难，您能为我辩护了。记住我说的话：聪明人会把我当成疯子的。可您看得很清楚，R先生，尽管我够不幸的了，我现在却还不是个疯子。他们要求我去写他们所想象的那些东西，这很美也很好，可他们却不考虑，我这个可怜的聋子得有我自己的思想呵，除了写我所感受到的，我不可能去谱写别的什么呵。我想不出也感受不到，他们那些美好的事情，"他嘲讽地补充说，"这正是我的不幸！"

说到这里他站了起来，在房间里急速地小步走动着。我深受感动，也站了起来，我发觉我在发抖。无论是通过表情还是通过书写，我不可能把谈话继续下去。我理解到，现在我的访问已到了给大师增加烦恼的地步。我意识到我应当表达我满怀深情的感激和告别之意，我拿起我的帽子，走到贝多芬的面前，使他从我的目光中理解到我准备告辞。

他懂得了我的意思。"您要走？"他问道，"您在维也纳还要呆一段时间吗？"

我在纸上写道，我这次旅行除了认识他之外，没有别的目的；由于他对我的看重，给我这样一次异乎寻常的款待，我太幸福了，我的目的已经达到了，明天我就要回故乡去。

他微笑着说："您在给我的信中写到您是用什么方法筹到这笔旅费的。您应当留在维也纳，写加洛卜舞曲，这儿这种货色可值钱哪。"

我向他解释说，我那是无路可走，因为我不知道还有哪种类似的牺牲能为我带来益处。

"如果我写加洛卜舞曲，"他回答说，"我这个老傻瓜也能过得更舒服些，像我现在搞的这些东西，不会使我的日子好转的。一路顺风。"他接着说，"不要忘记我，在身处逆境时要想到我！"

我满含泪水，准备告别，他又对我喊道："停停！我还得来打发这个英国音乐家！来看看，这个叉该打在什么地方！"

随即他拿起不列颠人的音乐本子，微笑着快速地一览而过，之后他小心地把它阖上，包上一张纸，拿起一支粗的鹅毛笔，在整个包皮上画了个大大的十字，然后把它递给我，说道："请您把这部杰作还给那个幸运的人！他是一头驴，但我还是羡慕他那对长耳朵！再见吧，我亲爱的朋友！"

他向我告别。我激动地离开了他的房间，离开了他的住宅。

在旅馆的庭院我遇见英国人的仆人，他正在旅行车里整理他主人的箱子。英国人也达到了他的目的，我得承认，这个人有一种韧性。我迅速回到我的房间，整点行装，准备明天徒步登程返乡。当我在英国人的那部作品的包皮上看到那个十字时，我忍俊不禁。但不管怎样，这十字也是贝多芬的一个纪念，我不想把这份恩宠给予我朝圣之行中的这个可恶的魔鬼。很快我就打定主意。我把包皮拿下，找出我的一份加洛卜乐谱，把它封上。我让人把这部曲子退给英国人，把包皮留了下来。我附上一封短函，告诉他，贝多芬很羡慕他，并说他不知道十字该打在什么地方。

当我离开旅馆时，我看到我的这位同行伙伴进入了车厢。

"再见！"他朝我喊道，"您给了我很大的帮助。认识贝多芬先生，使我太高兴了。您要同我一道去意大利吗？"

"您到那里做什么？"我问道。

"我要去认识罗西尼先生②，他是一位非常有名的作曲家。"

"一路平安！"我喊道，"我认识了贝多芬，我一生就足够了！"

我们分手了。我又对贝多芬的住宅投去一瞥敬羡的目光，然后向北方走去，心灵中充溢着崇高的、纯真的感情。

（高中甫　译）

【注　释】

① 麦加圣地：伊斯兰教圣地。　② 乔·安·罗西尼（G·A·Rossini，1792—1868年），意大利著名音乐家。

·导　读·

理查德·瓦格纳（公元 1813—1883 年），19 世纪欧洲著名的浪漫派作曲家，也是影响巨大的歌剧改革家。他生于德国的莱比锡，年幼时即显露出艺术才华；15岁时，他听了贝多芬的交响乐，受到了很大的震动和鼓舞，并决心从事音乐事业。

作家在这篇小说中，凸显了贝多芬伟大的人格力量与个性魅力。当"我"去朝拜贝多芬时，他已双耳失聪，孤独，生活困窘，不被人理解，但生活的重重打击和不如意并未使贝多芬向命运低头，他依然桀骜不驯，始终坚持着自己的个性和艺术追求，坚守着人之为人的高贵与自尊、独立自主精神，他本人的一生便是对《命运交响曲》最好的诠释。也正因为如此，他和他的作品才超越了那个时代，成为人类不朽的精神丰碑，永远激励着、鼓舞着人们。

小说还通过有趣的对比，表现了"我"与那个英国人朝拜贝多芬的不同的心态，前者是仰慕贝多芬的伟大人格与非凡的艺术成就，以激励自己；后者仅仅是为了慕"名"和附庸风雅。对比鲜明，耐人寻味。

【思考题】

一、如何理解贝多芬的孤独和桀骜不驯？

二、是否赞同"人格决定风格"这一观点，请以贝多芬为例进行论述。

（万　燚）

绳子的故事[①]

［法］莫泊桑

这是个赶集的日子。戈德维尔附近的每一条路上都有农民带着娘儿们向镇上走来。男人们步履安闲，迈着弯曲的长腿，冉冉向前。繁重的田间劳动——左肩耸起歪着身子扶犁，两膝分开立得稳稳地割麦，以及农村中所有做起来又慢又吃力的活，使他们的双腿变成了畸形。他们的蓝布罩衫浆得笔挺，像上了凡立水[②]一样闪闪发光，袖口和领口用白线绣着花纹，鼓鼓囊囊地裹着瘦骨嶙峋的身子，活像个要腾空而起的气球，气球外面伸出一个脑袋，一双胳膊，两只脚。

……

戈德维尔的集市广场上，人群和牲畜混在一起，黑压压一片。只见牛的犄角，富裕农民的长毛绒高帽，农妇们的头巾在集市上攒动。尖厉刺耳的嘈杂声嗡嗡一片，持续不断，气息粗犷。不时还可听到一声从乡下人结实的胸脯里发出的开怀大笑，或者系在墙边的母牛的一声长哞。

整个集市都带着牛栏、牛奶、牛粪、干草和汗臭的味道，散发着种田人所特有的那种难闻的人和牲畜的酸臭气。

布雷奥戴村奥士高纳大爷刚刚到达戈德维尔，正在向集市广场走来。突然他发现地下有一小段绳子。奥士高纳大爷具有真正诺曼第人的勤俭精神，认为一切有用的东西都该捡起来。他弯下身去，因为患风湿病而十分吃力。他从地上捡起了那段细绳子，并准备绕绕好收起来。这时他发现马具商马朗丹大爷在自家门口瞅着他。他们过去为了一根络头③曾有过纠葛，双方怀恨在心，至今互不理睬。现在奥士高纳大爷在粪土里捡绳头，被自己的冤家对头看见了，颇感坍台④。他立即将绳头藏进罩衫，接着又藏入裤子口袋。然后他又装模作样在地上寻找什么东西，但没有找到，于是便向市场走去，脑袋冲在前面，身子因风湿痛而弓着。

他很快便消失在赶集的人群中了。赶集的人吵吵嚷嚷，慢慢吞吞，由于没完没了地讨价还价而有点激动。农民们用手拍拍奶牛，走开去又走回来，拿不定主意，总是怕上当，永远下不了决心，偷偷瞧着卖者眼色，总想识破卖者的诡计，发现牲口的缺点。

娘儿们把手里的大篮子放在脚跟边，从里面拉出家禽，搁在地上。家禽的双脚缚着，两眼惊慌，鸡冠通红。

她们不动声色，面无表情，听任顾客还价，不肯松口，或者，突然决定接受顾客还的价钱，向慢慢走开去的顾客叫道：

"昂迪姆大爷，就这样吧，我卖给您了。"

随后，集市上的人群渐渐散去。教堂敲响了午祷的钟声。远道而来的农民纷纷走进镇上的各家客店。

朱尔丹掌柜的店堂里，坐满了顾客。大院里也停满了各式各样的车子：双轮马车，双轮轻便篷车，大马车，敞篷双座轻便马车，以及瘸脚的张篷马车，这些车子沾满黄土，东歪西斜，千补百衲。有的车辕翘到天上，像举着两只胳膊；有的车头冲地，车尾朝天。

在店堂的一边，大壁炉里火光熊熊。坐在右排的顾客，脊背被烤得暖洋洋的。三把铁叉在炉上转动着，烤着小鸡、野鸽和羊肉。烤肉的香味，棕色肉皮上流着的油汁的香味，从炉膛里飘出来，闻得顾客们喜上眉梢，馋涎欲滴。

所有种田的老把式都在朱尔丹掌柜的店里吃饭，他既是客店老板又是马贩子，是个手头宽裕的精明人。

餐肴和黄色的苹果酒端上来，吃光饮尽。各人谈着自己的生意买卖，相互打听收成的前景。天时对青苗生长有利，但对麦子不佳。

突然，客店前面的大院里响起了一阵鼓声。除少数几个漠不关心的人以外，大家唰地站起身来，嘴里含着食物，手里拿着餐巾，向门口、窗口奔过去。

传达通知的乡丁敲了一阵小鼓之后，拉开嗓门背诵起来，声音断断续续，重音读错，句子读破。

"戈德维尔的居民以及所……有赶集的乡亲们：今天早晨，九十点钟……之间，有人在勃兹维尔大路上遗失黑皮夹子一只。内装法郎五百，单据若干。请拾到者立即交到……乡政府，或者曼纳维尔村伏图内·乌勒布雷克大爷家。送还者得酬金法郎二十。特此通告。"

乡丁说完便走。远处隐隐约约又传来一次乡丁的击鼓声和叫喊声。

于是大家就这件事议论开来，数说着乌勒布雷克大爷寻找得到或者寻找不到皮夹子的种种可能。

午饭已经用毕。大家正在喝着最后一点咖啡。这时，宪兵大队长突然出现在店堂门口。他问道："布雷奥戴村奥士高纳大爷在这儿吗？"

坐在餐桌尽头的奥士高纳大爷回答说："在。"

于是宪兵大队长又说：

"奥士高纳大爷，请跟我到乡政府走一趟。乡长有话要对您说。"

这位农民既感到诧异又觉得不安。他一口喝完了杯子里的咖啡，起身上路，嘴里连连说："在，在。"他每当休息之后，起步特别困难，所以身子比早晨弓得更加厉害了。

他跟在宪兵大队长后面走了。

乡长坐在扶手椅里等着他。乡长是当地的公证人，身体肥胖，态度威严，说话浮夸。"奥士高纳大爷，"他说，"有人看见您今天早上在勃兹维尔大路上捡到了曼纳维尔村乌勒布雷克大爷遗失的皮夹子。"

这位乡下人不知如何回答是好，瞅着乡长，自己也不知为什么，已经被这种对他的怀疑吓呆了。

"我，我，我捡到了那只皮夹子？"

"是的，是您亲自捡到的。"

"我以名誉担保，我连皮夹子的影子也没见过。"

"有人看见您啦。"

"有人看见我，我啦？谁看见的？"

"马朗丹先生，马具商。"

这时老人想起来了，明白了，气得满脸通红。

"啊！他看见啦，这个乡巴佬！他看见我捡起的是这根绳子。乡长先生，您瞧！"

他在口袋里摸了摸，掏出了那一小段绳子。

但是乡长摇摇脑袋，不肯相信。

"奥土高纳大爷，马朗丹先生是个值得信赖的人，我不会相信他把这根绳子错当成了皮夹子。"

这位老农气呼呼地举起手来，向身边吐了一口唾沫，表示以名誉起誓，再次说：

"老天有眼，这可是千真万确，丝毫不假的啊，乡长先生。我再说一遍，这件事，我可以用我的良心和生命担保。"

乡长又说：

"您捡起皮夹子之后，甚至还在地上找了很久，看看是否有张把票子从皮夹子里漏了出来。"

老人又气又怕，连话都说不上来了。

"竟然说得出！……竟然说得出……这种假话来糟蹋老实人！竟然说得出！……"

他抗议也是白费，别人不相信他。

他和马朗丹先生当面对了质。后者再次一口咬定他是亲眼看见的。他们互相对骂了整整一小时。根据奥土高纳大爷的请求，大家抄了他的身，但什么也没抄着。

最后，乡长不知如何处理是好，便叫他先回去，同时告诉奥土高纳大爷，他将报告检察院，并请求指示。

消息已经传开了。老人一走出乡政府就有人围拢来问长问短。有的人确是出于好奇，有的人则是出于嘲弄癖，但都没有任何愤慨。于是老人讲起绳子的故事来。他讲的，大家听了不信，一味地笑。

他走着走着，凡是碰着的人都拦住他问，他也拦住熟人，不厌其烦地重复他的故事，重复他的抗议，把只只口袋都翻转来给大家看，表明他什么也没有。

有人对他说：

"老滑头，滚开！"

他生气，着急，由于别人不相信他而恼火，痛苦，不知该怎么办，总是向别人重复着绳子的故事。

天色将晚，该回去了。他和三位村邻一起往回走，把捡到绳头的地方指给他们看，一路不停地讲他的遭遇。

晚上，他在布雷奥戴村里走了一圈，目的是把他的遭遇讲给大家听，但是没有一个人相信他。

他为此心里难过了整整一夜。

第二天，午后一时左右，依莫维尔村的农民布列东大爷的长工马利于斯·博迈勒，把皮夹子和里面的钞票、单据一并送还给了曼纳维尔村的乌勒布雷克大爷。

这位长工声称确是在路上捡着了皮夹子，但他不识字，所以就带回家去交给了东家。

消息传到了四乡。奥士高纳大爷得到消息后立即四出游说，叙述起他那有了结局的故事来。他胜利了。

"要知道，使我伤心的是，"他说，"根本不是那么回事，而是污蔑。由于污蔑而遭众人非难，这种事是再损人不过的了。"

他整天讲他的遭遇，在路上向过路的人讲，在酒馆里向喝酒的人讲，星期天在教堂门口讲。

不相识的人，他也拦住讲给人家听。现在他心里坦然了，不过，他觉得有某种东西使他感到不自在。是什么东西，他说不清楚。人家在听他讲故事时，脸上带着嘲弄的神气。看来人家并不信服。他好像觉得别人在他背后指指戳戳。

下一个星期二，他纯粹出于讲自己遭遇的欲望，又到戈德维尔来赶集。

马朗丹站在家门口，看见他走过，笑了起来。为什么呢？

他朝克里格多村的一位庄稼汉走过去。这位老农民没有让他把话说完，在他胸口推了一把，冲着他大声说："老滑头，滚开！然后扭转身就走。

奥士高纳大爷目瞪口呆，越来越感到不安。为什么人家叫他"老滑头"呢？

他在朱尔丹的客店里坐下之后，又解释起来。

蒙迪维利埃村的一位马贩子对他大声说："好了，好了，老主顾，你那根绳子，我知道啦！"

奥士高纳大爷嘀咕道："皮夹子既然找到了嘛。"

但那个人接着说："老爹，别说了。有个人捡着了，又有个人送还了。俗话说，没人见，没人晓，骗你你也不知道。"

奥士高纳气得连话也说不上来。他终于明白了。人家指责他是叫一个同伙，一个同谋，把皮夹子送回去的。他想抗议。满座的人都笑了起来。

他午饭没能吃完便在一片嘲笑声中走了。

他回到家里，又羞又恼。忿怒和羞耻使他痛苦到了极点。他特别感到狼狈，因为，凭他诺曼第人的刁钻，他是做得出别人指责他的事来的，甚至可以自夸手段高明。他门槛精是出名的⑤，所以他模模糊糊地意识到他无法证明自己是清白的了。他遭到无端的怀疑，因而伤透了心。

于是，他重新向人讲述自己的遭遇，故事每天都长出一点来，每天都加进些新的理由，更加有力的抗议，更加庄严的发誓。这些都是他一人独处的时候编出来的，准备好的，因为他的心思专门用在绳子的故事上了。他的辩解越是复杂，理由越是多，人家越不相信他。

有人背后议论说："这都是骗子的歪理。"

别人的议论，他有所感。他闷闷不乐，用尽了力气洗刷自己，还是白费。他眼看着消瘦下去。

现在，爱开玩笑的人为了逗乐而请他讲绳子的故事，就像人家请打过仗的士兵讲他亲身经历的战斗故事一样。他那鼓到顶点的士气垮了下来。

将近年底的时候，他卧病不起。

年初，他含冤死去。临终昏迷的时候，他还在竭力证明自己是清白无辜的，一再说："一根细绳……一根细绳……乡长先生，您瞧，绳子在这儿。"

（张裕禾　译）

【注　释】

① 本文选自《莫泊桑中短篇小说选》。　② 凡立水：英文 Varnish 的音译，即"清漆"。　③ 络头：用皮条或绳子做成的套在马头上用来系缰绳的马具，也称马笼头。　④ 坍台：丢脸，出丑。　⑤ 门槛精：指为人精明，爱占便宜，不肯吃亏。

·导　读·

莫泊桑（公元 1850—1893 年），法国 19 世纪著名小说家，其文学成就以短篇小说最为突出，被称为"短篇小说之王"。莫泊桑的短篇小说善于从生活中截取富有典型意义的横断面，文笔简练，构思新颖，章法多变，人物形象栩栩如生，具有很高的艺术价值。

这篇小说营造了一个灰色的文化氛围与不良的生存环境，人们缺少对事实和他人人格的尊重，习惯于道听途说，喜欢搬弄是非，且对他人不负责任、不顾事实地嘲笑和指责，抬高自己的道德形象，由此扼杀了善良的老人——奥士高纳大爷。老人的悲剧也应该引发我们每一个人的思考，我们自己是否也在自觉不自觉地参与对他人尤其是无辜者的"扼杀？"我们又应该怎样去建立一个健康的人际环境？

从另一个角度看，老人的悲剧也在于他自己缺乏自尊、自信以及独立自主的精神，不能积极主动地去抗争，去为自己申辩，而是被人们所强加给他的莫须有的"罪名"所击垮。从这个层面来看，也可以说是老人自己杀死了自己。由此，个人如何生存，如何面对他人的打击，如何超越不良环境，也就十分值得我们思考了。

【思考题】

一、请问造成奥士高纳大爷悲剧的主要原因是什么？他的死揭示了现实生活中的哪些问题？

二、奥士高纳大爷的悲剧在你身边出现过吗？如果出现，则应该怎样对待？

（万　燚）

旧书商门德尔

［奥地利］　茨威格

我又到了维也纳。有天晚上，我从城郊访友回家，突然遇上了滂沱大雨。湿淋淋的雨鞭一下子就把人们驱赶到门洞里和屋檐下，我自己也急忙寻找避雨的地方。幸好，维也纳到处都有咖啡馆，于是我便戴着水淋淋的帽子，拖着一身湿透了的衣服跑进一家刚巧在对面的咖啡馆……我在匆忙之中压根儿没有留心看一眼招牌——不过，这又有什么必要呢？我坐在这儿，身上很暖和，不耐烦地盯着雨水淋漓的蓝色玻璃窗——这可恶的大雨什么时候才过去呢？

就这样，我无所事事地坐着，渐渐为一种使人慵怠的倦意所控制……我突然意识到，许多年前，我肯定到过这里，某种记忆的丝缕将我同这里的墙壁、椅子、桌子，同这使我觉得陌生的烟气弥漫的屋子维系在了一起。

……

我的上帝，这不就是门德尔的位子吗？是的，是雅可布·门德尔——旧书商门德尔的位子！

二十年之后，我又来到他的主要活动场所，来到上阿尔塞尔街的格鲁克咖啡馆里！我怎么竟能把他给忘了呢？简直不可理解，我怎会如此长久地把这位奇人置诸脑后呢？这位智者，这位旷世奇才在大学里和一小群仰慕者中间享有鼎鼎大名，这位图书经纪人整天从早到晚一动不动地坐在这里，我怎会把他，知识的象征、格鲁克咖啡馆的光荣和骄傲给忘了呢？

我闭目回想，顷刻之间，他那真切的、栩栩如生的独特形象就浮现在我的面前。我又看见他坐在方桌旁，那脏得发灰的大理石桌面上堆满了书籍和信件。我看见他坐在这里，顽强地、静静地、用全神贯注的目光透过镜片入迷般地盯着书本；他坐着，读着，用鼻音自言自语地嘟囔着什么，上身连同那暗色的带斑点的秃头顶前后晃来晃去——这是在东方犹太初等教会学校里养成的习惯。在这里，他在这张桌旁，总在这张桌旁诵读书目和书籍，用的是犹太学校传授给他的读书方法，轻吟浅唱，摇头晃脑，宛若一个黑色的前仰后合的摇篮。正如孩子们在悠悠然的催眠曲中进入梦乡，失去对世界的知觉那样，笃信宗教的人们认为，闲着没事儿，这么有节奏地上下摇动身子容易使人在精神上进入一种忘我的境界之中。的确如此，不管周围发生什么事，雅可布·门德尔既看不见，也听不到……这是因为，他读书就像别人做祷告，像狂热的赌徒在赌牌，像酩酊的醉汉们死盯着空中。他读得那样感人，那样忘我，使我从那以后总觉得其他人读书的态度都显得草草不恭。在雅可布·门德尔这个来自加里西亚的小小的旧书商身上，我当年作为一个年轻人第一次认识到什么叫全神贯注，也正是它造就出艺术家、学问家、真正的哲人和地道的狂人，使我们看到了完完全全的沉醉造成的悲剧式的幸福和厄运。

领我去见他的是大学里的一位年龄较我稍长的同事。我当时正在研究一位即使在今天也还不大出名的帕拉采尔斯派医生和催眠术专家梅斯梅尔，但成绩不佳，可资参考的著作不够，我作为一个坦诚的新手求助于一位图书管理员，他却很不友好地嘟囔道，应当由我，而不是由他来指出书目。就是在那时，我的同事第一次提起了旧书商的名字。"我领你去找门德尔吧，"他答应说，"这个人什么都知道，什么书都能搞到。他能从德国任何一个无人问津的旧书铺里给你找到最冷僻的书。这是维也纳最有见识的一个人，而且是一个怪人，一个老蛀书虫，但他所属的族类正濒于灭绝。"

……发了这一大通激烈的议论，坚冰也就打破了。他这才第一次用亲切的手势请我坐到方桌旁，大理石桌面像记事牌一般，密密麻麻记满了字。它对我不啻一座陌生的神台，这位书林圣哲正是在这儿给人以启迪的。我即刻讲了希望得到的书籍：梅斯梅尔的同时代人关于催眠术的著作，以及后人赞成和反对催眠术的著作。我说完后，门德尔有一瞬间眯缝了一下左眼，恰如射手在射击前所做的那样。真的，他聚精会神地思索不过片刻工夫，便立即像读一份无形的图书目录似的，顺畅无阻地列举出二三十本书来，每本书还带有出版者、出版年代和大概的价格。我听得目瞪口呆。尽管我事先听说过，但是没有料到竟然果真如此。我的惊叹显然使他高兴，因为他立即继续在他那记忆之琴上就我的题目弹奏着令人惊叹不已的图书变奏曲。我不是想了解一点关于梦游病患者和催眠术的最初试验情况吗？我是否也想了解一点加斯纳、驱鬼术、基督教和勃拉瓦茨基的学问呢？又是一串人名、书名、资料。我这时才明白，我在雅可布·门德尔身上看到了怎样一种无与伦比的奇迹般的记忆力啊！这是一部真正的百科词典，一部活的包罗万象的图书目录。我惊愕地看着这位装在加里西亚旧书商平庸无奇甚至有几分扁扁的皮囊里的书业奇才。而他一口气举出了八十多个书名之后，装出一副若无其事的样子，但心里却为自己的成功感到惬意，用一块原来大概是白色的手绢擦起眼镜来。为了稍微掩饰一下我的惊愕，我诚惶诚恐地问道：这些书中有哪些他可以负责给我搞到。

"看看再说，看看能弄到什么，"他低声说道。"您明天再来吧，到时候门德尔会给您搞到一些的；一个东西这儿没有，会在另一个地方找到；谁会动脑筋，谁就会成功。"

……但是，这个小小的教养不高的加里西亚旧书商，差不多也就是上过犹太初级学校的人，上流社会却永远把他拒之于大门之外。因此，他就只能在格鲁克咖啡馆的大理石桌旁施展他的惊人的才干，一种被埋没了的学问。但是，如果什么时候来了一位大心理学家（我们的精神世界始终还缺少心理学方面的著作），能像布封耐心地、坚韧不拔地对动物的全部变种加以整理分类那样，一一描述被称作记忆力的那种魔力的种类、特点、其最初形式和各种演变形式，那么他就不应忽略雅可布·门德尔这样一位通晓书名、书价的天才，旧书这门学问的默默无闻的巨擘。

就职业而论，对于不知道的人来说，雅可布·门德尔自然不过是一个小小的书贩。每个星期天，在《新自由报》和《新维也纳日报》上都出现同样的广告："收购旧书，出价从优，取货及时。门德尔，上阿尔塞尔街。"下面是电话号码——实际上是格鲁克咖啡馆的电话号码。……三十三年前，他，一个还是留着软软的小黑胡子、鬓发卷曲的其貌不扬的犹太小伙子，从东方来到维也纳，想做一个拉比，但很快就离开了威严的单一上帝耶和华，转而献身于图书世界光华璀璨千姿百态的赫赫众神。在那些年代里，他首次来到格鲁克咖啡馆，此后这里就渐渐地成了他的工作室、主要住宅和收发室，成了他的世界了。就像一位天文学家每夜一个人在自己的观象台上透过望远镜小小的圆孔观测星空，观察群星神秘运行的轨道，它们纷繁交织，变幻不停，时而熄灭继而重又辉耀于苍穹；同样的，雅可布·门德尔坐在格鲁克咖啡馆的方桌旁，透过眼镜观察着另一个世界，书的世界——也是永恒运转和变化再生着的世界，观察着这个在我们的世界之上的世界。

……

因此，当我看见门德尔宣喻箴言的大理石桌像墓板一样闲置在那里时，便有某种惊诧之感。只有在现在年纪稍长时，我才懂得，每当逝去这样一个人，会随之失去多少东西啊！这首先是因为，在我们这个不可挽回地日趋单调化的世界上，所有独特无双的事物是一天天更加宝贵了。其次，尽管我当年年轻且阅世不深，却凭着出自内心深处的直觉非常喜欢门德尔。通过他，我首次接近了一个巨大的秘密——我们生活中所有独一无二的和强大的东西，都只能产生于一个不顾一切的内心的专注、高尚的偏执和神圣的狂热劲儿。他使我看到，在我们今天，而且还是在电灯照耀下的、旁边又有电话室的咖啡馆里，也可能有毫无瑕疵的精神生活，以及像印度的瑜伽论者和中世纪的僧侣那样热烈而又忘我地服务于一种思想的精神。我在这位不出名的、小小的旧书商身上看到了这样一种服务精神的榜样，它比在我们当代的诗人们那里所看到的榜样要光辉得多。尽管如此，我竟能把他忘了。不错，那是战争年代，我和他一样埋头于自己的工作。可是现在，在这张空无一物的桌子前面，我感到有愧于他，同时又觉得好奇。

他哪儿去了，他出了什么事呢？我把堂倌叫来询问。不．遗憾的是他不知道这位门德尔先生……是啊，一个留下来的人也没有了……

不过，也许，噢，还有！那个女清洁工斯波希尔太太还在这里。不过，她未必能记得个别的顾客。然而，我立即又想到雅可布·门德尔是人们忘不了的，于是就请他把这个女人叫来。

……

事情是这样的：战争爆发后，门德尔每天照常七点半来，像往常一样坐在那里。他仍旧从早到晚像往常一样读他的书，咖啡馆里的人都感到，而且常说，他压根儿没想到打仗的事。

……但是，不幸的日子来临了。有一天上午十一点钟，大白天日，来了一个宪兵，同来的还有秘密警察。他露出胸前的徽章，问常来的是否有一个雅可布·门德尔。他们马上就走到门德尔的桌子跟前，他一开始还天真地以为他们是想卖书，或是想问什么问题。但他们马上要他跟他们走，就把他带走了。这件事对咖啡馆来说，简直太丢脸了——大家站着围在可怜的门德尔先生身边，他夹在那两个人中间，把眼镜扶到额头上，一个个地看着大家，搞不明白他们究竟要他干什么。斯波希尔太太则立即对宪兵说，想必是搞错了，像门德尔先生这样的人，是连一只苍蝇都不会去碰的。那个秘密警察立刻大声呵斥，叫她不要干涉公事。接着就把他带走了。有很长时间——整整两年他没有来。直到今天斯波希尔太太还是不明白，他们当时要他干什么。"可是我敢发誓，"老太太激动地说，"门德尔先生不会做任何坏事。我担保他是好人，是他们搞错了。这样对待一个可怜的、清白无辜的人，简直是犯罪！"

善良的、富有同情心的斯波希尔太太是对的。我们的朋友雅可布·门德尔的确什么坏事都没有做（后来我才了解到全部的细节），（他专注于自己的事，完全不问世事，因此战争期间他也仍旧同各种各样的求书者、包括敌对国的书信往来，而且他没有办过做书商的许可证，更糟糕的是，他出生在俄属的波兰，三十三年前他偷越国境线到了维也纳，一直住在这里，却没有去申请奥地利的公民权。上述的种种原因使他被当作俄国的间谍给抓了起来。两天后，他就穿着一件单薄的外衣被发配到了科莫伦附近关押被俘的俄国平民的集中营。）

在集中营里度过的两年中，雅可布·门德尔失去了自己心爱的书籍，身无分文，置身于一大群冷漠、粗鲁和大部分是文盲的人们中间，他究竟经受了多大的精神痛苦？像一只雄鹰被砍断翅膀再也不能翱翔长空，他脱离了崇高的、唯一心爱的图书世界，这给他造成多大折磨？对此已无从稽考。然而，当世界从疯狂中清醒过来之后，便逐渐地开始明白，在这场战争的一切残暴行径和罪恶之中，最荒谬、最无聊、因而也是最不道德的行为，莫过于把那些完全无辜、早已超过应征年龄、在异国如在家乡那样生活了许多年的和平居民们抓起来圈进铁丝网。这些人之所以没有及时逃跑，只是因为他们真心诚意地相信连通古斯人和阿劳堪人都崇奉的优待客人的法律。在法国、德国和英国——在我们欧洲丧失了理智的每一块土地上，人们同样荒唐地犯下了这种反文明的罪行。在最后一刻，如果不是一个道地奥地利式的偶然机缘使雅可布·门德尔又回到他的世界里，那么他作为无数无辜者之一，也同样会变成疯子，同样会因痢疾、体力耗竭或心灵上所受的折磨而死去。情况是这样的：在他失踪之后，寄来了一些有名望的顾客写给他的信件，……他们都是忠实信托于他的顾客，全都往格鲁克咖啡馆给他写信，其中某些信转到了这位失踪者所在的集中营。

这些信件落到一位偶发慈悲的上尉手里，竟有这些名流同这个矮小的、半瞎的、邋里邋遢的犹太人认识，使他颇为惊讶，这个犹太人自从眼镜被人打碎以后，就没有钱再买新的，他就像一只又老又瞎的鼹鼠似的，悄没声地蹲在自己的角落里。他既然有这样一些朋友，恐怕不是等闲之辈。上尉准许门德尔回信请他的保护者为他说话。果然有效，几位显要和那位系主任以所有藏书家所共有的那种精诚团结的精神出面联系，联名担保，使得旧书商门德尔在被关两年多后，于一九一七年回到了维也纳；当然，还附有一个条件：每天到警察局报到一次。不过，他总算是自由了，又可以住到他过去狭窄而又破旧的阁楼卧室里，又可以顺便欣赏橱窗里展出的书籍，而主要的是他又可以回到格鲁克咖啡馆了。

关于门德尔从那个人间地狱重返格鲁克咖啡馆的情景，斯波希尔太太在场，这位善良的妇人对我描述："有一天——啊，圣母玛利亚！我简直不相信自己的眼睛——门开了，开法有点怪，您要知道，只开了一条缝，就像往常那样，他——可怜的门德尔先生蜇身进来了。他穿了一件褴褛不堪的军大衣，上面补满了补钉，头上简直不知戴的是什么，大概过去是顶礼帽，是捡别人扔掉的。他没有衣领，像死人似的，脸色灰白，一头白发，骨瘦如柴——让人看着都心酸。可是他走进来，目不斜视，好像什么事也没有发生，什么也不问，一句话也不说，径直走到桌前，脱掉大衣，动作却不像过去那么敏捷灵活了，显得笨拙，呼哧呼哧直喘气。他不像过去那样带书来，而只是坐下来，只是坐在那儿一言不发，只用一双呆滞无神的眼睛盯着前面。后来，当我们给他拿来一堆从德国寄给他的信件后，他这才又读了起来。可是，他已经不是从前的那个人了。"

是啊，和从前不一样了，不是那个创造奇迹的不可思议的门德尔了，不是那个所有书籍的奇妙贮藏库了——当时见到他的人都伤心地这么说。往常，他目光沉静，看着书本悠然神往，而现在仿佛有某种东西被破坏了，摧毁了。显然，那可怖的嗜血的凶煞星在疯狂般疾驰时，也袭击了图书世界这颗小小的和平的星辰。他的眼睛几十年来习惯了娟秀的、像昆虫纤足般的印刷字，但在用铁丝网围起来的人堆里想必是看到了许多可怕的东西，因为他的眼皮沉重地悬挂在眼睛上面。这双眼睛当年机敏灵活，闪射出讥讽的光芒，如今却昏昏然，无精打采，眼睑红肿，眼镜则是经过修理勉强绑在一块的。更加可怕的是：他的记忆已陷入混乱，仿佛本来是一座妙不可言的艺术建筑，如今，某个支柱倒了，整个建筑也就随之坍塌了。这是因为，我们的大脑是一部由极其纤细的物质构成的键盘，这部我们认识事物的毫发不差的精密仪器是那样地娇嫩，只要一根微血管被堵塞，有一根神经受到刺激，有一个细胞疲劳过度，任何一个这一类的干扰因素都足以使人的精神上的令人惊叹的无所不包自成一体的和谐遭到破坏。门德尔的记忆，这架奇异无双的知识键盘，在他回来之后已经发生了故障。间或有人来向他请教，他用衰颓的目光注视着来客，弄不清对方的来意，听错或忘记人家的话。正如世界已不是过去的世界，门德尔也不是从前的门德尔了。他从前的那种专注精神没有了，看书时也不再陶醉忘情地摇晃身子了，多半是呆坐着，眼镜机械地对着书本，人们闹不清他是在看书呢还是在心不在焉地闲呆着。斯波希尔太太说，他的头沉重地俯在书上，大白天打瞌睡，有时几个小时几个小时地对着刺鼻的不习惯的电石灯灯光出神，当时缺煤，人们在他桌上放了一盏这样的灯。是啊，门德尔已经不是从前的门德尔了，不再是世界的奇迹，只不过是还在苟延残喘的一把胡子和一件衣服，摊在当年的圣椅上。门德尔已经不再是格鲁克咖啡馆的荣耀，而成了它的耻辱、污点，他身上散发着臭味，看了就叫人恶心，成了一个碍手碍脚的完全多余的食客了。

……

"简直可怕！"斯波希尔太太描绘着他被赶走的情形。"我永远忘不了他站起来的样子，他把眼镜扶到额头上，脸色苍白得像一块白布。他甚至连大衣都没有穿上，可外面是正月天气——您大概记得吧，那年头冷得厉害！他吓得连桌上的书也忘记拿了。我发觉后，本想追上去递给他，可古尔特纳先生就站在门口朝他背后破口大骂，使过路的人都停下脚步聚拢起来，简直是耻辱！我内心里惭愧死啦！要是老主人在这里，就永远不会有这种事。施坦德哈特纳先生是怎么也不会为了几个面包就把一个人撵走的，门德尔可以在他这里白吃到死为止。可是现在的人没有心肝。把一个可怜的人从他三十多年来天天坐着的地方赶走，真的，真的可耻，多大的罪孽呀！我不愿意在亲爱的上帝面前为这件事辩解，我不愿意！"

……

"可是，在二月里的一天，早晨七点半我刚开始擦窗户上的铜插销，突然（我是说，我吓了一大跳），门开了，门德尔走了进来。您当然知道，他总是侧着身子心不在焉地从半开的门里进来的。立刻，我发现他有些不对劲儿，东倒西歪的，两眼红红的，而他自己，我的天哪，只剩下一把骨头和胡子了！我看着他，发现他情绪不对头。我立即明白了：他一点知觉也没有，大白天像梦游似的，忘记了一切——面包的事、古尔特纳先生、他被赶出去的事，都忘记了，连自己也记不得了。谢天谢地，当时古尔特纳先生还没有来，可堂馆头正在喝咖啡。我急忙跑到他跟前，想告诉他不要在这里停留，免得再一次被这个粗鲁的家伙赶出去（说到这里，她马上小心地向周围看了看，纠正了自己的说法），我是想说——古尔特纳先生。'门德尔先生！'我喊了他一声。他看了我一眼，马上就——我的天哪，真可怕——他大概一下子全都想了起来；他打了一个寒噤，就发起抖来；他不只两只手抖着，浑身上下都哆嗦着，他转过身急匆匆向外走去，走到门口就跌倒了。我们往救济总会打了电话，他就被带走了。他在发热病，晚上就去世了：大夫说是因为肺炎死的，还说他来我们这里时，可能已经昏昏沉沉，自己也不知道怎么就走到这里，像做梦似的。三十多年天天坐在一张桌子旁边——这张桌子就是他的家呀。"

我们——了解这个怪人的最后两个人，关于他又谈了很长时间；尽管他的存在是那样地卑微渺小，如同草芥轻尘，但正是他使我当年作为年轻人初次知晓存在着一种完全自成一体的精神生活，而她——一个可怜的、终生劳碌、从没有读过一本书的清洁女工，之所以怜惜这位苦难底层的难友，只是因为她给他刷了二十五年大衣和缝了二十五年纽扣。但是，在这里，在他的这张被遗弃了的旧桌子旁边，我们一起缅怀故人。回忆向来使人们相互亲近，而充满了爱的回忆则加倍地使人们相互亲近。她正说着话突然思索起来："天哪，看我这记性！还有一本书在，是他那时落在桌上的，还在我这里呢！我该往哪儿去给他送呢？后来，谁也没有来取，我就想：把它留下做个纪念吧。这没有什么不对，是吧？"她急忙从后面把书拿来了。我好不容易才没有失声发笑——命运之神喜欢热闹，有时还喜欢嘲弄人，它每每令人可恼地给伤心惨目的悲剧掺进一点滑稽的成分！这本书竟是海因的《德国色情和趣味文学书库》第二卷，是每一个藏书家都熟悉的一本言情作品易知录。恰恰是这本糟糕的书成了那位已故的异人留在这双整日操劳，发红而又粗笨、大约除祈祷书之外从未拿过任何书的手里的最后遗物。我费劲地绷紧嘴唇，竭力控制住自己，因为我心里不由得想笑。

我的这种小小的犹豫使这个老实的女人感到惶然不知所措：莫非这竟是一件珍贵的东西，或者，我是否认为她可以保存下去呢？

我亲切地握了握她的手："您只管留给自己吧，我们的老朋友门德尔如果还能知道，在几千个因得到所需要的书而感谢他的人中至少还有一个人记得他，他是会高兴的。"

我走出了咖啡馆，在这位善良的、心灵淳朴的、以真正的人性对死者忠诚不渝的老太太面前，我感到惭愧。这是因为，她虽不识字，尚且珍藏着一本书，以便更好地纪念他；而我，本来应当知道，人们之所以写书正是为了在死后仍能成为人们的朋友，并以此保卫自己，免遭众生之敌——归于幻灭和被人遗忘的危害，然而我竟有好几年忘记了旧书商门德尔。

（薛高保　译　杜文棠　校）

·导读·

茨威格（公元 1881—1942 年），享誉世界的奥地利作家。他在诗、小说、戏剧、人物传记、评论等方面均有很深的造诣，擅长细致地刻画人物性格，深入地探索和揭示在特殊境况下人物复杂的心理。

在《旧书商门德尔》这篇小说中，倒腾旧书这个工作对于小小的旧书商门德尔来说，绝不仅仅是谋生的手段，他也不在乎能谋多少利。在他心里，这个工作就是一项庄严而神圣的事业，他对它有着近乎宗教信仰般的虔诚，将它当做自己生命的精神支撑、生命的全部寄托和意义。正是这样的工作理念和态度激起了他强烈而持久的热情，激发出他身上巨大的异乎常人的能量，他才会那样地不谙也不问世事，全身心地投入这项工作，做出了令人惊叹、让人不可思议的成绩，赢得了人们的尊重和信赖。即使是在战争时期，那些显要的顾主们也不怕自己被牵连而联名替他担保，以救他出集中营。而对他来说，干这工作，就是为了那份得意劲，那份精神上的成就感、快乐与满足。

残酷的战争摧毁了门德尔的精神，也导致他最终凄惨的结局。我们在慨叹他不幸遭遇的同时也会去思考：是什么使这样一个普通的小人物成了一个让人肃然起敬的人？我们都希望自己的工作、生活精彩出色，但这不仅仅取决于你做的是什么，更取决于你怎样去认识它，以及你的态度、你的行动。

这篇小说对人物的性格和心理刻画得细致入微。作品中的"我"既是故事的串联者，又是一位当事人、评论者，这样既显得真实可信，又可以从多个侧面、角度去刻画门德尔先生。倒叙的手法也增强了可读性。

【思考题】

一、你如何理解和评价门德尔先生？

二、门德尔先生的悲剧给我们怎样的启示？

（耿文忠）

热 爱 生 命

［美］ 杰克·伦敦

……

他们两个一瘸一拐地，吃力地走下河岸，有一次，走在前面的那个还在乱石中间失足摇晃了一下。他们又累又乏，因为长期忍受苦难，脸上都带着愁眉苦脸、咬牙苦熬的表情。他们肩上捆着用毯子包起来的沉重包袱。总算那条勒在额头上的皮带还得力，帮着吊住了包袱。他们每人拿着一支来复枪。弯着腰走路，肩膀冲向前面，而脑袋冲得更前，眼睛总是瞅着地面。

"我们藏在地窖里的那些子弹，要有两三发在我身边就好了。"走在后面的那个人说道。

他的声调，阴沉沉的，干巴巴的，完全没有感情。他冷冷地说着这些话，前面的那个只顾一瘸一拐地向流过岩石、激起一片泡沫的白茫茫的小河里走去，一句话也不回答。

……

他这样一动不动地足足站了一分钟，好像心里在说服自己一样。接着，他就叫了起来："喂，比尔，我扭伤脚腕子啦。"

比尔在白茫茫的河水里一摇一晃地走着。他没有回头。

后面那个人瞅着比尔这样走去，脸上虽然照旧没有表情，眼睛里却流露着跟一头受伤的鹿一样的神色。

前面那个人一瘸一拐，登上对面的河岸，头也不回，只顾向前走去，河里的人眼睁睁地瞅着。他的嘴唇有点发抖，由此他嘴上那丛乱棕似的胡子也在明显地抖动。他甚至不知不觉地伸出舌头来舔舔嘴唇。

"比尔！"他大声地喊着。

这是一个坚强的人在患难中求援的喊声，但比尔并没有回头。他的伙伴干瞅着他，只见他古里古怪地一瘸一拐地走着，跌跌撞撞地前进，蹒跚地登上一片不陡的斜坡，向矮山头上不十分明亮的天际走去。他一直瞅着他跨过山头，消失了踪影。于是他掉转眼光，慢慢扫过比尔走后留给他的那一圈世界。

……

他虽然孤零零的一个人，却没有迷路。他知道，再往前去，就会走到一个小湖边，那儿有许多极小极细的枯死的枞树，当地的人把那儿叫作"提青尼其利"——意思是"小棍子地"。而且，还有一条小溪通到湖里，溪水不是白茫茫的。

……

比尔会在那里等他的，他们会顺着狄斯河向南划到大熊湖。接着，他们就会在湖里朝南方划，一直朝南，直到麦肯齐河。到了那里，他们还要朝着南方，继续朝南方走去，那么冬天就怎么也赶不上他们了。让湍流结冰吧，让天气变得更凛冽吧，他们会向南走到一个暖和的赫德森湾公司的站头，那儿不仅树木长得高大茂盛，吃的东西也多得不得了。

这个人一路向前挣扎的时候，脑子里就是这样想的。他不又苦苦地拼着体力，也同样苦苦地绞着脑汁，他尽力想着比尔并没有抛弃他，想着比尔一定会在藏东西的地方等他。

他不得不这样想，不然，他就用不着这样拼命，他早就会躺下来死掉了。当那团模糊的像圆球一样的太阳慢慢向西北方沉下去的时候，他一再盘算着在冬天追上他和比尔之前，他们向南逃去的每一寸路。他反复地想着地窖里和赫德森湾公司站头上的吃的东西。他已经两天没吃东西了,至于没有吃到他想吃的东西的日子,那就更不止两天了。他常常弯下腰,摘起沼泽地上那种灰白色的浆果,把它们放到口里,嚼几嚼,然后吞下去。这种沼泽地浆果只是一小粒种籽,外面包着一点浆水。一进口,水就化了,种籽又辣又苦。他知道这种浆果并没有养份,但是他仍然抱着一种不顾常识、不顾经验教训的希望,耐心地嚼着它们。

……

有一次,他爬到了一定是睡着了的一只松鸡旁边。他一直没有瞧见,直到它从岩石的角落里冲着他的脸窜起来,他才发现。他像那只松鸡起飞一样惊慌,抓了一把,只捞到了三根尾巴上的羽毛。当他瞅着它飞走的时候,他心里非常恨它,好像它做了什么对不起他的事。随后他回到原地,背起包袱。

……

黄昏时候,他又捉到了三条鲦鱼,他吃掉两条,留下一条作第二天的早饭。太阳已经晒干了零星散漫的苔藓,他能够烧点热水让自己暖和暖和了。这一天,他走了不到十英里路;第二天,只要心脏许可,他就往前走,只走了五英里多。但是胃里却没有一点不舒服的感觉,它已经睡着了。

……

又是一个下雾的日子。他剩下的那条毯子已经有一半做了包脚布。他没有找到比尔的踪迹,可是没有关系。饥饿逼得他太厉害了——不过——不过他又想,是不是比尔也迷了路。走到中午的时候,累赘的包袱压得他受不了。于是他重新把金子分开,但这一次只把其中的一半倒在地上。到了下午,他把剩下来的那一点也扔掉了,现在,他只有半条毯子、那个白铁罐子和那支枪。

一种幻觉开始折磨他。他觉得有十足的把握,他还剩下一粒子弹。它就在枪膛里,而他一直没有想起。可是另一方面,他又始终明自,枪膛里是空的。但这种幻觉总是缠着他不散。他斗争了几个钟头,想摆脱这种幻觉,后来他就打开枪,结果面对着空枪膛。这样的失望非常痛苦,仿佛他本来会找到那粒子弹似的。

经过半个钟头的跋涉之后,这种幻觉又出现了。他于是又跟它斗争,而它又缠住他不放,直到为了摆脱它,他又打开枪膛打消自己的念头。有时候,他越想越远,只好一面凭本能自动向前跋涉,一面让种种奇怪的念头和狂想,像蛆虫一样地啃他的脑髓。但是这类脱离现实的遐思大都维持不了多久,因为饥饿的痛苦总会把他刺醒。有一次,正在这样瞎想的时候,他忽然猛地惊醒过来,看到一个几乎叫他昏倒的东西。他像酒醉一样地晃荡着,好让自己不致跌倒。在他面前站着一匹马。一匹马!他简直不能相信自己的眼睛。他觉得眼前一片漆黑,霎时间金星乱迸。他狠狠地揉着眼睛,让自己瞧瞧清楚,原来它并不是马,而是一头大棕熊。这个畜生正在用一种好斗的惊奇的眼光盯着他。

这个人举枪上肩,把枪举起一半,才记起来。他放下枪,从屁股后面的镶珠刀鞘里拔出猎刀。他面前是肉和生命。他用大拇指试试刀刃,刀刃很锋利,刀尖也很锋利。他本来会扑到熊身上,把它杀了的。可是他的心却开始了那种警告性的猛跳。接着又向上猛顶,迅速跳动,头像给铁箍箍紧了似的,脑子里渐渐感到一阵昏迷。他的不顾一切的勇气已经给一阵汹涌起伏的恐惧驱散了。处在这样衰弱的境况中,如果那个畜生攻击他,怎么办?他只好尽力摆出极其威风的样子,握紧猎刀,狠命地盯着那头熊。它笨拙地向前挪了两步,站直了,发出试探性的咆哮。

如果这个人逃跑,它就追上去;不过这个人并没有逃跑。现在,由于恐惧而产生的勇气已经使他振奋起来。同样地,他也在咆哮,而且声音非常凶狠狂野,非常可怕,表现出那种生死攸关、紧紧地缠着生命的根基的恐惧。

那头熊慢慢向旁边挪动了一下,发出威胁的咆哮,连它自己也给这个站得笔直、毫不害怕的神秘动物吓住了。可是这个人仍旧不动。他像石像一样地站着,直到危险过去,他才猛然哆嗦了一阵,倒在潮湿的苔藓里。

他重新振作起来,继续前进,心里又产生了一种新的恐惧。这不是害怕他会束手无策地死于断粮的恐惧,而是害怕饥饿还没有耗尽他的最后一点求生力,他已经给凶残的野兽毁了。这地方的狼很多。狼嗥的声音在荒原上飘来飘去,在空中交织成一片危险的罗网,好像伸手就可以摸到,吓得他不由举起双手,把它向后推去,仿佛它是给风刮紧了的帐篷。

那些狼,时常三三两两地从他前面走过。但是都避着他。一则因为它们为数不多,此外,它们要找的是不会搏斗的驯鹿,而这个直立走路的奇怪动物却可能既会抓又会咬。

……

接着下了几天可怕的雨雪。他不知道什么时候露宿,什么时候收拾行李。他白天黑夜都在赶路。他摔倒在哪里就在哪里休息,一到垂危的生命火花又闪烁起来,微微燃烧的时候,就慢慢向前走。他已经不再像人那样挣扎了。逼着他向前走的,是他的生命,因为它不愿意死。他也不再痛苦了。他的神经已经变得迟钝麻木,他的脑子里则充满了怪异的幻象和美妙的梦境。

……

他听到背后有一种吸鼻子的声音——仿佛喘不出气或者咳嗽的声音。由于身体极端虚弱和僵硬,他极慢极慢地翻一个身。他看不出附近有什么东西,但是他耐心地等着。又听到了吸鼻子和咳嗽的声音,离他不到二十英尺远的两块岩石之间,他隐约看到一只灰狼的头。那双尖耳朵并不像别的狼那样竖得笔挺;它的眼睛昏暗无光,布满血丝;脑袋好像无力地、苦恼地耷拉着。这个畜生不断地在太阳光里眨眼。它好像有病,正当他瞧着它的时候,它又发出了吸鼻子和咳嗽的声音。

……

这一夜,他总是听到那只病狼咳嗽的声音,有时候,他又听到了一群小驯鹿的叫声。他周围全是生命,不过那是强壮的生命,非常活跃而健康的生命,同时他也知道,那只病狼所以要紧跟着他这个病人,是希望他先死。早晨,他一睁开眼睛就看到这个畜生正用一种如饥似渴的眼光瞪着他。它夹着尾巴蹲在那儿,好像一条可怜的倒楣的狗。早晨的寒风吹得它直哆嗦,每逢这个人对它勉强发出一种低声咕噜似的吆喝,它就无精打采地呲着牙。

太阳亮堂堂地升了起来,这一早晨,他一直在跌跌绊绊地,朝着光辉的海洋上的那条船走。天气好极了,这是高纬度地方的那种短暂的晚秋。它可能连续一个星期,也许明后天就会结束。

下午,这个人发现了一些痕迹,那是另外一个人留下的,他不是走,而是爬的。他认为可能是比尔,不过他只是漠不关心地想想罢了。他并没有什么好奇心。事实上,他早已失去了兴致和热情。他已经不再感到痛苦了。他的胃和神经都睡着了。但是内在的求生欲望却逼着他前进。他非常疲倦,然而他的生命却不愿死去。正因为生命不愿死,他才仍然要吃沼地上的浆果和鲦鱼,喝热水,一直提防着那只病狼。

他跟着那个挣扎前进的人的痕迹向前走去,不久就走到了尽头——潮湿的苔藓上摊着几根才啃光的骨头,附近还有许多狼的脚印。他发现了一个跟他自己的那个一模一样的厚实的鹿皮口袋,但已经给尖利的牙齿咬破了。他那无力的手已经拿不动这样沉重的袋子了,可是他到底把它提起来了。比尔至死都带着它。哈哈!他可以嘲笑比尔了。

……

这一天,他和那条船之间的距离缩短了三英里;第二天又缩短了两英里——因为他现在是跟比尔一样地在爬;到了第五天末尾,他发现那条船离他仍然有七英里,而他每天连一英里也爬不到了。晚秋的天气仍然在继续,他于是继续爬,继续晕,辗转不停地爬。而那只狼也始终跟在他后面,不停地咳嗽和喘气。他的膝盖已经和他的脚一样鲜血淋漓,尽管他撕下身上的衬衣来垫膝盖,他背后的苔藓和岩石上仍然留下了一路血迹,他不由得清清楚楚地看出了自己可能遭到的结局——除非——除非他干掉这只狼。于是,一幕从来没有演出过的残酷的求生悲剧就开始了——病人一路爬着，病狼一路跛着，两个生灵就这样在荒原上拖着垂死的躯体，相互猎取着对方的生命。

如果这是一只健康的狼，那末，他觉得倒也没有多大关系；可是，一想到自己要喂这么一只令人作呕、只剩下一口气的狼，他就觉得非常厌恶。他就是这样吹毛求疵。现在，他脑子里又开始胡思乱想，又给幻象弄得迷迷糊糊，而神智清楚的时候也愈来愈少，愈来愈短。

有一次，他从昏迷中让一种贴着他耳朵喘息的声音惊醒了。那只狼一跛一跛地跳回去，它因为身体虚弱，一失足摔了一跤。样子可笑极了，可是他一点也不觉得有趣，他甚至也不害怕。他已经到了这一步，根本炎不到那些。不过，这一会，他的头脑却很清醒，于是他躺在那儿，仔细地考虑。那条船离他不过四英里路，他把眼睛擦净之后，可以很清楚地看到它；同时，他还看见了一条在光辉的大海里破浪前进的小船的白帆。可是，无论如何他也爬不完这四哩路。这一点，他是知道的，而且知道以后，他还非常镇静。他知道他连半英里路也爬不了。不过，他仍然要活下去。在经历了千辛万苦之后，他居然会死掉，那未免太不合理了。命运对他实在太苛刻了，然而，尽管奄奄一息，他还是不情愿死。也许，这种想法完全是发疯，不过，就是到了死神的铁掌里，他仍然要反抗它，不肯死。

他闭上眼睛，极其小心地让自己镇静下去。疲倦像涨潮一样，从他身体的各处涌上来，但是他顽强地打起精神，绝不让这种令人窒息的疲倦把他淹没。这种要命的疲倦，很像一片大海，一涨再涨，一点一点地淹没他的意识。有时候，他几乎完全给淹没了，他只能用无力的双手划着，漂游过那黑茫茫的一片；可是，有时候，他又会凭着一种奇怪的心灵作用，另外找到一丝毅力，更坚强地划着。

他一动不动地仰面躺着，现在，他能够听到病狼一呼一吸地喘着气，慢慢地向他逼近。它愈来愈近，总是在向他逼近，好像经过了无穷的时间，但是他始终不动。它已经到了他耳边，那条粗糙的干舌头正像砂纸一样地磨擦着他的两腮。他那两只手一下子伸了出来——或者，至少也是他凭着毅力伸出来的。他的指头弯得像鹰爪一样，可是抓了个空。敏捷和准确是需要力气的，他没有这种力气。

那只狼的耐心真是可怕。这个人的耐心也一样可怕。

这一天，有一半时间他一直躺着不动，尽力和昏迷斗争，等着那个要把他吃掉，而他也希望能吃掉的东西。有时候，疲倦的浪潮涌上来，淹没了他，他会做起很长的梦；然而在整个过程中，不论醒着或是做梦，他都在等着那种喘息和那条粗糙的舌头来舔他。

他并没有听到这种喘息，他只是从梦里慢慢苏醒过来，觉得有条舌头在顺着他的一只手舔去。他静静地等着。狼牙轻轻地扣在他手上了，扣紧了，狼正在尽最后一点力量把牙齿咬进它等了很久的东西里面。可是这个人也等了很久，那只给咬破了的手也抓住了狼的牙床。于是，慢慢地，就在狼无力地挣扎着，他的手也无力地掐着的时候，他的另一只手已经慢慢摸过来，一下把狼抓住。五分钟之后，这个人已经把全身的重量都压在狼的身上。他的手的力量虽然还不足以把狼掐死，可是他的脸已经紧紧地压住了狼的咽喉，嘴里已经满是狼毛。半小时后，这个人感到一小股暖和的液体慢慢地流进他的喉咙。这东西并不好吃，就像硬灌到他胃里的铅液，而且是纯粹凭着意志硬灌下去的。后来，这个人翻了一个身，仰面睡着了。

捕鲸船"白德福号"上，有几个科学考察队的人员。他们从甲板上望见岸上有一个奇怪的东西。它正在向沙滩下面的水面挪动。他们没法分清它是哪一类动物，但是，因为他们都是研究科学的人，他们就乘了船旁边的一条捕鲸艇，到岸上去察看。接着，他们发现了一个活着的动物，可是很难把它称作人。它已经瞎了，失去了知觉。它就像一条大虫子在地上蠕动着前进。它用的力气大半都不起作用，但是它老不停，它一面摇晃，一面向前扭动，照它这样，一个钟头大概可以爬上二十英尺。

三星期以后，这个人躺在捕鲸船"白德福号"的一个铺位上，眼泪顺着他的瘦削的面颊往下淌，他说出他是谁和他经过的一切。同时，他又含含糊糊地、不连贯地谈到了他的母亲，谈到了阳光灿烂的南加利福尼亚，以及桔树和花丛中的他的家园。

没过几天，他就跟那些科学家和船员坐在一张桌子旁边吃饭了，他馋得不得了地望着面前这么多好吃的东西，焦急地瞧着它溜进别人口里。每逢别人咽下一口的时候，他眼睛里就会流露出一种深深惋惜的表情。他的神志非常清醒，可是，每逢吃饭的时候，他免不了要恨这些人。他给恐惧缠住了，他老怕粮食维持不了多久。他向厨子，船舱里的服务员和船长打听食物的贮藏量。他们对他保证了无数次，但是他仍然不相信，仍然会狡猾地溜到贮藏室附近亲自窥探。

看起来，这个人正在发胖。他每天都会胖一点。那批研究科学的人都摇着头，提出他们的理论。他们限制了这个人的饭量，可是他的腰围仍然在加大，身体胖得惊人。

水手们都咧着嘴笑，他们心里有数。等到这批科学家派人来监视他的时候，他们也知道了。他们看到他在早饭以后萎靡不振地走着，而且会像叫化子似地，向一个水手伸出手。那个水手笑了笑，递给他一块硬面包，他贪婪地把它拿住，像守财奴瞅着金子般地瞅着它，然后把它塞到衬衫里面。别的咧着嘴笑的水手也送给他同样的礼品。

这些研究科学的人很谨慎。他们随他去，但是他们常常暗暗检查他的床铺。那上面摆着一排排的硬面包，褥子也给硬面包塞得满满的，每一个角落里都塞满了硬面包。然而他的神志非常清醒，他是在防备可能发生的另一次饥荒——就是这么回事。研究科学的人说，他会恢复常态的，事实也是如此，"白德福号"的铁锚还没有在旧金山湾里隆隆地抛下去，他就正常了。

· 导 读 ·

杰克·伦敦（公元1876—1916年），美国著名作家。他善于表现在恶劣的生存环境下人的顽强的生存意志和精神力量，善于通过人的行动和心理刻画人物性格，风格刚健有力。

在空旷而没有人烟的荒原，孤独、寒冷、饥饿、疼痛、疲乏、恐惧、时时袭来的绝望……在经历了如此多的痛苦、磨难、挣扎和惊心动魄之后，主人公竟能奇迹般地活下来。仅靠求生的本能是不够的，因为这种本能动物也有；还得靠希望，因为人是能够预知和创造未来的，只要心存希望，就不会放弃；还得有自尊，因为人能够意识到自己生命的可贵。那只病狼激起了那个淘金者更强的自尊与坚持下去的意志。那位淘金者惨烈而悲壮的经历证明，恶劣的环境反倒能激发人更顽强的斗志。不屈的意志能让人绝处逢生，更能令人体验到生命的价值和意义。

耐人寻味的是，当那位淘金者被救到了船上，过上了舒适无忧的生活后，反倒因为那段求生的经历所带来的恐惧而毫无必要地偷偷收藏食物，一个人在失去了压力和挑战之后，却全然变成了另一个人。

这篇小说让我们感受到了人之生命的可贵、精神的强大、勇气的卓绝，使我们更加热爱生命、珍惜生命，更加真切地体会到人的精神力量的价值，也让我们对人性的复杂性有了更多的感悟。

【思考题】

一、为什么恶劣的环境往往更能激起人的精神力量？
二、如何理解淘金者偷藏食物？

（耿文忠）

海鸥乔纳森（节选）

[美] 理查德·巴赫

清晨，初升的太阳照耀着平静的海面，荡漾的微波闪着金光。

离岸一英里的海上，一只随波逐浪向前的渔船在下鱼饵，这是吃早饭的信号，成千上万只海鸥飞来，相互追逐着争抢着那一点早餐。又一个忙碌的日子开始了。

但在远离渔船和海岸的地方，海鸥乔纳森·利文斯顿独自在练习着飞行。在一百英尺的高空，他伸下两只带蹼的脚，仰起嘴，使劲儿弯着翅膀。翅膀一弯，就可以放慢速度。而现在，他越飞越慢了，慢得几乎听不到耳边的风声，慢得连脚下的大海也仿佛静止不动了。他眯起眼睛，尽量集中精力，屏住呼吸，使劲儿努力让身体再弯一些……再……弯……那么……一英寸……然而，他浑身的羽毛蓬散了开来，他失去了平衡，直着掉了下去。

要知道，海鸥飞行时决不摇晃，决不失去平衡。在空中失去平衡，对他们来说是件丢脸的事，是极不光彩的。

但是乔纳森并不觉得丢脸，他再一次展开双翅，依旧颤抖着使劲弯曲，一点一点地放慢速度，又一次失去了平衡——他是一只非同寻常的鸟。

大多数海鸥只求学会最简单的飞行本领——如何从岸上飞出去觅食，再飞回来。对他们来说，重要的不是飞，而是觅食。但对这只海鸥来说，重要的不是吃而是飞翔。乔纳森喜爱飞翔胜于一切。

他发现，像他这样的想法，在同类中是不受欢迎的。他那么整天独自练习，成百次地作低飞滑翔，连他的父母都替他担心呢。

他自己也不知道是什么原故，只要他保持离水面不到半翅的高度作低空飞行，他就能在空中停留较久，费劲较小。他滑翔下来并不像一般鸟儿那样伸下双足溅落在海中，而是蜷起双足紧贴着身体掠过海面，在水面留下长长一道波纹。他蜷起双足在沙滩上滑翔着陆，然后步测着沙滩上滑翔的距离，他的父母见了，大为惊讶，着实为他担忧。

"怎么啦，乔？怎么啦？"他妈妈问。"难道像其他海鸥一样就这么难，乔？低飞是鹈鹕和信天翁的事，你学这干什么？你干吗不吃点东西？孩子，你都瘦得皮包骨头啦！"

"我倒不在乎瘦得皮包骨头，妈妈。我只是想知道我在空中能够做什么，不能够做什么。"

"瞧，乔纳森，"他父亲温和地说，"冬天快到了，船只就要少了，海面上的鱼也要钻到海底去了。你要是一定要学习，那就学学怎么觅食吧。飞行当然好，可你总不能拿滑翔当饭吃啊。别忘了，你飞行的目的就是为了吃。"

乔纳森顺从地点点头。以后几天，他试着学其他海鸥的样儿，他作了认真的尝试，与鸥群一道围绕着码头和渔船嘎嘎叫着争食吃，扎到海里抢点儿面包渣和小鱼小虾。但这样做他受不了。

"这样太没意思了。"他心里想，一边故意把好不容易弄到的一条小鱼丢给一只追逐着他的饥饿的老海鸥。"我可以把所有这些时间都用来学飞行。要学的东西太多啦！"

不久，乔纳森又独自一个出去了。他飞到大海的远处，饿着肚子学习，但心里很快乐。

科目是速度。经过一周的练习，他学到的有关速度的知识，超过了任何一只活着的飞得最快的海鸥。

从一千英尺高空，他使劲地拍着翅膀，朝着波涛垂直俯冲，于是他明白了海鸥做不到高速垂直飞入海中的原因。在六秒钟内，他以每小时七十英里的速度向前飞。在这样的速度下，翅膀向上一举，就会失去平衡。

这种情况反复出现。不管他多么小心，施展出了全副本领，但速度一快，就要失去控制。

飞到一千英尺高空。他先是全速前进，然后一转身，拍着翅膀，垂直着冲向波涛。可每次都一样，只要一举翅膀，左翼总要失去平衡。他于是猛地向左翻转，刚恢复了平衡，右翼又失去了控制，于是他像燃烧的火似的扑扑闪着翅膀迅速向右滚去，乱转着直栽下来。

举翅真是个难题，他怎么小心都不行。他试十次，十次都一样，速度一达到每小时七十英里，他就会失去控制，成了毛茸茸的一团，翻滚着直栽下来，掉进水里。

他身上湿漉漉的直淌水，最后他终于领悟到，关键在于高速飞行时一定要让翅膀静止不动——鼓翼飞到时速五一英里，然后稳住翅膀不动。

他从两千英尺高空再试一次。时速一达到五十英里，他就翻转身俯冲下来，嘴朝下，双翅完全展开，一动不动。这样做非常吃力，但很成功。十秒钟后，他达到了时速九十英里。乔纳森创造了海鸥飞行的世界纪录！

但胜利是短暂的。他刚要改变飞行姿势，更换翅膀的角度，又突然失去了控制。在时速九十英里的高速下，就像挨了炸弹一样，乔纳森在半空中"炸开了"，一头栽进像石板一样硬的海里。

等他苏醒过来，已经是黑夜了。他在月光下的海面上漂浮着。他的翅膀重得像粗糙的铅条，但失败的重量压在他背上比铅还要重。他心里暗暗地希望：但愿这重压能把他渐渐地拖入海底，了结这一切。

他在水里往下沉的时候，心中忽然响起一个奇怪的声音：没有别的出路，我是海鸥，我受到天生条件的限制。如果老天真要我懂得飞行的奥妙，那我脑子里就该有飞翔技巧的图；如果真要高速飞行，我就该有猎鹰的短翅，而且不是吃鱼而是吃老鼠。我父亲说的对，我不该再干这种蠢事。我应该飞回到鸥群里去，安安分分地做一只可怜的、天赋有限的海鸥。

这声音渐渐地消失了，乔纳森也屈服了。海鸥夜间是应该呆在岸上的。他发誓，今后要做一只普通的海鸥，这样会使大家都高兴。

他疲倦地从黑暗的水面起飞，向陆地进发，心想：幸亏我学会了省力的低空飞行。

不成，他又想。我要和我的过去一刀两断，我不能再用以前学的方式飞行。我只是一只像其他海鸥一样的海鸥，我要像他们那样飞。于是他痛苦地升到一百英尺的高空，更使劲地拍着翅膀，朝岸上飞去。

他下定决心要回到鸥群之后，心里觉得好过了一些。今后，那股驱使他去学习的力量和他没关系了，再也不会有什么挑战，也不会有什么失败了。一切都很美好，只要停止胡思乱想，穿越黑暗，朝着海滩上的亮处飞去，就可以了。

黑夜！那个嗡嗡的声音又在警告他。海鸥从来不在黑夜里飞行！

乔纳森并不注意听。一切都那么好，他心里想。月光和灯光在海面闪烁，向黑夜散发出一串串莹光，四周是这样宁静，祥和……

停下来！海鸥从来不在黑夜飞行！如果要你在黑夜飞行，你就该长一双猫头鹰的眼睛！你脑中就该有飞翔技巧图！你就该有猎鹰的短翼！

在一百英尺高空的黑夜里，海鸥乔纳森眨巴着眼睛。他的痛苦、他的决心，一下子都消失了。

短翼。一对猎鹰的短翼！

这就是答案！我以前真是个傻瓜！我缺的就是一对短小的翅膀，我该做的就是尽可能收拢双翅，只用翼梢飞行就行了！这不就是短翼吗！

他从漆黑的海面跃升到两千英尺的高空，根本没顾上考虑失败和死亡。他把前翅紧贴身体，只让翼梢上狭窄的、流线形的尖端迎着风，跟着就垂直俯冲。

风像猛兽似地在他耳边怒吼。时速七十英里、九十英里、一百二十英里，更快更稳地飞。到了时速一百四十英里，反倒不像原先飞七十英里时那样费力。他稍微弯曲一下翼梢，就轻而易举地改变了俯冲的姿势，疾如闪电般地掠过波涛，在月光下，活像一颗灰色的炮弹。

他迎着风把眼睛眯成两道细缝，内心充满了快乐，时速一百四十英里！还能控制住！如果我不是从两千英尺，而是从五千英尺的高空往下俯冲，真不知有多快哪！……

他刚刚发过的誓，已被那疾风吹得无影无踪了。然而他并不因为背弃了自己的誓言而感到内疚。只有那种没出息的海鸥才恪守那样的誓言。一个在学习中追求卓越的海鸥是不要那样的誓言的。

拂晓时分，海鸥乔纳森又在练习了。从五千英尺高空俯瞰，平静的蓝色海面上的渔船成了一个个小点。进早餐的鸥群像是一团稀薄的尘土，在慢慢地浮动。

他精神倍增！高兴得微微有点颤抖，也因自己能够克服内心的恐惧而感到自豪。跟着，他毫不犹豫地紧收前翼，展开短短的、弯成角度的翼梢，径直向海面冲去。他穿越四千英尺的高度时，已经达到极速，呼啸着的海风就像一堵坚实的墙，拦在前面，使他无法以更快的速度前进。他现在是笔直地往下飞，时速二百一十四英里。他咽了口唾沫，心里明白，要是在这样的速度下展开翅膀，就会粉身碎骨，但速度就是力量，速度就是快乐，速度就是纯粹的美。

他开始在一千英尺的高度改变飞行姿势。翼梢在狂风中发出呼呼的声响，船和海鸥群斜着在他身旁掠过，疾如流星。

他没法停住，他还不知道在这样的速度下如何改变方向。

撞上什么马上就得死。

他紧闭上双眼。

这样，在那天早晨，就在日出后不久，海鸥乔纳森闭着眼睛，以每小时二百一十四英里的高速，闪电似地冲向鸥群，耳边只听得巨大的呼啸声。命运之神在朝他微笑，这次他没有出事。

等到他抬起嘴来朝向天空时，他仍旧以时速一百六十英里的高速飞行。后来他把速度一直放慢到二十英里，最后在四千英尺高度水平飞行，下面的渔船已经变成漂在海面上的面包渣那么大了。

他想的是胜利。达到了最高速度！一只海鸥达到了时速二百一十四英里！真是个突破，这是海鸥历史上一个最伟大的时刻，这一时刻为乔纳森开创了一个新的时代。他飞到他常单独进行训练的区域，夹起翅膀，从八千英尺的高空向下俯冲，揣摩着怎样改变方向。

他发现，只要把翼消的一根羽毛转动那么一点点，就可以在高速下平稳地来个急转弯。然而他在学到这一诀窍之前，还发现在那样的速度下，只要转动一两根羽毛就可以像陀螺似地旋转……于是乔纳森成了世界上第一只能做特技飞行的海鸥。

这一天，他无暇与其他海鸥攀谈，只是不停地飞，直到黄昏。他学会了翻筋斗、慢速侧翻、反身旋转、反身下落和快速旋转等各种飞行技术。

乔纳森回到海滩上鸥群中时，已是深夜。他感到头昏眼花，疲惫不堪，但他兴高采烈地做了一个翻筋斗下落，在即将着陆时还来了个快滚。他想，海鸥们得知他打破了飞行纪录，一定会欣喜若狂的吧。生活现在又变得多么有意义啊！除了单调地围绕着渔船盘旋外，还有其他的意义！我们能够摆脱愚昧无知，看到我们自身的优势，我们能够使自己成为有智慧、有才能的生灵。我们能够获得自由！我们能够学会飞翔！

未来的岁月充满着希望在召唤着他。

乔纳森着陆时，鸥群正聚在一起开会。看来他们已经集合好久了。实际上他们是在等他。"乔纳森·利文斯顿！站到中间去！"长老发话了，声音极其严肃。站到中间，意味着极大的羞耻，或无上的光荣。海鸥的几个最高领袖就享有站在中间的荣誉。当然啦，他心想，今天早餐时，他们都看见了我的飞行突破！但我不需要荣誉，我不想当领袖。我只想让大家共享我学习到的东西，向大家展示美好的前景。他走上前去。

"乔纳森·利文斯顿，"长老说，"为你的耻辱，站到中间去，让大家看看！"

这真是当头一棒！他双膝发软，浑身羽毛搭拉下来，耳朵里一阵轰鸣。站到中间受辱？不可能！我打破纪录啦！他们不明白！他们错了，错了！

"……他太轻率，太不负责任，"那个庄严的声音在继续说，"冒犯了海鸥家族的尊严和传统……"

站到中间受辱，这就意味着他将被逐出海鸥世界，放逐到"远方的山崖"，去过孤独的生活。

"……海鸥乔纳森·利文斯顿，总有一天，你会明白不负责任是不行的。生活是搞不懂的，我们也没法搞懂。我们来到这个世界，就是为了吃，为了活下去，尽可能多活些日子。"

从来没有海鸥向长老回嘴，但是乔纳森却大声抗议了。"不负责任？同胞们！"他提高声音，"一只海鸥能发现生活的意义，能找到更高的生活目标，你们还能说他不负责任吗？一千年来，我们总是眼睛盯着烂鱼头，可是现在我们有了更好的生活目标——学习，新的发现，获得自由！给我最后一次机会，让我告诉你们我学到了什么……"

整个鸥群像是一块石头。

"谁是你的同胞？"海鸥们异口同声地叫着，他们都板起面孔，转过身去，不再听他讲，他们抛弃了乔纳森。

乔纳森飞到远方山崖的尽头，孤独地度日。使他痛苦的倒不是孤独，而是其他海鸥不肯相信飞行的荣耀在等待着他们。他们不肯好好地听一听，看一看。

他每天又学到了更多的东西。他学会了流线型高速俯冲潜水，这可以使他找到海里更加珍稀美味的鱼，那些鱼就聚集在海面十英尺以下。这样他也就不需要靠渔船和陈面包过活了。他学会了在空中睡觉，乘着从海岸上吹来的风，作夜间飞行，从日出到日落飞行一百英里。他能控制自如地穿越海上的浓雾，冲向云霄，进入光辉耀眼的晴空……而在此时，其他的海鸥却都只能站在地上，除了看到雾和雨，什么都不知道。他学会乘着强风深入内陆，以味美的昆虫为食。

本来他希望与鸥群共享这一切，现在他只好单独享受了。他学会了飞翔，丝毫不为自己所付出的巨大代价感到惋惜。乔纳森发现，无聊、恐惧和愤怒是海鸥们生命短暂的原因，一旦把这些从思想中驱走，就能真正活得长，活得更美好。

他们是在黄昏时分来找乔纳森的，看见乔纳森正安安静静地独自在他热爱的天空中滑翔。他们在乔纳森两侧出现，是两只羽翼像星光一样纯净的海鸥，从他们的羽毛上发出的光辉在高高的夜空中显得十分柔和、亲切。但是最可爱的还是他们的飞行技术，他们的翼梢始终极精确地与乔纳森的翼梢保持着一英寸的距离。

乔纳森不动声色地考查了他们。以前从来没有一只海鸥通过这种测试。他弯曲双翅，速度慢到每小时一英里，只差一点就要失去平衡。这两只羽毛泛着光的鸟儿与他一同放慢速度，飞得很平稳，始终保持着原来的位置。他们懂得如何慢飞。

他收紧翅膀，翻滚着，以一百九十英里的时速疾降。他们也以完美的姿势紧跟着他下降，没有改变一点点队形。

最后他直接在那个速度上来了一个长时间的垂直慢翻滚。他们微笑着跟着他一起翻滚。

他恢复了水平飞行，沉默了一段时间后才开口。"很好，"他说，"你们是从哪来的？"

"我们也来自鸥族，乔纳森。我们是你的兄弟。"这些话说得平静而有力。"我们要带你到更高的地方去，带你回家。"

"家，我没有家。也没有鸥群，我只是个流浪者，我们现在是在大山风的风口上飞行。我这副身子就只能再飞高几百英尺，就无法飞得更高了……"

"乔纳森，你当然能飞得更高，你已经进行了学习。一个阶段学完了，现在是该开始另一个阶段了。"

正如学习的智慧之光照耀着乔纳森，理解也照亮了他的这一刻，他们说得对，他能够飞得更高，现在是该回家的时候了。

他朝天空深深地望了最后一眼，在这个壮丽宽广的银色世界里，他学到了多少东西啊。

"我准备好了。"他终于说。

于是乔纳森·利文斯顿与这两只闪亮的海鸥一同展翅高飞，消失在深深的夜空里。

·导读·

理查德·巴赫（公元1936—），飞行员、作家。《海鸥乔纳森》这部小说曾位居《纽约时报》畅销书排行榜榜首达38周，成为美国出版史上的一个神话。

海鸥乔纳森并不满足于同类的那种只求填饱肚子以延续生命的庸常生活。他渴望超越自我，挑战自我和同类的极限，去过更自由、精彩而有意义的生活。然而这却使他遭遇到了父母的不解和劝阻，以及长老的训斥、族群的抛弃。极度的孤独，没人理解，没人帮助，一次次的失败，甚至是死亡的恐惧……他几乎要放弃。然而，执著的信念，对平庸生活的不甘，顽强的意志，不断地探索、实践、总结、反省，终于使他实现了自己的愿望。而且，在小说的后两部分中，他的生命又进入了一个个更新、更高、更精彩的境界……

乔纳森的人生经历会给我们许多的启示：美好的人生理想、更高的人生追求、对信念的坚持与不弃，于我们的人生有怎样的意义？什么是个性、自我、自主、自由？什么是人生的成功？我们该怎样才能获得成功？

每个人的人生都会有许多种可能性，人的潜能也是无法估量的。你的人生会是怎样的，其实在很大程度上并不取决于他人和外在的环境，而在于你怎样去想、去选择、去行动。作者在小说的扉页上写道："致真正的海鸥乔纳森，他就生活在我们中间。"是的，如果你也能像乔纳森那样，那么你就是乔纳森。

作者自己的飞行经历和对人生的深刻体验、感悟，使得作品中对乔纳森的飞行、复杂心理和成长的心路历程的刻画十分准确、细腻、传神，这也增强了作品的真实性和感人的力量。

【思考题】

一、如何理解和评价乔纳森的成功？

二、乔纳森的人生历程给我们什么启示?

(耿文忠)

等 待 戈 多

[爱尔兰] 塞缪尔·贝克特

第一幕

地点:乡间的一条路、一棵树。

时间:黄昏。

  戈戈在一个低土墩子上脱靴子,好半天都脱不下来,显得颇为费力,狄狄走过来和他闲聊。他们的谈话很琐碎,前言不搭后语,让人摸不着头脑。戈戈要狄狄帮他脱靴子,狄狄不理他,却在摆弄自己的帽子。戈戈好容易才拉下一只靴子,伸手进去摸一摸,把靴口朝下倒了倒,往地下望了望。他想看看有什么东西从靴子里掉出来,结果什么也没找到。狄狄把帽子脱下来,往帽内瞧了瞧,伸手进去摸一摸,在帽顶上敲了两下,往帽内吹了吹,再把帽子戴上。他们谈到忏悔,谈到福音书,谈到去死海度蜜月,谈到两个贼有一个得救,谈到救世主,谈到他们不能走。

  爱斯特拉冈:干吗不能?

  弗拉季米尔:咱们在等待戈多。

  爱斯特拉冈:啊!(略停)你肯定是这儿吗?

  弗拉季米尔:什么?

  爱斯特拉冈:我们等的地方。

  弗拉季米尔:他说在树旁边。(他们望着树)你还看见别的树吗?

  爱斯特拉冈:这是什么树?

  弗拉季米尔:我不知道。一棵柳树。

  爱斯特拉冈:树叶呢?

  弗拉季米尔:准是棵枯树。

  爱斯特拉冈:看不见垂枝。

  弗拉季米尔:或许还不到季节。

  爱斯特拉冈:看上去简直像灌木。

  弗拉季米尔:像丛林。

爱斯特拉冈：像灌木。

弗拉季米尔：像——你这话是什么意思？暗示咱们走错地方了？

爱斯特拉冈：他应该到这儿啦。

弗拉季米尔：他并没说定他准来。

爱斯特拉冈：万一他不来呢？

弗拉季米尔：咱们明天再来。

爱斯特拉冈：然后，后天再来。

弗拉季米尔：可能。

爱斯特拉冈：老这样下去。

弗拉季米尔：问题是——

爱斯特拉冈：直等到他来为止。

他们昨天就来等过戈多，戈多没有来，今天又来等，直到现在还没有戈多的影子，却等来了波卓和幸运儿，他们误以为波卓就是戈多。波卓问他们为什么要等戈多，原来他们既不认识戈多，也说不清自己为什么要等待戈多。

一个孩子来了，他自称是戈多派来的使者，他告诉戈戈和狄狄：今晚戈多不来了，明晚一准来。于是他们相信明天戈多会来，他们现在能做什么呢？

爱斯特拉冈：那么我们该做的唯一的一件事就是在这儿等。

弗拉季米尔：你疯啦？咱们必须找个有掩蔽的地方。（他攥住爱斯特拉冈的一只胳膊）走吧。

[他拖着爱斯特拉冈走。爱斯特拉冈先是妥协，跟着反抗起来。他们停住脚步。]

爱斯特拉冈：（望着树）可惜咱们身上没带条绳子。

弗拉季米尔：走吧，天越来越冷啦。

[他拖着他走。如前。]

爱斯特拉冈：提醒我明天带条绳子来。

弗拉季米尔：好的，好的。走吧。

[他拖着他走。如前。]

爱斯特拉冈：咱们在一块儿呆了多久啦？

弗拉季米尔：我不知道。也许有五十年了。

爱斯特拉冈：你还记得我跳在伦河里的那一天吗？

弗拉季米尔：我们当时在收葡萄。

爱斯特拉冈：是你把我救上岸的。

弗拉季米尔：这些都早已死掉了，埋葬掉了。
爱斯特拉冈：我的衣服是在太阳里晒干的。
弗拉季米尔：念念不忘这些往事是没有好处的。快走吧。
〔他拖着他走。如前。〕
爱斯特拉冈：等一等。
弗拉季米尔：我冷！
爱斯特拉冈：等一等！（他从弗拉季米尔身边走开）我心里想，咱们要是分开手，各干各的，是不是会更好一些。（他穿过舞台坐在土墩上）咱俩不是走一条路的人。
弗拉季米尔：（并不动怒）那说不定。
爱斯特拉冈：不，天下事没一样是说得定的。
〔弗拉季米尔慢慢地穿过舞台，在爱斯特拉冈身旁坐下。〕
弗拉季米尔：咱们仍旧可以分手，要是你以为这样做更好的话。
爱斯特拉冈：现在已经迟啦。
〔沉默。〕
弗拉季米尔：不错，现在已经迟啦。
〔沉默。〕
爱斯特拉冈：嗯，咱们走不走？
弗拉季米尔：好，咱们走吧。
〔他们坐着不动。〕
〔幕落。〕

第二幕

　　第二天，同一时间，同一地点。唯一的不同是前一天光秃的树枝上长出四、五片叶子。狄狄激动地上场，盯着树瞧了一会儿，然后开始发疯似地在台上来回走动，偶尔停下脚步，从地上捡起一只靴子，仔细看看，闻闻，露出厌恶的神情。他突然大声地唱起歌来："一只狗来到厨房，偷走一小块面包，厨子举起勺子，把那只狗打死了。于是所有的狗都跑来了，给那只狗掘了一个坟墓——"他一遍又一遍地唱着这支歌。

　　戈戈赤着脚，低着头，走过来，狄狄要求拥抱他，戈戈不肯。他们聊了几句，突然互相拥抱，他们本是一对谁也离不开谁的难兄难弟，如今又为了一个共同的目的走到一起，那就是：等待戈多。

　　昨天晚上他们谈了一晚上空话，像是做了场恶梦，今天继续做这场恶梦，连空话都似乎说尽了。他们沉默，长时间地沉默，偶尔找些无聊的话说说，以便"不想"、"不听"。当沉默也无法继续下去的时候，他们开始烦躁地怒吼，把帽子脱下戴上，戴上脱下，开始对骂。

  弗拉季米尔：窝囊废！
  爱斯特拉冈：寄生虫！
  弗拉季米尔：丑八怪！
  爱斯特拉冈：鸦片鬼！
  弗拉季米尔：阴沟里的耗子！
  爱斯特拉冈：牧师！
  弗拉季米尔：白痴！
  爱斯特拉冈：（最后一击）批评家！
  弗拉季米尔：哦！
  ［他被打败，垂头丧气地转过头去。］
  爱斯特拉冈：现在咱们再和好吧。
  弗拉季米尔：戈戈！
  爱斯特拉冈：狄狄！
  弗拉季米尔：你的手！
  爱斯特拉冈：在这儿！
  弗拉季米尔：到我怀里来！
  爱斯特拉冈：你怀里？
  弗拉季米尔：拥抱我！
  爱斯特拉冈：马上就来！
  ［他们拥抱。他们分开。沉默。］
  弗拉季米尔：有消遣的时候，时间过得多快！
  ［沉默。］
  爱斯特拉冈：咱们这会儿干什么呢？
  弗拉季米尔：在等着的时候？
  爱斯特拉冈：在等着的时候。
  ［沉默。］
  弗拉季米尔：咱们可以做咱们的体操。
  爱斯特拉冈：咱们的运动。
  弗拉季米尔：咱们的升高。

爱斯特拉冈：咱们的娱乐。

弗拉季米尔：咱们的延长。

爱斯特拉冈：咱们的娱乐。

弗拉季米尔：使咱们暖和起来。

爱斯特拉冈：使咱们平静下来。

弗拉季米尔：咱们马上开始吧。

〔弗拉季米尔更换着两脚跳动。爱斯特拉冈学他的样。〕

爱斯特拉冈：（停止）够啦。我累啦。

弗拉季米尔：（停止）咱们的健康情况不好。来点儿深呼吸怎样？

爱斯特拉冈：我都呼吸得腻烦啦。

弗拉季米尔：你说得对。（略停）咱们做一下树吧，保持身体的平衡。

爱斯特拉冈：树？

〔弗拉季米尔做树的样子，用一只脚跟跄着。〕

弗拉季米尔：（停止）该你做了。

〔爱斯特拉冈做树的样子，跟跄。〕

爱斯特拉冈：你以为上帝看见了我吗？

弗拉季米尔：你应该闭上眼睛。

〔爱斯特拉冈闭上眼睛，跟跄得更厉害了。〕

爱斯特拉冈：（停止，挥着两只拳头，用最高的嗓门）上帝可怜我！

弗拉季米尔：（着急）还有我呢？

爱斯特拉冈：（如前）我！我！可怜！我！

正在这时，波卓和幸运儿又来了。他们已经变了样子，昨天的波卓一手用绳子牵着他的奴仆幸运儿，一手高举着鞭子，是那样地威风凛凛，可现在已经成了一个瞎子，得由幸运儿牵着走。幸运儿虽然还是两手提着东西，但已经变成了哑子。波卓和幸运儿突然摔倒，爬不起来，狄狄和戈戈帮助他俩起来，波卓和幸运儿走了，他们又在无聊中开始等待。这时，昨天的那个孩子又来了。

孩子：劳驾啦，先生……（弗拉季米尔转身）亚尔伯特先生？

弗拉季米尔：又来啦。（略停）你不认识我？

孩子：不认识，先生。

弗拉季米尔：昨天来的不是你？

孩子：不是，先生。

弗拉季米尔：这是你头一次来？

孩子：是的，先生。

［沉默。］

弗拉季米尔：你给戈多先生捎了个信来？

孩子：是的，先生。

弗拉季米尔：他今天晚上不来啦？

孩子：不错，先生。

弗拉季米尔：可是他明天会来？

孩子：是的，先生。

弗拉季米尔：决不失约？

孩子：是的，先生。

［沉默。］

弗拉季米尔：你遇见什么人没有？

孩子：没有，先生。

弗拉季米尔：另外两个……（他犹豫一下）人？

孩子：我没看见什么人，先生。

［沉默。］

弗拉季米尔：他干些什么，戈多先生？（沉默）你听见我的话没有

孩子：听见了，先生。

弗拉季米尔：嗯？

孩子：他什么也不干，先生。

［沉默。］

弗拉季米尔：你弟弟好吗？

孩子：他病了，先生。

弗拉季米尔：昨天来的也许是他？

孩子：我不知道，先生。

［沉默。］

弗拉季米尔：（轻声）他有胡子吗，戈多先生？

孩子：有的，先生。

弗拉季米尔：金色的还是……（他犹豫了一下）还是黑色的？

孩子：我想是白色的，先生。

［沉默。］

弗拉季米尔：耶稣保佑我们。

［沉默。］

（他犹豫一下）还是黑色的？

孩子：我怎么跟戈多先生说呢？

弗拉季米尔：跟他说……（他犹豫一下）跟他说你看见了我，跟他说……（他犹豫一下）说你看见了我。（略停。弗拉季米尔迈了一步，孩子退后一步。弗拉季米尔停住脚步，孩子也停住脚步）你肯定你看见我了吗，嗳，你不会明天见了我，又说你从来不曾见过我？

〔沉默。弗拉季米尔突然往前一纵身，孩子闪身躲过，奔跑着下。弗拉季米尔一动不动地站在那儿，低下头。爱斯特拉冈醒来，脱掉靴子，两手提着靴子站起来，走到舞台前方中央把靴子放下，向弗拉季米尔走去，拿眼瞧着他。〕

爱斯特拉冈：你怎么啦？

弗拉季米尔：没什么。

爱斯特拉冈：我走啦。

弗拉季米尔：我也走啦。

爱斯特拉冈：我睡的时间长吗？

弗拉季米尔：我不知道。

爱斯特拉冈：咱们到哪儿去？

弗拉季米尔：离这儿不远。

爱斯特拉冈：哦不，让咱们离这儿远一点吧。

弗拉季米尔：咱们不能。

爱斯特拉冈：干吗不能？

弗拉季米尔：咱们明天还得回来。

爱斯特拉冈：回来干吗？

弗拉季米尔：等待戈多。

爱斯特拉冈：啊！（略停）他没来？

弗拉季米尔：没来。

爱斯特拉冈：现在已经太晚啦。

弗拉季米尔：不错，现在已经是夜里啦。

爱斯特拉冈：咱们要是不理会他呢？（略停）咱们要是不理会他呢？

弗拉季米尔：他会惩罚咱们的。（沉默。他望着那棵树）一切的一切全都死啦，除了这棵树。

爱斯特拉冈：（望着那棵树）这是什么？

弗拉季米尔：是树。

爱斯特拉冈：不错，可是什么树？

弗拉季米尔：我不知道。一棵柳树。

［爱斯特拉冈拖着弗拉季米尔向那棵树走去。他们一动不动地站在树前，沉默。］

爱斯特拉冈：咱们干吗不上吊呢？

弗拉季米尔：用什么？

爱斯特拉冈：你身上没带绳子？

弗拉季米尔：没有。

爱斯特拉冈：那么咱们没法上吊了。

弗拉季米尔：咱们走吧。

爱斯特拉冈：等一等，我这儿有裤带。

弗拉季米尔：太短啦。

爱斯特拉冈：你可以拉住我的腿。

弗拉季米尔：可是谁来拉住我的腿呢？

爱斯特拉冈：不错。

弗拉季米尔：拿出来我看看。（爱斯特拉冈解下那根系住他裤子的绳索，可是那条裤子过于肥大，一下子掉到了齐膝盖的地方。他们望着那根绳索）拿它应急倒也可以。可是它够不够结实？

爱斯特拉冈：咱们马上就会知道了。攥住。

［他们每人攥住绳子的一头使劲拉。绳子断了。他们差点儿摔了一跤。］

弗拉季米尔：连个屁都不值。

［沉默。］

爱斯特拉冈：你说咱们明天还得回到这儿来？

弗拉季米尔：不错。

爱斯特拉冈：那么咱们可以带一条好一点的绳子来。

弗拉季米尔：不错。

［沉默。］

爱斯特拉冈：狄狄。

弗拉季米尔：嗯。

爱斯特拉冈：我不能再这样下去啦。

弗拉季米尔：这是你的想法。

爱斯特拉冈：咱俩要是分手呢？也许对咱俩都要好一些。

弗拉季米尔：咱们明天上吊吧。（略停）除非戈多来了。

爱斯特拉冈：他要是来了呢？

弗拉季米尔：咱们就得救啦。

［弗拉季米尔脱下帽子（幸运儿的），往帽内窥视，往里面摸了摸，抖了抖拍了拍帽顶，重新把帽子戴上。］

爱斯特拉冈：嗯？咱们走不走？

弗拉季米尔：把你的裤子拉上来。

爱斯特拉冈：什么？

弗拉季米尔：把你的裤子拉上来。

爱斯特拉冈：你要我把裤子脱下来？

弗拉季米尔：把你的裤子拉上来。

爱斯特拉冈：（觉察到他的裤子已经掉下）不错。

［他拉上裤子。沉默。］

弗拉季米尔：嗯？咱们走不走？

爱斯特拉冈：好的，咱们走吧。

［他们站着不动。］

［幕落。］

——剧终

（施咸荣　译）

·导读·

塞缪尔·巴克利·贝克特（公元1906—1989年），是一位生于爱尔兰、后移居法国的著名作家、评论家和剧作家，1969年获诺贝尔文学奖。他擅长双语（法语和英语）写作，创作涉及小说和戏剧，《等待戈多》（1952年）是其代表作。贝克特与尤奈斯库一起被公认为是荒诞派戏剧的奠基人。

戈多是谁？戈戈和狄狄为什么要执著地等待他？从剧中两个角色的谈话中可以看出，戈多不是指具体的某个人。戈多或许是一个救星、是某种希望，他的到来将决定两个流浪汉的命运。正如剧中台词说的："他要是来了呢？""咱们就得救啦"；"要是不来呢？""咱们明天就上吊"。但是，戈多却又总是迟迟不来，而剧中人物能够做的，就是在无聊中等待，再等待。这样的命运无疑是苦不堪言的，这样的人生无疑生不如死，这样的解读让人心生悲凉，莫名地惆怅！当人失去了精神支柱、失去了灵魂的皈依，混乱了价值体系之后，即使占有再多的物质财富，也将会陷入与戈戈和狄狄同样的境地。西方人在20世纪历经了战乱、物欲洪流的冲击后，信仰破灭，人性异化。由此，对存在的反思，对信仰支撑、灵魂归属以及精神生命意义的渴求，或许正是作者写作这个剧本的要义。

而剧中那两个一会儿使劲摆弄靴子，一会儿脱帽窥视、无聊地闲扯、互相语无伦次对骂的人，他们还有人的骄傲与尊严、还有人的特性与本质力量吗？而我们又该何去何从？什么又是我们需要守望和等待的呢？

通过等待与追求来为本来没有任何意义的人生赋予意义，这也许就是人活着的意义所在，也是人活着实现价值的一种可行的方式。

【思考题】

一、戈戈和狄狄要等待的戈多是什么呢？请结合自己的理解谈谈自己的看法。

二、人为什么要等待？等待对于人生有何意义？

（何　清）

华兹华斯诗二首

[英] 华兹华斯

十四行诗

人世的负担过于沉重，起早赶晚，
收入支出，浪费着我们的才能，
在属于我们的自然界，我们却一无所见。
啊，蝇营狗苟使我们失去了自己的性灵！
向月亮袒露胸怀的浩瀚的大海，
可以无休止地怒吼，而此刻已消歇的风，
正像熟睡的花一样自在，
对于这一切，我们却格格不入，无动于衷。
哦，上帝！
我倒宁愿是古老的教谕所哺育的异教徒，
那样就能伫立在这怡神的草地，
领略定能缓解我孤独的美景，
看那普罗丢斯①从海面上升起，
听老特里顿②的海螺号角长鸣。

当我仰望天上的彩虹

每当我目睹彩虹横贯天宇，

我的心就跳荡不已；
我生命开始时就是这样，
但愿我老了也还是这样，
否则不如死去！
婴孩本是成年人的父亲；
因而今后的岁月，
我希望贯穿着对自然的虔敬。

【注 释】

① 普罗丢斯：希腊神话中变幻无常的海神。　② 特里顿：希腊神话中半人半鱼的海神。

·导 读·

华兹华斯（公元1770—1850年），英国著名浪漫诗人，"湖畔派"诗人中成就、影响最大的一位。华兹华斯特别乐于而且也善于描写大自然，以自然为人之生命和理想的寄托，以自然启迪人性中的纯真、善良和美好，以自然反观工业化之后的文明的种种弊害以及对人性的扭曲。

愈来愈物欲化的现代文明不断地刺激着人们的欲望，驱使着人们起早赶晚地追逐名利，整天忙于算计收入支出，忙于征服掠夺自然和自己的同类。在不知不觉中，人们的心灵被不断地挤压、扭曲，变得自私、冷漠、麻木、贪得无厌。当我们进入自然界时，已没有了古老的异教徒对自然的那份虔敬、那种同自然的相融与和谐，也没有了孩童般的纯真、好奇心与想象力。没有了性灵，又何以能聆听到海神和大海的呼唤，领略到大自然的神奇与变幻无穷，去享受生命的那份美丽与诗意呢？或许更重要的还不在于我们失去了对自然美的感受，而在于从对自然的态度中反观出人类灵性的丧失、人格的扭曲。因此，在享受现代物质文明给我们带来的舒适和快乐的同时，我们还需要对其种种负面影响有清醒的认识。

华兹华斯的诗真挚、自然、质朴，想象力丰富，有深刻的思想。上述两首诗便很好地体现了这些特点。

【思考题】

一、谈谈你对现代文明的看法。

二、为什么华兹华斯说"婴孩本是成年人的父亲"?

(耿文忠)

普希金诗二首

[俄] 普希金

致凯恩

我记得那奇妙的瞬间,
你出现在我的眼前,
好像一闪即逝的幻影,
好像纯洁之美的精灵。

在无以摆脱的忧愁中,
在喧嚣浮华生活的困扰下,
我仍久久难忘你温柔的声音,
睡梦中常见到你的倩影。

岁月的流逝,暴风雨的逞狂,
驱散了昔日的梦想,
我忘记了你温柔的声音,
也忘记了你天仙似的倩影,

在偏僻的乡间,这阴暗的流放生活中,
我无声息地忍受着煎熬,
失却了神性,也没有了灵感,
没有眼泪,没有生命,也没有爱。

我的灵魂突然苏醒,
因为你又出现在我的眼前,
好像一闪即逝的幻影,
好像纯洁之美的精灵。

我的心狂喜地跳动,
心中的一切重又复苏,
有了神性,有了灵感,

有了生命,有了眼泪,也有了爱。

假如生活欺骗了你

假如生活欺骗了你,
不要伤心,也不要烦恼,
阴郁的日子里要心平气和,
相信吧,那快乐的日子就会来到。

心儿要憧憬着未来,
尽管现在令人烦恼,
一切都会如云烟般过去,
而那过去了的,却又使你感到美好。

·导 读·

普希金(公元1799—1837年):俄罗斯浪漫主义文学的杰出代表,同时又是俄罗斯现实主义文学的奠基人,被誉为"俄罗斯诗歌的太阳"。

《致凯恩》是普希金的一首著名的爱情诗。1819年,普希金20岁时,在彼得堡艺术学院院长奥列宁的家中第一次见到已婚的凯恩,她那超凡脱俗的美和优雅的气质给诗人留下了深刻的印象。1824年,沙皇的秘密警察截获了普希金的一封私人信件,其中涉及无神论的内容,加之普希金写了不少讽刺短诗影射沙皇的专制统治,沙皇便将普希金发配到原籍——米哈伊洛夫斯克村。次年夏天,凯恩正好来到邻近的三山村探亲,遂与普希金再次相晤。凯恩离开三山村返回里加时,诗人写下这首被誉为"爱情诗卓绝的典范"的作品相赠。

这首诗表现了爱在人的生命中的神奇力量。诗人的心灵因生活中的不平、痛苦与不幸而渐渐沉寂,与凯恩的再次相遇使诗人死寂的心复苏,生活也重新充满了意义。爱既能改变人的生活,也能使人在精神上获得超越。

《假如生活欺骗了你》一诗表现了诗人的达观与自信。面对生活中的不幸,诗人告诉我们不要去愤世嫉俗地怒号,也不要去悲观消沉地哀鸣,而要坦然地面对,在厄运中要保持平和的心态、乐观与自信,不要丧失对未来的美好憧憬,如此才能超越痛苦与不幸。而当我们再回顾过去时,那时的不幸却显得美好和亲切。

普希金的诗质朴平实,意蕴深长,往往是内心真实情感的自然流露,具有很强的艺术感染力。

【思考题】

一、你怎样认识爱在生命中的意义？

二、如何理解"而那过去了的，却又使你感到美好"这句诗？

（万　燚）

先知（节选）

[黎巴嫩]　纪伯伦

关于爱①

……

爱除自身外无施与，除自身外无接受。

爱不占有，也不被占有。

因为爱在爱中满足了。

当你爱的时候，你不要说"上帝在我的心中"，却要说"我在上帝的心里"。

不要想你能导引爱的路程，因为若是他觉得你配，他就导引你。

爱没有别的愿望，只要成全自己。

但若是你爱，而且需求愿望，就让以下的做你的愿望罢：

溶化了你自己，像溪流般对清夜吟唱着歌曲。

要知道过度温存的痛苦，

让你对爱的了解毁伤了你自己；

而且甘愿地喜乐地流血。

清晨醒起，以喜洋的心来致谢这爱的又一日；

日中静息，默念爱的浓欢；

晚潮退时，感谢地回家；

然后在睡时祈祷，因为有被爱者在你的心中，有赞美之歌在你的唇上。

关于婚姻

爱尔美差又说，夫子，婚姻怎样讲呢？

他回答说：

你们一块儿出世，也要永远合一。

在死的白翼隔绝你们的岁月的时候，你们也要合一。

噫，连在静默地忆想上帝之时，你们也要合一。

不过在你们合一之中，要有间隙。
让天风在你们中间舞荡。

彼此相爱，但不要做成爱的系链：
只让他在你们灵魂的沙岸中间，做一个流动的海。
彼此斟满了杯，却不要在同一杯中啜饮。
彼此递赠着面包，却不要在同一块上取食。
快乐地在一处舞唱，却仍让彼此静独，
连琴上的那些弦子也是单独的，虽然他们在同一的音调中颤动。

彼此赠献你们的心，却不要互相保留。
因为只有"生命"的手，才能把持你们的心。
要站在一处，却不要太密迩，
因为殿里的柱子，也是分立在两旁，
橡树和松柏，也不在彼此的荫中生长。

关于孩子

于是一个怀中抱着孩子的妇人说，请给我们谈孩子。
他说：
你们的孩子，都不是你们的孩子。
乃是"生命"为自己所渴望的儿女。
他们是凭借你们而来，却不是从你们而来，
他们虽和你们同在，却不属于你们。

你们可以给他们以爱，却不可给他们以思想。
因为他们有自己的思想。
你们可以荫庇他们的身体，却不能荫庇他们的灵魂，
因为他们的灵魂，是住在明日的宅中，那是你们在梦中也不能想见的。
你们可以努力去模仿他们，却不能使他们来像你们。
因为生命是不倒行的，也不与昨日一同停留。
你们是弓，你们的孩子是从弦上发出的生命的箭矢。
那射者在无穷之中看定了目标，也用神力将你们引满使他的箭矢迅速而遥远地射了出去。
让你们在射者手中的弯曲成为喜乐罢；
因为他爱那飞出的箭，也爱了那静止的弓。

关于理性和热情

于是那女冠又说：请给我们讲理性与热情。

他回答说：

你的心灵常常是战场。在战场上，你的理性与判断和你的热情与嗜欲开战。

我恨不能在你的心灵中做一个调停者，使我可以让你们心中的分子从竞争与衅隙变成合一与和鸣。

但除了你们自己也做个调停者，做个你们心中的各分子的爱者之外，我又能做什么呢？

你们的理性与热情，是你航行的灵魂的舵与帆。

假如你的帆或舵破坏了，你们只能泛荡、飘流，或在海中停住。

因为理性独自治理，是一个禁锢的权力；热情，不小心的时候是一个自焚的火焰。

因此，让你们的心灵把理性升到热情的最高点，让它歌唱；

也让他用理性来引导你们的热情，让它在每日复活中生存，如同大鸾在它自己的灰烬上高翔。

我愿你们把判断和嗜欲当作你们家中的两位佳客。

你们自然不能敬礼一客过于另一客；因为过分关心于任一客，必要失去两客的友爱与忠诚。

在万山中，当你坐在白杨的凉荫下，享受那远田与原野的宁静与和平——你应当让你的心在沉静中说："上帝安息在理性中。"

当飓暴卷来的时候，狂风震撼林木，雷电宣告穹苍的威严——你应当让你的心在敬畏中说："上帝运行在热情里。"

只因你们是上帝大气中之一息，是上帝丛林中之一叶，你们也要同他一起安息在理性中，运行在热情里。

【注 释】

① 本文的小标题是编者加的。

·导 读·

纪·哈·纪伯伦（公元 1883—1931 年），黎巴嫩诗人、作家、画家。他被称为"艺术天才""黎巴嫩文坛骄子",是阿拉伯现代小说和艺术散文的主要奠基人,20世纪阿拉伯新文学道路的开拓者之一。著有散文诗集《泪与笑》《先知》《沙与沫》等。

纪伯伦的作品和许多优秀的世界文学遗产一样,可以穿越时空,可以超越国界,一次次地来到每一位读者的面前。原因何在?或许是因为其作品中深含哲理吧。爱,到底是什么呢?他说:"爱除自身外无施与,除自身外无接受。爱不占有,也不被占有。因为爱在爱中满足了。"如果读者悟到其中的奥妙,便懂得了真正的爱是不带任何功利目的。只付出,却不期望任何回报,也就不会附着于任何人或事物之上,由此才更爱得坦然与满足。

爱,需要一个大前提:彼此的人格成熟与独立。婚姻就是如此:"在一处,却不要太密迩,因为殿里的柱子,也是分立在两旁,橡树和松柏,也不在彼此的荫中生长。"婚姻的双方是彼此扶持而不是依赖,是爱的能量的流动与交流,而不是对对方的死执与精神剥削。

关于孩子,我们要充分尊重他作为个体的人的独立:"你们可以给他们以爱,却不可给他们以思想。因为他们有自己的思想。"孩子有孩子的命运和人生轨迹,父母给予其生命,却不可以代替甚至剥夺孩子自己的思想和对人生的体验。

最后,诗人以充满东方哲思的诗句告诫我们,不要偏爱理性与热情的任何一方,二者的和谐相处,是成熟人格的必备修养。

【思考题】

一、什么是爱?怎样去爱?请谈谈自己的看法。
二、应该如何认识和处理好理性与热情的关系?

(何　清)

众师之师 —— 人类的无知

[法] 蒙田

人人都应有自知之明,这一训诫实在十分重要。智慧与光明之神就把这一条箴言刻在自己神庙的门楣上,似乎认为此警语已包含他教导我们的全部道理。柏拉图也说:所谓智慧,无非是实施这一箴言。从色诺芬的著作中,可知苏格拉底也曾一步一步地证明这一点[①]。无论哪一门学问,唯有入其门者才会洞察其中的难点和未知领域,因为要具备一定程度的学识才有可能察觉自己的无知。要去尝试开门才知道我们面前的大门尚未开启。柏拉图的一点精辟见解就是由此而来的:有知的人用不着去求知,因为他觉得自己已经是知者;无知的人更不会去求知,因为要求知,首先得知道自己所求的是什么。

因此,在追求自知之明方面,大家之所以自信不疑,心满意足,自以为精通于此,那是因为:谁也没有真正弄懂什么。正像在色诺芬的书中,苏格拉底对欧迪德姆指出的那样。

我自己没有什么奢望。我觉得这一箴言包含着无限深奥、无比丰富的哲理。我愈学愈感到自己还有许多要学的东西,这也就是我的学习成果。我常常感到自己的不足,我生性谦逊的原因就在于此。

阿里斯塔克②说:"从前全世界仅有七位智者,而当前要找七个自知无知的人也不容易。"今天我们不是比他更有理由这样说吗?自以为是与固执己见是愚蠢的鲜明标志。

我凭自己的切身经验谴责人类的无知。我认为,认识自己的无知是认识世界的最可靠的方法。那些既已看到自己或别人的虚浮又不愿意承认自己无知的人,就请他们听听苏格拉底的训诫去认识这一点吧。苏格拉底是众师之师。

【注 释】

① 苏格拉底、柏拉图均为古希腊哲学家。色诺芬为古希腊历史学家、作家。 ② 阿里斯塔克为古希腊天文学家、数学家。

·导 读·

蒙田(公元1533—1592年),法国思想家、散文家。本文选自《蒙田随笔》。

人人都应有自知之明,这似乎是不言而喻的道理。然而,为什么我们总是喜欢自以为是、固执己见甚至刚愎自用,哪怕因此而屡干蠢事也仍旧乐此不疲、不知回头?人类的这一痼疾为何如此难以治疗?或许是因为脆弱、虚荣、自负、狭隘、名利的顾及,权利的异化……

伟大的古希腊哲人苏格拉底却能清醒地意识到并敢于当众承认:"我一无所知。"于是,他就有了自知之明且当为众师之师。如果我们能有苏格拉底那样的不懈地追求、探索知识和真理的精神,那样的谦逊和淡泊名利,再多一些自尊、达观、勇气、和自信,或许我们就会多一些自知之明。

蒙田的这篇随笔应该引起我们对人的缺少自知之明作更深刻的思考和反省。

蒙田的随笔语言简洁朴实，平易亲切，内容丰富，旁征博引，剖析冷峻，见解深刻，富有哲理性。上述特点在这篇随笔中也体现得很充分。

【思考题】

一、举例说明"自以为是"给我们的生活带来的麻烦。
二、为什么说"认识自己的无知是认识世界的最可靠的办法"？

（耿文忠）

自　然

［美］　爱默生

一个人心灵的独处，需要尽可能地走出书斋远离社会。即使他在读书和写作时身边没有陪伴，那也未必算真正的心灵独处。如果一个人要想真正地独处，那他要做的就是在夜晚凝望群星，那些来自天际的光将使他和一切身外之物隔离，甚至有人会认为空气的透明完全是为了更好地向人们展示天体永恒的崇高气象。从城市的街道上遥望星星，你会发现它们是何等地壮观呀！如果这些星星一千年中才出现一次，那将引来多少人的敬仰和爱戴，而且对这曾经显现过的天体——上帝之城的记忆将流传多少代人！然而这些宇宙向我们发出的意味深长的微笑的光，竟然会在每一个晚上都向我们闪耀。

星星会引起人们的敬畏感，因为它们虽然可以望见，却又遥不可及。而且自然中的万物都呈现出这样一个共同的特征：当人们真正对她敞开心扉时，自然从来都是恢宏大度的，不曾有丝毫的吝啬、委琐。再聪明的人也难以穷极她的秘密，即使已发现了她的所有的完美，也不会丧失对她的好奇。对于一个充满智慧的人来说，自然永远不会成为他手中的玩偶。花朵，动物，还有那群山都能反映出他在最好的时光所发挥出来的聪慧，就如她们曾使他纯净的童心无限欣喜一样。

当我们以这种方式谈论自然，我们的心中就会产生一种清新而又充满诗意的感觉。这感觉是自然在我们心中造成的种种丰富的印象的交融。正是这一感觉才将一个伐木工人眼中的木材与诗人眼中的树区分了开来。今天早晨我眺望的田野无疑是由二三十个农场组成的。米勒拥有这块，洛克拥有那块，而曼宁拥有的是远处的那块林地。但他们没有一个人能拥有那片风光。只有诗人能将各个部分整合为一个和谐的整体，因此除了诗人没有人能全部拥有这份财产。

这财产是这些农场主的农场中最珍贵的，但却没有在他们的清单上。

说实话，很少有人能真正地认识自然。大多数人都看不见真正的太阳，或只是浮表地"看见"。对于成年人来说太阳只是照亮了他们的眼睛，而对于孩子来说却能照进他们的心灵。对于一个热爱着自然的人来说，他的感官与自然是息息相通着的，那些即便已进入成年却还童心未泯的人，他和天地之间的交流是他日常生活中不可或缺的一部分，当他独自面对自然时，那欣喜的激情将充盈他全身，而尘世的伤悲将与他无缘。自然说：他是我的造物，即使有各种各样的忧伤缠绕着他，但只要与我同在他就会快乐。不光是太阳和夏天，自然在每一个时辰和季节都能奉献自己特有的快乐，从宁静的正午到最阴郁的子夜，每一变化都应和着人的不同心境。自然就是一个背景，她同时迎候喜悦和哀伤的心灵。当一个人的身心处于健康的状态时，空气就会激励他产生令人肃然起敬的德行。在黄昏我穿过一片布满雪坑的草地，头顶乌云密布，虽然此刻没有什么幸运之感，可我照样能体验到一种快乐之情，即使在恐惧的边缘我也会感到某种快意。在林中，人们可以抛却年龄如同蛇蜕去皮一样。在林中，人们重返童年，青春永在。在这上帝君临的林中，我们会变得端庄与神圣，在这里自然穿着节日的盛装，而我们这些林中访客即使在这里停留一千年，也不会感到厌倦。在林中，我们回归理性和忠诚，感受不到生活中有什么不祥的东西。什么丑恶啦，灾难啦，没有什么自然不能帮助我们克服。

站在这空旷的大地上，我的头沐浴在清爽的空气里，我的思想被提升到永恒无限的空间，所有卑下的欲念都消失了，我变成了一个透明的眼球，我的肉身已然消逝，凭借着灵魂我无所不见，永恒而普遍的存在，进入我的血脉，在我的周身流动，我成了上帝的一分子或一部分。此时此刻，我最熟的朋友的名字听起来也觉得陌生和偶然，成为兄弟，熟人，主人或仆人都没有什么意义，都成了无谓的烦扰。我是无可争辩的、永恒的自然美的挚爱者。在荒野里我发现了某些比乡村和街道里更为亲切的东西。在宁静的风景中，尤其是远处的地平线上，人看到了与他的本性一样美丽的东西。

大地和森林给予我们的最大的快乐是它们向我们显示了人和植物之间的神秘联系。我发现我并不是孤独和无足轻重的。植物向我点头致意，我也予以回应，风暴中摇摆着的树枝对于我既新鲜又熟悉，她们令我吃惊但并非是完全陌生。有时某种高深的思想和美好的情感会出现在我的心头，使得我能正确地思考和行动，而这风中摇摆着的树枝给我的正是这样的感受。

可以肯定，令人产生快乐的力量不光在自然本身，也在人的心中，或者说是在彼此的和谐与共振之中。我们有必要用这快乐来帮助我们克服心中的不快。

但自然也不会总是向我们提供欣喜。在同一个地方，昨天还散发着芬芳，像林中仙女嬉戏一般闪耀着光彩，而今天可能阴云密布。自然也常常染上人的精神的色彩。一个在灾难中困苦劳作的人，他生命中的悲伤使得他无暇顾及美丽的风光；而对于刚刚故去亲人的人，他也会对美丽的风光无动于衷；当对人们的行为感到不满时，天空也会失去其广阔和壮丽。

· 导 读 ·

爱默生（公元1803—1882年），思想家、散文家和诗人。在本篇散文中，爱默生告诉我们，自然与人的心灵是息息相通、相互感应的。但我们必须以孩童般的纯真、澄明，以对自然神性信仰般的虔敬与爱，摒弃种种杂念和功利企图，这样才能将自己全身心地融入自然，并在聆听自然、与自然的交流和对话之中，抛却生命中的苦痛和烦扰，获得心灵的宁静与自由，看到我们的本性的圣洁和美丽，感受生命的崇高气象，使我们的心灵得到净化，精神境界得到提升和拓展……

然而，现实中的人们却往往纠缠于眼前的一己得失与忧烦，沉溺于当下肉身的享乐，由此而丧失了生命的那份纯真、澄明、高贵与诗意，没有了超越狭隘自我的胸襟、气度与勇气。由此，我们看到的太阳就只能是刺眼的光，树木只能是木材，又何以能感受到自然所给予我们的如此之多的美好感受与快乐？

爱默生的这篇散文很好地体现出了他作为思想家的深邃与睿智，作为文学家的浪漫诗意。此文境界开阔，想象力丰富。他关于人与自然的关系的思考也给我们以许多深刻的启示。

【思考题】

一、伐木者眼中的树和诗人眼中的树有何不同，为什么？
二、为什么说人在自然中能看到自己本性的美丽？

（耿文忠）

论读书（节选）

［德］ 叔本华

一

富翁阔佬在显露出他的愚昧无知时，常会格外令人鄙视。而穷人终日操劳，没有深思幽想的余闲，显出无知是不足为奇的。我们常常可以见到富裕阶层中的粗俗愚蠢者醉生梦死，恣情享乐，像禽兽一样活着。如果他们善于利用自己的财富和时间的话，本来可以做出一些很有价值的事情。

二

读书时，作者在代我们思想，我们不过在追循着他的思绪，好像一个习字的学生在依着先生的笔迹描划。我们自己的思维在读书时大部分停止了，因此会有轻松的感觉。但就在读书的时候，我们的头脑实际上成了他人思绪驰骋的运动场了。所以读书甚多，或几乎整天在读书的人，虽然可以借此宽松脑筋，却渐渐失去自行思想的能力，就像时常骑马的人渐渐失去步行的能力一样。有许多学者就是这样，读书太多反而变得愚蠢。经常读书，稍有空闲就读书，这种做法比体力劳动更容易令人思维麻痹，因为我们在干体力活时还可以沉湎于自己的遐想。一条弹簧在久受外力的压迫之后会失去弹性，同样，我们的头脑如果经常处在他人的思想影响之下，也会失去自己的活力。又譬如食物能够滋养身体，但吃得过多，反使胃肠受累，损害健康；而我们的精神生活如果向外摄取过多，也是有害无益的。读书越多，使你的头脑就像一块重重叠叠书写的黑板，每一篇读过的东西能够留存的越少。读书而不思考，就不可能心领神会，得到的浅薄印象往往稍纵即逝。就像我们所摄入的食物只有五十分之一能够被身体吸收，精神食粮也只有小部分真正成为大脑的营养。

况且记录在纸上的思想就好像沙上行走者的足迹：我们也许能看到他所走过的路径，但如果要知道他在路上究竟看见了什么，则必须用我们自己的眼睛。

三

作家们各有自己的风格特点，例如雄辩、豪放、华丽、优雅、简洁、纯朴、轻快、诙谐、精辟等等，并非阅读他们的作品就可以学到这些优点。但如果我们生来具有这方面的天赋，也许可因读书而受到启迪。看到别人的榜样而善于学习运用，我们才能获得同样的才干。这样的读书，能引导我们发挥自己的特长，培养写作的能力，但具有这方面的天赋是一个先决条件。否则我们在读书中除了学到一些陈词滥调，别无益处，只能成为浅薄的模仿者而已。

四

如同地层依次保存着古代的生物一样，图书馆的书架上也保存着历代的古书。后者与前者一样，在其当时，都是生气勃勃、大有作为的，现在则成为化石，死气沉沉，只有考古学家还有兴致玩赏。

五

据赫鲁多特斯说,色尔泽克斯在望着自己漫无边际的庞大军队时掉下了眼泪,因为他想到百年之后,这些人将荡然无存。如果想到堆积如山的流行图书在十年之后没有一本被人阅读,不也应该落几滴眼泪吗?

六

文艺界的情况与人世间相同:无论你向社会的哪一个角落望去,都会看到无数愚民像苍蝇似的攒动,追污逐垢。在文艺界中,也有无数坏书,像蓬勃滋生的野草伤害五谷。这些书原是为贪图金钱、企求官职而写作的,却使读者浪费时间、金钱和精力。因此,它们不但无益,而且为害甚大。现在的图书泛滥成灾,十分之九是以骗钱为目的,作者、评论家和出版商同流合污,朋比为奸。

许多文人非常狡猾,不是引导读者追求高尚的趣味和修养,而是引诱他们以读新书为时髦,好在交际场中卖弄学识。诸如斯平德勒、布尔沃、尤金·休等人,都因善于投机而名噪一时。无论何时,都会出现很多这样的通俗作品,却使读者倒了霉,他们把阅读这些庸俗作家的最新著作当作自己的义务,而不去阅读古今中外为数不多的杰作——其中那些每天出版的通俗刊物尤为缺德,偷偷夺去了世人宝贵的光阴,使他们无暇顾及真正有益于修养的作品。

因此,对于善于读书的人,决不滥读是件很重要的事情。即使是时下正享盛名,大受欢迎的书,如一年数版的政治、宗教小册子、小说、诗歌等,也切勿贸然拿来就读。要知道,为愚民而写作的人反而常会大受欢迎,不如把宝贵的时间用来专心一致地阅读古今中外出类拔萃的名著,这些书才使人开卷有益。

坏书是灵魂的毒药,读得越少越好,而好书则多多益善。因为一般人通常只读最新的出版物,而不读各个时代最杰出的作品,所以作家也就拘囿在流行思潮的小范围中,时代也就在自己的泥泞中越陷越深了。

不读坏书,是读好书的一个条件:因为人生短促,时间和精力都是有限的。

七

一般人都喜欢读那些介绍或评论古今大思想家的书,却不去阅读原著,因为他们习惯于阅读新出版的东西,又因为物以类聚,人以群分,他们觉得现今庸人的浅薄平淡的语言比伟人的思想更容易理解。我很幸运,在童年时就读到了施莱格尔美妙的警句,并把它奉为圭臬:

"你要常读古书,读古人的原著,今人对他们的论述没有多大意义。"

平凡的人，好像都是从一个模子里铸出来的，彼此多么相似。他们在同一个时期产生的思想几乎完全一样，而他们的意见又是同样地鄙俗。庸人所写的劣作，只要是新出版的，自会有愚蠢的人们爱读，而宁愿把大思想家的名著束之高阁。

　　平凡的作品像苍蝇一样每天在繁衍，人们只因为它油墨未干而争先阅读，真是愚不可及的事情。这些无价值的东西在几年之后必然被淘汰，实际上它一出世就应该被遗弃，只能作为后人助谈的笑料。

　　无论什么时代，都存在着互不相干的两种文艺，一种是真实的，另一种虚有其表。前者是由为科学或文学而生活的人所创造的不朽之作，他们的工作是严肃而深刻的，然而非常缓慢，欧洲在一个世纪中所产生的这样的作品不超过十部。另一种是靠科学或文学而谋生的人编造出来的，他们振笔疾书，在鼓噪颂扬声中每年有无数作品上市。可是数年之后，不免产生疑问：它们显赫的声誉如今安在？它们本身又消失到哪里去了？因此我们可以把前者称为不朽的文艺，而后者是应景之作。

八

　　买书后又能一丝不苟地阅读，是很好的，然而一般人往往买而不读，读而不精。

　　要求读书人记住他所读过的一切东西，就像要求一个人把他所吃过的东西都储存在体内是一样地荒谬。人靠进食维持物质生活，又通过阅读过着精神生活。然而身体只吸收能够同化的食物，同样，读者也只能记住他所感兴趣的东西，也就是符合他的思想体系或生活目标的东西。当然，任何人都有自己的生活目标，但只有很少人形成了自己的思想体系。没有思想体系，就不能对事物作出明智的评价，他们读书也必然徒劳无益，毫无主见。

　　"温习乃研究之母"，任何重要的书都应该立即再读一遍。一方面因为再次阅读能使你更清楚地了解书中发生的各种事情之间的联系，知其结尾，才能更深刻地理解开端；另一方面，第二次阅读时你会有不同的心情，得到不同的印象，就像在不同的照明中观察同一件东西。

　　作品是作者思想活动的精华，如果作者是一个伟人，那么他的作品能大致体现他的生活，并常常能比实际生活包含更丰富的内容。（二流作家的著作也可能是有益的，因为这也是他思想活动的精华，是他全部思维和研究的成果，我们也不妨阅读一些。）崇高的精神生活使我渐渐达到一种境界，不再从与他人的应酬交往中寻求乐趣，而几乎完全潜心于书本之中。

没有别的事情能比阅读古人的名著给我们带来更多的精神上的乐趣，这样的书即使只读半小时，也会令人愉快、清醒、高尚、刚强，仿佛清澈的泉水沁人心脾。这是由于古代语言的优美，还是因为伟人的品性使其作品经古常新？或者两者兼而有之。

文艺界有两种历史：一种是政治的，另一种是文学和艺术的。前者是意志的历史，其内容是可怕的，无非是恐怖、受难、欺诈和杀戮等等。后者是睿智的历史，其内容是欢愉明快的，即使在描写人类的迷误时也令人神往。哲学是这种文艺的重要分支，又是其基础，它的影响广泛，但又是缓慢地产生作用。

九

我很希望有人来写一部悲剧性的文学史，揭示出许多国家对于自己民族的大文豪和大艺术家虽然无不引以为荣，但在他们活着时，却百般残害虐待他们；揭示出在所有国家和任何时代里，真和善对邪恶进行着不知疲倦的无休止的斗争；他要揭示出在艺术的各个领域里，除了少数幸运者，人类的英华巨擘几乎都得遭灾罹难，他们贫寒困苦，命乖运蹇，而荣华富贵则为庸碌鄙俗者所享有。他们就像《创世纪》中的以扫，以扫外出为父亲打猎时，雅各却穿了以扫的衣服，在家里接受父亲的祝福。然而人类的巨匠大师们不屈不挠，继续奋斗，终能完成其事业，光耀史册。

·导 读·

亚瑟·叔本华（公元1788—1860年），德国哲学家，《作为意志和表象的世界》是他的重要代表作。叔本华出生在一个非常富有的商人家庭，但他却以为富而无知且又不求知的醉生梦死之徒与禽兽无异，这是叔本华的观点，也是他的价值取向。

浩如烟海的书籍，尤其是那些公认的经典好书，是作者呕心沥血的精神积累，是他们的思考和他们的感悟。即使如此，如果只会享受和徜徉于前人的精神世界，也只是没有建设性意义的读书方式。读书，要有自己的思考。叔本华告诫读者："况且被记录在纸上的思想，不过是在沙上行走者的足迹而已，我们也许能看到他走过的路径，如果我们想要知道他在路上看见些什么，则必须用我们自己的眼睛。"

一味地死读书，会使人变成一只移动的书橱，除此之外没有太大的意义。书籍的作者各有个性与风格，读者在读书的过程中，受到的是创造力的启迪。

如果去刻意模仿作者，只会使读者失去自我，成为作者的复制品。

读书还要有选择，所谓"开卷有益"只是对有价值的好书而言的。对于充斥于社会上的、以书的形式出现的许多印刷品，更要小心辨别。当今许多印刷品和出版物，在媒体和报刊上炒得沸沸扬扬，它们的背后隐藏着的也许是名利和欲望。那么，读什么书呢？怎样选择呢？叔本华说："要知道，为愚民而写作的人反而常会大受欢迎，不如把宝贵的时间用来专心致志地阅读古今中外出类拔萃的名著，这些书才真正的开卷有益。"因此，我们有必要记住作者的忠告："坏书是灵魂的毒药，读得越少越好，而好书则多多益善。"

【思考题】

一、请结合自己的阅读经历，谈谈自己的读书感受。

二、请给同学们推荐一些自己认为有益的书籍，并说明理由。

（何　清）

品格是人生的桂冠和荣耀，是一个人最高贵的财产

[美] 奥格·曼狄诺

富兰克林指出："品格，是人生的桂冠和荣耀。它是一个人最高贵的财产：它构成了人的身份和地位；它是一个人在信誉方面的全部财产。它比财富更具威力，它使所有的荣誉都毫无偏见地得到保障。它伴随着时间可以奏效的影响，因为它是一个人被证实了的信誉，是正直和言行一致的结果。而一个人的品格比其他任何东西都更显著地影响别人对他的信任和尊敬。"要想成为一个真正的成功者，必须摆脱"投机"心理，注重自己的品格。

1772年，英国因为火药库经常遭受雷击，成立了对策委员会，富兰克林被任命为委员，因为避雷针就是他发明的。他主张在火药库顶上装上尖头避雷针，委员会采纳了他的意见。1776年，美国发生反对英国的独立战争，富兰克林是《独立宣言》的起草人之一。国王乔治三世对他大为恼火。因为他认为富兰克林反对英国，不是个好东西，他推荐给英国使用的避雷针也不可能是好东西。国王要皇家学会会长约翰·普林格尔宣布，尖头避雷针不行，而圆头避雷针比它好。但是普林格尔说："许多事情都可以按国王的愿望办，然而违背自然规律的事情，却不能按国王的愿望办。"

富兰克林把他作为一个社会名流的崇高声望，归因于他个人性格的正直诚

实，而不是他自己的才能或口才，因为在这些方面他都只是一般。因此，他说："正直诚实使我在人们中享有声望。我口才很差，根本谈不上雄辩，遣词造句还犹豫不决，很难说能很好地使用语言。不过我还是能清楚地表达自己的意思。"

人格就是力量，在一种更高的意义上说，这句话比"知识就是力量"更为正确。没有灵魂的精神，没有行为的才智，没有善行的聪明，虽说也会产生影响，但是它们都只会产生坏的影响。我们或许会从中受到教育或者会觉得他们有趣，但是，我们不会去崇拜他们，这就像要我们去崇拜一位扒手的敏捷或一位在高速公路上跑马的骑士一样，是十分困难的。

诚实、正直和仁慈，这些品质并不是与每个人的生命息息相关，但它却成为一个人品格的最重要的方面。正如一位古人所说："即使缺衣少食，品格也先天地忠实于自己的德行。"具有这种品质的人，一旦和坚定的目标融为一体，那么他的力量就可惊天动地，势不可挡。

每个人都应该把拥有好的品格作为人生的最高目标之一。好的品格是使他获得努力的动力的保证，而刚毅的品格，作为一种向上的因素，能使他的动机保持稳定并受到刺激。人生最好是有一个较高的目标，但是并不是我们每个人都能认识到这一点。

正直就是无论你在任何时候、任何情况下，无论和什么人在一起，都忠于自己、言行一致、坚守自己的信仰及价值观。如果你不正直，最终将失去一切，因为，别人愿和你一起工作，或跟你进行交易。如果没有足够的人愿意和你共事，你的事业将会失败，无论哪一种事业的结果都将一样。

专注于你是谁而不是你做了什么，因为你是谁正是你的价值所在。你到底是什么样的人？你重视什么？你怎么过生活？你和其他人有什么关系？你有什么特质？这些才是惟一重要的事情。因为，你是什么样的人将决定你做什么样的事，而不是由于你做了什么样的事而判定你是什么样的人。

一个正直的人会在适当的时机做该做的事，即使没有人看到或知道。亚伯拉罕·林肯说得好："正直并不是为了做该做的事而有的态度，正直是使人快速成功的有效方法。"

奥格·曼狄诺指出："正直、诚实、一贯性、坚持、负责——这些都是使一个人成功的特质。而我认为这些也是我们人生中最值得追求的目标。"

· 导 读 ·

奥格·曼狄诺（Og Mandino，公元 1923—1996 年），世界知名的励志和心灵自助书籍作家。他的 18 部励志作品被翻译成几十种语言，在全世界的销量超过4000万册。他从徘徊在自杀边缘的流浪汉，一步步奋斗成为一位伟大的励志作家和演说家，撰写出了传世的《世界上最伟大的推销员》，并通过其感人至深的作品和振奋人心的演说，改变了千百万人的命运，被誉为"世界上最伟大的成功推销员"。曼狄诺的书中处处可见智慧、灵性与爱，特别能激发起读者的阅读热情和自学精神，因而受到各行各业人们的推崇。不同国籍、数以千万计的读者在他的作品中看到了希望，得到了神奇的力量，找到了照耀幸福的火炬。

在这篇文章中，奥格提出：品格之所以是一个人最重要的资源、最高的财产，是因为它是一个人人格上的身份和地位，它带来的是信誉，是别人的信任、尊敬，是力量与影响力。品格不仅可以使人广交朋友、创造财富，赢得帮助和支持，而且可为通向财富、名誉和快乐打开一条确实有效的道路。优秀的品格就是一笔无价的财富，塑造品格的工作本身就是世界上最高贵的事业。而与之相对的投机带来的则是失败。

品格是通过每一个人自主自觉的、实实在在的行动塑造出来的。人们首先要明白人格自觉的重要性：你是什么样的人就决定了你做什么样的事。而无论在什么样的境况下，都能坚守住自己的信仰和价值观，做到表里和言行一致，这样的人才能真正赢得人们的尊重与信赖。

奥格·曼狄诺特别强调："正直、诚实、一贯性、坚持、负责——不仅是做人的一些基本品格，也是使一个人成功的不可缺少的重要特质。因而也是我们人生中最值得追求的目标。"

【思考题】

一、如何认识品格？在当下的社会生活中，品格起着什么样的作用？
二、谈谈你对"正直"的看法。

(万　燚)

爱 的 艺 术

[美] 弗洛姆

……成熟的爱是在各自保持着自己的完整性、尊严和个性的条件下的结合。爱是人的一种主动的能力，是一种突破使人与人分离的那些屏障的能力，一种把人和人联合起来的能力。爱使人克服孤独和分离感，但爱也承认每个人自身的价值，保留着个人的尊严。爱产生了将两个个体合成为一体，却仍然保留着个人的尊严和个性的奇异现象。

爱是一种积极的，而不是消极的情绪；它是"永恒的"，而不是"坠入情网"。用最通俗的方式可以把爱的积极性表述为：爱主要是"给予"，而不是"接受"。

……

对于具有创造性人格的人来说，"给予"是完全不同的意思。"给予"是力量的最高表现。正是在"给予"行为中，我体会到自己的强大、富有、能力。这种增强了的生命力的体验使我倍感快乐。我感到自己精力充沛，勇于奉献，充满活力，因此也欢欣愉悦。"给予"比接受更令人快乐，这并不是因为"给予"是一种牺牲、舍弃，而是因为给予体现了我的存在价值。

几乎没有必要强调这一事实：作为"给予"的行为的爱之能力，取决于那个人性格的发展。爱以突出的创造性的倾向作为先决条件。这种倾向性使人克服了依赖性和自诩无所不能的自恋妄想症，摒弃了剥削他人和守财之欲望，从而产生了对他本人能力的自信和依靠自身能力达到自己目的的勇气。如果谁缺乏这些品质，那么谁便害怕奉献自己——因而也害怕爱。在给予的因素之外，爱的主动特性明显地表现在这样的事实中，即所有形式的爱常常包含着共同的基本要素：关心、责任、尊重和了解。

……

爱主要不是一种对某个特殊的人的关系，它是一种态度，一种决定一个人对整个世界而不是只对一个爱的"对象"的关系的性格倾向。如果一个人只爱某一个人，而对其他人无动于衷，那么他的爱就不是真正的爱，而是共生性的依附，或是膨胀了的自我中心。不过，大多数人认为爱是由对象构成的，而不是爱的能力构成的。事实上，他们甚至相信，他们只有除了爱那个"被爱的人"之外不再爱任何人，才能证明他们爱的强烈和真诚。因为人们看不到爱是一种活动，一种精神力量，才相信全部需要仅仅是必要找到合适的对象——尔后其他事自然而然就会产生。……如果我们真正爱一个人，我们就会爱所有的人，爱这个世界，爱生活。如果我们能对另外一个人说："我爱你。"我们也就一定能够说："我因为爱你而爱每个人，我通过你而爱这个世界，也爱我自己。"

· 导 读 ·

埃利希·弗洛姆（公元1900—1980年），出生于德国，后入美国国籍，是当代著名心理学家、哲学家、人文主义精神分析学说的创始人。本文选自弗洛姆的著作《爱的艺术》。

人人都渴望爱和被爱，却又往往不去认真地思考什么是爱、如何去爱，结果便盲目甚至愚蠢去爱，结果为爱所累、所伤害……要想更好地去爱，就得不断地去思考和了解爱的要义。弗洛姆站在一个思想家的高度，从心理学、社会学的角度对爱给出了他的深刻而独到的理解。

爱是融合，但必须以相互尊重，保持各自的尊严、个性、自主与价值为前提，否则便会失去自我，或一方剥夺另一方的自主与权利。

爱是一种创造性的给予。但这种给予并不只是单纯地牺牲奉献，爱也有着许多"回报"，爱让给予者感受到了自己的强大有力、生活的充实与富有、自我实现的成就与快乐，由此会激发出人们更多的热情、活力和潜能，更积极主动地去爱，去创造，去给予，去享受。

爱是多种多样的，但都应该包含一些基本的要素：没有关心和关切就不叫爱，没有责任感就会导致放任和随意，没有尊重就会导致剥夺甚至践踏，没有了解和沟通就易造成误解、摩擦，就难有真正的相知、相印。

如果只爱自己所爱的那个人，这样的爱难免会变得自私、狭隘、苍白、脆弱。由爱一个人而推及爱许多人、爱世界，这样的爱才坚实、厚重、丰富多彩，才能产生更强大的精神力量，产生更多美好的爱的体验。

【思考题】

一、谈谈你对爱的理解。
二、如何处理好爱一个人与爱世界的关系？

（耿文忠）

参透生死

[美] 乔·路易斯

她期待死亡的来临，就像个孩子盼望去远游一样。

母亲9个月前去世，她死得就像她在世74年来活的那样：欣然、务实，甚至有点高兴。她期待死亡的来临，就像个孩子盼望去远游一样。

她去世之后我才察觉那是多么了不起。前年12月，我母亲葛雷丝终于逃不过自幼就缠扰她的肺病时，便已表示乐意"回老家"（她形容死亡的话）。

一天晚上，她上楼就寝后颓然不支，倒在父亲的双臂中喘气，脸泛蓝色，急送医院后，好心肠的医生和护士把她救活了。

医生叫她回家，但要长期接受氧气治疗，生活受严格限制。

自此以后，母亲无论看书或者集中精神做事，一超过两三分钟便气促疲惫；她心里明白自己的状况，觉得这真受不了。"我不能再忍受了。"她向父亲和我倾诉，"他们为什么要把我救过来？为什么不干脆放我走？"

"因为医院的责任就是尽力救命，"我们指出，"医生在病人入院时已同意这点。"

"既然如此，"她果断地说，"我以后便不再进医院了——那徒然延长我的痛苦。我要留在这里，在自己的家，和你们，和我所爱的一切在一起。"

"你明白这会怎样吗？"我们焦虑地问她。

"你们要知道，我已享受过美妙的人生和52年幸福无比的婚姻，现在就要到尽头了。我接受这事实，一切听其自然好了。"她转过来向着我，"不过我很想走的时候有你在身边，看着我离开这个世界。"

"一言为定。"我向他保证。于是，不论昼夜，母亲病情一有变化父亲就给我打电话，我便立即赶到。

往后那6个月，我尽量抽出时间探望母亲。我有3个孩子，两个仍跟我们住，家务十分繁忙，但我还是每星期两次驾车好几公里去探望他们。母亲的病时好时坏。

"你可知道，我能活到74岁真想不到，"她一再感叹，"他们说以我肺的健康状况来说，我永远不能生育，而且顶多活四十几岁。可是你看，看我——现在还是活着哪！"

母亲3岁时患了严重的肺炎，那时候还没有抗生素这种神奇的药物，结果她得了类似肺气肿的病：肺受到永久性伤害，她一生体力不足，肺部经常受严重感染。

不过母亲依然生下两个孩子，就是哥哥乔和我，而且因为父亲在殖民部任职，她曾跟随他到过许多地方。她绘画，展览过不少极有创意的作品。她的巧手把简单衣衫变成漂亮无比的云裳。60岁时她成为浪漫小说家，出版了5本书，令她感到既光荣又欢欣。

她一再告诉我："只要有充分决心，几乎什么都能做到，我确信自己就是纯凭决心而活到现在的。"

可是，在圣诞节之后几个星期，她越来越巴望摆脱长期的疲惫，踏上她的宇宙旅程。她愉快务实地开始送掉她最珍爱的东西：缝纫机给我女儿艾玛，最宝贵的文字处理机送给我那对电脑疯狂着迷的儿子乔纳林。她向我一一展示她心爱的衣裳，随便哪一件只要我稍微表示一点兴趣便要我收下。她一面喘着气，一面珍惜每一刹那，躺在床上看我试穿她的美丽衣裳。"这使我很高兴，"她兴奋地说:"哦,自己永远没机会穿这些衣服,现在想来也没什么关系了。"有时我留下过夜,睡在母亲床脚一张褥垫上,在凌晨时分听着她吃力的呼吸。"你没什么事吧?"我焦虑地问。

"我没事,"她低笑着回答,"只是我的肺有事而已!"接着我们咯咯地笑起来,在黑暗中细语,直至父亲由隔壁卧房走过来,以他可爱的方式嘟囔说,我们吵得他睡不着。

5月里一个星期六,父亲天亮时给我电话,他说:"我想你最好过来一趟,医生说只是几个小时的事了。"我一个钟头后赶到了家里,父亲把我拉往一旁。"昨晚她病情突然恶化。你能留下吗?"

"你要我留下多久便多久。"我答应他。

我上楼去母亲的房间。我两天前见过她,之后她的情况明显恶化了,不过她仍照常开心地和我打招呼:"亲爱的,你来了真好。你知道我要回家了吗?"

"你觉得时候到了?"我执着她的双手问道。我很喜欢她的手:又小又巧,总是不断创造神奇的东西。

她点点头。"我想是了。我希望如此。哦,我真希望如此!我只想在你坐在我身旁时睡去,永不再醒来。"

我替她理好枕头,她全身无力地靠下,脸上挂着笑容。"你看过许多电影里那些描写人临终的镜头,是不是?亲人围拢在床边,你会想,周围那些人眼看着他们所爱的人死去一定多么痛苦。可是,你从不知道,那受到关怀爱护的亲人死前会感到多么宽慰!"

"那感觉是怎样的呢?"我问她。

她思索了好久。"再自然不过。"她最后回答说,"本来就应该是这样的。'天道当循环,生命有始终',感觉就是这样。"我搂着母亲,把她拉近,轻轻拥抱着她。"我爱你。"我说,"我爱你,我爱你,我爱你。"

"我知道,"她以无限慈爱的神情说,并且打了个小呵欠。"好吧,现在我去了!"说罢闭上眼睛,不久便睡着了。

那天我整天都坐在她身旁,医生来来去去。母亲越睡越酣。不知不觉地陷入昏迷。她的呼吸变得更急促。

大约下午5点钟,我为她唱一首她在我们婴孩时唱的儿歌。唱罢把脸贴着她的脸。

"你准备好了,"我轻轻说,"就去吧,一切都没问题。"她长叹一声,像是出于喜悦,之后她的生命便结束了。

葬礼过后,我们把她的骨灰撒在花园里草坪上她最喜爱的玫瑰丛下。"再见了，亲爱的！"我们说，"一路顺风。"

自此以后，我一想到她便只感到恬静和快乐，没有一丝悲伤。就我所知，她一生没有浪费过一分一秒。她有时候会很傲慢，令人生气，但不出一会儿便恢复了正常，变得非常可爱。我深深地爱她。

她一生中虽然一直身体不好，力不从心，但却洒脱，看得开，以无比的热诚生活，而且以相同的态度迎接死亡。了不起的母亲，祝你平安回家。

· 导 读 ·

这篇文章让我们体悟到了什么是"大爱无痕"。爱往往体现在平凡的日常生活之中。文中的母亲是一位再普通不过的女性，命运对她是那样地不公，然而爱与责任感给了她生存下去的勇气、乐观与自信，使她奇迹般地活了74年，而且活得那样充实、快乐、幸福，赢得了人们的尊敬和热爱。她的一生让我们明白：任何一个人只要有爱、勇气和自信，乐于付出，就能享受一生的快乐与幸福，安然地走过一生——"死而无憾"。的确，在人的一生中，一直都热爱生活，洒脱、看得开，秉持着爱心与责任，认真努力地生活，默默地、无怨无悔地为他人操劳直到人生终点，并非一件易事。然而，作者笔下的母亲却做到了。她"一生都没有浪费过一分一秒"，生命没有虚度，自然就会"像一个孩子盼望去远游一般"欣然地接受生命的归期。

【思考题】

一、文章中母亲的人生观对你有何启发？

二、"她长叹一声，像是出于喜悦，之后她的生命便结束了。"仔细体会这句话，谈谈你的感受。

（万　燚）

汉语基础

- Ⅰ 语音知识要点
- Ⅱ 汉字知识要点
- Ⅲ 词汇知识要点
- Ⅳ 语法知识要点
- Ⅴ 修辞知识要点
- Ⅵ 标点符号知识要点

I 语音知识要点

一、《汉语拼音方案》

《汉语拼音方案》是由国家制定的汉语拼音字母连同它的拼写规则方案，是中华人民共和国法定的拼音方案，是世界文献工作中拼写有关中国的专用名词和词语的国际标准。1958年2月11日，第一届全国人民代表大会第五次会议正式通过了《汉语拼音方案》，并批准公布推行。

《汉语拼音方案》是采用国际通用的拉丁字母，采用音素化的音节结构拼写，以北京语音为标准音的普通话的一种方案。它包括字母表、声母表、韵母表、声调符号四个部分。字母表规定了字母的形体、名称及排列顺序，共有26个字母，其中25个字母可用来拼写普通话语音里所有的音节。声母表和韵母表是根据普通话语音结构的特点规定的，25个字母可配合成21个声母和39个韵母。

字母表

字母	名称	字母	名称
Aa	ㄚ	Nn	ㄋㄝ
Bb	ㄅㄝ	Oo	ㄛ
Cc	ㄘㄝ	Pp	ㄆㄝ
Dd	ㄉㄝ	Qq	ㄑㄧㄡ
Ee	ㄜ	Rr	ㄚㄦ
Ff	ㄝㄈ	Ss	ㄝㄙ
Gg	ㄍㄝ	Tt	ㄊㄝ
Hh	ㄏㄚ	Uu	ㄨ
Ii	ㄧ	Vv	ㄪㄝ
Jj	ㄐㄧㄝ	Ww	ㄨㄚ
Kk	ㄎㄝ	Xx	ㄒㄧ
Ll	ㄝㄌ	Yy	ㄧㄚ
Mm	ㄝㄇ	Zz	ㄗㄝ

声母表

b	p	m	f	d	t	n	l
ㄅ玻	ㄆ坡	ㄇ摸	ㄈ佛	ㄉ得	ㄊ特	ㄋ讷	ㄌ勒

g	k	h	j	q	x
ㄍ哥	ㄎ科	ㄏ喝	ㄐ基	ㄑ欺	ㄒ希

zh	ch	sh	r	z	c	s

ㄓ知　　ㄔ蚩　　ㄕ诗　　ㄖ日　　ㄗ资　　ㄘ雌　　ㄙ思

韵母表

	i	u	ü
	ㄧ 衣	ㄨ 乌	ㄩ 迂
a	ia	ua	
ㄚ 啊	ㄧㄚ 呀	ㄨㄚ 蛙	
o		uo	
ㄛ 喔		ㄨㄛ 窝	
e	ie		üe
ㄜ 鹅	ㄧㄝ 耶		ㄩㄝ 约
ai		uai	
ㄞ 哀		ㄨㄞ 歪	
ei		uei	
ㄟ 诶		ㄨㄟ 威	
ao	iao		
ㄠ 熬	ㄧㄠ 腰		
ou	iou		
ㄡ 欧	ㄧㄡ 忧		
an	ian	uan	üan
ㄢ 安	ㄧㄢ 烟	ㄨㄢ 弯	ㄩㄢ 冤
en	in	uen	ün
ㄣ 恩	ㄧㄣ 因	ㄨㄣ 温	ㄩㄣ 晕
ang	iang	uang	
ㄤ 昂	ㄧㄤ 央	ㄨㄤ 汪	
eng	ing	ueng	
ㄥ 亨的韵母	ㄧㄥ 英	ㄨㄥ 翁	
ong	iong		
ㄨㄥ 轰的韵母	ㄩㄥ 雍		

(1)"知、蚩、诗、日、资、雌、思"等字的韵母用 i。

(2)韵母ㄦ写成 er，用作韵尾的时候写成 r。

(3)韵母ㄝ单用的时候写成ê。

(4) i 行的韵母，前面没有声母的时候，写成 yi（衣），ya（呀），ye（耶），yao（腰），you（忧），yan（烟），yin（因），yang（央），ying（英），yong（雍）。u 行的韵母，前面没有声母的时候，写成 wu（乌），wa（蛙），wo（窝），wai（歪），wei（威），wan（弯），wen（温），wang（汪），weng（翁）。ü 行的韵母跟声母 j，q，x 拼的时候，写成 ju（居），qu（区），xu（虚），ü 上两点也省略；但是，跟声母 l，n 拼的时候，仍然写成 lü（吕），nü（女）。

(5) iou，uei，uen 前面加声母的时候，写成 iu，ui，un，如 niu（牛），gui（归），lun（论）。

声调符号

阴平	阳平	上声	去声
—	/	V	\

声调符号标在音节的主要母音上。轻声不标。如：

妈 mā	麻 má	马 mǎ	骂 mà	吗 ma
阴平	阳平	上声	去声	轻声

隔音符号

a，o，e 开头的音节连接在其他音节后面的时候，如果音节的界限发生混淆，则用隔音符号（'）隔开，如 pí'ǎo（皮袄）。

《汉语拼音方案》的主要用处是：给汉字注音，拼写普通话；作为少数民族创造和改革文字的共同基础；用于处理中文信息，并可以音译外国人名、地名和科学技术用语；帮助外国人学习汉语等。

二、汉语音变

音变是指语音的变化。有在连续发音中受前后音的影响而发生的变化，也有历史性的变化。常见的音变有同化、异化、弱化等。

（一）轻 声

1. 轻声的性质

普通话的每个音节都有一定的声调，但有的音节在一定的场合失去了原有的声调，变成了一种又轻又短的调子，这就叫做轻声。轻声是四声的一种特殊音变，一般来说，任何一种声调的字在一定的条件下，都可以失去原来的声调，变读轻声。轻声在物理属性上的主要表现是音长变短，音强变弱。它的音高因受前一个字声调的影响而不固定。

2. 轻声的发音

一般来说，上声字后头的轻声字的音高比较高，阴平、阳平字后头的轻声字偏低，去声字后头的轻声字最低，如下表所示。

调 类	调 值	举 例
去声＋轻声	1度 低	兔子 帽子
阴平＋轻声	2度 半低	鸭子 桌子
阳平＋轻声	3度 中	儿子 橘子
上声＋轻声	4度 半高	椅子 点子

3. 普通话里读轻声的字词

（1）助词"的""地""得""着""了""过"和语气词"吧""嘛""呢""啊"等，如我的书、慢慢地说、跑得快；说着、看了、来过；去吧、好嘛、他呢、走啊。

（2）叠音词和动词重叠形式后头的音节，如妈妈、星星、看看、听听、说说；商量商量、研究研究、学习学习。

（3）名词后边的"们""子""头"，如孩子们、桌子、木头。但是，"原子""电子""烟头"等词中的实语素"子""头"不读轻声。

（4）名词、代词后边表示方位的"上""下""里""面""边"等，如树上、地下、屋里、外面、左边、那边。如果强调的是方位本身，即"上""下""里"等作为独立的方位词时，不读轻声，如"楼上""楼下""城里"等。

（5）动词后边表示趋向的"来""去""起来""下去"等，如拿来、出去、站起来、干下去。

（6）代词、数词后边的"个"，如这个、那个、三个。

此外，还有一些双音词，第二个音节习惯上读轻声。例如：玻璃、耳朵、清楚、便宜、衣服、道理、客气、声音、凉快、打听、聪明、照顾、钥匙、关系、脑袋、护士、窗户、消息、西瓜、干部、算盘、应付、吩咐、稀罕、力量、丈夫、包袱、萝卜、骆驼、商量、明白、胳膊、阔气、事情等。上述这些双音词中读轻声的音节，如果组合在另外的双音词里，并且在词义构成上成为被前一音节修饰、限制的成分，则不读轻声，如制服、真理、元音、空气、好听、敌情等。

4. 轻声的作用

轻声并不是纯粹的语音现象，在普通话里，大多数轻声同词汇语法意义有一定的联系，它在辨别词义、区分词性和区分某些词或句子构成方式方面有一定的作用。

（1）对某些词或短语有区别意义和结构的作用。如：帘子 liánzi（门帘或窗帘，加后缀的合成词）、莲子 liánzǐ（莲的果实，偏正式合成词）；是非 shìfei（纠纷，词，如"招惹是非"）、是非 shìfēi（正确和错误，短语，如"分清是非"）。

（2）对某些词有区别词性的作用。如：人家 rénjia（代词，指自己或别人）、人家 rénjiā（名词，指住户，也指女子未来的夫家）；大意 dàyi（形容词，粗心）、大意 dàyì（名词，讲话或文章的主要内容）。

（3）对某些句子有区别句法结构的作用。如："我想起来了，他是我小学时的同学。""起来"读轻声，作补语；"时间不早了，我想起来了。""起来"不读轻声，作宾语。

（二）变调

语句常是由词与词、音节与音节相连而成的。在语流中，相连音节的声调相互制约，会使有些音节的声调发生一定的变化，而与单读时调值不同，这种变化叫做变调。在拼写音节时，标原调，不标变调。

1. 上声的变调

（1）上声音节单念时读本调，即降升调（214）。

（2）上声在非上声音节前变"半上"，只降不升，调值为21。如在阴平前：火车、许多；在阳平前：改革、果实；在去声前：解放、榜样；在轻声前：我的、脑袋。

（3）两个上声相连，前一个上声只升不降，近似阳平（24）。有人把"24"调叫做"直上"，如水手、勇敢、美好、讲解。

（4）如果三个上声相连，前两个都变成近似阳平的调值。如：

展览馆　214+214+214→24+24+214

有的词语第一个音节可以变阳平，也可以变"半上"（21），这与词语内部的语法结构有关。如：

纸老虎　214+214+214→21+24+214

小拇指　214+214+214→21+24+214

2. 去声的变调

两个去声音节相连，前一个若不是重读音节则变为"半降"，调值为53。如现代、社会、变化、汉字、大地、贵重、奋斗、纪录等。

3. "一""不"的变调

（1）"一"的变调。"一"的本调是阴平。单用，在语句末尾，表序数，在一连串的数字中，都念本调，如第一、一中。

"一"的变调有三种：a. 在去声前变阳平，如一件、一样。b. 在非去声前变去声，如一天、一年、一本。c. 夹在重叠的动词中间变轻声，如看一看、试一试。

（2）"不"的变调。"不"的本调是去声。单用，在语句末尾，在非去声前，都念本调，如不、我不、不听。

"不"的变调有两种：a. 在去声前变阳平，如不去、不是、不至于。b. 夹在词语中间变轻声，如差不多、挡不住、行不行、去不去。

4. 形容词重叠的变调

（1）单音节形容词重叠，如果重叠部分儿化，第二个音节不管原来是什么声调，都应念成阴平，如"短短儿的"变读为 duǎnduānrde，"快快儿"变读成

kuàikuāir；如果重叠部分不儿化，则保持原调不变。

（2）双音节形容词重叠，有时第二个音节轻读，第三、四个音节都念阴平。凡口头上常说的重叠形容词，不变调。如：

整整齐齐 zhěngzhěngqíqí→zhěngzhengqīqī

清清白白 qīngqīngbáibái→qīngqingbāibāi

（3）单音节形容词的叠音后缀，不管它原来是什么声调，也都念阴平。如：亮堂（liàng·tang）→亮堂堂（liàngtāngtāng）；沉甸甸（chéndiāndiān，"甸"单字音读diàn）；热腾腾（rètēngtēng，"腾"单字音读téng）。

（三）语气助词"啊"的音变

"啊"是表达多种感情语气的一个词，如果用在句首，它的词性是叹词，读音不受别的音的影响，仍念作"啊"（a）。如：

啊（ā），我知道了。（"啊"表示比较平静的感情）

啊（á），你说什么？（"啊"表示追问）

啊（ǎ），是怎么回事啊？（"啊"表示惊奇）

啊（à），原来是这样。（"啊"表示恍然大悟）

而"啊"用在句尾的时候，它的词性就是语气助词，读音就要因受它前面音节末尾音素的影响而发生变化。具体变化规律如下表所示：

"啊"前音节末尾音素	"啊"的变读	范例及规范书写字
i、ü、a、o、e、ê	+a→ia	您从哪儿来呀（啊）!
u、ao[au]	+a→ua	您在哪儿住哇？
-n	+a→na	这花开得多艳哪？
-ng	+a→nga	我们一起唱啊！
-i（后）、er	+a→ra	这是怎么回事啊！
-i（前）	+a→[za]	你去过几次啊？

（四）儿 化

1. 儿化的性质

卷舌元音er跟其他韵母结合成一个音节，并使这个韵母成为卷舌韵母，这种现象就叫"儿化"。儿化的基本性质是在韵母发音的同时带上卷舌动作。儿化了的韵母叫做"儿化韵"。"儿化韵"的汉字书写形式中的"儿"字不代表一个单独的音节，而是表示前一个字（音节）附加的卷舌动作。

2. 儿化的发音

儿化的发音有两种情况：一种是韵母的发音同卷舌动作没有冲突，儿化时原韵母不变，只加卷舌动作。韵母或韵尾是 a, o, e, u, ê 的音节属于这种情况，如刀把儿 dāobàr、小猫儿 xiǎomāor。另一种是韵母的发音同卷舌动作有冲突，儿化时要在卷舌的同时变更原来韵母的结构和音色。韵母或韵尾是 i、ü、-i[前、后]、n、ng 的音节属于这种情况。由于变化情况较复杂，需要分别加以分析说明。

（1）韵母是 i, ü 的音节，加卷舌音 er，如小米儿 xiǎomǐer、小驴儿 xiǎolüér。

（2）韵母是 in, ün 的音节，去掉韵尾 n，再按韵母是 i, ü 的音节儿化。例如：皮筋儿 píjiēr、短裙儿 duǎnquér。

（3）韵母是 -i, -i[前、后]的音节，-i 失落，变成 er。例如：棋子儿 qízěr、树枝儿 shùzhēr。

（4）韵尾是 i, n (in, ün 除外)的音节，去掉 i 或 n，在韵腹上加卷舌动作，如蛋白儿 dànbár、刀背儿 dāobèr。

（5）韵尾是 ng 的音节，去掉 ng，主要元音鼻化。韵腹是 a, o, e 的，直接加卷舌动作；韵腹是 i 的，加 e 鼻化，同时加卷舌动作，如鞋帮儿 xiébār。

3. 儿化的作用

一是区别词义，如眼（眼睛）、眼儿（小孔）。二是区分词性，如画（动词）、画儿（名词）。三是表示细小、轻微，如小刀儿、水珠儿。四是带有亲切、喜爱的感情色彩，如宝贝儿、小赵儿。

（五）异读词

所谓异读词，是指读音有差异但词义完全一样的词。例如，"教室"有 jiàoshì 和 jiàoshí 两种读法，但意义都一样。这种词就叫做异读词。

异读词是受方言的影响，尤其是受北京话的影响而产生的。它的产生可以分三种情况：① 有的词本身就是文白两读，如"单薄"的"薄"，口语读"báo"（误读音），书面语读"bó"（正确读音）。② 有的是因口语读习惯了而产生的分歧，如"波浪"的"波"读作"pō"（误读音）或"bō"（正确读音）。③ 有的是因误读形声字的"声旁"而产生分歧，如"酵母"的"酵"读作"xiào"（误读音）或"jiào"（正确读音）。

国家语言文字工作委员会于 1985 年公布了《普通话异读词审音表》，对 2000 条左右的异读词的读音进行了规范。对异读词读音的规范有三种情况：一是合并多种读音。如"呆"在"呆子"和"呆板"里原来读音不同，现在一律读 dāi。二是从俗改音。如"事迹"的"迹"和"成绩"的"绩"原来应读 jī，改为群众习惯的 jì。三是明确读书音和口语音（白文异读）。如"血"，在复音词和书面语如"血压、血脂、血浆、血债、心血、血染的风采"中读 xuè，在口语"流血了、输了 200cc 的血"中读 xiě。

三、语音误读分析

误读类型一般包括如下几类：多音字误读、形声字误读、形似字误读、统读字误读。

（一）多音字误读

（1）对于多音字来说，如果读音不同，语义一般就不同。也就是说，多音字的语音本身就具有区别语义的作用。如果我们在识记语音的时候，同时注意其语义的区别，那么这些字音就多了一个辨别点。这不但有助于我们更为牢固地识记字音，而且有利于我们对词汇的积累。例如，"心宽体胖"的"胖"字，其读"pàng"时意思是"（人体）肉多（跟'瘦'相对）"，其读"pán"时意思是"安泰舒适"。只要你注意了这个意义，一般就不容易忘记。

（2）有的多音字的语音还有辨别词性的作用。如"劲"，在读"jìn"时是名词性语素，而读"jìng"时是形容词性语素。只要我们把握了其语义的这个区别，它在具体词语中的读音就能确定了，如"干劲""劲头""有劲"（都读前鼻音），"强劲""刚劲""疾风知劲草"（都读后鼻音）等。

（3）有的多音字的语音还有辨别词语语体色彩的作用。如"薄"，读"báo"时，一般用于口语中，且大都单用，如"被子太薄了"；而读"bó"时则用于书面语中，且多用于复音词，如"单薄""日薄西山"等；再如"澄""貉""壳""落""血"等也是这样。

（二）形声字误读

包含形旁和声旁的字叫形声字。形旁是形声字的义符，声旁是形声字的音符，如"们"字左边的单人旁是义符，右边的"门"是代表读音的音符。但是，事实上像"门"这样音符与整个字的读音完全相同的情况并不多见，这是因为在大多数情况下，形声字的义符仅仅代表该字所属的义类，音符也只能代表该字的音类。比如，"河""何""苛""坷"都有一个共同的音符"可"，但它们的读音跟"可"并不一样，只是韵母一样而已，声母或声调也不一样。如果真的以为声旁可以完全代表形声字的读音，那自然就会出现误读的情况。

（三）形似字误读

我们的汉字中有许多字的形体一分相似，这导致很多人在认读汉字时将甲错认成乙，造成误读的情况。如：

病入膏<u>肓</u>　　正读：huāng　误读：máng
证<u>券</u>　　　　正读：quàn　误读：juàn
建<u>业</u>　　　　正读：yì　　误读：sì

（四）统读字误读

所谓统读字，是指《异读词审音表》规定统读的字。很明显，这些字在审定前都是异读字，表示同样的意义，有同样的适用领域，但读不同的音。审定后，只保留一种读音作为标准音，即现在的统读音，其他读音都作为不规范读音被废除。如"盟"，审定前在某些词语中有míng和méng两种读音，并且没有意义和适用领域上的分别。审定后，《异读词审音表》把"盟"定为统读字，统读为méng。也就是说，不管是在"盟邦""盟国""盟友""盟约""盟主""盟兄""盟弟""联盟""同盟"等词语中，还是在"盟誓""盟过誓""盟个誓"等词语中，"盟"都读作"méng"，旧的读音"míng"已被取消。在日常生活中，对统读字不读统读音，也是常见的误读现象之一。

（五）轻声词误读、儿化词误读、变调词误读

现代汉语普通话中语流音变的规则如果掌握得不够好，就容易造成误读。为了纠正这一类的误读现象，我们应该在平时加强对轻声词、儿化词以及变调规则的学习，并注意记忆那些不符合规则的特殊情况。只有这样，才能正确认读轻声词、儿化词和变调词。

【练习题】

一、请标出下列词语中的"一""不"的正确读音。

一般（　　）　　一衣带水（　　）　一鼻孔出气（　　）　一尘不染（　　）
一枕黄粱（　　）　一往无前（　　）　一掷千金（　　）　　一字千金（　　）
天下第一（　　）　万一（　　）　　　看一看（　　）　　　不屈不挠（　　）
不骄不躁（　　）　不慌不忙（　　）　不紧不慢（　　）　　好不好（　　）
说不定（　　）　　来不了（　　）

二、朗读训练。

1. 轻声词朗读训练

考究　　磕打　　咳嗽　　客气　　窟窿　　苦处　　裤子　　快当

快活　筷子　闹腾　能耐　你们　腻烦　年成　清楚

2. 上声词变调朗读训练

小组　海岛　海风　果真　脸盆　北海　蒙古语　很勇敢

3. 语气词"啊"的朗读训练

会不会下雨啊？

他饿啊。

写得多好啊。

可真不简单啊。

这是一场激烈的竞争啊！

4. 儿化词朗读训练

脚步儿　小孩儿　有趣儿　旁边儿　药方儿　小妞儿　花瓶儿

三、误读字专项训练

1. 下列词语中加点的字，读音全都正确的一组是（　　）

   A．刍议（chú）　条分缕析（lǔ）　圈养（quān）　愀然不乐（qiǎo）

   B．倏忽（shū）　越俎代庖（páo）　牛虻（máng）　自惭形秽（huì）

   C．靛蓝（diàn）　毁家纾难（shū）　干涸（hé）　白头偕老（xié）

   D．手帕（pà）　相互龃龉（yǔ）　麾下（huī）　探本溯源（shuò）

2. 下列词语加点的字读音都不相同的一组是（　　）

   A．唾弃　沉睡　千锤百炼　捶胸顿足

   B．憔悴　粉碎　猝不及防　出类拔萃

   C．啜泣　拾掇　缀玉连珠　苦学不辍

   D．悼念　泥淖　绰绰有余　掉以轻心

3. 下列词语中加点的字读音全都正确的一组是（　　）

   A．闷（mēn）热　镌（juān）刻　通缉（jí）　咸与（yù）维新
   宁缺毋（wú）滥

   B．生肖（xiāo）　克（kē）扣　梵（fàn）文　混（hún）水摸鱼
   方枘（ruì）圆凿

   C．嘈（cāo）杂　绷（běng）脸　订（dìng）正　歃（shà）血为盟
   徇（xún）私舞弊

   D．卓（zhuó）越　坯（pǐ）　拮据（jū）　自作（zuò）自受
   桀（jié）骜不驯

Ⅰ 语音知识要点

4．下列词语中加点的字的读音不完全相同的一组是（　　）
　　A．远岫　　刺绣　　衣袖　　秀外慧中　　乳臭未干
　　B．老妪　　曲直　　祛除　　趋炎附势　　屈打成招
　　C．涕泪　　抽屉　　警惕　　风流倜傥　　替罪羔羊
　　D．露脸　　简陋　　痔瘘　　漏网之鱼　　镂骨铭心

5．下列词语中加点的字读音全都正确的一组是（　　）
　　A．金钗（chāi）　三缄其口（jiān）　颔联（hàn）　纨绔子弟（kù）
　　B．给养（gěi）　危如累卵（lěi）　分娩（miǎn）　妩媚多姿（wǔ）
　　C．伺机（sì）　沆瀣一气（hàng）　奶酪（luò）　不容置喙（huì）
　　D．奇葩（pā）　不谙水性（ān）　城垣（huán）　风流倜傥（tǎng）

6．下列词语中加点字的读音完全相同的一组是（　　）
　　A．奇数　　通缉　　豆萁　　放荡不羁　　掎角之势
　　B．商榷　　雀跃　　官阙　　声名鹊起　　生性怯懦
　　C．茁壮　　琢磨　　浑浊　　着手成春　　擢发难数
　　D．谚语　　笑靥　　砚台　　狼吞虎咽　　雁过拔毛

7．下列词语中加点的字读音全都不相同的一组是（　　）
　　A．晨曦　　妊娠　　赈灾　　海市蜃楼　　振奋人心
　　B．凋谢　　惆怅　　碉堡　　风流倜傥　　稠人广众
　　C．飞镖　　漂白　　剽窃　　膘肥体壮　　虚无缥缈
　　D．湍急　　瑞雪　　喘息　　不揣冒昧　　惴惴不安

8．下列词语中加点的字读音全都正确的一组是（　　）
　　A．酝酿（niàng）　校（xiào）对　腼腆（tiǎn）　一曝（pù）十寒
　　B．匹（pǐ）配　穿凿（záo）　内讧（hòng）　不肖（xiào）子孙
　　C．莞（guǎn）尔　搭讪（shàn）　隽（juàn）永　言简意赅（gāi）
　　D．刹（shà）那　机械（xiè）　恪（kè）守　草菅（jiān）人命

9．下列各组词中加点字的注音完全正确的一项是（　　）
　　A．缔（dì）造　窒（zhì）闷　哺（pǔ）育　迥（jiǒng）然
　　B．造诣（yì）　休憩（qì）　默契（qiè）　羁（jī）绊
　　C．履（lǚ）历　瞩（zhǔ）目　苍穹（qióng）　邀请（yāo）

D．摇曳（yè） 解剖（pāo） 温馨（xīn） 奢（shē）望

10．下列词语中加点的字读音不全都相同的一组是（　　）

A．拜谒　哽咽　液晶　弃甲曳兵　奖掖后进

B．虔诚　乾坤　掮客　潜移默化　黔驴技穷

C．山麓　贿赂　辘轳　戮力同心　碌碌无为

D．阡陌　悭吝　翩跹　谦谦君子　牵强附会

（闵　毅）

Ⅱ 汉字知识要点

一、汉字的形体及其演变

从商代到现在，汉字形体经过多次重大变化，形成了多种字体。其中，甲骨文、金文、大篆、小篆、隶书和楷书，是具有代表性的正式通用字体。从甲骨文到楷书，有结构方面的变化，也有体态方面的变化。这两种变化是密切联系在一起的。其中，以体态方面的变化为主。下面我们具体介绍汉字的演变过程

（一）甲骨文

甲骨文主要指殷墟甲骨文，又称"殷墟文字""殷契"，是殷商时代刻在龟甲兽骨上的文字。它是我们现在所发现的最早的成熟的汉字，距今大约有2500年的历史，是19世纪末在殷代都城遗址今河南安阳小屯发现的。

甲骨文的形体结构有以下特点：① 以象形字为基础，带有较强的图画写实性。甲骨文中象形字、会意字居多。有的象形字就像一幅图画，形象逼真，一看就知道所表示的事物。② 形体结构没有完全定型化。同一个字可以有多种写法，异体字很多。③ 方向和部位不确定。一个字可以正写、反写、倒写、侧写，结构比较自由。④ 存在相当多的合文。从形式上看，好像是一个字，其实是把几个字合写在一起，其中有连笔或借笔。⑤ 笔画方折，线条细瘦。多直线，少圆笔，即使是转弯之处也是硬角。有些本应填实的肥笔，已只能刻成轮廓，或用其他线条代替。

（二）金　文

金文是古文字中历时最长的一种文字，从商代中期到秦统一六国，有1200多年。但是，长篇铭文主要出现在西周和春秋时代，因此，金文一般作为西周和春秋时代通用字体的代表。西周金文是直接继承殷商甲骨文而来的，两者属于同一体系的文字。

与甲骨文相比，西周金文还有明显的特点：① 由于书写材料不同，首先在笔势上金文表现出与甲骨文明显的不同。金文一改甲骨文瘦削方折的特点，变得肥厚粗壮，圆浑丰润，庄重美观。② 新的形符不断出现，因而形声字大大增加。如"走"旁、"音"旁、"革"旁、"金"旁（甲骨文中无走、音、革、金字）、"缶"旁等形旁的字在甲骨文中还未出现，都是金文中才有的。反之，新的象形

字却很少出现了。③ 合文大为减少。从合文数量来说，金文比甲骨文少多了；从排列的方式来看，也不再那么随意了，逆读合文从此消失。④ 异体字相对减少，结构渐趋定型。形旁因意义相近而混用的现象大大减少，如"辵"部字，在甲骨文中有从"彳"、从"止"、从"辵"三种写法，而金文中则基本固定为从"辵"了。原在甲骨文中有多个构件的也变得比较单一了，构件位置也已不再随意改变了。例如，从"彳"之字已基本固定在左边了；反书、倒书现象也很少出现了。⑤ 笔画逐渐线条化、简化，以便于书写。

（三）秦系大篆和小篆

大篆有广义、狭义两种解释。广义的大篆是指小篆以前所有的古文字，包括甲骨文、金文、籀文、六国古文等；狭义的大篆是指东周时期通行于秦国的文字。这里主要分析狭义的大篆，其包括三种：石鼓文、诅楚文、籀文。狭义的大篆基本保留了金文的特点，笔画比金文方正，形体整齐匀称，笔画圆转，繁复重叠。

小篆也叫秦篆，是秦统一六国之后，由李斯等人根据大篆和六国古文整理而成的字体，它是汉字发展史上第一次规范化运动的产物。小篆具有如下特点：① 已经形成了一个相当严密的构形系统。象形字在参与构字时大部分已经义化；形声字的表义部件的类化过程也基本完成。字与字之间的联系得到加强，整个汉字体系显得系统而有条理。② 比较全面地保存了汉字的构形理据。小篆是承袭西周的正统文字而来的，虽然对古文字阶段的汉字形体作了系统的规整，但没有破坏汉字的构形理据，而且这种系统化的理据比原先那种孤立的理据更符合汉字发展的要求。③ 字形固定，异构异写字较少，大部分字的构件及其位置与笔画都已确定，不能随意变动。④ 简化了大篆中的繁复部分，减少了图画意味，笔画彻底线条化。⑤ 转笔和部分斜笔变成弧形，形体长圆，结构匀称整齐。

（四）隶　书

隶，是指徒隶，即服役的犯人。有人认为隶书是因徒隶使用而得名，有人认为是因为徒隶造出这种字体而得名。最早的隶书产生于战国时代。那时，为了书写方便，往往将大篆略加简省，变圆转笔画为方折。大篆书体的草率写法逐渐形成早期的隶书。隶书有古隶（又称秦隶）和今隶（又称汉隶）之分。古隶在战国时代已经有了雏形，通行于秦末汉初。今隶通行于西汉至晋初，是从古隶演变而来的。古隶讲求简易，比较规整，而今隶讲究波势和挑法，比较美观张扬。一般所称的隶书是指今隶。汉字从篆书到隶书的演变，叫做隶变。这是汉字书写体式演变中的重要转折。

隶书具有以下特点：① 汉字通过隶变，强烈地冲击了小篆以前的古文字的结构体系，对小篆的结构作了全面的调整，更多地照顾了书写的方便而不是照顾构形理据；因简化而造成的偏旁合并、分化及省变现象，使得小篆原有的表意特征变得十分模糊，彻底结束了古文字阶段，开创了今文字阶段，为汉字的发展揭开了新的一页。② 在书写笔法上，将小篆圆匀的线条改成点画，从而彻底实现了汉字的笔画化。此前的汉字书写单位是一些圆转的曲线或者轮廓，难以区分出笔画来。汉隶已经可以概括出横、竖、撇、捺、点、勾、折等几种笔画来了。③ 在字体的态势上，变小篆的长圆体为扁方体，笔画有意向左右两侧取势，与小篆相比显得更为沉稳有力。

（五）草 书

东汉时期，隶书成为正规文字，日常书写的草率隶书成为新的手写体，由此产生了草书。草书通常是就章草、今草、狂草而言的。章草的笔画带有草意，字字独立，不相连属，布局也较匀称，书写比隶书简便、迅速得多。今草体势连绵，一笔到底，一气呵成，书写灵活，简易快速，但是往往难以辨认。狂草，书写诡奇疾速，极难辨认，很少有实用意义，但在书法上有独特的风格。

（六）楷 书

楷书，也叫真书、正书。"楷"是规矩整齐、可为楷模的意思。它兴于汉末，盛行于魏晋南北朝，完全成熟于隋唐，一直沿用至今。楷书产生的动因是为了书写的方便，因为隶书的蚕头雁尾和波势挑法影响书写速度。楷书则完全摆脱了隶书的笔法，形成了标准的笔画，书写更为便利。

楷书的特点：① 在字体的态势上，楷书变隶书的扁方字体为正方字体，显得刚正典雅，端庄大方。② 在笔法上，楷书对隶书作了很大改进：横笔改为收锋，不再上挑；撇改为尖斜向下；钩是硬钩，不用弯钩。另外，还增加了斜钩、挑等基本笔画。至此，汉字中书写今文字所需的各种点画已经全部形成。虽说隶变实现了汉字的彻底笔画化，但是，基本笔画的标准样式直到楷书阶段才算最后定型。

（七）行 书

行书是为了补救楷书的不便书写和草书的难于辨认而产生的一种字体。行书的笔势不像草书那样潦草，也没有楷书那样端正，是一种介于草书、楷书之间的字体。楷法多于草法的叫行楷，草法多于楷法的叫行草。行书相传始于汉末，流行至今。

二、汉字结构与音、义的关系

汉字的结构在现代又称为造字法，实质上汉字的构成方式并非先天存在，而是后人在研究前人创造的文字时总结出来的。当然，在总结出规律以后，后来的人们也可能用研究所得的规律来创造新的文字。古人把我们祖先的造字规律总结为"六书"，即所谓象形、指事、会意、形声、转注、假借。其实，真正造字的方法是前面四种，而转注和假借只是用字的方法。下面我们谈谈四种造字方法。

（一）象　形

象形就是随着物体的轮廓弯转曲折而画出它的形象的造字法。象形字的特点：① 是独体的，或在独体字上添加辅助性符号，从中不能分析出两个或两个以上的独立字形。② 体现的是具体的物象。③ 无表音成分。

象形造字法的局限性是：① 复杂事物难以象形，如"风"（形声字，从虫，凡声。虫因风的冷暖而生）。② 抽象概念无法象形，如"神"（形声字，从示，申声）。

（二）指　事

指事就是用象征性符号或在象形字的基础上添加指示符号来表示某个词的造字法。指事字的特点主要有以下两个方面：① 是独体的，或在独体字上添加指示性符号，从中不能分析出两个或两个以上的字形来。② 没有表音成分。

指事造字法的局限性是：用象征性符号和提示性符号表示词义相当困难。

（三）会　意

会意就是用两个或两个以上的独体字合成一个字的形体，并用它们的意义合成新字的意义的造字法。会意字的特点有以下三个方面：① 字体上是复合结构，即由两个以上的单字构成。② 会意字所表示的意义一般是几个单字组合在一起后所产生的新义。③ 没有表音成分。

会意造字法的局限性是：① 会意字的表意是造字人主观规定的，缺少客观标准，不易分辨，理解有困难。② 有的会意字笔画繁多，难以识别，书写困难。

（四）形　声

形声就是由表示字义类属的部件（形旁或意符）和表示字音的部件（声旁或声符）组成新字的造字法。形声字的特点有以下三个方面：① 形体上是复合结构，即由形符和声符两部分组成。② 形符表示意义范畴。这种意义是模糊的，只能表示出形声字本义的范围，而不能准确表示出形声字的本义，更不能表示出形声字的引申义。③ 声符表示形声字的读音。声符表示的读音有些和形声字的读音是一致的，有些是近似的。由于发生历史音变的原因，形声字的声符许多已不能起到准确标音的作用，如被、坡、恤、怡等。

形声字的结构形式即声符和意符的结合形式，其中多数都容易辨别，也有少数较难区别。大体可以分为以下八类：

（1）左形右声：江　棋　理　超　访　松　通
（2）右形左声：攻　期　胡　邵　顶　救　和
（3）上形下声：空　箕　苔　草　房　简　茅
（4）下形上声：裳　基　辜　照　背　姿　恐
（5）内形外声：辩　瓣　哀　闾　问　闷　鳳（凤）
（6）外形内声：阁　固　衷　裹　術（术）　街　匱
（7）形占一角：腾　栽　颖　荆　疆
（8）声占一角：徒　寶（宝）　旗　從（从）　寐

1. 形旁的作用和局限性

（1）形旁的作用。① 提示作用：形旁的主要作用是表示字的意义类属。如父（会意字，手持石斧从事劳作。用斧者为男性，引申为"父母"的"父"；男性长辈；对男性长辈的敬称：渔父）做形旁的字：爸、爹（父尊称）、爷（本义指父亲）。② 区别作用。大部分形符都不表示字的确切意义，只表示字的类属和相关的意义。形符可以帮助了解和区别字的意义。如"牛"做形符的字：牯（gǔ，母牛或阉割的公牛）、牡（mǔ，雄性的，又指植物的雄株）、牝（pìn，雌性的禽兽）、牦（máo，反刍类家畜）、牺（xī，古代宗庙祭祀用的纯色牲畜）、牲（shēng，供食用和祭祀用的家畜）、犊（dú，小牛）。③ 造字作用，如氧、氮、氢、钢、铜、锡。

（2）形旁的局限性。① 随着社会的发展、客观事物的变化，有些形旁的意义不好理解。例如，只有了解古代刑具多是木制的，才知道"桎梏"（zhìgù，书面语，脚镣和手铐。比喻束缚人或事物的东西）为何以"木"为形旁。② 由于字义的演变、假借字的存在，形旁也不好理解，如颁（本是大头）、颗（小头）为什么从"页"（本义是头）？治、渐为什么从"氵"（治、渐都是水名）？③ 由于字形的变化，有的形旁不好辨认了，或位置特殊，如"辨"从"刀"，"辛"（xīn 辛）声，"刀""辛"都变了形。恭从"小"（心），"共"声。

2. 声旁的作用和局限性

（1）声旁的作用。① 表示读音（主要作用）：a. 大约 1/4 的形声字声旁和整个字的读音完全相同。如"奂"：换、唤、涣、焕、痪。b. 有些形声字和声旁读音虽不完全相同，但也有一定的规律，通过它的读音的特点可以帮助区别形似字。如"仑"做声旁的字，一般读 lun：抡、伦、轮、沦、论。② 可利用声旁纠正方音。有的方言 l、n 不分，记住有关 n 读音声旁和 l 读音声旁，用它们组成的形声字的读音也就分清了。如"尼（ní）"：妮（nī）、泥（ní泥土）、怩（ní忸怩）、泥（ní拘泥）、呢（ní呢子）。

（2）声旁的局限性。① 由于古今语言的演变等原因，大约有 3/4 的形声字声旁的读音和整个字的读音不完全相同，很多声旁不能准确表音。② 有的形声字字形发生了较大变化，声旁不易分辨，如"在"（"土"形"才"声）、"布"（"巾"形"父"声）、"贼"（"戈"形"则"声）。③ 有的声旁现在不单用，人们一般不知道它的读音，如"宅"的声旁"乇（zhé）"、"温"的声旁"昷（wēn）"、"滴"的声旁"啇（dí）"。

三、汉字误用分析

（一）错别字

错字，是指笔画写得不成字、规范字典查不到的字，本无其字，搞错字形。如道德（德）、书仪（信）、甛（甜）蜜。别字，又叫"白字"，是指把甲字写成乙字，本有其字，以乙代甲。如按（安）排、惨（残）酷、技（伎）俩、克（刻）苦、欣（尝）赏、恣（姿）态。这些别字在字典里是可以查到的，但在这里却张冠李戴，用错了。错别字是错字和别字的总称。

（二）产生错别字的原因

产生错别字，有主观原因，也有客观原因。主观原因是对正字法缺乏足够的认识，自己思想上不重视，没有把消灭错别字认真地当做一件事情来办，以为写字是个人的小事，多一笔少一笔没有关系。因此，认字不细心，不注意明辨汉字的形、音、义，遇到不会写的字既不查字典，又不请教别人，于是粗枝大叶，草率从事。客观原因是汉字本身数量众多，结构复杂，形体多变，难认、难记、难写。

（三）怎样避免写错别字

常见的错别字有以下几种类型（括号内的例字是正确的）：

第一，形体结构上错误的。有下面几种情况：① 多笔致错，如刺（刺）刀、毘（昆）明、闭（闲）散。② 少笔致错，如暗示（暗示）、道德（德）、国（国）

家、滥竽（竿）充数。③ 改笔致错，如未（末）端、篮（蓝）天、蓝（篮）球、党负（员）。④ 移位致错，如沉黙（默）、能夠（够）、羣（群）众。⑤ 生造字，如群乆（众）、圕（图书馆）。

第二，因字形相近而致误的，如针炙（针灸）、迁徒（迁徙）、肆业（肄业）、瞻养（赡养）、破锭（破绽）、荆辣（荆棘）、鬼鬼崇崇（鬼鬼祟祟）、有持无恐（有恃无恐）、负偶顽抗（负隅顽抗）、病入膏盲（病入膏肓）、如火如茶（如火如荼）。

第三，因音同或音近而致误的，如变本加利（变本加厉）、布署（部署）、点型（典型）、发人深醒（发人深省）、费话连篇（废话连篇）、精兵减政（精兵简政）、开源接流（开源节流）、朗颂（朗诵）、寻物启示（事）、投机捣把（投机倒把）、英雄倍出（英雄辈出）、頁形必露（原形毕露）。

第四，因形近、音同或音近而致误的，如涣发（焕发）、急燥（急躁）、陪偿（赔偿）、题纲（提纲）、甜密（甜蜜）、破斧沉舟（破釜沉舟）、完壁归赵（完璧归赵）、前扑后继（前仆后继）、挺而走险（铤而走险）、忧夭寡断（优柔寡断）、协从不问（胁从不问）、孤柱一掷（孤注一掷）、儒子可教（孺子可教）。

第五，因受上下文影响，任意类推偏旁而致误的，如按排（安排）、编缉（编辑）、粉粹（粉碎）、脉膊（脉搏）、模糊（模糊）、扭扣（纽扣）、疲痨（疲劳）、清淅（清晰）、忘想（妄想）、狭猸（狭隘）、恣态（姿态）。

第六，因书写不规范的简化字和生造合体字而致误的。① 书写不规范的简化字，如午（舞）蹈、兰（蓝）天、兰（篮）球、书伩（信）。② 生造合体字，如圕（图书馆）。

要想纠正和避免写错别字，首先要从思想上重视起来，充分认识汉字规范化的重要意义，认识错别字的严重危害性，这是消灭错别字必不可少的思想条件。其次，针对产生错别字的客观原因，根据汉字形体结构上的特点，对症下药，分析汉字尤其是那些形近易错的汉字在形、音、义三者之间的联系与区别。

汉字是形、音、义的统一体，出现错别字都与这三方面有关系，因此要消灭错别字，必须切实注意汉字的字形、字音、字义。

1. 注意字形，区别形近字

（1）根据形声字中形旁表义的特点来记忆字形，区别形近字。例如：目（与眼睛有联系）：睹、瞻（有"看"的意思）、瞪（瞪着眼睛看）、睑（眼皮）、盲；贝（与钱财有关）：赡、赌、贫、贺；月（肉。同肉体有联系）：脸、膏肓；火（灬，原义一般同火有联系）：燥、烧、煎、煮。

(2) 仔细分辨形近字笔画的细微差别。例如：弋、戈，代、伐，未、末，刀、刁，土、士，孑、孓，佘、余，汩、汨，旧、归，臾、叟，乇、也，耍、要，耒、来，亨、享，免、兔，己、已、巳，戍、戌、戊、戎、成。

(3) 注意区别相似的偏旁。例如：冫、氵，阝、阝（在右），厂、广、辶、廴，尸、户，亻、彳。

(4) 抓少数，记字形。有一些字的偏旁容易混淆，而用上面的一些方法又不易把它们区别开来。对于这类字，我们可以把容易相混的偏旁分组排列起来，只要把字数少的一组记住，其余的就可以掌握住了。如"攴"（pū）和"支"（zhī）两个偏旁容易相混，可以把由它们构成的字分别排列起来加以比较："支"类字现在通行的只有一个"敲"，"攴"类字则较多，如枝、吱、肢、伎、妓、技、豉、鼓等。只要记住"敲"是从"支"，其余的字就都可以写"攴"了。

(5) 编歌诀来帮助记忆。为了记忆的方便，还可以把自己不容易记住的字编成歌诀来帮助记忆。例如："不封是己（jǐ）全封巳（sì），半封不封便是已（yǐ）"；"戌（xū）横戍（shù）点戊（wù）中空，十字模样便是戎（róng）"。

2. 注意字音，区别同音字，音近字

(1) 抓字音，记字形。有些字字形相近，容易混淆，我们可以抓住字音，利用声旁把它们区别开来。例如，以"令"和"今"作声旁的两类字容易混淆，我们就可以抓住它们的声母来区分。凡声母是"l"的，都写"令"：冷、羚、零、玲、苓、聆、瓴、龄、囹、铃、伶、翎、领、岭、邻、怜、拎；否则都写作"今"：芩、岑、含、念、贪、吟、琴、矜。

(2) 根据韵母来记字形。如以"舀"（yǎo）和"臽"（xiàn）为声旁的两类字就可以这样办：凡韵母是"ao"的，都写"舀"：稻、蹈、滔、韬；否则都写"臽"：陷、馅、谄、焰、掐。

(3) 利用形声字的声旁还兼有表意的作用的特点来记字形。如"朿"和"束"两类字容易混淆，我们就可以根据读音和字义来区分它们：凡是读音近于"ci"（声母是c）或意义与"刺"有关的，都从"朿"：刺、策、枣、棘；凡读音近于"束"（声母是sh）、"辣"（声母是l）或意义与"束"有关的，都从"束"：速、漱、嗽、辣、悚、辣、刺、喇、赖、籁、癞、懒、嫩。

(4) 注意有些字的正确读音。有一些错别字是由于读音不准造成的，因此读准每个字的字音，能帮助我们记忆和正确书写这些字。如读准"瞠"（chēng）、"菅"（jiān）、"券"（quàn），"瞠与膛""菅与管""券与卷"就不会相混了。

(5) 注意区别同音字、音近字。有些字读音相同或相近，但字形、字义不一样，也容易用错，要注意认真分辨。例如：刻（刻苦）和克（克服）、废（废品）和费（浪费）、报（报复）和抱（抱负）、倍（倍数）和辈（长辈）、必（必须）和毕（毕竟）、斥（驳斥）和叱（呵叱）、除（铲除）和锄（锄奸）、带（携带）和戴（爱戴）、伐（讨伐）和罚（惩罚）、惠（恩惠）和贿（行贿）、减（减少）和简（精简机构）、叩（叩门）和扣（门扣）、烂（腐烂）和滥（泛滥）、漏（漏洞）和陋（陋室）、务（公务繁忙）和物（爱护公物）、在（青春常在）和再（良机难再），等等。

3. 注意字义

了解词义对纠正错别字很有好处。例如：

"颗和棵"："颗"，形声字，从"页"（原义是头），果声。原义是小头，引申作量词用，指形圆或粒状的东西，如"一颗粮、一颗珍珠"。"棵"，形声字，从"木"，果声，作量词用，指植物，如"一棵草、两棵青菜"。

"提纲"有人误写作"题纲"，这是因为他们不了解"提纲"这个词的原义。"纲"是渔网的总绳，引申为事物的关键部分或文章的主要精神。"提纲"的原义是指提着网的总绳，引申为内容的要点或要领。了解了这层意思，就不会把"提纲"误写成"题纲"了。

有些成语来自古代寓言或历史故事，如果不了解它们的出处和意义，也容易写错。例如：刻周（舟）求剑、狐加（假）虎威、黄梁（粱）一梦、沿（缘）木求鱼、赛（塞）翁失马、口密（蜜）腹剑、得宠（陇）望蜀、一股（鼓）作气、破斧（釜）沉舟、毛遂自见（荐）、搬（班）门弄斧、为虎作帐（伥）、被（背）水一战、抱心（薪）救火，等等。

要消灭错别字，除了要注意以上介绍的几种方法之外，还要养成勤查字典、词典的习惯。《新华字典》《现代汉语词典》《现代汉语规范词典》《辞海》《汉语大字典》《汉语大词典》等工具书，在字形方面是完全符合标准的，我们可以借助这些工具书来纠正错别字。同时，也可以根据自己的实践经验，不断摸索、总结，找出更有效的方法，最大限度地消灭错别字。

【练习题】

一、汉字的一般笔顺规则有哪些？请按笔顺规则写出下列各字的笔画名称。

马、片、戈、女、永、凡、兔、巨、凹、凸、贯、门、母。

二、写出下列各字的造字方法。

井、斧、束、网、尖、看、雨、册、它、本、末、初、舀、涉、锦、鸣、切、到、刃、豆、视、苗、瓜、颖。

三、根据拼音在括号内填字：

精 cuì（　　）　　fáng（　　）碍　　寒 xuān（　　）
脉 bó（　　）　　挤牙 gāo（　　）　　kǎo（　　）试
diàn（　　）污　　yàn（　　）品　　zāng（　　）款
dù（　　）假村　　hòu（　　）车室　　míng（　　）信片
大 mǔ（　　）指　　主 xuán（　　）律　　水 lóng（　　）头
mǎi（　　）东西　　穿衣 shang（　　）　　zuò（　　）公交车
装 huáng（　　）设计　　没精打 cǎi（　　）　　草 jiān（　　）人命
wā（　　）墙 jiǎo（　　）　　联 mèi（　　）演出

四、下列词句中如果有错别字，请把正确的字写在后面的括号里。

按部就班（　　）　　甘败下风（　　）　　自暴自弃（　　）　　针贬时弊（　　）
肌肉松弛（　　）　　一愁莫展（　　）　　川流不息（　　）　　山峦重迭（　　）
太阳辐射（　　）　　一副对联（　　）　　天翻地复（　　）　　言简意该（　　）
英雄气概（　　）　　一鼓作气（　　）　　悬梁刺骨（　　）　　性格粗旷（　　）
食不裹腹（　　）　　震憾人心（　　）　　凑和着用（　　）　　迫不及待（　　）
一如继往（　　）　　莘莘学子（　　）　　娇揉造作（　　）　　一诺千斤（　　）
工程峻工（　　）　　不落巢臼（　　）　　烩炙人口（　　）　　地板打蜡（　　）
死皮癞脸（　　）　　蓝天白云（　　）　　鼎立相助（　　）　　再接再励（　　）
黄粱美梦（　　）　　经济了望（　　）　　杀戳百姓（　　）　　大腿痉孪（　　）
美轮美奂（　　）　　说话罗唆（　　）　　蛛丝蚂迹（　　）　　萎糜不振（　　）
沉缅上网（　　）　　默守成规（　　）　　沤心沥血（　　）　　凭添烦恼（　　）
出奇不意（　　）　　姿意妄为（　　）　　得到亲睐（　　）　　磬竹难书（　　）
声名雀起（　　）　　谈笑风声（　　）　　人情事故（　　）　　有侍无恐（　　）
鬼鬼祟祟（　　）　　金榜提名（　　）　　走投无路（　　）　　洁白无暇（　　）
九宵云外（　　）　　宣泄不满（　　）　　滥芋充数（　　）　　世外桃源（　　）
豆花醮水（　　）　　装贞美观（　　）　　坐镇指挥（　　）　　丢三拉四（　　）
旁证博引（　　）　　苦心孤旨（　　）　　神州大地（　　）　　露出破腚（　　）
阴谋诡计（　　）　　灸手可热（　　）　　入场卷（　　）　　泊来品（　　）
消息不禁而走（　　）　　既使他来我也不怕（　　）　　大排档（　　）

（李明龙）

III 词汇知识要点

一、语素

语素是语言中最小的音义结合体,是最小的语言单位,词就是由语素构成的。

由一个语素构成的词,叫做单纯词;由两个或两个以上的语素构成的词,叫做合成词。例如,"荒唐""从容""苗条""参差"等连绵词和"沙发""吉他""巧克力""奥林匹克"等音译词就是由一个语素构成的单纯词,它们在语音形式上还可以切分,而它们表示的意义却是一个不能分割的整体。所以,这类词的意义就不能拆开来进行分析理解。对合成词的语素进行分析,可以帮助我们了解合成词的构成,准确把握词的意义,进而正确地运用它。如"函授"由"函"(信件)和"授"(传授)两个语素构成,它只表示用通信的方式进行辅导或以通信辅导为主的教学方式。

二、同音词、同义词、反义词

(一) 同音词

同音词是语音相同而意义之间并无联系的一组词。在语言使用中,同音词具有以下作用:

(1) 同音词在语言中可以构成"双关语",使语言含蓄,加深语意。例如:"奈何许,石阙生口中,衔碑不得语。"(南朝民歌《读曲歌》)下句"衔碑"解释上句"石阙生口中","衔碑"双关"含悲",意指含着悲思,却不能说出。又如:"我失骄杨君失柳,杨柳轻扬直上重霄九。"(毛泽东《蝶恋花·答李淑一》)"杨"和"柳"表面写的是杨花和柳絮,实指杨开慧烈士和柳直荀烈士,说他们的忠魂升天,永垂不朽。

(2) 同音词可以构成谐音的歇后语,常常用在文学作品中,给人一种幽默感。例如:"一切似乎都是外甥打灯笼——照舅。咱们是孔夫子搬家——净是书……"(周立波《暴风骤雨》)这里,利用"舅"和"旧"、"书"和"输"在歇后语中的谐音,语言表达幽默而风趣。

(3) 有时用同音词和音近词组合的谐音手法,可以表达强烈的爱憎感情。例如,"果然正像老百姓说的那样:'遭殃军','刮民党',又是夺来又是抢!"这里的"遭殃军"是"中央军"的谐音,"刮民党"是"国民党"的谐音。人民大众运用这种谐音手法,揭露了国民党及其军队的暴虐腐朽,表达了对他们的愤恨和讽刺。又如，群众把个别以检查的名义到基层大吃大喝的检查团称为"解馋团"，也属此类。

（二）同义词

同义词是意义相同或相近的一组词，是通过对词义的互相比较而存在的。在语言使用中，同义词具有以下作用：

（1）恰当选用，可使表达严密、贴切。例如，鲁迅在《故乡》里写闰土叫水生给老爷磕头，"便拖出躲在背后的孩子来"，"那孩子却害羞，紧紧的只贴在他背后"。作者在这里不用"拉"而用"拖"，不用"靠"而用"贴"，精确地选用了这两个动词，就把一个贫苦农民孩子在陌生"老爷"面前畏怯的心理和形象刻画得栩栩如生。

（2）前后互用，可使语言富有变化。例如："真的猛士，敢于直面惨淡的人生，敢于正视淋漓的鲜血。""我们以我们的祖国有这样的英雄而骄傲，我们以生在这个英雄的国度而自豪。"在上下文中前后对称地运用"直面"和"正视"、"骄傲"和"自豪"两组同义词，不但可以避免用词重复，使语句富有变化，而且可以互相补充语义，起到强调作用。

（3）并列连用，可使语义明确，达到强调的目的。例如，周恩来总理1954年在日内瓦会议上有一篇重要发言："我们认为，美国这些侵略行为应该被制止。亚洲的和平应该得到保证，亚洲各国的独立主权应该得到尊重，亚洲人民的民主权利和自由应该得到保障，对亚洲各国内政的干涉应该停止，在亚洲各国的外国军事基地应该撤除，驻在亚洲各国的外国军队应该撤退，日本军国主义的复活应该防止，一切经济封锁和限制应该取消。"这段话中使用精选的同义词，跟相应的词搭配起来，前后并列连用，义正词严，大大地加强了语势，极其准确、精当而有力地表达了中国人民在国际事务中的严正立场和鲜明态度。

（4）避免直陈，可使语气委婉、含蓄。例如，在现实生活中，有时为了避免使对方受刺激，往往把"胖"说成"丰满"或"富态"，把"死"说成"去世"，把"落后"说成"后进"等，这些都是借同义词而运用的"委婉语"或"禁忌语"。

（5）区别语体，可使风格庄重、突出。如《中国人民解放军总部的训令》中说："本军三大纪律八项注意，其内容各地各军略有出入。现在统一规定，重新颁布，望即以此为准，深入教育，严格执行。"（《毛泽东选集》第四卷）文中"其""略"和"望即以此为准"等，都是文言词语，如果改用口语词"它的""稍微"和"希望（你们）就拿这个（训令）做标准"，虽然词的意义完全相同，却显得不够简练和庄严有力，失去了"训令"特有的风格色彩。

（三）反义词

反义词是指两个意义相反或相对的词。在语言使用中，反义词具有以下作用：

（1）反义对照，揭示实质，语意鲜明。例如："学习效果不够理想，就一味强调客观原因，而忽视主观原因，这不利于自己的进步。"通过运用反义词，把认识片面、推脱责任的实质揭示出来，在强烈的对照中给人留下深刻的印象。

（2）反义连用，强烈对比，深刻有力。例如："世界上最快而又最慢，最久而又最短，最易被人忽视而又最易令人后悔的，就是时间。"（《恐惧与无畏》）这段话连用两组反义词说明同一现象，构成矛盾对立，含有深刻的哲理，发人深省。又如："失败是成功之母。"这句话对举连用反义词，揭示了对立之中的联系和统一，意味深长。

（3）反义类比，创造新词，诙谐幽默。例如："一个阔人说要读经，嗡的一阵，一群狭人也说要读经。岂但'读'而矣哉，据说还可以'救国'哩。"（鲁迅《这个与那个》）又如："后来这终于从浅闺传进深闺里去了。"（鲁迅《阿Q正传》）现代汉语里本来没有"狭人""浅闺"这类的词，而在上面两段话里，这两个词是分别按照原有的"阔人"和"深闺"两个词，利用其反义关系，通过类比推理的手法临时创造出来的。这样既说明了问题，又使语言活泼而幽默。这在修辞学里，叫做"仿词"。

（4）构成对偶，互相映衬，意味深长。见于诗词中的，如："有的人活着/他已经死了/有的人死了/他还活着。"（臧克家《有的人》）见于格言、谚语中的，如"尺有所短，寸有所长"，"谦虚使人进步，骄傲使人落后"，"懒惰的结果是痛苦，勤奋的结果是喜悦"。

三、谦敬词

谦敬词是谦词和敬词的合称。谦词是用来表示自我谦恭的词语；敬词是表示对别人敬重的词语。中国是历史悠久的礼仪之邦，自古就有使用谦敬词语的传统。在人际交往中使用谦敬词，往往能体现一个人的文化修养。谦敬词的误用主要是搞错了适用对象，如：

（1）一商场广告牌：凡在本店购买一百元商品的顾客，本店将惠赠一份精美礼品。

（2）一电视台点歌节目打出的文字：亲爱的父亲，在您六十大寿之际，您的令爱×××为您点一首歌。

（3）某厂长在座谈会上请前来检查工作的王市长先发言时说："王市长，请你抛砖引玉，为大家先说几句吧。"

例（1）中的"惠"本来是"恩惠、好处"的意思，作为敬词，它表示别人的行为给自己带来了好处，因此，它后面的动词所表示的动作应该是由对方（听话人）发出的。由此可知，这里的"惠赠"用错了，而商场里经常张贴的"欢迎惠顾"却是正确的。例（2）中的"令爱"是对别人女儿的称呼，既然前面已经称"亲爱的父亲"，后面就不该再用"令爱"来称自己了。例（3）中的"抛砖引玉"是自己表示谦恭的词语，这位厂长显然是把它混同于作为敬词的"发表高见"了。

四、成　语

成语是人们长期以来习惯使用的简洁精辟的定型短语或短句。汉语的成语大多由四个字组成，也有少数非"四字格"的，如"破天荒""一鼻孔出气""一失足成千古恨""一言既出，驷马难追"等。汉语成语一般都有出处，有的从字面上不难理解，如"小题大做""后来居上"等；有的必须知道它的来源出处才能懂得意思，如"朝三暮四""请君入瓮"等。

（一）成语的特点

从意义内容和结构形式看，成语有两个基本特点：一是意义的整体性。成语的意义往往不是它的字面意义的简单相加，它有其特定的整体意义，因此，不能只从字面上去理解成语的意义。如"胸有成竹"的意义肯定不是说"胸中有现成的竹子"，而是根据一个典故概括出来的，用来比喻"处理事情的心里先就有了主意"。二是结构的凝固性。成语在结构上是一种定型的固定组合，整个结构不能随意变动，各组成成分也不能用别的词自由替换。例如，"守株待兔"不能说成"守株待羊"，"破釜沉舟"不能说成"砸锅沉船"，否则就会造成语言使用上的混乱。

凡是具有上述两个特点的成语，都属于典型的成语。汉语中还存在大量的四字格固定短语，它们只具有成语的第二个特征，而它们的概括意义基本上也就是字面意义的总和。例如：义不容辞、一成不变、三思而行、事在人为、悲喜交加、皆大欢喜、急中生智、有备无患、若即若离，等等。这些固定短语，由于它们的结构特点和在语言中的作用跟成语几乎是一致的，所以，在一些成语辞典中也把它们收进去了。对于这一类固定短语，我们可以把它们看成是一种广义的成语。

（二）成语的作用

汉语成语经过长期锤炼而变得异常精炼、富有表现力，也为群众所喜闻乐见。

恰当地使用成语，能增强语言的表达效果。成语的作用，主要有以下几个方面：

（1）言简意赅，表义精确。言简意赅是汉语成语的一个普遍而重要的特点。一个仅仅四个字的成语，往往就能把复杂现象的本质或丰富的含义表达出来，这是一般词语或短语所远远不及的。例如："周总理的工作是多么繁忙，时间是多么宝贵，可是，他老人家在日理万机的情况下，却挂念着我这样一个普通工人，亲自打电话来询问我的情况。"（《一件珍贵的衬衫》）用"日理万机"十分恰当地把周总理终日为国家大事操劳、工作千头万绪的情况突出地表现出来了。

（2）形象生动，易于理解。有很多成语都是通过运用比喻或象征手法构成的，十分形象、生动地反映了客观事物或现象，在语言表达中具有特殊的作用。恰当地运用这些成语，能增强文章的鲜明性、生动性和表现力。例如："对于失学儿童，我们不应该只是为电视上报道了的'锦上添花'，还应该为那些没被报道的'雪中送炭'。"这里用了"锦上添花""雪中送炭"两个成语，以鲜明对比的方式强调了偏僻地方大量的失学儿童更迫切地需要人们的关注，表达形象而生动，给人留下极为深刻的印象。

（3）结构匀称，音律和谐。四字格成语结构匀称，在语言运用中常可取得节奏明快、音律和谐的效果。例如："我独不解中国人何以于旧状那么心平气和，于较新的机运就这么疾首蹙额；于已成之局那么委曲求全，于初兴之事就这么求全责备。"（鲁迅《这个和那个》）又如："他们也无需说话，他只更深地把自己投进物理的世界，在这里披荆斩棘，浴血奋战；专心致志，刻苦攻关。"（柯岩《奇异的书简》）这两段话里都用四字格成语与四个字的短语相配合，形成排比和对偶，使语句音律和谐，具有鲜明的节奏感。

（三）成语的运用

成语具有特殊的表现力，但必须正确理解和恰当运用才能很好地发挥它的积极作用。学习和运用成语，必须注意以下几个问题：

（1）要透彻了解成语的意义和用法，不可胡乱运用。如"滔滔不绝"字面意义是形容"流水滚滚的样子"，实际意义是指"话很多，连续不断"。"首当其冲"是指"首先受到对方的冲击或压力"，"冲"指"要冲，交通要道"。由于对成语的意义和用法没有透彻理解，下面的例子就把这两个成语用错了：

① 这次展览会的内容很吸引人，快到闭馆的时候了，人们还滔滔不绝地前来参观。

② 王指导员率领全连战士，首当其冲杀退敌人，夺回了阵地。

(2) 要弄清成语的感情色彩。例如：深思熟虑——处心积虑，扬眉吐气——趾高气扬，自食其力——自食其果，侃侃而谈——夸夸其谈，画龙点睛——画蛇添足，随机应变——见风使舵。在上面每组成语中，前边一个都带有褒义，后边一个都带有贬义，运用时要辨别清楚它们的感情色彩，否则就会用错。

(3) 要注意成语的字形和读音的规范性。成语有固定的字形和读音，必须在透彻理解成语意义的基础上，正确地掌握其读音和字形，不能读错和写错。如把"草菅人命"的"菅"(jiān)错念成 huàn；把"自怨自艾"的"艾"(yì)错念成ǎi，等等。有的还容易写错，如把"病入膏肓"的"肓"写成"盲"，把"负隅顽抗"的"隅"写成"偶"，等等。

(4) 为了表达的需要，有时可以创造性地运用成语。创造性地运用成语，有下面几种情况：一是在成语的成分之间插入某些词语，使成语变成一般的短语，如"惩前旨在毖后，治病为了救人"。二是把四字格成语临时节缩为两个字的，如"那样的乡村教育，我们既然绝对排斥，哪里可以让一个滥竽的人担任其事？"（叶圣陶《倪焕之》）"滥竽"是"滥竽充数"的临时节缩。三是根据文章内容需要临时改变成语里的一两个成分，以表达新的意思，有的能使语言变得幽默而有风趣。如"伫足远眺，书海茫茫，不能不望'书'兴叹了"。创造性地活用成语，只是为了临时表意的需要，而且必须有恰当的语言环境，因而不能随便乱造乱用。

五、词的色彩义

词义是由多种因素构成的。实词都有一种与概念相联系的核心意义——理性义，理性义是词义的主要部分。此外，还可能有附着在理性义上面的色彩义，又叫附加意义，它附着在词的理性义之上，用来表达人或语境所赋予的特定感受。

（一）感情色彩

词义的感情色彩表现在褒贬性上。带有赞扬、喜爱、尊敬、肯定等感情色彩的词叫做褒义词；带有贬斥、憎恶、轻蔑、否定等感情色彩的词叫做贬义词；没有褒贬色彩的词叫中性词。形容词带有感情色彩的较多，而且很多都可褒贬配对，形成鲜明的反义对比。例如：真——假，高尚——卑鄙，勤奋——怠惰，坚强——软弱，高雅——粗俗。称呼人的名词往往也带有感情色彩。例如，称呼"老大爷""老大娘"带有尊敬的色彩，而称呼"老东西""老太婆"，则带有不尊重的色彩。

（二）语体色彩

语体色彩又叫文体色彩，主要是指"口语体"和"书面语体"。有的词具有书面语色彩，有的词具有口语色彩。根据文章的体裁、形式、内容和性质的不同，书面语体又可分为公文语体、政论语体、文艺语体和科技语体等。

现代汉语里有些口语词和书面语词，虽然所指的内容意义相同，但是，它们的风格色彩不同，在应用上各有所宜。例如，"记""记住"比较通俗，多用于口语，也可用于书面语；而"铭记"则带有文学语言的色彩和意味，多用于书面语。又如，"准许"为普通用语，多用于口语或一般文章里；"准予"则带有庄重的色彩，多用于公文、公报和报导性的文体里。

（三）形象色彩

表示具体事物的词，往往能使人感觉到具体事物的形态、动态、颜色 声音等，这就是词语的形象色彩。有些词能表示物体的颜色，如红灯、绿叶、黄瓜、黄金、白鹤、青苔、黑板、紫罗兰等。有些词能表示出同类而有差别的颜色，如桃红——粉红、鹅黄——土黄、天蓝——海蓝、墨绿——草绿等。有些词能表示物体的形状，如摇篮、圆桌、佛手、鸡冠花、凤尾竹、马蹄莲、金钱豹、狮子狗等。有些词能描绘动作发生的状态，如蚕食、云集、蜂拥、鸟瞰、龙腾虎跃、星罗棋布等。许多带有叠音后缀的形容词，也带有各种各样的形象色彩，如金灿灿、红艳艳、水灵灵、热腾腾、胖乎乎、笑眯眯、怯生生、气鼓鼓等带有视觉形象色彩；闹嚷嚷、静悄悄、响当当等带有听觉色彩；香喷喷、臭烘烘等带有嗅觉形象色彩；甜蜜蜜、酸溜溜、淡巴巴等带有味觉形象色彩；热烘烘、冷飕飕、沉甸甸、轻飘飘等带有触觉形象色彩。

词的形象色彩具有一定的表义功能，这主要表现在以下两个方面：第一，可以使某个词指明具体对象，从而增强意义的明确性。例如，"睡莲"跟一般的莲花不同，一般的莲花根茎较长，将叶和花托出水面，而"睡莲"的根茎短，长在水里，叶和花都浮在水面。所以"睡莲"这个词所指的对象和所表示的意义就十分明确、具体。第二，可以使词的意思表达得形象、真切。例如，"笑眯眯"和"笑嘻嘻""笑哈哈"都是形容笑的样子，但是，"笑眯眯"是有形无声，"笑嘻嘻"和"笑哈哈"则形声兼备，而"笑哈哈"的声音比"笑嘻嘻"的声音更大。所以，这三个词形象而真切地表示了笑的三种情态。

【练习题】

一、分析下列句子中使用加点词的好处。

1. 舒婷和傅天琳是 20 世纪 80 年代活跃在中国诗坛上的两位女诗人，有读者曾问傅天琳："你和舒婷的关系如何？"傅悠然答道："舒婷是杰出的，我是优秀的。"

2. 他们抗战,我们是赞成的;如果他们有成绩,我们也是赞扬的;但如果抗战不积极,我们就应该批评。如果有人要反共反人民,要一天一天走上反动的道路,那我们就要坚决反对。

3. 幸福的生活,今天、此刻、脚下,开始了!

4. 子女对父母有赡养的义务;父母对子女有抚养的义务;夫妻有互相扶养的义务。

5. 有一个门被拉开了,柔和的光线,柔媚的歌声,柔热的酒气传了出来。

6. 他说:"革命的唱戏的,干的是革命宣传鼓吹工作。"我边笑边纠正他:"是宣传鼓动工作。"

7. 各界的人不经邀约,不凭通知,各自跑来瞻仰鲁迅先生的遗容,表示钦敬和志愿追随的心情。

8. 一个老石匠在他修的一座石拱桥桥头刻了一副对联的上联:开大山,凿小石,修拱桥,铺平路,通南通北。这难倒了很多人,后来被一个过路的篾匠对出:砍长竹,划短篾,挽圆圈,箍扁桶,装东装西。

9. 在九寨沟的湖畔,人们体会到了朴实的艳丽;在九寨沟的丛林,人们又能感受到宁静的热闹。

10. 我们说,我们不是"文化团体",我们有军队,是"武化团体"。

11. 傍晚,凉风从台湾海峡吹来。路旁的金合花散出甜丝丝的清香。厦门的夏夜是迷人的。

12. 深蓝的天空中挂着一轮金黄的圆月,下面是海边的沙地,都种着一望无际的碧绿的西瓜,其间有一个十一二岁的少年,项带银圈,手捏一柄钢叉,向一匹猹尽力的刺去。

13. 学院门口一饭馆取名为"南北香约"。

二、找出下列句子中误用的词语,试作分析。

1. 作者除综合运用了几种修辞手法外,还创造性地使用了不少新鲜词汇。

2. 本刊自创刊始,我一直订阅。今天想给本刊提一点建议。

3. 早在1989年,郑周永就访问了朝鲜,会见了朝鲜已故国家主席金日成。

4. 在商场里,减价的标牌随处可见。三折、四折甚至五折,非常诱人。

5. 基本爆满的上座率还是给了某歌手面子。

6. 重庆朝天门码头一商店门口写着:行礼寄存。

7. 冬去春来，季节不断变幻着，一晃就是一年。

8. 周华健是港台歌星在大陆录制唱片的始作俑者。

9. 刘翔和杨利伟在北京曾一起吃过一顿饭，英雄会英雄，两位"飞人"相谈甚欢，结为"忘年交"。（文中刘翔称杨利伟为杨大哥）

10. 从看到失学儿童的第一眼，到被死神眷顾之前，丛飞把所有的时间都给了那些需要帮助的孩子。

11. 困难，无时不在，无处不有。10年来我们所遇到的困难屈指可数。

12. 毒品总像一个充满魔力的"黑洞"，陈家几兄弟义无反顾，竟一头扎进了这"杀头生意"中。

13. 他经常与大他三岁的哥哥一起拉二胡、吹口琴，一起动手做小秤，津津乐道地称东西。

14. 于是我跟巴特先生说了我的痛苦，我看见他嫣然一笑。

15. 警察们蹲伏了三天两晚，守株待兔，终于将3名窃贼抓获。

16. 马厂长在会上结合形势作了重点发言之后，徐书记又作了重要的补充，他们两人一唱一和，把问题讲得十分透彻。

17. 请您明天一定在家里恭候，我会按时光临的。

18. 我通过垂询旅行社得知了到丽江的旅行线路。

19. 尊敬的刘先生，你的拙作我已收到，今惠赠我写的一本小书给你，敬请拜读。

三、指出下面一段话中词语使用的错误。

诸位，各位，在座的：

今天是什么天气？今天是演讲的天气。开会的来齐了没有？看样子大概有五分之八啦，没来的举手吧！很好，都到齐了。你们来得很茂盛，鄙人实在很感冒……你们都是文化人，都是大学生、中学生和洋学生，你们这些乌合之众是科学化的、化学化的，都懂七八国英文，兄弟我是大老粗，连中国英文也不懂，我真是鹤立鸡群了……你们是从笔筒子里面钻出来的，兄弟我是从炮筒子里钻出来的，今天到这里讲话，真使我蓬荜生辉、感恩戴德。其实我没有资格给你们讲话，讲起来就像……就像……对了，就像对牛弹琴……

（范崇高　鲜晓丽）

Ⅳ 语法知识要点

一、单 句

单句是由短语和单个的词构成的句子。单句可分为主谓句和非主谓句。

（一）句法成分

在一个句子里，词与词之间或者短语与短语之间，有着一定的结构关系。按照不同的关系可以把句子分为若干个不同的组成部分，如下表所示。

句首状语	定语（名词性短语里中心语前面的修饰语）	主语（谓语陈述的对象）	状语（谓词性短语包括动词、形容词里中心语前面的修饰语）	谓语（陈述主语）（动语：是支配关涉后面的宾语的成分）	定语（名词性短语里中心语前面的修饰语）	宾语（表示人、物或事情，是动作所支配、所关涉的对象）
					补语（谓词性短语包括动词、形容词里中心语后面的补充成分）	

```
    四川理工学院的   毕业生   都      做    好了   就业   准备。
    |                        |                                      |  第一层
    |    （定语）中心语     | |状语|中心语                          |  第二层
                             |动语|宾语                             |  第三层
                                   |中心语〈补语〉| (定语)中心语    |  第四层
```

在划分句子成分时，可以借助"的""地""得"来区分定语、状语和补语。

"的"，用在定语和中心词之间，是定语的标志，形式一般是：定语+的+中心语。如：红彤彤的太阳。

"地"，用在状语和谓语之间，是状语的标志，形式一般是：状语+地+谓语。如：高兴地笑了。

"得"，用在谓语和补语之间，是补语的标志，形式一般是：谓语+得+补语。如：好得很。如果谓语后面有宾语且宾语放在补语前面，谓语动词一般要重复，形式一般是：动词＋宾语＋动词＋得＋补语。如：他说话说得很快。

（二）几种特殊的单句

1."把"字句

"把"字句是用介词"把"（或"将"）将动词的支配、关涉的对象提到动词之前的一种句式。它的主要作用是突出、强调"把"所引介的词语。在语言运用中，遇到下面两种情况，一般应该用"把"字句：第一，动词后头有比较复杂的补语，不允许受动对象放在动词后边作宾语时，必须用"把"字句。如："他把这段精彩的话抄在自己的笔记本上。"句中"抄"后边有一个介宾短作补语，受动对象"这段精彩的话"就不能放在动词后头。第二，补语虽然比较简单，但受动对象是一个比较复杂的短语，在这种情况下，一般也宜用"把"字句。如："她把昨天溅了许多墨水的衣服洗干净了。"句中"洗"的受动对象是一个较复杂的名词短语，如果把它放在动词后头，说成"他洗干净了昨天溅了许多墨水的衣服"，虽然也说得通，但不如"把"字句表达得顺畅。

2. "被"字句

主语是受事、用"被"引进施事（施动者），或将"被"直接附于动词前表示被动的句子叫"被"字句。"被"字句必须是包含有"被"的句子。如："老虎被武松打死了。"从表达意思的角度来看，下面几种情况一般宜用"被"字句：第一，为了突出句子的被动意义，着重说明受动对象遭受到施动者什么样的动作、行为及其结果，一般多用"被"字句。第二，如果说不出施动者，或者不必说出施动者，也宜使用"被"字句。第三，在一定的上下文中，为了使主语前后一致、语意通畅和句式协调，可用"被"字句。

3. 连动句

连动句是用连动短语充当谓语的句子。两个连动的动词短语互不作成分，而是共同作谓语。但在语义上有目的和方式、原因和结果、先和后的关系，因此，短语的位置顺序不能相互颠倒，中间也没有语音停顿。如：

（1）他搜集着一片片的干苔藓烧水喝。（目的）

（2）凭着他的求生的意志，他还是挣扎着蠕动爬行。（方式）

（3）由于长期的劳累过度，李老师终于生病住院了。（因果）

4. 兼语句

兼语句是用兼语短语充当谓语的句子。它有下列特点：第一，兼语句的谓语是由动宾的宾语兼做主谓短语的主语。如："我叫你们看书。""你们"既作"叫"的宾语，又作"看书"的主语，"你们"因一身兼二任，所以叫做兼语。第二，兼语句多有命令的意思，所以句中前一个谓语多由使令动词充当。常见的使令动词有：使、让、叫、派、命令、吩咐、禁止、请求、选举、教、劝、号召等。第三，兼语句中兼语的谓语（第二个动词）是前边动作所要表达的目的或产生的结果，即兼语前后两个动词的语义上有一定的联系。如："护士叫他快去请大夫。""去请大夫"是"叫他"的目的。

5. 存现句

存现句是说明人或事物存在、出现或消失的句子。这种句子的特点是：主语是表处所的词语；谓语动词是表示存在、出现、消失的动词。表示存在的句子中，动词后边常带"着"，表示出现或消失的句子中，动词后边常带"了"或趋向动词；宾语表示存在、出现或消失的事物，而且大多是不确定的，宾语里常含有数量定语，有时即使宾语是专用名称，也要带上"一座""一个"之类的数量定语，宾语往往是施事。如："海上升起了一轮明月。"

二、复　句

复句是由两个或两个以上意义上相关、在结构上互不作句子成分的分句组成的句子。分句是结构上类似单句而无完整句调的语法单位。

（一）一般复句

1. 一般复句的类型

（1）并列复句：两个或两个以上的分句分别陈述几种事物、几件事情，或一件事情的几个方面，分句之间是平行相对的并列关系。主要关联词语有：既……又……，还，也，同样，不是……而是……，是……不是……，同时，一方面……一方面……，有时……有时……，有的……有的……。如：从门到窗子是七步，从窗子到门也是七步。

（2）承接复句：两个或两个以上的分句，一个接着一个地叙述连续发生的动作，或者接连发生的几件事情，分句之间有先后顺序。常用的关联词语有：就，便，才，又，于是，然后，接着，首先（起初）……然后……，从而。如：他们俩手拉着手，穿过树林，翻过山坡，回到草房。

（3）递进复句：后面分句的意思比前面分句的意思进了一层，分句之间是层进关系。常用的关联词有：不但（不仅、不只、不光）……而且（还，也，又）……，尚且……何况（更不用说，还）……，况且。如：他这样胆小的人尚且不怕，我还怕吗？

（4）选择复句：两个或两个以上的分句，分别说出两件或几件事，并且表示从中选择一件或几件，分句之间就构成选择关系。常用的关联词有：与其……不如……，宁可……也不……，或者……或者……，不是……就是……，要么……要么……，或许……或许……，可能……可能……，也许……也许……。如：作为一个有骨气的男儿，与其跪着生，不如站着死。

（5）转折复句：后一分句的意思不是顺着前一分句的意思说下去，而是作了一个转折，说出同前一分句相反、相对或部分相反的意思来，分句之间构成转折关系。常用的关联词有：虽然（虽、尽管）……但是（但、可是、却、而、还是)……,但是,但,可,然而,只是,不过,倒,竟然。如:他小小年纪,胆量可不小啊。

(6) 假设复句:前一个分句假设存在或出现了某种情况,后一个分句说出假设情况一旦实现会产生的结果,两个分句之间是一种假定的条件与结果的关系。常见的关联词语有:如果(假如、倘若、若、要是、要、若要、假若、如若)……就(那么、那、便、那就)……,即使(就是、就算、纵然、哪怕、即便、纵使)……也(还、还是)……,再……也……。如:即使天塌下来,这件事也得继续做完。

(7) 因果复句:前面的分句说明原因,后面的分句说出结果,可分为说明因果和推论因果。说明因果,即一个分句说明原因,另一分句说明由这个原因产生的结果,因和果是客观事实。常用的关联词有:因为(因)……所以(便)……,由于……因而……,因此,故此,故而,之所以……是因为……。如:由于生病住院,他只好放弃了这次比赛。推论因果,即一个分句提出一个依据或前提,后一分句由此推出结论,结论是主观判定的,不一定是事实。常用的关联词有:既然(既是)……就(那就、便、又何必)……。如:既然大家都很高兴,你又何必扫兴呢。

(8) 条件复句:前一个分句提出一个条件,后一个分句说明这个条件一旦实现所产生的结果,分为充分、必要、完全等三种类型。常见的关联词语有:只要……就……,只有……才……,除非……才(不)……,无论(不管,不论)……都……。如:鞋子只要干净轻巧,越旧穿着越舒服。

(9) 解说复句:一个分句说明一种情况,其他分句对这种情况进行解释、说明或总括。一般不用关联词语。如:他有两个妹妹:一个是教师,一个是医生。

(10) 目的复句:一个分句表示实现或避免某种目的,一个分句表示为此而采取的行为。常用的关联词语有:为了,以便,以,用以,好,为的是,以免,免得,省得。如:答题之前,我们应仔细思考,省得过后又来修改。

2. 几组易混淆的关联词

在辨析复句的类型时,根据其所使用的关联词来辨析,是一种简单易行而且行之有效的方法。但是,在这些关联词中,有些形似,有些义似,理解时稍不留意,就有可能误用。下面分别举例加以说明。

(1) 不但……而且…… (表递进关系)
　　……,但是…… (表转折关系)

在这组关联词中,都有个"但",而"但"通常我们都理解为转折关系,所以看到"不但……而且……"中的"但"字,很容易误为转折关联词。事实上,

"不但"表示退一步说的意思，目的是为了表示"而且"所连接的分句的意思比前一分句更进一层。如：他不但球踢得好，而且舞跳得好。

（2）不是……而是……（表并列关系）

　　　不是……就是……（表选择关系）

　　　是……还是……（表选择关系）

这组关联词外形相似，极易混淆。"不是"是否定一种情况，"而是"是肯定另一种情况，所以读者很容易理解为转折关系。事实上，这只是表示否定和肯定两种情况并存，应理解为并列关系。如：聪明不是天生的，而是从勤奋中得来的。后两条都是选择关系，表示在所列举的两种情况中选择其中的一种。如：不是鱼死，就是网破。是生存，还是死亡？

（3）既然……就……（表因果关系）

　　　即使……也……（表假设关系）

　　　既……又……（表并列关系）

"既然"表示此分句作为原因已经是存在的，可以由此而推出"就"所连接的结果。例如：既然你承诺了，就应该做到。"即使"表示就算是它所连接的分句能成立，"也"得不到相应的结果，所以应为假设关系。例如：即使你承诺了，也不一定能做到。"既"与"又"所连接的分句同时并存，所以它表示并列关系。如：你既要做到，又要做好。

（4）尽管……却（但）……（表转折关系）

　　　不管……都……（表条件关系）

"尽管"表示这一分句所说的情况是成立的，但是仍然得不到"却（但）"所连接的分句表示的结果，所以应是转折复句。如：尽管相隔遥远，我们的友谊却永远不会变。"不管"表示排除了一切条件，"都"将得到同样的结果，这是条件关系。如：不管相隔多远，我们的友谊都不变。

容易混淆的复句关联词顺口溜：

"不是""而是"是并列，"不是""就是"是选择，

"尚且""何况"是递进，"尽管"配"还"是转折。

"既然"配"就"是因果，"即使"配"也"是假设，

"无论""除非"和"不管"，"只有""只要"讲条件。

（二）多重复句

包含三个或三个以上分句，同时又有两个或两个以上层次的复句，叫做多重复句。"多重复句"中的"重"，指的是"层次"。多重复句即多层次复句。

分析多重复句时，一般既要求分析它的层次，弄清它有多少层次，是怎样一层套一层地组织起来的，又要弄清各层次分句间的意义关系。其分析的方法和步骤可概括为：首先，综观全局，确定分句数目。这是正确分析多重复句的前提。只有首先弄清一个复句是由多少个分句组成的，然后才谈得上对它进行正确分析。其次，理解句意，找准第一层次。多重复句尽管层次多，但是总有一个是说话人所要表达的主要逻辑关系，即第一层次。多重复句的第一层次是全复句的语义重点所在，统帅整个复句的语义结构关系，它体现了该复句的基本格局。因此，找准这一层次，至关重要。最后，从大到小，逐层往里切分。找准第一层次后，再看第一层次两边是否仍是复句，若是，则再作分析，确定第二层次，标出双竖线，并写明关系；确立了第二层次，就可在第二层次两边切分第三层次，用三根竖线表示，并写明关系。如此逐层往里分析，一直分析到单个分句为止。例如：

① 想有乔木，‖‖② 想看好花，‖③ 一定要有好土：‖④ 没有好土，‖
　　　　　并列　　　　　　　假设　　　　　　　并列　　　　　　　假设
⑤ 便没有好花，｜⑥ 所以土实在较花木还重要。
　　　　　解说

（三）紧缩复句

　　有些复句，由于表达上的需要，取消分句之间的语音停顿（书面上不用标点符号），使之"紧凑"；省去某些词语，用类似单句的形式表达复句的内容，使之"浓缩"，这种句子就是复句的紧缩形式，又叫紧缩复句或紧缩句。

　　紧缩复句的各分句间存在着条件、转折、因果、承接、选择等结构关系。例如：

（1）没有调查就没有发言权。（假设关系）

（2）天塌下来也顶得住。（假设关系）

（3）想说又不敢说。（转折关系）

（4）想想也有几分高兴。（承接关系）

　　紧缩句常见的固定格式有："A 就 B""一 A 就 B""再 A 也 B""不 A 也 B""非 A 不 B""不 A 不 B""越 A 越 B"。紧缩复句如果加上相应的关联词语或停顿，就可以转换为一般的复句。例如：

（1）天塌下来也顶得住。——即使天塌下来，也顶得住。

（2）条件再好也不行。——即使条件再好，也不行。

（3）天一亮就出去锻炼。——只要天一亮，就出去锻炼。

（4）他走我就走。——只要他走，我就走。

（四）复句运用中常见的错误

　　复句运用得好，能细致而周密地表达丰富的内容、复杂的思想，但由于它结构复杂，不易驾驭，稍不注意，就会出现错误。常见的错误有：

1. 分句之间缺乏密切联系

一个复句要表达一个完整的意思，分句之间在意义上一定要有内在的密切的联系，否则就不能构成复句。如："他是个电脑高手，我对他很感激。"这两个分句不能构成因果关系，可改为："他是个电脑高手，经常教我怎样排除电脑上的故障，我对他很感激。"

2. 结构混乱，层次不清

结构混乱、层次不清的毛病，有的是由于几个分句杂糅在一起造成的，有的是由于分句的次序安排不当造成的。如："这位同志产生了畏难急躁情绪，所以我们不仅要对他做好思想工作，还要帮助他解决一些实际问题，因为他在部队上没有搞过教学工作，到教育岗位前又缺少一个学习、熟悉业务的过程。"这是个包含五个分句的多重复句，其中第四、五分句与第二、三分句之间并不是因果关系，同第一分句才是因果关系。可调整为："因为这位同志在部队上没搞过教学工作，到教育岗位前又缺少一个学习、熟悉业务的过程，产生了畏难情绪，所以我们不仅要对他做好思想工作，还要帮助他解决一些实际问题。"

3. 关联词语应用错误

关联词语是复句中分句关系的语法标志。组成复句的分句，有的靠语序组合，有的非用关联词语不可。一个复句用不用关联词语，什么意义用什么关联词语，是单用还是成对地配合使用，用在什么位置等，都有一定的规律。若违背了这些规律，句子就不通顺，甚至会产生歧义。复句在运用关联词语方面的错误常见的有以下几种：

（1）关联词语搭配不当。如："只要你刻苦学习，就能学好各门功课。"这个句子条件不充分，因为学好各门功课，必须具备刻苦、良好的方法、身体好等多种因素，由"刻苦学习"推不出"就能学好各门功课"的结果，可改为"你只有刻苦学习，才能学好各门功课。"

（2）缺少必要的关联词语。如："我对学习很重视，对体育锻炼抓得不紧，身体不健康，今后要加强锻炼。"如在"抓"前加上"却"，"身体"前加上"所以"，语气就紧凑了，第一层的因果关系和第二层的转折关系就明确了。

（3）错用关联词语。如："不管西岭雪山自然条件极端恶劣，人们还是在那里修好了公路，建起了游乐场。""不管"与"无论"相同，表示条件关系，它后边跟的词语往往有选择性或列举可供选择的几项，或包含有疑问代词"谁、怎样"等。这句可把"不管"改为"尽管"；或把"极端"改为"怎样"。

（4）滥用关联词语。如："由于我感冒了，并且发高烧，所以昨天没上学，然而今天好多了。"可删去关联词语"由于、并且、所以、然而"。

（5）关联词语的位置不对。如："不等大家到齐,就他一个人端起饭吃起来了。""就"限制"他",表范围是不对的；应把"就"调到主语"他"的后面,表时间。

三、语　病

（一）什么是语病

语病,是指措辞上的毛病。造成语病的原因有语法方面的,也有逻辑、修辞方面的。语法和逻辑、修辞是密切相关的。有些病句既可以从语法方面去分析,也可以从逻辑、修辞方面去分析,很难把它截然划分为哪一类病句。这里我们着重讲语法方面的毛病。

（二）语法方面的语病

1. 搭配不当

从语言形式上看,这是一种语法错误；从意义上看,成分搭配不当,也就是两个句子成分之间缺乏必然的逻辑联系。相关成分搭配不当是一种很常见的语病,它主要包括主语和谓语搭配不当,动词和宾语搭配不当,定语、状语、补语和中心语搭配不当。例如：

（1）他的足迹踏遍了自贡周围18个县。(主语和谓语搭配不当。"足迹……踏遍……18个县"不能搭配,"足迹"只能说"遍布"而不能说"踏遍"；也可把"足迹"改为"双脚"或干脆把"的足迹"删去。)

（2）品德好是衡量一个人好坏的一个标准。(主语和宾语意义上不能搭配。主语只有肯定的一面,而宾语包含"好"和"坏"两个方面,两者不能呼应。可把主语改成"品德好与否"或"品德好不好",或只把谓语改为"是衡量人好的一个标准"。)

2. 残缺和多余

（1）成分残缺。在一定的语言环境中,为了简明地表达思想,可以省略某些成分；但如果不符合省略的条件而缺少应有的成分,就会造成句子结构不完整,表达的意思不准确,甚至不可理解。这叫做成分残缺。最常见的成分残缺的毛病是缺主语、缺宾语,其次是缺谓语、定语或状语。如："从四川理工学院人文学院这个集体里的平凡小事中,使我明白了很多道理。"句中主语残缺。可去掉"使",让"我"作主语；也可把"从"和"中"去掉,让"四川理工学院人文学院这个集体里的平凡小事"作主语。

（2）成分多余。由于多了某个成分而使意思不清楚叫做成分多余。运用语言要简洁明了，要把重复多余的词语删去。如："我们四川理工学院的同学，在上课的时候，我们能专心听讲，认真思考。"句中后一个"我们"是多余的主语，应去掉。

3. 语序不当

语序是汉语中词和词组合起来的重要语法手段之一。汉语的语序排列除有灵活性的一面外，还带有很大的强制性。每个词语在短语和句子里都有一定的位置，表达一定的关系，不能乱摆。词语的位置摆得不对，就会出现语病。如："自贡大山铺恐龙博物馆又展出了五万多年前新出土的恐龙化石。"这是多层定语语序不当。"新出土的"应在"五万多年前"之前，可改为"自贡大山铺恐龙博物馆又展出了新出土的五万多年前的恐龙化石。"

4. 句式杂糅

句式杂糅，常见的有两种：

（1）两种说法混杂。同一意思，可以有不同的说法。说话或写作时，由于拿不定主意，既想用这种说法，又想用那种说法，结果把两种说法都用上，使两种句式混用，也叫做"二格杂糅"。如："汉语老师发觉，为什么这个班学生积极努力向上，别的班学生却努力不够？"动词"发觉"后面的宾语应用陈述语气却用了疑问语气。这把两种句子的语气混杂在一起了。可删去"为什么"，把问号改为句号；或不用"发觉"，把它改为"感到很奇怪"，再把逗号改为冒号，后面的词语不变。

（2）前后牵连。把前一句的后半部分用作后一句的开头，硬把本来应该分开说的前后两句话连成一句，就造成了前后牵连。如："考场设在一间古色古香的大厅里举行的。"这是把"考试场设在一间古色古香的大厅里"和"考试在一间古色古香的大厅里举行"两句话前后牵连。可改为"考试场设在一间古色古香的大厅里，考试是在大厅里举行的"或"考试在一间古色古香的大厅里举行"。

5. 用词不当

用词不当的原因是多种多样的。从语法方面来看，主要有以下几种情况：

（1）词性误用。如："最近，国家简单了一些办理出国护照的手续。""简单"是形容词，不能带宾语，应改为动词"简化"。

（2）指代不明。如："唐华和林碧在亚龙湾海滩上，她左手提着拖鞋，她右手拎着包，正看着大海前方108米高的观音菩萨塑像。"两个"她"指的是谁？又是谁在"看着大海前方108米高的观音菩萨塑像"，原句都模糊不清。可把第一个"她"改为"唐华"，第二个"她"改为"林碧"。

（3）时态不明。有些句子用了表示事情发生的时间词语，要求动词的时态也相应地表示出来；同一句话里，要求时态不能前后冲突。时态不明往往表现在某些表示时态的助词和副词的运用上。如："上台参加歌咏比赛的时候，我的心激烈地跳动。"前面用了表示时间的词语"上台参加歌咏比赛的时候"，后面也要求有相应的表时态的词语。后面部分可改成"我的心激烈地跳动着"或"我的心在激烈地跳动"。

（4）错用多重否定。错用多重否定，往往会把意思说反。如："工作 40 多年，她几乎无时无刻不忘搜集、整理优秀的教学方法。""无时无刻"是一次否定，"不"又是一次否定，双重否定就成了肯定，也就变成了"时时刻刻忘了搜集、整理优秀的教学方法"。可改"无时无刻"为"时刻"，或改"不忘'为"不在"。

（5）错用结构助词"的"。"的"是现代汉语中使用频率最高的一个词，报刊上经常出现因错用"的"而造成的病句。如："明代苏州地方有一个人名叫沈野之的，极不虚心。""的"附在"沈野之"后面构成"的"字短语，同"一个人名叫"不能组合，这个"的"是多余的，应删去；如果保留"的"，应把"人"删去，说成"有一个名叫沈野之的"。

【练习题】
一、分析下面句子的句法成分。
1. 平凡的人只能成为不平凡人的工具。
2. 生活的全部意义在于无穷地探索尚未知道的东西和不断增加更多的知识。
3. 人与人之间最大的信任就是关于进言的信任。
4. 鱼对水说你看不到我的眼泪，因为我在水里。
5. 世上的姑娘总以为自己是骄傲的公主。
6. 我祝愿你幸福。
7. 妈妈每天都上街买菜。
8. 老师介绍小王入了党。
9. 他叫我推门进去。
10. 老师跑来叫我们排队上车。

二、指出下列复句中分句间的关系。
1. 如果敌人让你生气，那说明你还没有胜他的把握。
2. 既要异想天开，又要实事求是。
3. 黎叔很生气，后果很严重。
4. 人最幸福的不是得到金钱，而是得到快乐！
5. 想去握住那双有缘的手，却又害怕放手的那一刻。
6. 只要能抓住老鼠，就是好猫。
7. 没有太阳，花儿就不能开放；没有爱情，就没有幸福；没有女性，就没爱情；没有母亲，就没有诗人和英雄，就没有整个世界。

8. 我国年满十八周岁的公民，不分民族、种族、性别、职业、家庭出身、宗教信仰、教育程度、财产状况、居住期限，都有选举权和被选举权；但是依照法律被剥夺权利的人除外。

9. 他因为平时学习时，不仅勤于思考，认真做读书笔记，写心得体会，而且十分好问，有问必究，所以收获就比别人更多。

10. 掌柜是一副凶脸孔，主顾也没有好声气，所以教人活泼不得；只有孔乙己到店，才可以笑几声，所以至今还记得。

三、修改下面句子和段落中的语病，并简要说明理由。

1. 收废书、报纸、旧家电、旧家具找来卖。
2. 本店每天前三名的顾客可赠送会员卡一张。
3. 春天的西湖是美丽的季节。
4. 今天，我们满怀激动的心情，盼望着抗震救灾取得了新的进展。
5. 今晚阳光明媚、星光灿烂。
6. 你不认真学习，那怎么会有好的成绩是可想而知的。
7. 能否全面推进素质教育是保证青少年健康成长的条件之一。
8. 我们顺利地按照张师傅教给的方法，排除了故障。
9. 不但中药能与一般抗菌素媲美，而且副作用小，成本也较低。
10. 这个单位连续发生事故，我们不能不说他们在安全防范上没有漏洞。
11. 这难道不说明违章作业导致严重后果，又说明了什么？
12. 在老师和同学们的教育、帮助下，使我有了很大的进步。
13. 该课程是一门面向全校非电类专业的一门技术基础课程。开设该课程的目的是使学生掌握基础知识和基本技能，为以后从事相关职业打下了基础。在教学方式上它把黑板教学与多媒体相结合教学，大大提高了教学效率，增大了信息量，提高了教学效果。该课程实验中心获四川省先进单位。
14. 为了促进青年教师参加教研和科研项目，每一位青年教师都有计划地申报科研课题，参与科研活动，以帮助提高教学水平和科研能力。
15. 课程组教师积极探索课堂教学如何突出重点，如何在有限的学时内给予学生更多的信息量。在教学中，教师应启发学生积极思维，不能大包大揽，讲得太细，这样才不会让学生形成依赖性，养成主动思维的习惯。课程网页为学生提供了一个自学的空间，学生通过自学课程、自我督促学习，引导其建立自主学习、终身学习的理念。我们将进一步进行多媒体教学的探索与实践，运用先进的教学手段形成气候，加大实践性教学环节的改革力度和深度。

（陈家春）

V 修辞知识要点

下面我们对几种常见的容易混淆的修辞格——比喻和比拟、借喻和借代、排比和层递、对偶和对比、设问和反问进行辨析,以便大家更好地认识它们之间的联系和区别,从而更准确地运用这些修辞格。

一、比喻与比拟辨析

(一) 比 喻

比喻是在描绘事物或说明道理时,根据联想,用本质不同又有相似点的事物或道理打比方来描绘事物或说明道理的修辞格。本体、喻本、喻词是比喻的三要素。本体就是被比喻的事物,喻体指用作比喻的事物,喻词就是指联系本体与喻体的词语。

比喻可分为明喻、暗喻、借喻。明喻的本体、喻体都出现,中间用"像""如""似""仿佛""犹如""有如""一般""像……似的""如……一般"等一类的比喻词连接。明喻的典型形式是:甲像乙。如:"时间好像一把尺子,它能衡量奋斗者前进的进程。"暗喻又叫"隐喻",本体、喻体都出现,中间用"是""成了""变成""成为""等于"等喻词连接。暗喻的形式是:甲是乙。如:"中国是一只沉睡的雄狮。"(拿破仑语)借喻的本体不出现,或不在本句出现,而是借用喻体直接代替本体,直接叙述喻体。其形式是:乙代甲。如:"荷叶上的明珠晶莹通透,在上面翻滚着。"

(二) 比 拟

根据想象把物当做人写或把人当做物写,或把甲物当做乙物来写,这种辞格叫比拟。被比拟的事物称为"本体",用来比拟的事物称为"拟体"。比拟是物的人化或人的物化或把甲物拟作乙物,具有思想的跳跃性,能使人展开想象去捕捉它的意境,体味它的深意。

比拟可以分为拟人和拟物两大类:拟人是把非生物或生物当做人来写,赋予"物"以人的言行或思想感情,声情笑貌,使它们人格化。如:"真理总是悄悄地走进勇敢者的心间,向他昭示智慧的魔力。"句中赋予抽象概念"真理"以人的动作后,行文生动活泼,形象鲜明,避免了抽象和枯燥。拟物是把"人"当做"物"来写,或把甲物当做乙物来写,使之具有物的情态或动作,或者使甲事物具有乙事物的属性。如:"时雨点红桃千树,春风吹绿柳万枝。"句中把

"时雨"当做染色的颜料,"点红"桃树,形象具体感人。

（三）比喻和比拟的区别

（1）表达的重点不同。比喻的重点在"喻",即以乙事物（喻体）"喻"甲事物（本体）。比喻是喻体、本体本质不同却又存在着某种相似点,是用喻体比方本体的修辞格,是靠"相似点"联系本体和喻体的。比拟的重点在"拟",特点是"拟",是"模仿",是仿照被模拟的事物的特征直接描写本体,是把人当做物、把物当做人或将甲事物当做乙事物来写的,甲乙两事物彼此交融,浑然一体。

（2）结构不同。比喻的本体（甲事物）和喻体（乙事物）一主一从,本体或出现（明喻、暗喻）或不出现（借喻）,而喻体必须出现。而在比拟中,直接用"拟体"的特征描写本体,本体必须出现,而拟体一定不出现。如:"叶子出水很高,像婷婷的舞女的裙。"这是比喻,把荷叶喻为"舞女的裙",舞女的裙摆张开呈圆形而且舒展,与荷叶相似。"可爱的青菜,土地美丽的女儿,用你朴素的光辉照耀我。"这是比拟,把青菜直接当人来描写,是拟人。

（3）喻体、拟体是否确定。比喻中的喻体是明确的,不包括具有这种特性的其他事物的可能性。比拟的拟体是什么,没有专定于一。如:"他夹着尾巴逃走了。"凡是有尾巴的牲畜,都可能是这里的拟体。

（4）比喻通常都可以转换成"甲像乙"的格式,而比拟一般不能或不必这样做。如前面的"他夹着尾巴逃走了",就不必说成"他像牲畜一样夹着尾巴逃走了",更不能说成"他像尾巴逃走了"。

二、借喻与借代辨析

1. 借　喻

借喻是借用喻体直接代替本体的比喻。借喻隐去本体,不出现本体,或不在本句出现。本体与喻体关系十分密切。在特定的语境中,本体和比喻词都不出现,从喻体就可以想到本体。如:"银幕上的一颗重型催泪弹。"（台湾电影《妈妈再爱我一次》广告词）这条电影广告词,它所使用的是借喻的手法,它借用"催泪弹"表明了影片属于悲剧类型。借喻加"像""是"等比喻词,可还原成明喻或暗喻。

2. 借　代

不直说某人或某事物的名称,借同它密切相关的名称去代替,这种辞格叫借代,也叫"换名"。被代替的人或事物叫本体;用来代替的人和事物叫借体。借体之所以能代替本体,是因为它们之间有密切的关系,这种关系是实在的,不是想象的。根据借体和本体的不同关系，借代可分为：① 用借体（人或事物）的特征或标志来代替人或事物。如："花白胡子一面说，一面走到康大叔面前，低声下气地问道……"借人的特征"花白胡子"称代长有花白胡子的那个人。② 用人或事物的专用名称充当借体来代替本体（人或事物）的名称。如："我们所进行的空前伟大而艰巨的事业，不管在哪一条战线上，都需要有成千上万的雷锋。"用专名"雷锋"代替像雷锋那样全心全意为人民服务的青年。③ 用具体的、形象的事物代替概括抽象的事物。如："别那么轻易地把饭碗丢了。"用具体的饭碗代替抽象的职业。④ 用事物具有代表性的一部分代替本体事物的整体。如："沉舟侧畔千帆过，病树前头万木春。"用具体的船的部分构件"帆"代替"船"。⑤ 用某事情产生的结果代替本体事物。如："孔乙己，你脸上又添上新伤疤了！""添上新伤疤"是被挨打的结果。

3. 借喻和借代的区别

（1）作用不同。借喻的作用是"比喻"，虽然也有代替的作用，但总是喻中有代，靠"喻"使语言生动形象。借代是用相关的事物代替所要表达的事物，它的作用是称代，即直接把借体称为本体。它只代不喻，是靠"代"将事物的某一相关部分的特征拿来代替本体，使形象突出、语言生动。

（2）构成基础不同。构成借喻的基础是事物的相似性，它要求喻体与本体有一点极其相似。构成借代的基础是事物的相关性，相关不一定相似，即要求借体同本体有密切关系，互相关联，但没有相似点。如："我们的红领巾在这次劳动中表现得相当出色。"这是借代，借"红领巾"代少先队队员。借代不能改为明喻或暗喻，不能说成"少先队员像（是）红领巾"。

（3）借喻中的本体和喻体两者不同类，借代中的本体和代体可以是同类事物。例如："雨天里的朵朵彩云。"（雨伞广告词）本句广告词中用"彩云"比喻雨伞。"美丽的雨伞"和"朵朵彩云"有相似点，却不是同类事物。

三、排比与层递辨析

1. 排　比

排比是把三个或三个以上结构相同或相似、意思密切关联、语气一致的短语或句子排列起来，形成一个整体，以达到增强语势效果的一种辞格。排比的各个项目之间的关系，有的是并列的，有的是承接的，还有的是递进的。如："教育要面向现代化，面向世界，面向未来"（邓小平语）；"一年之计，莫如树谷；十年之计，莫如树木；终生之计，莫如树人"。

2. 层　递

层递是把意义上有递升或递降的三个或三个以上的短语或句子按逻辑顺序排列在一起，以增强表达效果的一种辞格。如："时间是紧迫的，一年、一月、一天、一小时、一分钟都不能耽搁。"这是用时间长短的递降来突出时间的紧迫。

3. 排比与层递的区别

排比的各项之间是平列的，没有主次、轻重、大小的区别，各项的结构必须相同或相似；结构的排叠，往往借助于重复的词语作提示语，用提示语串联起来，而且语气要一致。层递的各项之间不是平列的而是具有等级的，是按顺序层层递进、步步深入的；在结构上并不要求相同，也无须用提示语，可以只由语意上有递升或递降的词、短语或句子排列而成。层递可以采用排比的形式，也可以不用。如："凡用兵之法，全国为上，破国次之；全军为上，破军次之；全旅为上，破旅次之；全卒为上，破卒次之；全伍为上，破伍次之。是故百战百胜，非善之善者也；不战而屈人之兵，善之善者也。"这是采用排比的形式逐层退缩的层递。

四、对偶与对比辨析

1. 对　偶

结构相同或基本相同、字数相等、意义上密切相连的两个短语或句子对称地排列，以表达相类、相反或相关内容的修辞格叫对偶。从形式上看，对偶有严对和宽对之别。严对又称工对，即工整严格的对偶。要求相对称的两项字数相等，词类相同，句式的语法结构相同，相对应的字平仄相反，相对应的字不用同一个字。如："两个黄鹂鸣翠柳，一行白鹭上青天。"（杜甫《绝句》）宽对即要求宽松的对偶，它可以在格式上冲破一些严格的要求，只要结构上基本相同、音韵大致和谐即可，而且相对应的字可以是相同的字。例如："学习是获得知识或技能，才能指具有知识和能力"；"大肚能容容天下难容之事，开口便笑笑世上可笑之人"。现代汉语中多用宽对。

从内容上看，对偶从上句与下句在意义上的联系来看，主要有正对和反对两种情况。正对指的是上下两句从两个角度、两个侧面说明同一事理，两句在内容上往往相互补充、相互映衬，以并列关系的复句为表现形式。如："海阔凭鱼跃，天高任鸟飞"；"墙上芦苇，头重脚轻根底浅；山间竹笋，嘴尖皮厚腹中空"。反对是上下句意义相反、相对的对偶，两句在内容上相反相成、对立统一。反对上下句表示一般的相反关系和矛盾对立关系，形成强烈的对比，借正反对照、比较以突出事物的本质。如:"有理走遍天下,无理寸步难行""谦虚人常思己过,骄傲人只议人非"。

对偶是汉语所独有的修辞格,为人们所喜闻乐见。从纵的方面看,古今都喜欢用;从横的方面看,不同语体都可以用。恰当地运用对偶,可获得良好的表达效果:由于对偶的结构相同(或基本相同),字数相等,两两相对,因而可获得对称美;由于平仄谐调,节奏鲜明,悦耳动听,因而可获得音律美。

2. 对　比

对比是把两种不同的事物或者同一事物的两个方面放在一起相互比较的一种辞格。如:"时间是勤奋者的财富,创造者的宝库;时间是懒惰者的包袱,浪费者的坟墓。"

对比可以分为两体对比和一体两面对比两类。两体对比是把两种根本对立的事物放在一起对照,使事物特征突出,形象鲜明,使好的显得更好、坏的显得更坏,大的显得更大、小的显得更小,等等。如:"窗外地冻天寒,窗内春意盎然。"(美国全美取暖器公司广告词)当然,对比的语意用对偶的形式表达的情况也是常有的,如:"卫青不败由天幸,李广无功缘数奇。"(王维《老将行》)形式是对偶,内容却是对比。一体两面对比是把同一事物的正反两个方面放在一起来说,揭示事物的对立面,反映事物内部既矛盾又统一的辩证关系,能把事理说得更透彻、更全面,使人们全面地看问题。如:"为官一任,要有实事求是之意,而无哗众取宠之心。"

对比的修辞作用是在突出对立面当中表现出来的,因此在运用对比时,只要条件许可,应尽量使对立的意思反差强烈。

3. 对偶与对比的区别

(1)对偶主要表现为形式上对称,以结构为特征(结构相同、字数相等、词性相对),重在形式的均齐美,一般都比较简短。对比则主要侧重于内容上的对立,以意义为特征(意义相对或相反),重在突出矛盾、增强说服力和感染力,字数多少不拘,有时整段、整篇都是对比。对偶中的反对,从意义上说又兼属于对比;通常的对比,从结构上说不一定都是对偶。

(2)对偶在上下两句中一般不出现相同的字;而对比则可以出现相同的字。如:"对人是马克思主义,对己是自由主义。"

五、设问与反问辨析

1. 设　问

设问也就是明知故问,它是为引起听者或读者的注意和思考,本无疑问而自设疑问。有时是自问自答，如："为什么会重理轻文呢？其理由据说是'学好数理化，走遍天下都不怕'。"有时是问而不答，如："吃鲜荔枝蜜，倒是时候。有人也许没听说这稀罕物吧？"这种问而不答的设问通常是表达猜想性意思的无疑而问，它与自问自答的设问略有不同。但它并不是没有答案，可能答案不是用一句话可以说清的，将在后文逐步回答；也可能答案是不言而喻的，不说出答案反倒简洁、富有启发性、发人深省。

　　2. 反　　问

　　用疑问语气来表示肯定或否定的意思，以加重语气，表达强烈思想感情的辞格叫反问。反问是无疑而问，一般都只问不答，以加重语气。它与字面的意义相反，该疑问形式的反面意思即自己所要强调的内容。如："我们无论和什么人做朋友，如果不懂得彼此的心，不知道彼此心里面想些什么东西，能够做成知心朋友么？"这是用肯定的形式表达否定的意思，表示做不成知心朋友。又如："谁说人不能飞？"（"耐克"运动鞋广告词）这是用否定的形式表达肯定的意思，表示穿上了"耐克"运动鞋，人就能飞。反问不一定只问不答，有时候也可以自问自答。如："虽然这些都是事实，但谁个曾怀疑人类需要太阳呢？谁个曾因为太阳本身有黑点就否认它的灿烂光辉呢？没有。"（陶铸《太阳的光辉》）

　　3. 设问和反问的区别

　　（1）设问的基本特点是"无疑而问"，明知故问，自问自答，设问本身不表示肯定什么或否定什么；而反问则明确地表示肯定或否定的内容，是用疑问的形式表达确定的意思的修辞格。

　　（2）设问的作用主要是提出问题、引起注意、启发思考；而反问则主要是加强语气，用明确的语气表明作者自己的思想。无疑而问，自问自答，提出问题只起引人关注的作用，是设问；无疑而问，自问不答，在疑问中包含着答案，用否定形式表达肯定或用肯定形式表达否定，是反问。

　　（3）设问不能用"岂""难道"等词表语气；反问可以用，没有用的也可以添上，或者将"为什么、怎么"改为这样的词。

【练习题】

一、指出下列句子中用了什么修辞格。

　　1. 她眼睛并不顶大，可是灵活温柔，反衬得许多女人的大眼睛只像政治家讲的大话，大而无当。

　　2. 农民兄弟们，伫立在田野上，瞩望你；工人同志们，肃立在机器旁，呼唤你；千万名战士持枪站在哨位上，悼念你。

3. 好个"友邦人士"！日本帝国主义的兵队强占了辽吉，炮轰机关，他们不惊诧；阻断铁路，追炸客车，捕禁官吏，枪毙人民，他们不惊诧。

4. 大家注视着陈伊玲：嫩绿色的绒线上衣，咖啡色的西裤，宛如春天早晨一株亭亭玉立的小树。

5. 有缺点的战士终竟是战士，完美的苍蝇也终竟不过是苍蝇。

6. 千里马之所以被伯乐发现，还不是因为千里马长啸一声地表现自己吗？

7. 中国人民终于推翻了压在头上的三座大山。

8. 我所说的中国革命高潮快要到来，决不是如有些人所谓"有到来之可能"那样完全没有行动意义的、可望而不可即的一种空的东西。它是站在海岸遥望海中已经看见桅杆尖头了的一只航船，它是立于高山之巅远看东方已见光芒四射喷薄欲出的一轮朝日，它是躁动于母腹中的快要成熟了的一个婴儿。

9. 鸟儿将巢安在繁花嫩叶当中，高兴起来了，呼朋引伴地卖弄清脆的喉咙，唱出婉转的曲子，跟清风流水应和着。

10. 三个臭皮匠，合成一个诸葛亮。

11. 桃树、杏树、梨树，你不让我，我不让你，都开满了花赶趟儿。

12. 时间如流水，几十年、几百年、几千年的时间，一转眼就流过去了。人们一定要珍惜时间才对。

13. 心无一丝邪念，身无一丝病气。

二、请从综合运用的角度分析下文中的辞格。

1. 十个
　　百个
　　千万个……
雷锋　雷锋　雷锋……
啊，雷锋　就是我们！　我们　就是雷锋！

2. 好！黄山松，我大声为你叫好。
谁有你挺得硬，扎得稳，站得高！
九万里雷霆，八千里风暴，
劈不歪，砍不动，轰不倒！

3. 竹叶烧了，还有竹枝；竹枝断了，还有竹鞭；竹鞭砍了，还有深埋在地下的竹根。

4. 古老的济南，城内那么狭窄，城外又那么宽敞。山坡上卧着些小村庄，小村庄的房顶上卧着点雪，对，这俨然是张水墨画。

（曾庆璇）

Ⅵ　标点符号知识要点

　　标点符号是用来表示停顿、语气以及词语性质和作用的书写符号。标点符号是现代汉语的重要组成部分，正确使用标点符号能使文章语句通顺，更能真切地表达文意。下面简要介绍容易出错的标点符号的用法。

一、问　号

　　疑问句作句子成分时，大句子的句末不用问号。如："他不知道这究竟是为什么。"
　　选择问句中，中间的停顿一般用逗号，句末用问号。如："你是今天值班，还是明天值班？"但如果要强调每个选项的独立性，每项之后则可以用问号。如："你想去打网球？游泳？还是远足？"
　　疑问代词不表示疑问时，句末不用问号。如："古往今来，有多少风华少年，在酒色财气的迷惘中浪费了最宝贵的一生。"句中的"多少"表示数量，是"许多"的意思。

二、叹　号

　　语气强烈的反问句末尾，也用叹号。如："谁有你站得高！"反问句末尾用了问号的，就不能再用叹号。例如，在反问句末尾使用"？！"是不规范的。

三、分　号

　　复句内部并列分句之间的停顿，用分号。如："语言，人们用来抒情达意；文字，人们用来记言记事。"
　　非并列关系（如转折关系、因果关系等）的多重复句，第一层的前后两部分之间，也用分号。如："我国年满18周岁的公民，不分民族、种族、性别、职业、家庭出身、宗教信仰、教育程度、财产状况、居住期限、都有选举权和被选举权；但是依照法律被剥夺政治权利的人除外。"
　　分行列举的各项之间，也可用分号。如："中华人民共和国的行政区域划分如下：① 全国分位省、自治区、直辖市；② 省、自治区分为自治州、县、自治县、市；③ 县、自治县分为乡、民族乡、镇。"

四、顿　号

　　句子内部并列词语之间的停顿用顿号。如："锐角三角形、直角三角形、钝角三角形统称为三角形。"
　　用在次序语之后。如："一、……二、……三、……""甲、……乙、……丙、……"

五、引　号

行文中直接引用的话，用引号标示。如："'水能载舟，亦能覆舟'这句格言，流传到今天至少有一千多年了。"

需要着重论述的对象，用引号标示。如："古人对于写文章有个基本要求，叫做'有物有序'。'有物'就是要有内容，'有序'就是要有条理。"

具有特殊含义的词语，也用引号标示。如："想方设法算计别人而为自己谋利益的'好人'还是没有好。"

六、破折号

存折号（——）不能分作两截放在上下两行的末尾或开头。

行文中解释说明的语句，用破折号标明。如："为了国家，为了人民——当然也包括自己在内——的幸福，我们都要兢兢业业，努力工作。"

话题突然转变，用破折号标明。如："'今天天气不错啊！——你什么时候去哈佛大学呢？'张强对刚刚进门的李进说。"

声音延长，象声词后用破折号。例如："'呜——'火车开了。"

七、省略号

省略号前后不能再用别的标点符号。如："周恩来同志用命令的口吻说：'不要管我，大家要沉着，不要慌张……'"又如："在恐龙博物馆里，霸王龙、雷龙、翼龙、剑龙……各种恐龙都挤到一起啦！"

此外，标点符号的使用能消除歧义。如："他知道这件事不要紧。"这是一个歧义句，加上标点改为"他知道这件事，不要紧"或"他知道，这件事不要紧"，就不会有歧义了。又如："我们打败了他们得了冠军。"可加上标点改为"我们打败了，他们得了冠军"或"我们打败了他们，得了冠军"，以此消除歧义。

【练习题】

一、请给下面的语句标上停顿符号、标点符号，让它们表达两种或两种以上的意思。

1. 二乘三加五等于多少？
2. 父母没有了孩子就慌了。
3. 赦免不得流放西伯利亚。
4. 新年好晦气少不得生病。
5. 清明时节雨纷纷路上行人欲断魂借问酒家何处有牧童遥指杏花村（加上标点，使上面的文字：① 变成杜牧写的《清明》诗。② 变成词。③ 变成剧。）

二、选择题：
1. 下列句子中标点符号的使用，正确的一句是（ ）
   A. 读了拜伦的诗,就想到西班牙去,想看看女郎的头发是黑的,还是金黄的?
   B. 在中华大地上，我要去的地方就更多了，因为我认为中国的山山水水、亭台楼阁、花草树木……都是世界上最美的。
   C. 为了对演出市场及演员进行规范管理，文化部近日发出了"演员个人营业活动管理暂行办法"。
   D. 她说："有这么热心的民警，有这么多好街坊，我呀！还得活一辈子啊！"
2. 下列各句中问号使用正确的一项是（ ）
   A. 她是从四叔家出去就成了乞丐的呢？还是先到卫老婆子家然后再作乞丐的呢？
   B. 这事明明是他干的，还装作不知，问这是谁干的？
   C. 三年的高中生活，有人问我什么最难忘？我答不上来。
   D. 在世界水日到来之际，你想过没有，如果一天没有了水，这个像西瓜一样的小小寰球会变成什么样子？
3. 下列各句中引号使用正确的一项是（ ）
   A. "最重要的是，"他说道："我们心中要有对弱者的同情与爱心"。
   B. "坤包、坤表、坤车"里的"坤"，意思是女式的，女用的。
   C. 杜甫有一个愿望："会当凌绝顶，一览众山小"。
   D. 鲁迅的两句诗，"横眉冷对千夫指，俯首甘为孺子牛。"应该成为我们的座右铭。
4. 下列各句中标点符号使用有误的一项是（ ）
   A. 关于什么是形象思维，国内外争论多年也没有定论。
   B. 除了你能去，谁能去？他吗？他能去吗？我看他不能去吧？
   C. 这个家庭，书籍、衣服、杯、盘、碗、碟都放得井井有条。
   D. 相反，在另一些领域中，人却超越了自然，如飞机、火箭、电视等。
5. 下列各句中，标点符号使用正确的一句是（ ）
   A. 打好这一仗的关键是：一要发动群众；二要找准目标；三要速战速决。
   B. 欧盟1999年底对世界上32个茶叶出口国家和地区的分析结果表明，农药残留水平低的国家，包括非洲产茶国和亚洲的印度尼西亚、斯里兰卡；残留水平高的国家，包括中国、日本和越南；居于二者之间的国家，包括印度等。
   C. 在这次艺术活动中，许多丰富、多彩的文娱节目，富有民族文艺的特点，吸引着成千、上万的观众。
   D. 人和动物不同，人的注意具有随意性质。即，可以通过语言来调节注意。

（曾庆璇）

应用写作

第一章 应用写作总览

第二章 国家机关行政公文

第三章 高校学生常涉事务文书

第一章 应用写作总览

应用写作又称实用写作，其内涵具有多维性：一方面是指党政机关、社会团体、各行各业、企事业单位和人民群众在处理公务和日常生活、交往中书写应用文的写作实践活动；另一方面是指写作学的一门分支学科——应用写作学，它是总结应用文的文体特点和写作规律、技能技巧，用于指导应用写作实践的学科，具有理论与实践相统一的特点。

第一节 应用文概述

一、应用文的概念与种类

（一）概　念

应用文是党政机关、社会团体、各行各业、企事业单位和人民群众在处理公务和日常生活、交往中产生的具有直接实用价值和一定惯用体式的一类文章的总称。

（二）种　类

应用文在我国已有3000多年的历史。殷墟甲骨刻辞，就其内容和形式来看，是原始应用文的雏形。随着社会经济的发展和国家的产生，除民间应用文日益丰富外，适应国家机关等处理公务需要的应用文发展更加迅速。随着我国经济的发展和对外交往的日益频繁，应用文的种类越来越多，新文种不断涌现。按写作主体和文章功用来分，应用文可分为两大类：

1. 公务应用文

（1）通用文书：人们在办公或办事中普遍使用的文书。其包括以下两种：

① 行政公文是《国家行政机关公文处理办法》中所规定的文种，它是国家机关、社会组织和团体行使职权、办理公务时所使用的法定文书。现有行政公文含命令（令）、决定、公告、通告、通知、通报、议案、报告、请示、批复、意见、函和会议纪要等13个文种。

② 事务文书，包括调查报告、工作总结、述职报告、简报、计划、规章制度和会议材料、公务书信、告启文书、礼仪文书等。

（2）专用文书：专业性较强，由职能机关或行业使用的文书。其包括以下几种：

① 科技文书，包括由学术机构或团体写作的毕业论文、学术论文、专利申请书、实验报告等。

② 财经文书，如市场预测报告、经济活动分析报告以及经济合同、协议等。

③ 司法文书，如诉状、辩护词、公证书和判决书等。

④ 传播文书，如消息、通信、特写和广告等。

⑤ 涉外文书，如国书、照会、公约、协定等。

……

2. **私务应用文**

（1）记录性文书，如日记、自传等。

（2）交流性文书，如书信、慰问信、感谢信、表扬信等。

（3）凭据性文书，如条据等。

（4）科技文书，包括由个人写作的毕业论文、学术论文、专利申请书等。

二、应用文的作用

（1）宣传教育作用。党和政府通过应用文下达各种文件、法规、制度，向全国宣传党和国家的方针、政策。各地区、各部门、各企业已通过应用文推广先进经验，表扬先进人物，批评揭露不良现象和丑陋行为，制裁不法分子，以此来提高人们的思想政治觉悟，规范行为，推动各项事业的健康发展。

（2）联系协调作用。应用文是加强上下级联系的纽带，也是各有关方面进行联系沟通的有效工具。上下级之间的上情下达、下情上报，各单位之间的信息、经验交流以及单位与个人、个人与个人之间的公关活动，都需要使用应用文，以此交流社会信息，促进业务开展，协调各方关系，推动各项事业的发展。

（3）凭证资料作用。在社会生活中，应用文也是开展工作，解决、处理问题的依据和凭证。上级下达的文件、党和政府颁布的法规、有关方面的规章制度，都可作为开展工作和检查工作的依据；而一些条据、合同文本、公证材料等，也是业务中的凭证，一旦出现纠纷，可据以通过法律途径追究对方责任，维护自身利益。应用文还能积累和储存某一时期的政治、经济、科技文化等各方面的历史档案资料，为未来的各项事业提供可资借鉴的信息。

三、应用文的特点

（1）实用性。应用文的主要特点是"实用性"，"实用性"是应用文区别于其他文类的本质属性。一般文学作品的创作是"有感而发",主要表达人们的喜怒哀乐,抒发理想,反映现实。应用文以解决实际问题为写作目的,是"有事而发,无事不发。"所以,非"为实用而作之文"就不是应用文。

(2) 针对性。应用写作既有实用性,又有明确的接受对象。而文学作品的阅读对象往往不明确,如一首诗、一篇小说,雅俗共赏,但谁都可以不读。写作目的的功利性和读者对象的针对性决定了应用文文种的选择、格式的安排和语言的运用。

(3) 时效性。由于应用文用于解决实际问题,所以,它既有鲜明的时代性,与现实紧密结合,适应时代的变化与需求,又有时间性,要及时反映问题,要在一定时限内完成写作,以免贻误工作。同时,其作用时间也是有限的,要在一定时间内产生直接效用。应用文的写作目的一经实现,其直接效用便消失,文本转化为档案材料,作用发生转化。相比而言,文学作品的时代性突出,在写作耗时与文章作用久暂两方面却没有人为的规定性。

(4) 真实性。真实是应用文的生命。应用文必须内容客观,实事求是,不允许像文学作品那样夸张、虚构,否则就会歪曲事实真相,丧失写作价值,甚至误导消费者,给社会造成损失。

(5) 程式性。程式性是指应用文有其大致相同或相似的布局、语体和写法,有大体统一的文面要求,如公文的固定格式、惯用的句式和规范化词语等。这些程式有的是长期以来约定俗成的,有的是由国家和有关部门统一制定的,目的在于提高办事效率。因此,写作应用文不能像文学创作那样标新立异,随意编排。不过,随着社会的发展和人们生活习惯、观念的变化,应用文写作格式也会相应变化。

(6) 平实性。应用文的语言讲究务实,要求简洁、朴实、明白、准确、规范,便于理解执行,而不能像文学创作那样追求形象,更不能含蓄、朦胧,或一味地迎合、打动读者。平实是应用文语言的基本风格。

第二节 应用写作的基础知识

一、应用文材料的积累、选择与使用

广义的材料是为写作而收集的有意义和价值的资料,又称素材。狭义的材料是从素材中选出并写入文章以支撑主旨的事实、数据和理论依据,又称题材。材料是形成主旨的基础,又是表现主旨的物质条件,因此,写作前必须积累材料。

积累材料的主要途径是：第一，认真观察生活；第二，深入调查采访；第三，资料室、档案馆、图书馆检索，网络阅读和下载。

收集起来的材料要整理、分析，进行选择。选材的原则，一要围绕主题取舍材料，二要"真"，三要"精"，四要"新"。

使用材料的目的是为表现主旨服务。具体应做到：一调动，即安排材料的先后顺序，形成一定的逻辑关系；二平衡，即围绕主题安排材料的详略轻重；三匀称，即衡量材料文字的相对齐整，在文章形式上给读者以对称、均匀的美感。

二、应用文主题的提炼与表现

主题又称主旨，是文章的灵魂，是作者在说明问题、发表主张或反映生活现象时，通过全部文章内容表达出来的基本意见或中心思想。

提炼主题要求做到正确、鲜明、深刻。正确，即内容要反映客观实际，符合党和国家的路线、方针、政策。鲜明，就是赞扬什么、反对什么，旗帜鲜明。正确、鲜明、深刻的主题，如果表现得好，可以增色；表现不力则会逊色。表现主题需要掌握适宜的表现手法。

应用文贵在务实。必须针对实际问题，在文中表明自己的态度或解决问题的意见，因此，作者的观点应当直接表达，力求鲜明突出，而不能含蓄朦胧。在这一点上，应用文与论说文有相似之处。

三、应用文的结构及其安排

结构即文章的内部构造，是如何运用材料以表现主题的组织安排，是作者的思路在文中的反映。结构实质上是如何认识和反映客观事物的问题。如果把主题比作文章的灵魂，把材料比作文章的血肉，那么结构就是文章的骨架。

结构包括两个方面：表现为思维形式的叫逻辑结构，表现为语言形式的叫篇章结构。写作者一般先形成逻辑结构，再形成篇章结构；阅读者一般先了解篇章结构，然后理清逻辑结构。多写多看文章后，两者也可同时形成。常见的结构形式有纵式结构和横式结构两种。

（一）应用文的层次

层次是应用文思想内容表达的次序。每个层次要有相对的完整性，对层次的划分要前后有序、条理清楚。因此，要求撰写者对所有的事物进行深刻的分析，以便自己有清晰的思路。层次的表述方法有小标题表示、数量词表示、词和词组表示三种。

(二) 段 落

段落,这里是指自然段,即应用文中能够表达一个完整意思而又相对独立的基本构成单位,是在行文中由于转折、间歇或强调等情况而自然形成的分隔、停顿。

在划分层次之后,需要安排好段落。一是注意段与段之间的联系;二是每段要相对完整地表达出一个中心意思,不能把一个完整的意思分成几段来写,也不能把不相关的意思硬放在一段之内,而要注意段落的完整性与单一性;三是段落要长短适度。

(三) 衔接与照应

安排好应用文各层次、段落之间的衔接与照应,目的是使层次、段落之间前后连接、转折自然、紧密。

(四) 开头与结尾

1. 开 头

应用文的导语一般在开头提出要点,用极简要的文句说明全文的写作意图、目的或结论。常见的导语有如下几种:

(1) 开门见山式。以简要的文字揭示应用文的主题,阐明观点,唤起读者的注意,引导读者继续阅读。

(2) 缘由式。简明交代撰写应用文的理由、目的和根据,帮助读者理解文章的内容。一般来讲,请示、报告以写明理由为开头,决定、批复以说明根据为开头,规章制度以说明目的为开头。

(3) 概述式。概述有关的一般情况,如总结、报告,一般在开头概述某一时期、某一方面工作的基本情况;会议纪要、调查报告,首先介绍会议与调查的时间、地点、范围及规模等。

(4) 提问式。用提问的方式将文中要回答的问题,在开头一针见血地提出,以引起注意。

(5) 致意式。以致意的词语开头。贺信、感谢信、讲话稿等多以这种方式来写导语。

(6) 表态式。在开头表明作者的态度,如"国务院同意××部《关于×××××的报告》,现转发给你们……"一般用于批转、转发公文的通知或答复下级请示的批复。

2. 结 尾

结尾一般与开头相呼应,表述形式如下:

（1）专用词语式，如"特此报告""特此批复""此布"等。

（2）祈请式。以简要文字请求批准、指示或帮助，再次强调行文目的，如"上述报告，如无不妥，请批转……"

（3）强调式。再次点明与深化全文主题，使读者加深理解。

（4）期望号召式。发出号召，寄托希望。

总之，应用文的开头与结尾，要根据应用文的内容和文种的特点采取不同的写法。

四、应用文的表达方式及其要求

应用文写作中常用的表达方式，主要是叙述、说明和议论。

1. 叙 述

应用文的叙述，要求写作者有一个立足点和观察点，要么从自我出发，要么从叙述对象的平行地位出发。所以，叙述时要确定人称。叙述方法与一般文章相同，分为顺叙、倒叙、插叙、补叙。

2. 说 明

说明是对事物、事理和人物所作的具体或概括的介绍或解说。常用的说明方法有定义说明、诠释说明、举例说明、比较说明、数据与图表说明等。说明的文字必须言简意赅，只要能把事物的构成、性质、特征、关系、功用等解说清楚，或把人物的经历、特点、成就等表达明白，就是好的说明。

3. 议 论

议论是作者通过事实材料及逻辑推理阐明道理，表明自己的见解、主张以及驳斥别人观点的一种表达方式。议论有三个要素：论点、论据、论证。议论分为两大类：立论和驳论。论证的方法很多，常用的有归纳法、演绎法、举例法、引典法、比较法、类比法、驳论法等。

五、应用文的语言表述要求与专门用语的使用

（一）应用文的语言表述要求

语言是人类用来表达意思、交流思想的工具。在文章写作中，一方面，最基本的材料是语言，是文章思想内容的具体表现；另一方面，文章以语言作为表情达意的工具，没有好的语言，任何好思想、好材料、好结构都无法表现。应用文要把语言运用好，必须做到准确无误、意明笔畅、精练朴素。

（二）应用文专门用语的使用

1. 称谓语

称谓语是表示称谓关系的词语。在应用文中，涉及机关或个人时，一般应直呼机关的全称或规范化的简称，以及对方的职务或"××同志""××先生"。在表述指代关系的称谓时，一般使用下列专门用语：

第一人称："本""我"，后面加上所代表的单位简称，如我部、我委、我办、本厅、本局、我厂或本所等。

第二人称："贵""你"，后面加上所代表的单位简称，一般用于平行文或涉外公文，如你局、贵校、你部等。

第三人称："该"。在应用文中使用广泛，可用于指代人、单位或事物，如该厂、该部、该同志、该产品等。在文件中正确使用"该"字，可以使应用文简明、语气庄重。

2. 领叙词

领叙词是用以引出应用文撰写的根据、理由或具体内容的词，多用于文章开端，引出法律、法规、政策，以及指示的根据或事实根据，也有的用于文章中间，起前后过渡、衔接的作用。领叙词在应用文中出现的频率较高。使用领叙词，便于应用文开宗明义。常用的领叙词有：根据，按照，为了，接……，前接（近接）……，遵照，敬悉，惊悉……，收悉……，查，为……，特……，……现，……如下，等等。

3. 追叙词

追叙词是用以引出被追叙事实的词。应用文中有时需要简要追叙一下有关事件的办理过程，为了使追叙的内容出现得自然，常常要使用一些追叙的词语，如业经、前经、均经、即经、复经、迭经等。使用时，要注意上述词语在表述次数和时态方面的差异，以便有选择地使用。

4. 承转语

承转语又称过渡用语，即承接上文转入下文时使用的关联、过渡词语，用于陈述理由及事实之后引出作者的意见和方案等。这种词语不仅有利于文辞简明表达，而且能起到前后照应的作用，主要有为此、据此、故此、鉴此、综上所述、总而言之、总之等。

5. 祈请词

祈请词又称期请词、请示词，用于向受文者表示请求与希望。主要有希、希望、敬希、请、望、敬请、烦请、恳请、希望、要求等。使用祈请词有助于形成相互敬重、和谐与协作的气氛，从而建立起正常的工作联系。

6. 商洽语

商洽词又称询问语，用于征询对方的意见或反馈信息，带有探询语气。主要有是否可行、妥否、当否、可否、是否同意、意见如何等。这类词语一般在公文的上行文、平行文中使用，在使用时要注意确有实际的针对性，即在确需对方的意见时使用。

7. 受事词

受事词即向对方表示感激、感谢时使用的词语，如蒙、承蒙等。受事词属于客套语，一般用于平行文或涉外公文。

8. 命令词

命令词即表示命令或告诫语气的词语，用以增强公文的严肃性与权威性，引起受文者的高度注意。表示命令语气的语词有：着、着令、特命、责成、令其、着即；表示告诫预期的词语有：切切、毋为、切实执行、不得有误、严格办理等。

9. 目的语

目的语即直接交代行文目的的词语。人们撰写应用文尤其是公文时，都有明确而具体的目的，必须有针对性地使用简洁的词语表达，以便受文者正确理解内容并加速办理相关事项。用于上行文、平行文的目的词，还须加上期请词，如请批复、请函复、请批示、请告知、请批转、请转发；用于下行文的，应加上周知、知照、备案、审阅等。

10. 表态语

表态语又称回复用语，即针对对方的请示、问函，表示明确意见或答复时使用的词语，如应、同意、不同意、准予备案、特此批准、请即试行、按照执行、可行、不可行、迅即办理等。在使用上述词语时，应对公文中的下行文和平行文严加区别。

11. 结束语

结束语即置于正文最后、表示正文结束的词语，用以结束上文，如此布、特此、报告、特此通知、特此函复、特比函告、特予公布、此致、谨此、此令、此复等。再次明确行文的具体目的与要求的结束语有：……为要、……为盼、……是荷、……为荷等。表示敬意、谢意、希望的结束语有敬礼、致以谢意、谨致谢忱。使用这些词语，可以使文章表述简练、严谨、富有节奏感、显得庄重、严肃。

12. 专业术语

专业术语是学科中的专门用语，其科学、精确、词义单一。在应用文中使用，能使文章的表述专业化，高度精练，避免歧义。应用文中的专用文书，如军事文书、外交文书、司法文书、科技文书、经济文书等，常常使用专业术语，用以表示专业性意义，如照会、白皮书、利润、合同、要约、辩护人、自诉、债权，等等。一些涉及专业内容的文书，往往也需使用一些专业术语。

13. 缩略语

缩略语是一种高度紧缩和简略的句式，它是在原来句式的基础上重新概括、组合而成的，是非常简洁的语言。使用缩略语，能使文章简洁明快。应用文中常见的缩略语一般有简称和数词缩略语等种类。简称如"中共""外长""中小学""安理会"等；数词缩略语用数词来概括几种具有共同性质的事物或行为，如"三农""四化""两个文明""五讲四美"等。

第三节　应用写作学习的基本方法与具体要求

一、应用写作学习的基本方法

1. 以理论为指导

应用写作的理论对应用写作实践有直接的、具体的指导作用。掌握应用写作理论，正确认识各类应用文的特点，无疑会给写作实践提供帮助。

2. 以例文为借鉴

学习应用写作要经历模仿、熟悉、自如三个阶段，尤其在各类文种的体式训练中，阅读例文、模仿格式是第一步；熟悉应用文格式、领悟各类文种的写作思路是第二步；最后应反复练习，最终达到自如写作的境界。因此，对例文的分析和模仿是学习应用写作的重要途径。

3. 以训练为中心

将应用文写作知识转化为写作能力，主要依靠有目的、有计划的写作训练。尽管写作能力是各种知识的综合性体现，但有重点地针对各文种的特点进行训练，对掌握应用文基本写作方法仍然非常有效。

二、应用写作学习的具体要求

1. 材料绝对真实

文学作品的题材，可以"上下几千年，纵横数万里"；而应用文写作的取材十分严谨，题材主要是现实的、与本部门有关的材料。文学作品的题材要求艺术真实，是生活中可能有、应该有的，但不一定实有其人其事；应用文的材料必须绝对真实，不能加入虚构的内容。只有保证材料真实，应用文才有说服力，才有利于解决问题。

2. 主题专一显露

一般来说，应用文要求一文一事，即使较长的文件，也要求围绕一个中心来写作，这样可使重点突出，防止行文关系混乱，提高工作效率。写作时，要旗帜鲜明地亮出自己的观点，表明自己的态度，扣紧主题，不枝不蔓，一气贯通，防止多中心，防止下笔千言、离题万里。

3. 结构完整，眉目清楚

应用文的结构要完整，层次要清楚。动笔前先构思，分析、归纳材料，根据内容与需要，把零散的材料组织成一个有机的整体。还要注意划分段落，做到各段既有单一性，又有完整性，既有"断"，又有"联"，分之为一段，合则为全篇。

4. 文字准确，简明扼要

正确的思想，要通过准确的语言文字来表达。各种文体对语言文字的要求不尽相同。应用文由于其特殊作用，在文字表达方面要求有节制、有分寸，做到准确、鲜明；同时要求不写错别字，正确使用标点符号，文面清楚美观，不乱涂乱改、潦草马虎。应用文的务实功能决定了它的篇幅一般较短，要写得简明扼要，用最少的文字，准确、严密地表现最丰富的内容。

5. 政策明确，风格庄重

应用文的政策性很强。因此，写作前要认真学习有关方针、政策，领会政策精神，掌握政策界限。在写作中，要处处注意以政策为准绳，根据政策分析问题、解决问题。不同的文体有不同的语言风格，有的含蓄，有的婉转，有的艳丽，有的雄奇，有的幽默风趣，有的自然深沉。应用文的内容特点与功能，决定了它庄重、典雅、朴实、自然的风格。崇尚文学笔法的人，以务实为平庸，鄙薄应用文，认为"不过就是几种格式"，那是片面和肤浅的看法。

第二章 国家机关行政公文

第一节 行政公文概述

一、行政公文的概念

公文的概念有广义、狭义之分。广义的公文是指党政机关、企事业单位及社会团体在公务活动中所用的文字材料。狭义的公文专指法定公文，又称行政公文，是指国务院 2000 年 8 月 24 日发布的《国家行政机关公文处理办法》（以下统一简称《办法》）列出的 13 类公文。这是行政机关在行政管理活动中所形成的具有法定效力和规范体式的文书，是依法行政和进行公务活动的重要工具。

二、行政公文的特点

1. 作者的法定性

一般文章的作者大多是个人，而且文责自负。公文的法定性很强，其制发必须由法定的作者来承担。公文的法定作者，是指依据有关法律和章程而成立的，能够行使权利和承担义务的机关、组织和个人。国家的各级党政机关、企事业单位和人民团体及领导人（机关＋职务＋姓名），都是依法成立的。撰写和制发公文不是个人行为，其所代表的是机关或组织。因此，公文的内容受法律、工作需要和领导人指示的制约，其法定作者制发公文的权利和名义受法律的保护。《中华人民共和国刑法》第一百六十七条规定：伪造、变更国家机关、企业、事业、人民团体的公文，"处三年以下有期徒刑、拘役、管制或者剥夺政治权利；情节严重的，处三年以上十年以下有期徒刑"。这充分说明法定作者的权利不容侵犯。

2. 作用的权威性

各种文章都有一定的社会作用，文学以情动人，论文以理服人，新闻用事实说话，而公文固然也可适当借助上述方式发挥作用，但主要依靠发文机关的权威。公文向下级机关或公众提出的要求，不是可办可不办，而是必须贯彻执行，如有违反，必将追究。公文向上级机关或其他机关提出的要求，受文者也不能置之不理，而应及时回复，对合理合法的请求，应予以批准或支持。总之，公文具有法定的效力，对有关单位的工作和有关公众的行为具有约束力和规范性。

3. 阅者的特定性

公文提出的要求一般要付诸行动。由谁办理，靠谁执行，都必须十分明确，这样才能落到实处，达到预定的目的。因此，大多数公文与一般文章面向"广大读者"不同，而是像书信一样，必须有明确的适用范围，即特定的阅者，以便明确职责、检查落实。这就是多数公文在一开头便表明主送机关的原因。

4. 制发的程序性

公文的撰写和制发受公文处理程序的严格制约。制发必须经过起草、核稿、签发等程序；对收文的办理，一般包括签收、登记、分办、批办、承办、催办等程序。这一系列过程不是无序的，应按《办法》详细规定的程序进行。这样做的目的是保证公文制发的质量，以维护公文的法定效力和机关的权威性。

5. 体式的规范性

公文具有规范的体式。公文的规范体式，一是指撰写公文所采用的语体，即现代汉语语体；二是指文件的格式，即公文结构与公文各组成部分的文字符号在载体排列上的规定形式。公文的拟制必须遵循规范化的体式，其目的是为了维护公文的法定效力和机关的权威性，也是为了实现公文工作标准化，提高工作效率。

三、行政公文的种类

1. 按适用范围划分

《办法》规定，我国行政机关现行的公文有 13 种：命令（令）、决定、公告、通告、通知、通报、议案、报告、请示、批复、意见、函和会议纪要。

2. 按行文方向划分

可分为下行文、上行文和平行文。下行文是指具有隶属关系的上级机关发给下级机关的公文；上行文是指具有隶属关系的下级机关呈报给上级机关的公文；平行文是指平级机关或不相隶属的机关之间往来的公文。所谓隶属关系，是指上下级机关具有直接管理和被管理的关系。

3. 按缓急程度划分

可分为特急、急件和一般文件三类。这是从公文的办理时限来划分的。急件应当在接到来文后 3 天内办理完毕，特急件应当在 1 天内办理完毕。

4. 按保密级别划分

可分为绝密、机密、秘密三类。秘密等级简称密级，应在公文首页注明。

绝密文件，是指涉及党和国家最核心的机密文书，一旦泄露，会使国家的安全和利益遭受巨大损失；机密文件，是指涉及党和国家重要机密的文书，一旦泄露，会使国家的安全和利益遭受重大损失；秘密文件，是指涉及党和国家一般秘密的文书，一旦泄露，会使国家的安全和利益遭受较大的损失。

5. 按具体职能划分

可分为法规性公文（令、通知）、指挥性公文（命令、通知、决定、批复、通报）、报请性公文（请示、报告、议案）、知照性公文（公告、通告）、联系性公文（函）、实录性公文（会议纪要）、兼容性公文（意见）七大类。

行政公文的行文规则、行政公文的稿本、行政公文的格式见《国家行政机关公文处理办法》，此处从略。

第二节　请　示

一、请示的含义

请示是适用于向上级机关请求指示、批准的公文。请示为上行文，具有强制回复的性质。其行文目的是请求上级机关对本单位权限范围内无法决定的重大事项，以及在工作中遇到的无章可循的疑难问题给予答复。

二、请示的特点

1. 呈请性

这是指对上级机关有所请求的特性，或请求给予指示，或请求给予批准。呈请是请示的最大特点。对上级无所呈请，则不应写作"请示"。

2. 期复性

这是指在一定时间内希望得到答复，是请示的第二个特点。上级机关收到下级机关的请示，不管同意与否，在一定时间内都应回复。

3. 越职性

请示的内容有法定规范，凡因职权所限，在本机关职权范围以外而又必须办理的事项，则必须有上级的批准、授权、指示后才可办理，因而必须"请示"；相反，凡属于本机关职权范围内的本应由本机关处理且也有能力、有条件处理的事项，则不能请示。请示的这一特点与其他公文很不相同，其他公文都因发文机关职权范围内的事情而发，如报告、涵；但请示的内容是属于上级机关职权内、本机关职权范围外的事情。

三、请示的分类及用途

1. 请求指示的请示

这类请示有两种情况：第一种是对上级机关文件中规定的某些政策界限把握不准，且本机关无权解释或不能擅自决定，即请求上级机关给予指示的请示。第二种是遇到本机关职权内过去从来没有处理、解决过的新情况、新问题，需要请求上级机关给予指示的请示。这类请示需要写明新情况、新问题是如何出现的，要把请示的原因和事项写清楚。

2. 请求批准的请示

这类请示多数是为了增设机构、增加编制，上项目、列计划、要资金购置设备等而写作的。请示的要求是请求批准。

3. 请求批转的请示

这是政府职能部门对新情况、新问题提出了处置意见和解决方法，但因没有法定权利，不能直接要求同级职能部门或不相隶属机关、部门照此执行，因而请求上级领导机关审查批准，并批转给有关方面执行的请示。此类请示的结语多有"以上请示如无不妥，请批转各部门执行"的字样。

四、请示写作的要点

（一）标　题

标题应写明制发机关名称（如有版头，也可省略）、事由与文种，如《国家税务局关于加强批发扣税工作的请示》。标题的文种一定要写"请示"，凡是未写"申请""要求""请求"的，上级机关均可不予受理。

（二）主送机关

请示只能主送一个机关，且一般不能主送上级机关的领导个人。主送机关要根据请示事项准确选择，不要同时主送上级领导机关和上级业务指导机关。

（三）正　文

1. 请示原因

请示原因是写作请示的缘由。缘由是写作请示事项的基础和关键。既要写明请示的必要性，也要讲清申办事项已具备的条件及办理的可能性。如系对法律、政策规定条文不理解的，则要详细引述条文并讲出疑问之所在，以便为上级机关批复提供有说服力的事实、数据或依据。然后用"为此，特作请示如下""为此，请示如下"过渡到下一部分。

2. 请示事项

这是请示的中心部分，要明确、清楚地写明要求指示、批准、解答的是什么事项。请求资金要直接写明数额，请求物资要写明品名、规格、数量。

如请求对某项工作的指示或对某一问题的处理，要写明自己的初步意见或办法、措施，不可只提问题，让上级给出解决办法。否则，就有把矛盾上推之嫌。

3. 结束语

一般以惯用语结尾。态度要肯定，语气要谦和。如"上述意见，是否妥当，请指示""以上要求，请批转各地、各部门执行"等。

结语不能含混不清、用意不明，如"上述意见，请予考虑"，要求就不明确。

结语忌带强制性，如"以上请示，请予十日内批复""此项工程定于五月十五日动工，请予此日内给予批准"等就不妥。

六、请示写作的注意事项

第一，一事一请。请求指示必须就一件事、一个问题提出，请求批准也必须就一项工作提出，不可一文多事，不同性质、类别的事项尤其不能写在一份请示中。上级机关的部门业务有分工，问题解决的难易程度也不一，一文数事不便于上级批复。

第二，不搞"多头"请示。多头请示上级机关的将不予处理。受双重领导的机关在报送请示时应根据请示内容确定一个主送机关，另一个为抄送机关。给上级的请示不得抄送下级机关和同级机关。请示的主送机关只能是本机关隶属的上级领导机关或上级业务指导机关，如北京市财政局的请示，只能给北京市人民政府或财政部。

第三，在一般情况下应逐级请示，不得越级行文。

第四，请示用语要诚恳、谦恭。

第五，请示应当有签发人，即发文机关领导人在文件名称右下方，与发文字号相对称之处签名，并在文件正本文头印上签发人姓名。

[例文]（版头部分与版记部分略）

关于暂缓调高旅游专项资金在交通建设附加费中分配比例的请示

市人民政府：

今年4月7日，××市委、市政府《关于加快发展旅游业的决定》(×字〔××〕8号)，同意建立旅游建设发展专项资金，其部分资金来源于交通建设附加费的分配，并将此分配比例从原来的5%调高到10%。对此，我委认为该措施有利于筹集资金、促进旅游业发展。但当初决定征收旅游业交通建设附加费的目的，主要是筹集地铁资金，现要提高旅游专项资金在交通建设附加费中的分配比例，必然减少地铁资金的来源。地铁工程建设年度投资高达30亿元，筹资任务十分艰巨，而今年地铁资金缺口更大，需拓宽更多的资金来源。因此，任何减少筹集地铁资金的做法都会导致工期拖长和投资增大，不利于工程建设。鉴此，我委建议在地铁建设期内，暂缓调高旅游专项资金在交通建设附加费中的分配比例，仍执行旅游专项资金在交通建设附加费中占5%的分配比例不变。

专此请示，请批复。

××市计委
××年×月×日

第三节　报　告

一、含　义

报告是下级机关向上级机关汇报工作、反映情况、提出意见或者建议，答复上级机关询问所使用的公文。报告是上行文，是党中央、国务院以下各级党政机关、人民团体、企事业单位的常用公文，适用广泛，使用频率很高。

二、分　类

(一) 按写作形式分

1. 呈报性报告

这类报告以单纯汇报为主，反映的情况有的是工作进展中的，有的已经发生或已经存在的，意见、建议和看法等仅供上级参考，不要求上级机关转发。报告的目的是下情上达，便于上级领导指导工作。写作上要求陈述完整、具体、详尽。

2. 转发性报告

这是呈送上级、求得上级转发的报告。这类报告以叙述工作情况为基础，以陈述意见、建议和提出解决问题的办法、措施及今后的安排为重点。写作目的在于使上级了解情况，批准并转发报告，责成有关部门贯彻执行。报告一经上级转发，就获得了指令性和行政约束力，具有法规性。

(二) 按内容和用途分

1. 工作报告

这是党中央、国务院以下各级党政机关、团体、企事业单位经常使用的公文。主要内容是汇报各项工作的进展情况，取得的成绩、经验、教训，存在的主要问题，以及今后的安排、措施和解决问题的办法。

2. 情况报告

此类报告侧重于反映情况、问题，或从某个侧面汇报工作或问题的性质、情况、发展过程等，属一事一报的专题性报告。此类报告只限于向上级汇报情况，以便领导及时掌握下情。

3. 报送报告

这是专门向上级报送文件、物件的报告，把报送的文件或物件的名称、数量及其有关情况叙述清楚即可。被报送的文件、物件的原文作为附件处理。文字表达以说明为主，要求简明扼要，篇幅短小，格式规范。

4. 例行报告

这是某些行业系统根据工作需要，按业务工作的程序和进度，定期汇报工作进度、情况等的专题报告，如财政系统、企业财会系统的月报、季报、年报，或经济活动分析报告等。写作格式和表述方法与报送报告基本相同。

5. 答复报告

这是根据上级机关询问的问题，就调查研究的情况或办理的结果进行答复的报告。其内容必须针对上级机关的询问，有问必答，无问不答。开头通常引述来文所询问的主要内容，或引述来文标题与文号，然后逐项回答，答完即可，自然结束。

三、格式和写法

报告正文通常由开头、主体、结尾三个部分构成。主要按报告内容的逻辑顺序，采用陈述性的表达方法撰写。

1. 开 头

运用概括的语言，直陈报告内容的概况、背景、过程及报告目的，然后用转折句"现将（就）有关问题报告如下""现将有关调查情况报告如下"或"兹报告如下"等转入主体部分。

2. 主 体

这是报告的核心。首先抓住报告事项的逻辑线索，按其逻辑顺序，逐层逐项地、详细具体地展开陈述。

呈报性报告的主体部分主要按报告事项的逻辑顺序，逐项逐条地陈述工作的进展情况、取得的成绩经验、存在的问题等，简述今后的意见、措施。若无必要，也可不写意见和措施。

呈转性报告主体部分的写法，是按其逻辑顺序简述情况，侧重于陈述意见、建议，解决问题的办法、措施和今后的安排部署。

3. 结尾

这是在主体部分之后，向上级领导机关表示呈报的态度，或请求上级支持、赞同、批转有关部门执行的部分。

呈报性报告的结尾只表明呈送报告的恭谦态度。一般以惯用语结尾，如"特此报告""以上报告如有不妥，请指正""请查收""请审校"等。

呈转性报告用特定的祈使语句结尾，如"以上报告如可行，请批转各地研究执行""以上报告如无不妥，请批转各地执行"。

特定结束语的书写格式是：另起一行，退两格书写。

四、注意事项

第一，报告的内容，首先要注意真实性，凡工作的进度情况、成绩经验、存在的问题等已然事态，必须真实可靠、实事求是，不得弄虚作假、谎报情况；其次要注意合法性与政策性，凡意见、建议、措施、办法、设想、安排等，必须符合方针政策、法规和规章的精神，必须符合实际，切实可行、行之有效。

第二，报告的格式，必须注意规范化，严格按照公文格式的规定撰写。报告中不得夹带请示事项，一般主送一个单位。

第三，报告的表达方式以叙述为主，以说明为辅。作为陈述性公文，叙述要注意详略分明，凡叙述概况应略述，叙述主要内容事项应详述。例行报告、报送报告的内容较简单，常以说明为主、叙述为辅。报告用语要清楚明白，严禁陈词滥调。

第四，报告应当有发文机关领导人的签署。

[例文]（版头部分与版记部分略）

关于在我市开展侨、台情况普查工作安排意见的报告

市人民政府：

根据省人民政府侨务办公室、省统计局、省财政厅《关于××省首次侨情普查的通知》精神，为进一步做好我市侨务工作和对台工作，把侨、台工作重点转移到为经济建设服务上来，促进我市对外开放和外向型经济的发展，现确定在全市开展侨、台情况普查工作。普查工作的安排意见是：

一、普查对象和范围。凡我市的归侨、侨眷和港、澳、台同胞的亲属，以及他们在海外的亲属，均属于这次的普查对象，要对他们的基本情况进行一次普查。凡户口（指常住户口）在我市的居民在港、澳、台及国外有亲属关系的，都为本次普查摸底的范围。其中属于动迁户的，以户口所在地为准，调查人员可与当地派出所联系，进行登记。

二、普查方法、步骤。根据省侨情普查办公室的要求，各乡镇、街道要根据本地区普查工作量的情况，培训一定数量的调查员。各县、区侨、台情普查办公室对普查登记表要进行认真审核，核实无误后，于一九××年×月×日前报市侨、台情普查办公室，由市侨、台情普查办公室汇审和验收。

三、普查经费来源……

四、组织领导。为加强对这次普查工作的领导，市成立侨、台情普查领导小组。领导小组组长由×××副市长担任，副组长由××秘书长担任。各有关部门和各县、区的有关领导同志为领导小组成员。市侨、台情普查办公室负责日常工作。各县、区政府要重视这项工作；成立相应的领导机构，抽调必要的人员，保证高质量地完成普查任务。以上报告如无不当，请予批转。

　　　　　　　　　　　　　　　　　　××市侨务办公室
　　　　　　　　　　　　　　　　　　××市台湾事务办公室
　　　　　　　　　　　　　　　　　　××市统计局
　　　　　　　　　　　　　　　　　　××市财政局
　　　　　　　　　　　　　　　　　　一九××年×月×日

第三章 高校学生常涉事务文书

事务文书是党政机关、社会团体、企事业单位和个人在处理日常具体事务时使用的、具有广泛实用性和惯用体式的文书。

高校学生常用的事务文书有：请假条、经济条据、启事、通知、海报、红榜（喜报）、简报、倡议书、请柬、申请书、求职信（自荐书）、演讲稿、计划、总结、自我鉴定、社会调查报告等。

第一节 条据类文书

条据类文书是用以说明情况或作为凭证的一种简便应用文书，一般分为便条和单据两种，用于说明情况的称为便条，用作办事凭证的称为单据。

一、便 条

（一）含义及应用范围

人们在工作、生活中有时需要相互联系、沟通信息，但又无法面谈，其中一方向另一方所写的条子，就成为便条。便条是一种简便的书信，具有书信的一般格式，但只需简单说明情况，不用客套和言辞的修饰，要求简洁、通俗、一目了然。

便条一般用于较熟识的同事朋友之间，比较亲切、随意。如用于陌生人或长者，就显得简慢失礼。

（二）写 法

常见的便条主要有请假条、留言条、催索条三种。

1. 请假条

在工作、学习、生活中，因其他事情或生病不能正常履行职责或不能按时赴约，用便条说明理由或具体请求，这种便条就是请假条。为了证明所述属实，请假条还应附上相关证明（医院的休息证明、电报、传真等）。如：

请　假　条

尊敬的王老师：

我因感冒、发烧、头晕，无法坚持上课，特向你请假两天（星期一、星期二），敬请批准。

附：医院开具的休息证明一张

学生：叶××
××××年×月×日

2. 留言条

拜访某人时因故未见到，访问者为说明来访的目的，或交代事情、说明情况而写的条子，叫做留言条。如：

刘××：

出差到重庆，今天特来拜访，你不在家。因忙于公事，不能久等，改日再专程拜访。

王××
××××年×月×日

3. 催索条

为催索物品或钱款而写的便条。如：

赖××：

今年五月，你新房装修，向我借款捌仟圆整。现我急用，请尽快归还。

黄××
××××年×月×日

二、单 据

（一）含 义

在社会交往和日常经济活动中，因买卖、收到、暂借、预支、预付、押金、领取、出库、订购等，需要当事人的一方向另一方提供凭证，以作为收支、报销、存查和催索的凭证，这种凭证条子称为单据。

（二）种 类

单据的种类很多，有借据（条）、收据（条）、领条、欠条、送货单、提货单、订单等。本节重点介绍借据（条）、收据（条）、领条与欠条。

（三）写 法

单据是日常经济交往的原始记录，是简单的合同，要注意表达确切、严密，没有歧义；书面要整洁，不能用红色或铅笔书写，不得涂改；在涉及财务数量、金额数字时要用汉字大写。一般写法是：

(1) 名称。在第一行正中，写明"借据（条）""收据（条）""领条"或"欠条"等。

（2）正文。包括对方单位名称或个人姓名，财物名称，数量或金额，归还的时间、方式。

（3）结束语。提行空两格写"此据"。

（4）落款。具名和日期，单位出具的要加盖公章以及经手人签名盖章。

（四）常见单据

1. 借据（条）

借钱物的一方写给借出方的条子，称为借据（条）。如：

借　条

兹借到院团委音响壹套（含功放、DVD各壹台，音箱贰只），用于技能大赛开幕式，叁日内归还。

此据

机电系　王××
××××年×月×日

2. 收据（条）

在收到钱或物时写给对方作为凭证的条子，称为收据（条）。如：

收　条

今收到景创房地产公司捐资助学款贰万伍仟圆整。

此据

赛马坝小学（章）
××××年×月×日

3. 领条（据）

在领到钱或物品时写给发放人的凭证条子，称领条（据）。如：

领　条

今从财务室领到本部门本月通信补贴陆佰贰拾圆整。

此据

市场部　高××
××××年×月×日

4. 欠　条

欠钱物的一方写给借出方的条子。如：

欠　条

现欠刘××人民币拾伍万圆整（150 000）。三年内全部还清。

此据

           欠款人：王××
           ××××年×月×日

（五）注意事项

要注意欠条和借条的区别，写作时不能混淆。

第一，借条证明借款关系，欠条证明欠款关系。借款肯定是欠款，但欠款不一定是借款。借条形成的原因是特定的借款事实。欠条形成的原因很多，可基于多种事实的产生，如因买卖产生的欠款、因劳务产生的欠款、因企业承包产生的欠款、因损害赔偿产生的欠款……

第二，当借条持有人凭借条向法院起诉的时候，由于通过借条本身较易辨识和认定当事人之间存在的借款事实，借条持有人一般只需要向法院简单地陈述借款的事实经过即可，对方难以抵赖。但是，当欠条持有人凭欠条向法院起诉的时候，欠条持有人必须陈述欠条形成的事实，如果对方对此事实进行否认、抗辩，欠条持有人必须进一步举证，才能证明欠条形成的事实。

第二节　告启类文书

  告启类文书是机关、团体、企事业单位就某一事项提请公众注意或要求其协助时，通过张贴、标牌或广播、电视、报刊等形式，向社会公开说明、宣传、介绍使其周知的一种应用文。其内容单一集中，写作简便，传递迅速，在社会生活中得到了广泛运用。常用的有通知、启事、海报、喜报（红榜）、简报等，本节重点介绍启事与海报。

一、启　事

（一）含义及用途

启事是机关、团体、单位和个人有事情需要公开告诉大众，或希望别人给予支持、协助办理某事时所使用的告启文书。

（二）格式及写法

启事种类很多，如寻人启事、寻物启事、招领启事、招聘启事、征稿启事、开业启事、更名启事、鸣谢启事、迁移启事等。写法大体相同。

1. 标 题

标题可由事由和文种构成，如"征订启事"；也可由单位、事由和文种构成，如"成都体育频道招聘启事"；还可以只写文种，如"启事""紧急启事"；或单独以事由为题，如"失物招领"。注意不要把"启事"写成"启示"。

2. 正 文

这是启事的内容，一般应写明在何时、何地，要办何事，有何要求。因启事的文种不同，这部分的内容也有所差异。招聘启事应写清楚招聘单位的性质、招聘目的、对象、人数、招聘条件、待遇、办法，报名的时间、地点，询问事宜及联系电话等内容。招领启事要写明拾到物品的情况，如物品名、拾到的时间和地点，及失主应到何处认领等。注意不要把物品的详情写出，以免冒领。

3. 落 款

写明发启事的单位名称或个人姓名、日期。刊登在报上的启事，以当天日期为准，可不再写日期。用于张贴的单位启事应加盖公章以示负责。

（三）注意事项

第一，一事一启，内容单一。

第二，通俗易懂，讲究礼貌。

[例文]

迁移启事

来我公司联系工作的同志：

由于我公司需要扩大经营规模，从××××年×月×日起我公司迁移至×××。现将新地址和电话通知如下：

地址：××××××

电话：××××××

×××公司敬启（盖章）
××××年×月×日

二、海 报

（一）含义及用途

海报是机关、团体、单位向广大群众公布有关文化、艺术、体育、学术报告会和展览会等信息的一种招贴式告启文书。凡公布上述消息都不宜用启事、广告、通知，只能使用海报。

(二) 基本格式及写法

根据内容，海报可分为戏剧海报、电影海报、体育竞赛海报、报告会海报、展览会海报、文艺表演海报等。根据形式，可分为文字海报和文字加美术设计海报两种。它们的写法大体相似。

1. 标 题

海报可以以活动内容或名称为题，如《周末舞会》；也可以由单位名称和活动内容组成标题，如《××大学"雄师杯"男子足球赛》；还可以以文种"海报"或"好消息"为题。标题力求醒目。

2. 正 文

写明活动的目的、项目、时间、地点、参加对象、参加方式、注意事项。如需购票入场，须注明票价及售票时间、地点、方式。结尾可用鼓动性、祈请性的词语。美术设计的海报文字一般应配上图画，以增强宣传效果。

3. 落 款

在正文右下方写明主办单位及日期。

(三) 注意事项

第一，内容必须真实，不能为了增强宣传效果而夸张事实。
第二，配图海报力求图文并茂，但不可因画害意。
第三，文字要简明易懂、生动活泼，条目要清楚，主题要突出。

[例文]

海 报

庆祝元旦化装晚会

滑稽！
　　生动！
　　　　有趣！
请踊跃参加，莫失良机。
地　　点：学生活动中心
时　　间：199×年12月31日
主办单位：×××大学校学生会

校团委会
199×年12月29日

第三节　专用书信类文书

专用书信类文书是用于办理公开性事务的书信类应用文。其区别于私人书信，包括申请书、倡议书、感谢信、表扬信、慰问信、贺信、请柬（邀请信）、聘书、求职信等。

一、申请书

（一）含义及用途

申请书是单位或个人因某种需要，向有关部门、组织、社会团体表述愿望、提出请求时使用的一种专用书信，一般有表格和书信两种形式。

申请书使用范围广泛。个人对党团组织和其他群众团体表述志愿、理想和希望，下级在工作、生产、学习、生活等方面对上级有所请求等时，都可使用申请书。申请书把个人或单位的愿望、要求向组织或上级领导表述出来，让组织和领导了解自己或下级，从而争取组织和领导的帮助与批准，以加强上下级之间、集体与个人之间的关系。申请书要求一事一文。

（二）格　式

1. 标　题

申请书的标题通常写在第一行中间，字体稍大。还可单独写在为申请书制作的封皮上，而在正文页码上不再写标题。这种申请书标题由事由和文种名构成，如"入学申请书"或"入学申请"。

2. 称　谓

在标题下一行顶格处写接受申请的单位名称或负责人姓名，称谓后加冒号。

3. 正　文

正文是申请书的核心部分，要写明申请解决的问题及具体要求，申请的理由及动机，申请者的态度等。

4. 结　尾

写明表示敬意的话，或表明希望。具体位置同一般书信。

5. 落　款

将申请人的姓名及申请的日期写在全文右下方。

[例文]

入党申请书

敬爱的党支部：

我申请加入中国共产党。

加入中国共产党是我在高中时就向往的。记得我在加入共青团时，就曾宣誓要为共产主义事业奋斗终生。现在，我已进入大学，党课教育更加坚定了我为共产主义远大理想奋斗终生的信念。

中国共产党是中国工人阶级的先锋队，是中国各族人民利益的忠实代表，是中国社会主义事业的领导核心，党的最终目的是实现共产主义的社会制度。在现阶段，党要带领全国各族人民，以经济建设为中心，深化企业改革，在本世纪初实现全面建设小康社会的宏伟目标。党的"十六大"确定的路线代表了全国人民的根本利益，是使我国经济最终步入发达国家之列的根本保证。为此，我志愿加入中国共产党，为这一伟大事业贡献自己的全部力量。

中国共产党是伟大、光荣、正确的党，曾带领全国人民战胜了各种艰难险阻。从1921年建党以来，在毛泽东思想的指引下，中国共产党取得了一个又一个的胜利，成立了新中国。自从党的十一届三中全会以来，党重新确定了实事求是的思想路线，在邓小平理论的指导下，确定了我们党在新时期的改革开放政策，并取得了丰硕成果。改革开放以来，我国在党的领导下取得了令世人瞩目的翻天覆地的变化，人民的生活水平有了很大的改善和提高。我坚信，在毛泽东思想、邓小平理论、"三个代表"重要思想和科学发展观的指引下，我们党必将领导全国人民实现全面建设小康社会的宏伟目标。我愿意加入中国共产党，认真学习党的理论，深刻领会"三个代表"重要思想，与全体党员同志和全国人民一起共同奋斗。

现在我虽然没有走上社会，但我愿在大学学习期间，在思想上取得较大的进步，不仅要学习科学技术知识，而且要认真学习邓小平理论和"三个代表"重要思想，同时得到党组织的帮助和培养。在学习上，在班里和学校的各项活动中，向党员同志学习，用共产党员的标准严格要求自己，在党组织的教育和帮助下，不断进步，争取早日从思想上入党。不论组织何时发展我入党，我都将永远为党的事业而不懈努力。

请党考验我。

申请人：×××
××××年×月×日

二、倡议书

（一）含义、应用范围和特点

倡议书是公开提出某种建议，希望别人能够响应，以共同完成某项任务或开展某种公益活动的专用书信。倡议书可以由机关单位、社会团体，也可以由个人发出，一般针对一个单位、一个群体或一个地区写作，可以在更大范围内调动人们的积极性，使大家广泛参与，齐心协力，共同奋斗。倡议书具有内容的健康性、意识的创造性、语言的号召性等特点。

（二）倡议书的写法

1. 标 题

一般只写"倡议书"，也可在"倡议书"之前加倡议内容或倡议者名称。如：《关于建立中药开发协作网的倡议》。

2. 称 谓

写明倡议对象。

3. 正 文

首先写倡议的缘由、目的、意义，使响应者明确、理解倡议者的意图，将倡议之事变成自己的自觉行为。如果意图不交代或交代不清楚，别人就会感到莫名其妙，也很难响应。其次，分条列出倡议事项和具体要求。

4. 结 尾

表明倡议者的决心、信念和希望，提出鼓动性的号召。

倡议书应具有一定的超前意识，所倡导的应该是社会上需要、但尚缺乏的思想或行为；或者社会上已存在，但人们还没有意识到其严重危害性，应尽快消除、克服的行为或现象。倡议书要晓之以理、动之以情，让大家认识到所倡导的是一种对个人、公众和国家有益的高尚行为。

[例文]

致全院青年同学的倡议书

全院青年同学：

我们相约"九八"，屹立于知识经济时代，聆听世纪的呼唤，21 世纪的中国需要有真才实学的建设者。作为跨世纪的青年，我们肩负着祖国社会主义建设的重任，为了更好地学习知识，成为适应社会发展需要的高素质人才，结合我院"加强学风建设"的要求，我们向全院青年同学发出如下倡议：

一、明确学习目的，树立"为中华之崛起而读书"的志向，自觉地把当前的学习与社会需要，把个人追求与祖国社会主义建设相结合，自觉抵制不良倾向，树立正确的人生观、价值观，提高学习的自觉性、主动性。

二、端正学习态度，牢记"严谨、求实、团结、进取"的校训，严谨治学，勤于钻研，脚踏实地，勇于创新，开拓进取，正确处理好理论与实践的关系。

三、加强自身综合素质的培养，注重自己各方面能力的提高，按照学院"好品德、厚基础、宽专业、高素质"的培养模式，努力把自己塑造成具有新世纪特色的大学生。

从现在做起，从身边做起，严格要求自己，自觉养成良好的学习习惯，注重自己学习能力的提高，在全院形成"比、学、赶、帮、超"的良好学习氛围。

凡事预则立，不预则废。青年同学们，让我们携起手来，为共同创建优良的学风、一流的校风而努力奋斗，为我国21世纪事业的振兴贡献自己的青春、智慧和力量！

院学生会
××××年×月×日

三、感谢信

（一）含义及用途

感谢信是单位或个人受到有关单位和个人的关心、支持、帮助、慰问、馈赠后，向对方表示感谢的书信。其在公务活动及日常生活中使用广泛。

（二）格式及写法

1. 标　题

可以直接以文种"感谢信"为标题；也可以由受文单位和文种组成标题，如《致××师范大学培训部的感谢信》；还可以由发文单位、受文单位及文种组成，如《中共中央致各民主党派中央、全国工商联的感谢信》。

2. 称　谓

写明被感谢的单位名称或个人姓名，后加冒号。

3. 正　文

这是感谢信的内容，交代写作原因，简述值得感谢的事项（写明事件发生的时间、地点、经过及结果），赞扬对方的所作所为及由此产生的社会影响和效果。怀着感激的心情，对对方的好思想、好作风、好品德作出恰当的评价。结尾写致敬语，表示诚挚的谢意和良好祝愿。

4. 落　款

包括写作感谢信的单位名称（个人姓名）、时间两项内容，位于正文右下方。

[例文]

感谢信

《大学生》杂志社：

　　请贵刊转告全国所有关心我的大学生、解放军战士、工人、教师及各界朋友，我的病情经几家大医院治疗和各界的关心，目前已得到控制，现正在家休养。如不出意外，下学期开学即可返校学习了。

　　顽疾缠身，是人生中的不幸，我遭此一难，几乎摧毁了我和我的家庭。由于《大学生》杂志社的呼吁，一封封来自远方的书信、一张张几经周折转来的药方，使我那不情愿跳动的心又恢复了正常的节奏，使我那几乎凝滞的血又沸腾了。一双双援助的手，一颗颗充满爱的心，指明了我生活的路，温暖了我一家几乎冷却的心。

　　可敬的叔叔、阿姨、各位同学们，我和你们天各一方，相见无期，你们却把微薄的收入，甚至把你们的助学金、生活费，或者靠卖几个字画的钱寄给了我。而你们当中甚至本人就是残疾，没有经济收入，而你们却无私地帮助我……近来我的脑海中经常出现你们的身影。有年迈的老人，有可爱的军人，有可敬的老师，还有很多我不相识的人……我无法具体描绘你们的形象，但你们的高尚品格、助人为乐的精神将永存于我心中，永存于我家乡父老的心中……

　　唯一遗憾的是我不能当面答谢各位。在此请接受用你们的爱心挽救的人的深深谢意，愿你们的爱的春风暖遍祖国，充满世界。

　　为了不辜负你们的一片爱心和良好祝愿，我将继续我的学业，继续我的事业，争取用优异的成绩，回报关心我的远方的各位朋友们。

　　愿我们的心永远相通。

贺××

××××年×月×日

（三）注意事项

　　感谢的事项必须真实，感激之情应当由衷、真挚、诚恳，反对虚伪、应付、假客套。

四、表扬信

（一）含　义

　　表扬信是一种表扬个人或集体先进事迹、先进思想的信件。其格式与感谢信相同。要注意叙述被表扬的人或事一定要准确无误，评价要实事求是、恰如其分。

（二）格式和内容

1．标题

标题写明"表扬信"。

2．称谓

一般写给被表扬人的上级领导单位。

3．事迹经过

陈述被表扬人或集体的先进事迹，写明时间、地点、结果和主要经过。

4．分析与号召

对对方事迹进行分析，重点分析其中表现出的先进思想和觉悟，并表示由衷的谢意，以及向对方学习的愿望与决心。

[例文]

表扬信

××领导：

3月5日中午，由于孩子在家玩火，造成一场大火灾，当时我们尚未下班。贵校学生周××发现火情之后，不顾自己身体有病，奋不顾身地冲进火海。由于火势很猛，屋里烟浓，周××冲进屋后，房门马上被紧紧地吸住，外面的人进不去，大家都为周××捏了一把汗。周××在呼吸困难的情况下，临危不惧，急中生智，打破窗户玻璃，使屋里压力减轻，门可以打开了。救火中，周××发现了已经昏迷的小孩，他毫不犹豫地抱起小孩冲出房间。在其他人的帮助下，大火终于被扑灭，周××同学却被烧焦了头发，烫伤了双手，该同学的英勇表现使所有在场的人赞不绝口。

正值全国开展学雷锋运动之时，贵校学生周××不顾个人安危，临危不惧，挺身而出，这一高尚行为为我们树立了良好的榜样。我们除向周××同学学习外，特写信向贵校建议，请贵校领导把周××的英雄事迹广为宣传，予以表彰，使广大学生以周××同学为榜样，将学雷锋运动推向高潮。

　　此致

敬礼

刘××

××××年×月×日

五、慰问信

（一）含义及用途

慰问信是机关、团体、单位向有关方面或有关个人表示安慰、问候、鼓励和致意的一种公务书信。它能体现组织的温暖、社会的关心与支持，以及亲朋间的深厚情谊，能给人以奋进的勇气、信心和力量。

慰问信使用的范围很广，可以慰问在各条战线上作出贡献的集体或个人，如慰问在抗灾救灾、保家卫国、建设社会主义事业中作出巨大贡献的人民解放军、公安干警及有关人员，并表彰其英勇行为和先进事迹；可以慰问在灾害、事故中蒙受巨大损失、面临巨大困难的集体或个人，对其表示同情和安抚，鼓励他们战胜困难、迅速改变现状；可以在节日来临之际慰问有关人员，表示节日的问候与祝贺。不管是表彰性慰问、慰勉性慰问还是节日慰问，其写作格式和方法都是相同的。

（二）格式及写法

1. 标　题

可直接以文种"慰问信"为标题；也可由发信单位和受文对象、文种组成标题，如《中共××市委、××市人民政府致全市职工的慰问信》。

2. 称　谓

写被慰问的单位名称、群体称谓或个人姓名，后加冒号。

3. 正　文

首先写明慰问的原因、背景及表示慰问、致意、祝贺的话。其次，根据不同的慰问对象，或侧重赞扬对方的工作成绩、高尚品德，慰问对方的辛苦；或侧重对其不幸表示同情和安慰，对其克服困难的勇气、行为表示钦佩；或侧重表示节日的慰问。最后，提出希望和勉励，指出前景。结尾提行写祝颂语，表达良好的祝愿。

4. 落　款

在正文右下方写发信单位名称、日期。

（三）注意事项

慰问信感情要真挚，语气要诚恳，语言要富有感染力，使被慰问者从中能得到慰藉与鼓励。

[例文]

春节慰问信

尊敬的家长：

在我国人民的传统节日春节即将来临之际，我们全连官兵向辛勤工作在各行各业的家长同志们表示亲切的慰问并致以崇高的敬意。

过去的一年，在以江泽民同志为代表的党中央的领导下，我国社会主义事业蓬勃发展，经济建设成就辉煌。在邓小平同志新时期军队建设思想的指导下，按照江泽民同志"五句话"的要求，军队建设得到全面加强，军队的革命化、现代化、正规化建设水平不断提高。我们连队在上级机关和各级首长的领导和帮助下，圆满完成了各项工作任务，被军、师、团评为军事训练先进单位，连队党支部也被师、团评为先进党支部。这些成绩的取得与您的儿子——×××和全连官兵的共同努力是分不开的，他们为连队建设跨入先进行列作出了积极的贡献。当然，这些成绩的取得，离不开每位家长同志的支持和贡献。为此，我们再一次向尊敬的家长同志们表示诚挚的感谢。同时，也希望家长同志们继续支持、关心我们连队的建设，为把您的儿子培养成"军地两用人才"共同努力。

最后，祝家长同志们身体健康，家庭和睦，春节愉快。

××××××部队步兵第七连党支部

××××年×月×日

六、贺　信

（一）含义及用途

贺信是机关、团体、单位向取得重大胜利、有突出成绩或喜庆之事的有关方面及人员表示祝贺或庆贺的一种礼仪文书。

贺信用途较广。凡属喜庆之事，如某项重大工程竣工、某项科研取得了成功、某个重大会议胜利闭幕、某单位或个人作出了巨大贡献、某重要人物的寿辰等，都可用贺信表示祝愿。

（二）格式及写法

1. 开　头

开头表明祝贺、庆贺之意，概括说明祝贺的原因及其背景。

2. 主　体

主体写作祝贺事项，叙述对方的成绩，并对成绩的取得及其意义给予充分的肯定和适当的评价。庆贺重要会议的召开，应说明会议的重要性。上级对下级取得优异成绩的贺信，应祝贺、褒奖、希望、鼓励、指导并重；同级之间的贺信，除了表示祝贺之外，还应表示对贯彻执行上级指示的决心、态度和措施。单位给重要人物的贺信（贺寿，贺成绩，贺获得某种荣誉、奖励），除了表示祝贺之外，还应说明被祝贺者值得人们学习的贡献、品德。

(三)注意事项

第一,交代清楚祝贺的事项。

第二,充分肯定成绩,"美其盛德"。但应实事求是,评价应把握分寸,反对吹捧。

第三,感情要真挚浓烈,语言文字应有明显的感情色彩。

[例文]

贺　信

×××学生门户网站:

值×××学生门户网站成立1周年之际,谨向为网站建设付出心血和汗水的管理团队和全体工作人员表示亲切的问候,并致以崇高的敬意!

千里之行,始于足下。你们以开拓者的崭新姿态,挥洒着激情和汗水,以饱满的激情和艰苦的努力辛勤工作、开拓创新,克服了一个又一个困难,取得了令人瞩目的成绩。一年来,×××在你们的努力、关心和共建下,已走出了胜利的一步,为我校网络宣传奠定了良好的基础。在这短短的时间里,你们成功组织了2005年"网络风云盛典",在迎接国家本科教学评估专家的2006年度"网络风云盛典"晚会上,你们更是以网络直播的方式对晚会盛况进行了报道,通过网络宣传了我校学生的良好形象,加强了我校与社会之间的联系。除此之外,网站工作人员每天自主更新校园新闻和各种信息,给同学们创造了一个了解校园动态的快速途径。网站还开通了博客等多种功能,收藏了近1 000篇忧伤、温暖、真诚、关注心灵的文章,给学生们创造了一个休憩、释放心情的空间,构造了一个让灵魂自由驰骋和栖息的文学部落。

××××学院
××××年×月×日

七、请柬(邀请书)

(一)含义及用途

请柬(邀请书)也称请帖,是为邀请客人参加纪念、庆祝等活动而发出的一种精美、简短的专用书信。其在单位常用于邀请单位或人员参加祝贺或纪念性质的会议、活动,在个人则多用于邀请亲朋好友参加婚礼、生日喜宴等活动,是一种重要的礼仪文书,是社交活动中传递感情、通报事务的一种便捷的联络工具,有时它也作为入场的凭证。为了表示欢乐、喜庆气氛,让被邀请者感到惬意,请柬(邀请书)在款式和装帧设计上应讲究艺术性,给人以美感。

（二）基本格式及写法

请柬（邀请书）的格式多种多样，有单面和双面形式的，有横式和纵式的。语言文雅、流畅。格式一般为：

1. 标 题

直接以文种"请柬（邀请书）""请帖"为题写于封面。有的还写上活动名称，如《纪念××师大建校 50 周年请柬》。

2. 称 谓

写明被邀请单位或个人的姓名，也可写入正文。

3. 正 文

写邀请的事由，交代活动的内容、时间、地点。结语写上表示敬意或希望的话，如"敬请光临""敬请莅临指导"。

4. 落 款

写明发请柬（邀请书）的单位（加盖公章）或个人、日期。

[例文]

**一九九七年全国普通高校评卷教师
邀 请 书**

××中学×××同志：

经研究，决定邀请你参加今年全国普通高考语文科评卷工作。如果你不需要回避，无直系亲属参加今年的普通高考，请于七月十一日到××师范大学阅卷场报到（请开具介绍信，并带工作证）。

此致

敬礼

全国普通高考××师大阅卷场办公室
一九九七年六月二十八日

（三）注意事项

第一，交代要清楚。内容、时间、地点、被邀者的姓名、头衔须准确无误。

第二，措词须讲究。用语简短、热情、文雅，宜用企盼的语言表达。突出"请"意，不用"务必"、"必须"之类强制性的词语。

第三，制作宜精美。装帧尽可能美观、大方，以示对被邀者的尊重。

第四，区别使用场合。礼仪场合多用请柬；学术研讨会、纪念会、订货会多用邀请书。邀请事项单一，用请柬；事项较复杂或需向被邀者说明有关问题用邀请书。

八、聘　书

（一）含义及用途

聘书是机关、团体、单位聘请有关人员担任某一职务或承担某项工作时使用的一种礼仪文书。

随着人事制度改革的不断深入，人才流动频率的增大，聘书的使用越来越广泛。通过颁发聘书，特别是通过正式场合颁发，可增强被聘者的荣誉感和责任感。

（二）格式及写法

1. 标　题

直接以文种"聘书"或"聘请书"为题，写在封面正中或正文上方居中位置。

2. 称　谓

提行顶格写受聘者姓名，也可写入正文。

3. 正　文

写明聘请事项。简单交代聘请的原因（也可不写）、受聘人的具体任务、担任什么职务（职称）、干什么工作、有哪些权限、受聘起止日期。有的也对受聘者提出希望与要求。结语可写惯用语"此聘"或表敬、祝颂之词，也可省略。

4. 落　款

写明发聘书的单位、日期，并加盖公章。

（三）注意事项

第一，聘请事项必须交代清楚，使受聘人心中有数，而不至于盲目应聘。

第二，文字必须简洁，在有限的篇幅里把应交代的内容写完，力戒繁词冗句。

第三，态度要庄重有礼。

第四，形式庄重大方。

[例文]

聘　书

×××同志：

兹聘请你为××省一九九七年普通高考语文学科评卷指导委员。

××省大学中专招生委员会（盖章）
一九九七年七月九日

九、求职信

（一）含义、特点和作用

求职信又称自荐信或应聘信，是个体求职者（毕业生、待业人员和从业人员）向有关用人单位或相关领导介绍自己的主观愿望和实际才干，以便对方了解自己、相信自己，从而获得某种职位或职务的书信文体。

求职信最突出的特点是自荐性。写作目的在于让对方录用自己，因此要把自己的基本情况，尤其是某方面的特长、优势如实地写出来，使对方了解自己，认定自己的潜力，博得对方的好感。

求职信的作用是通过自我推销获得满意的职位。用人单位出于人力、物力及时间考虑，一般要求求职者寄送求职材料，在进行比较筛选后，再通知面试。因此，求职信是求职者的名片和面试的入场券，是敲开职业大门的敲门砖。

（二）格式及写法

1. 标 题

可写明"求职信"，居于首页正中。也可不写。

2. 称 谓

提行顶格书写。求职信如果是写给单位的，则写明单位名称；如果是写给单位领导的，一般称呼其职务，如"×××经理"；如果是没有目的的自荐信，则直接称呼"尊敬的领导"即可。

3. 正 文

（1）开头。写作求职信的缘由和目的。表述要简明准确，富有吸引力，要达到两个效果：一是吸引对方有兴趣看完求职材料，二是引导对方自然而然地进入"求职"的主题而不觉得突然。

（2）主体。针对用人单位招聘广告或求职者所了解的信息，介绍自己能够胜任某项工作的条件（如知识、学历、经验等）。内容力求简明、重点突出，尽量做到自己的主观条件和对方的客观需求相一致，从而打动对方。

具体包括以下内容：

简述个人的基本情况和对该单位的了解。求职者应对自己的姓名、性别、籍贯、年龄、民族、政治身份、学历、专业等情况加以介绍，还要写明自己求职的缘由。如是应聘信，则要写明应聘信息的来源；如是自荐信，在不知对方是否招聘员工的情况下，应写明对该单位的印象，以表明自己愿意到该单位工作的决心。

简述自己的优点、特长、工作经历或社会活动实践经历。这部分要向对方展示自己的实力，并表明自己有较强的适应性与可塑性，有与某项工作要求相符合的特长、性格和能力。撰写时应扬长避短，针对具体情况多角度、多层次、多方位地展示自己（如有可能，要尽量充分了解用人单位的有关情况、用人要求，并根据这些情况重点介绍和展示自己）。但是，所述内容应力求真实，以免弄巧成拙。

写明自己对应聘工作职位的相应要求，以便自己在真正被录用后有较适合自己工作的环境和待遇。现代社会的供需关系是一种双向选择关系，招聘单位可以对应聘者提出具体要求，求职者也可对单位提出自己的想法。

（3）结束语。结束语的写作目的是给人以完整、鲜明的印象，一般表明求职者想得到该项工作的愿望，以及早日得到明确答复的希望。

（4）祝语。写明感谢或祝福性的话语。

4．落　款

在祝语的右下方，写明"求职者×××"，并注明写作日期。另外，为方便对方回复、联系，最好写上自己的详细通信地址和邮政编码以及电话、电子信箱等联系方式。

5．附　件

附件是附在信末用以证明或介绍自己具体情况的书面材料，在求职信中占有极其重要的地位。它不仅可以让对方对求职者有具体的感性认识，还可以增加用人单位对求职者的信任度。因此，在对方是否决定通知求职者面试或正式录用上，附件具有潜在的和直接的影响力。附件可包括在校历年课程、成绩表、各种获奖证书或等级认定证书、发表的文章、专家或单位提供的推荐信或证明材料等。为慎重起见，所选用的相关证明材料最好加盖公章。

（三）注意事项

第一，中心明确，重点突出。求职信的核心内容是针对用人单位招聘广告或所了解的信息，重点介绍自己前往求职的优势条件，并使之尽量与用人单位的需要吻合，即尽可能找出主客观条件相吻合之处，成功推销自己。

第二，用数据说明问题。

第三，用词准确，态度诚恳，即不骄傲自大，也不谦虚过度。

第四，力戒错别字和不规范的字。

[例文1]

××经理：

　　我从《×××日报》上的招聘广告中获悉贵酒店欲招聘一名经理秘书，特冒昧写信应聘。

　　两个月后，我将从工商学院酒店物业管理系毕业。我身高1.65 cm，相貌端庄，气质颇佳。在校期间，我系统地学习了"现代管理概论""社会心理学""酒店管理概论""酒店财务会计""酒店客房管理""酒店餐饮管理""酒店前厅管理""酒店营销""酒店物业管理""物业管理学""住宅小区物业管理""应用写作""礼仪学""专业英语"等课程。成绩优秀，曾发表论文多篇。熟悉电脑操作，英语通过国家四级，英语口语流利，略懂日语，粤语、普通话运用自如。

　　去年下半学期，我曾在×××五星级酒店客房办化验室实习半个月，积累了一些实际工作经验。我热爱酒店管理工作，希望能成为贵酒店的一员，和大家一起为促进酒店发展竭尽全力。

　　我的个人简历及相关材料一并附上，如能给我面谈的机会，我将不胜荣幸。

　　联系地址：广州×××工商学院酒店物业管理系（510507）

　　联系电话：13911111 ×××

　　　此致
敬礼

　　　　　　　　　　　　　　　　　　　求职人：×××
　　　　　　　　　　　　　　　　　　　××年×月×日

[例文2]

尊敬的先生/小姐：

　　您好！

　　请恕打扰。我是一名刚刚从××商学院会计系毕业的大学生，我很荣幸有机会向您呈上我的个人资料。在投身社会之际，为了找到符合自己专业和兴趣的工作，更好地发挥自己的才能，实现自己的人生价值，谨向各位领导作一自我推荐。现将自己的情况简要介绍如下：

　　作为一名会计学专业的大学生，我热爱我的专业并为其投入了巨大的热情和精力。在四年的学习生活中，我所学习的内容包括了从会计学的基础知识到运用等许多方面。通过对这些知识的学习，我对这一领域的相关知识有了一定程度的理解和掌握。在与课程同步进行的各种相关实践和实习中，我具备了一定的实际操作能力。在学校工作中，我非常注重处世能力的提高，学习管理知识，吸收管理经验。我知道计算机和网络是大众化的学习工具，在学好本专业的前提下，我对计算机产生了巨大的兴趣并阅读了大量有关书籍，如

Windows98/2000、金蝶财务、用友财务等系统和应用软件，以及 Foxpro、VB 语言等程序语言。

  我正处于人生中精力充沛的时期，我渴望在更广阔的天地里展露自己的才能，我不满足于现有的知识水平，期望在实践中得到锻炼和提高。因此，我希望能够加入贵单位，踏踏实实地做好自己的工作，竭尽全力地在工作中取得好的成绩。我相信，经过自己的勤奋和努力，一定会作出应有的贡献。

  感谢您在百忙之中关注我，愿贵单位事业蒸蒸日上、屡创佳绩，祝您的事业百尺竿头，更进一步！希望各位领导能够对我予以考虑，我热切期盼你们的回音。谢谢！

  此致
敬礼

求职人：×××
××××年×月×日

第四节　讲话稿

一、含　义

  讲话稿又称演讲稿、演说词，是讲话者在公共场合或集会上，就某一问题宣传自己的主张，表达感情或阐说某种事理时使用的文稿。日常接触的政府工作报告及其他专题报告、讲话和会议上的致词、竞职讲话、就职演说、学术讲座、知识讲座、演讲比赛的文稿等都是讲话稿。由于演讲者的身份和讲话的场合不同，有的讲话稿代表机关立言，有的则代表个人的意愿和主张。

二、特　点

1. 针对性

  针对性首先是指作者提出的问题是听众关心的问题，能引起听众的兴趣和注意；其次是要懂得听众有不同的类型和层次。"公众场合"也有不同的类型，如党团集会、专业性会议、服务性俱乐部、学校、宗教团体、竞赛场合等，因而要根据不同场合和对象设计不同的演讲内容。

2. 可讲性

  讲演的本质在于"讲"，以"讲"为主，以"演"为辅。由于演讲诉诸口头，拟稿时必须以能讲易说为前提，必须口语化，能上口入耳。稿子写成后，最好能通过试讲或默念加以检查，凡不顺口或不易听清之处（如句子过长），均应修改、调整。

3. 鼓动性

讲话稿有宣传教育的作用，要旗帜鲜明地表明见解、主张，以感染、说服别人。它必须适当运用议论，讲道理、摆事实。出色的讲话稿思想内容丰富、深刻，见解精辟独到，发人深省；语言表达形象、生动，富有感染力。

二、结构及写法

（一）标 题

(1) 演讲的场合加文种，如《在延安文艺座谈会上的讲话》。
(2) 以讲话内容、基本论点作标题，如《儒家文化能抵御西方歪风》。
(3) 正副标题式。正标题说明讲话中心或报告类型，副标题写明讲话的场合、文种，如：

迈向新世纪　创造新业绩
——在共青团第十四届全国代表大会上的祝词

(4) 会议名称加文种。开幕词和闭幕词常用，如《中国共产党第十七次全国代表大会开幕词》。
(5) 讲话内容加文种，如《述职报告》。

（二）称 谓

以所有听众为对象写作称呼语，后面加冒号。如："亲爱的朋友们："、"同志们，朋友们："。

（三）正 文

1. 开 头

开头在讲话稿的结构中处于显要地位，具有重要作用。好的演讲稿，一开头就应该用最简洁的语言、最经济的时间，把听众的注意力吸引过来，以达出奇制胜之效。

开头的方式有：
(1) 幽默式开头，用风趣、活泼的语言开始，争取尽快吸引听众；
(2) 直入式开头，开门见山地直奔演讲目的，提出中心论题；
(3) 提问式开头，通过提问，制造悬念，激发听众去积极思考；
(4) 引用式开头，引用名人名言、故事、成语、格言、歇后语、诗词等现

成的语言材料作为演讲的开头;

(5)抒情式开头,用对偶、衬托、排比、夸张、反复等修辞手法,直抒胸臆。

2. 主 体

主体是讲话稿的主要部分,常用的结构方式有纵向结构、横向结构和纵横式结构,主体要环环相扣、层层深入;在行文过程中,要处理好层次、节奏和衔接等几个问题。

根据听众是以听觉把握内容的特点,显示讲话内容层次的基本方法是,在演讲中树立明显的有声语言标志,适时诉诸听众的听觉,从而获得层次清晰的效果。如反复设问,并根据设问来阐述观点,就能在结构上做到环环相扣、层层深入。又如,用过渡句或"首先""其次""然后"等语词来区别层次,也有清晰之效。

讲话稿的节奏既要鲜明,又要适度。平铺直叙,呆板沉滞,会使听众紧张疲劳;而内容变换过于频繁,也会造成听众注意力分散。所以,插入的内容应该为实现演讲意图服务,而节奏也应根据听众的心理特征来确定。

3. 结束语

讲话的结尾要简洁有力,要使听众精神振奋,并促使听众不断思考、回味。结尾没有固定的格式,或对演讲全文要点进行简明扼要的小结,或以号召性、鼓动性的话收束,或以诗文名言以及幽默俏皮的话结尾。

[例文]

中国人能够创造奇迹

[埃及] 侯赛因·伊斯梅尔

亲爱的朋友们:

我想,在座的各位一定与我有着共同的感觉:在短短的几分钟里表达我对中国的感情确实是一个艰难的任务。

之所以说其艰难,是因为中国具有五千年的文明史,她的天空下生活着世界上 1/5 的人口,她是绘制 21 世纪的世界蓝图的最大参与者。我之所以说艰难,是因为中华人民共和国的诞生是 20 世纪后半叶世界上最重要的事件之一;是因为中国在最近 20 年中取得的成就是许多国家和民族在这样短的时间内难以实现的;是因为整个世界应该授予中国最伟大的人权勋章。请问,把占世界 1/5 的人口从穷困和死亡中拯救出来,使其过上体面的生活,有比这更伟大的成就吗?

我真要嫉妒自己,嫉妒任何一位生活在中国,特别是在这一时刻生活在中国的外国人了。因为,我亲眼目睹了这里目不暇接的发展,亲身感受了这里惊天动地的变化。如果说我对中国成就的一切惊叹不已,那并不意味着我诧异不已,因为建筑了万里长城的人们是能够创造奇迹的!拥有如此深厚的文明遗产的人们，决不会因一次跌倒、一次失足而放弃伟大的征程。

亲爱的朋友们，惊诧我的出生地——埃及的金字塔与你们的长城相距万里，但是，我从未觉得自己是中国土地上的陌生客，是中国人中的外国人。每当我离开北京时，心中总怀有深深的眷恋和强烈的回返之感。在我与中国的一切之间、与中国有关的一切之间，出现了一种奇怪的关系，使我于1997年7月1日之前背上行囊，前往香港，以把它的回归深深地镌刻在我的记忆之中；也是这种关系，使我非常珍重在1999年10月1日与你们同在，置身于你们中间；还是这种关系，会在今年12月把我带向澳门，目睹其回归中国怀抱。我真诚地希望能在不远的将来，与你们同庆台湾问题的解决，同庆中国大家庭得以团圆。就是这种关系，使我在谈起中国时，如我们的一些朋友们所说的那样，感情同中国人一样深厚。

亲爱的朋友们，50年前，中国的伟大领袖毛泽东在天安门上庄严宣告：中国人民站起来了！1982年，邓小平在中国共产党第十二次全国代表大会的开幕式上果断地宣布：我们坚定不移地实行对外开放政策，在平等互利的基础上积极扩大对外交流。到1997年中国共产党召开第十五次全国代表大会时，江泽民主席又郑重宣布：中国决不放弃改革开放政策。此时此刻，我想起中国伟大的思想家和哲人孔子曾经说过："吾少也贱，故多能鄙事。吾十有五而志于学，三十而立，四十而不惑，五十而知天命。"今天，中国确确实实地知道上天所欲。

亲爱的朋友们，在中华人民共和国欢庆成立50周年之际，授予我"友谊奖"，是一件意义深远的大事，因为它正式表明了12亿中国人民的友谊。生活在中国人民中间的人们，都了解中国人民对友谊的崇尚和珍视，他们把友谊视为一种生命的价值。作为一个国家，中国将其体现在对和平与发展的呼唤、提倡及其坚持不懈地与其他国家人民建立友好关系上。

再一次在新中国成立50周年之际向你们表示祝贺。我要对你们说，是你们伟大的人民使我热恋这个国家，成为她忠诚的情人。在这个国家里，我感受着中国的温暖，享受着友朋的挚爱。最后，我要对你们说：我爱你们，中国人民！

第五节 计 划

一、含 义

计划是党政机关、社会团体、企事业单位和个人，为了实现某个目标和完成某项任务而事先所作的书面安排和打算。计划是一个统称，常见的"规划"

"部署""安排""设想""打算""要点"等，都属于计划。

二、特　点

（1）前瞻性。计划既要预设工作的目标，还要预设完成工作的步骤、措施等。预期和设想必须从实际情况出发。

（2）具体性。计划不仅要提出工作思路，而且要提出工作步骤、措施、方法以及工作目标。

（3）时效性。计划针对某项具体工作写作，工作有其开始和结束的时间，因此，计划有明确、具体的有效期，超出有效时间，它的约束力就将消失。

（4）指导性。计划提出了具体、可行的工作目标、措施和方法，能指导、规定和约束有关人员开展工作，以避免随意性和盲目性。

三、分　类

1. 按目的分

按目的可分为工作计划、学习计划、经济计划。工作计划、学习计划和经济计划分别是指机关单位、部门或个人为完成预定工作、学习或生产销售的目标任务而制订的计划。

2. 按内容分

按内容可分为综合计划、单项计划。综合计划是指机关单位对各项工作所做的全面部署和安排，如《××公司2002年工作计划》。单项计划是对某项具体工作做出的专题性部署和安排，如《××大学2005年寒假大学生"三下乡"计划》。根据时间长短，其又可分长、中、短期计划。

（1）长期计划也叫长远规划，时效在五年以上，属于宏观性、纲领性计划，如《××县"九五"发展规划》。

（2）中期计划的时效一般在三年以上、五年以下，比长期计划具体，常用于宏观管理和某些周期性工作安排，如《××公司华中地区营销网络的建设发展计划》。

（3）短期计划又分为年度、季度、月度计划，最常用，具有很强的规定性和可操作性，如《××公司2005年生产计划》。

四、写　作

（一）形　式

常见的有条文式和表格式两种。条文式计划用序数分条列项，依次表述；

表格式计划多用于生产和经营部门所用的专项性、常规性、短期计划，将计划的项目、必需指标用表格列出，便于统计和计算机处理。表格往往辅以简要的文字说明。

(二) 内容与格式

1．标　题

有三种标题：全称标题，包括制订计划的机关或单位名称、计划的适用时限、内容及种类四项，如《×××省"九五"期间经济和社会发展规划》；简称标题，省略单位名称；文章式标题，按计划的主题或要达到的目标拟定，如《团结起来，为实现我市"九五"计划而奋斗》。

2．正　文

(1) 目的和依据。这是计划的前言、纲领，一般不设小标题。篇幅不宜太长，写明"为什么做""依据什么做""能不能这样做"。

(2) 目标和任务。这是计划的核心，明确在一定时间内"做什么""做到什么程度"。可设小标题，也可用序数分条列项，具体写明计划的目标、任务和各项主要指标。

(3) 措施和步骤。具体写明"怎么做""什么时候完成"，应详细说明实现计划的各种措施、办法和步骤安排，即如何执行计划、如何分工配合、如何检查考核等。可分条列项表述。措施要有操作性，职责要分明，安排要具体，以便于执行和检查。

(4) 希望。一般用一个段落，简明扼要地提出执行计划的希望、要求和注意事项，作为结语。有的计划没有结语。

3．落　款

含单位或个人署名、计划定稿的日期。需上报的计划，特别是经济计划，通常要加盖印章。有的计划把署名和日期放在标题下。

注意：第一，与计划有关的材料、图表，在正文中不便表达的，可作为附件处理。第二，某些单项计划、短期计划，写法较为灵活，如有的把目的、任务合起来写，有的在说明目的依据后，分条列项把各项任务、措施、要求、安排穿插起来写。最简单的计划直接列出几条、依次写明即可。

[例文]

2008年审计局工作计划

2008年将迎来十一届全国人民代表大会胜利召开，是审计署"十一五"规划实施的关键之年，也是市、县、乡三级新一届领导班子的开局之年，审计工作面临着新的机遇和挑战。结合实际，全市审计工作的基本思路如下：

一、指导思想

坚持以科学发展观统领全市审计工作，牢牢把握"依法审计、服务大局、围绕中心、突出重点、求真务实"的审计工作方针，以服务和谐社会构建和新农村建设为重点，以推动"经济强市、文化强市、生态、和谐"建设为目标，以"加快审计转型年"为抓手，努力提升审计工作的谋划力、执行力、创新力、公信力和影响力，在推动经济、政治、文化和社会建设中发挥审计监督更大的作用。

二、工作目标

结合市委五届八次全委会提出的"重创新促发展，重民生促和谐"主基调和署、厅有关精神，2008年全市审计工作的基调是：服务大局、突出重点、立足创新、提升素质、推进转型。

在坚持上述工作基调的基础上，2008年全市审计工作目标是加快"四个推进"：一是深化绩效审计探索，提高财政资金的使用效率和资源利用效率，推进科学发展观的落实；二是突出民本审计理念，围绕关系国计民生的重点问题开展审计和审计调查，推进社会主义和谐社会构建；三是结合财政收支分类改革，持续强化财政审计一体化理念，推进公共财政管理体制的建立和规范；四是坚持以真实性、合法性和效益性为基础，全面加强审计监督，严肃查处重大违法违规和重大损失浪费问题，推进惩防体系构建。

2008年，全市计划安排250个审计项目，市本级安排60个审计项目。其中，绩效审计和专项审计调查项目占到一半左右。强力推进计算机技术与审计业务的结合，全面实施审计署6号令，逐步扩大审计结果公告面。

三、工作要点

围绕上述指导思想、工作基调和工作目标，2007年全市审计工作重点是"突出一个主题，破解两大难题，深化三大审计，实现四个提升"，即突出和谐社会建设主题；破解绩效审计和计算机审计两大难题；深化财政审计、政府投资项目审计和经济责任审计；提升审计质量、审计成果、队伍素质和管理水平。具体要努力提升"五个力"：

（一）以服务大局为根本，努力提升审计工作谋划力

在坚持依法独立审计的前提下，始终把服务大局作为全市审计工作的出发点和落脚点，着眼于增强服务大局的能力和水平，不断提升审计工作谋划力。

1. 围绕形势发展要求抓谋划。党的十六届六中全会对构建社会主义和谐社会作出了全面部署，中央经济工作会议明确了2007年工作目标和重点，全市审计机关要充分把握自身在落实科学发展观、构建社会主义和谐社会中的职责和

任务，紧紧围绕和谐社会构建的重点、热点和难点问题，结合自身工作特点进行深入分析研究，明确审计机关应该做些什么、怎样去做等方面问题，理清具体工作思路和举措，努力在和谐社会构建中贡献力量。

2. 围绕党委政府工作中心抓谋划。把党委政府满意作为审计工作的重要诉求，自觉主动地将审计工作融入经济发展和社会稳定的大局。围绕市委五届八次全委会确定的转变经济增长方式、提升城市综合功能、加快新农村建设、深化改革开放、促进文化繁荣、改善生态环境、加强法治建设、解决民生问题、加强党的执政能力建设九大任务，精心谋划和实施审计工作，做经济社会又好又快发展的推动者和实践者。

3. 围绕坚持服务民本民生抓谋划。突出社会公平正义和改革成果共享，以促进人民群众最关心、最迫切、最现实的利益问题的解决为重点，从关注公共服务、公共政策和公共财政等入手，紧紧抓住"十网"建设和"助业、助居、助学、助医、助困、助行、助安"的"七助"行动相关资金，从审计的角度认真研究确保这些资金安全和发挥效益的办法。切实加大审计监督力度，保证专款专用，促进我市经济社会和谐发展。

4. 围绕上级机关规划目标抓谋划。按照审计署最新发布的《2006至2010年审计工作发展规划》，省审计厅出台的十三个指导意见，深入领会和把握精神实质，并紧密结合实际，在已经出台市审计工作"十一五"发展规划的基础上，进一步因地制宜研究贯彻措施和办法，真正把审计署和省厅有关审计事业未来发展的各项规划目标抓在手中、落到实处、取得成效。

（二）以绩效审计为核心，努力提升审计工作执行力

把绩效审计作为考量审计工作执行力的重要标准。以全部政府性资金的绩效审计为目标，以审计调查和专项审计为主要手段，进行审计综合评价，为提升政府资金的使用效率、效果和效益服务。

1. 进一步深化财政绩效审计。按照构建和谐社会的总体要求，结合财政收支分类改革，努力探索和深化对全部政府性资金实施审计监督的办法与措施，推进公共财政管理体制的建立和规范。根据经济社会发展的特点，认真组织好财政"同级审"和"上审下"，努力摸清市、县两级政府的情况，对全部政府性资金的使用绩效进行审计评价，并加强对政府负债、部门预算、财政转移支付、政府采购、收支两条线的审计力度。

2. 进一步推动基于经济责任的绩效审计。继续贯彻"积极稳妥、量力而行、提高质量、防范风险"的方针，结合中组部《体现科学发展观要求的地方党政领导班子和领导干部综合考核评价试行办法》的有关要求，把领导干部科学民

主决策、推动发展、严格管理、政策执行以及廉洁自律等内容列为审计重点，进一步探索科学的经济责任绩效评价体系，力求客观公正地评价领导干部的经济责任。同时，认真搞好领导干部离任经济责任交接的审计监督，着力强化对下属单位领导人员经济责任审计的指导力度。

3. 进一步深化政府投资项目绩效审计。着眼促进投融资体制改革，提高政府投资效益，规范建设领域经济秩序，以"全过程、全覆盖、全绩效"为目标，认真总结近年来政府投资项目绩效审计的做法和经验，不断深化投资绩效审计。尤其要针对当前建设领域突出存在的体制、机制和管理问题以及重大损失浪费问题，如招投标、超概算、监理不到位等情况，深化造价竣工决算审计，探索代建制政府投资项目审计监督办法，突出抓好古城保护等重大工程项目审计。

4. 进一步推动各类专项资金（基金）绩效审计。紧密结合市"十一五"发展规划和市委五届八次全委会精神，根据公共财政配置重点优先向科技自主创新、新农村"十网"建设、社会保障、义务教育、环境保护、公共安全等方面倾斜的趋势，努力做好这些资金的经济性、效率性、效果性的审计探索。重点抓好新农村"十网"建设资金、土地出让金、城中村改造资金、乡镇财政运行情况和村级财务管理等审计和审计调查。

×××审计局
××××年×月×日

第六节　总　结

一、含　义

总结也叫总结报告，是单位或个人对发生于某一时段的情况或问题进行回顾、反思、分析和概括之后撰写的文书。简要的总结也叫"小结"。

二、特　点

（1）回顾性。总结的内容主要是回顾过去已经做过的工作，分析工作中存在的问题。

（2）评价性。总结要对前段工作进行实事求是的评价，指出成就和存在的问题。

（3）汇总性。总结必须全面反映情况，汇集事实、数据等客观材料，使读者对特定时期的工作情况有总体的、概括的、清楚的认识。

三、分 类

1. 根据目的，可分为工作总结和经验总结

（1）工作总结。这是机关单位、部门、个人对特定时期的工作所作的总结，如《××局近期工作小结》。

（2）经验总结。这是对特定工作所取得的经验的概括、整理和介绍，如《×××厂工会帮助下岗职工生产自救的经验总结》。

2. 根据内容，可分为综合总结和专题总结

（1）综合总结。这是对各方面工作作出的全面汇总和介绍，以全面性为主，兼有侧重，如《××厂工会2005年工作总结》。

（2）专题总结。这是对某项或某方面工作所做的专题性汇总，强调主题的有限性和集中性。

3. 根据时段，可分为年度总结、季度总结、月度总结

这类总结也叫定期总结，大多属于常规性的情况汇总。一些机关、企事业单位常常编制成报表上报。

四、写法及要求

（一）形 式

总结常见的两种形式是：① 条文式。用序数列项，依次表述，多用于综合性的工作总结、经验总结和个人总结。② 表格式。通常为定期报表。

（二）内容与格式

1. 标 题

有公文标题和新闻标题两种。公文标题由作者名称、时限、主题、文种四部分组成。新闻标题如《狠抓技术改造，实现扭亏增盈》。

2. 引 言

引言也叫前言或开头。常规性总结，如年度工作总结、对一项具体工作或一个阶段的小结，引言很简单，主要目的是引出正文，这类总结有时可不写引言。专题总结常在引言中介绍某些背景材料或提出基本观点。

3. 正 文

（1）基本情况。全面、简要地说明某一时期所做的工作或某项工作的各个方面。可分项逐条表述，但不能"记流水账"，应着眼于大事，并清楚地反映工作的开展过程。

（2）取得的成绩。对应基本情况，有重点地概括介绍工作中取得的主要成绩或经验。这部分要把主观评价与客观真实的材料结合起来，体现总结的评价性。

（3）存在的问题。本着实事求是的原则，有重点地分析存在的具体问题。

（4）今后的打算。这部分既要与常规工作、中心工作和长远计划相结合，又要与本阶段存在的问题相对应。内容宜粗不宜细，宜简不宜繁，宜大不宜小。

4. 结 尾

用短小的篇幅下结论或说明努力的方向、今后的打算。如果这些内容很重要，可纳入正文详写。结尾不是总结的必需部分。

（三）写 法

（1）汇集材料。全面掌握情况，汇集计划、简报、有关文件、统计报表、典型事迹、下级部门的汇报等资料。作者的调查、观察和工作实践，也是重要的材料。

（2）分析归类。这是写作的关键环节。对零散的材料进行分析归类，实际上是对材料的定性。

（3）起草。总结写作常按一定的结构规范组织材料，不必标新立异。内容简单的总结多用条文式写法；内容较复杂的总结多用块述法，即将全文分成若干块，每块包括若干条，可用序数，也可用标题。总结以叙述为主，辅以说明和议论。

总结具有较强的时效性，起草后应及时修改定稿。

[例文]

2007年办公室工作总结

一年来，在局班子的正确领导下，在兄弟科室的大力支持配合下，经过办公室全体同志的共同努力，局办公室较好地完成了各项工作任务。现将2007年局办公室所做的工作总结如下：

一、组织协调，充分发挥参谋助手作用

一是按时完成2007年人大建议和政协提案工作。今年我局承办"两会"议案提案12份，针对去年在承办过程中出现的面商率不高的问题，今年在承办过程中以积极热情、诚恳的态度去完成，保证面商率达100%。根据各个议案、提案所涉及的内容，及时落实到相关科室，并对各承办科室明确了承办要求，对承办情况每月做好一次督导工作，同时在文字上严格把关，按规定编号、分类。在各承办科室的大力配合下，按时、高质量地完成了答复工作，从代表和委员反馈的意见来看，满意率很高。

二是认真组织开展各项全局性活动。一年来，局办公室紧紧围绕党委、行政中心工作，配合做好了"三树一创"班子建设、机关效能建设、"双百千"帮扶结对工作、满意单位创建以及"八荣八耻"宣传教育等一系列活动，组织了一次全局职工身体健康检查,九月份组织了一次全局职工旅游考察活动。在各项活动中,局办公室按局班子的总体部署,认真做好实施方案的制订、动员安排、学习组织、总结反馈等一系列工作。

三是做好政务公开和信访接待工作。按照县政务公开领导小组的要求,配合水政水资源科及时更新和调整政务公开行政许可事项,对水行政审批事项在局大厅、政府网和安吉水利网上公开、公布,方便群众办事,局受理窗口一年来共受理审批事项 63 件。局办公室作为部门的一个窗口,能认真做好日常的信访接待工作。在接待来访时,我们坚持来有迎声、走有送声、问有答声、留下疑难有回声。今共办理信访、来访 20 多起。

二、讲求规范,努力提高办事水平

一是保质保量地完成文字工作。文字工作是办公室的重点工作,我们坚持高标准、严要求,认真完成本局综合性文字材料的起草,全年共起草党委行政文件、通知、总结、讲话、汇报材料等 60 余份,在行文格式、初审把关、领导签批上报等环节按规定办理,保证了行文的质量。在今年全市水利局办公室主任会议上,我局的办文工作在会议上作了经验交流。

二是加强了信息的反馈工作。信息反馈能正确、及时地反映我局的工作进度和工作成绩。为此,办公室一直努力抓好信息工作,随时搜集工作中的新动态、新进展和新经验,从中挖掘闪光点,及时上报到县委、县政府"两办"及上级业务部门。年初对各科室和系统单位都下达了信息报送任务,并将信息报送纳入各单位年终考核当中,充分调动同志们的积极性。同时,充分利用局本级的门户网站发布信息,推动我局信息工作上质量、上水平。

今年以来,我局已向县委、县政府及省厅、市局报送信息累计达 40 余篇。今年七月,我局被市局评为全市水利系统信息工作先进单位。

三是加强文件资料的管理工作。这项工作是办公室日常工作之一,我们将上年度文件资料进行了档案清理工作,并装订成册,以方便科室查阅。同时,认真完成了今年全局各类文件、重要资料的收发、登记、传阅、立卷、归档工作,将时效性强的来文来电及时送交有关领导批阅、传达,做到了高效快捷,没有造成延误和遗失。到目前为止,共收文 1 088 份,发文 171 份。

四是完善考核办法。今年年初,局办公室对局机关和系统单位岗位目标管理责任制作了进一步完善和修改,重点调整了测评计分办法和附加分得分比例,努力使考核办法更趋科学、合理,充分体现公平公正的原则。

三、加强管理,努力提高服务质量

一是认真做好组织宣传、劳动人事工作。对水利系统专业技术人才和技能人才进行了全面的调查摸底,并登记造册,以方便管理。耐心细致地做好水利系统干部职工职称晋升、考评、职务工资变动及离退休人员办理等工作，到目前为止共办理变动工作达200多人次。认真做好乡镇水利专管员上网培训和登记发证等工作。认真做好老干部的来访接待及慰问走访工作。对离退休老干部共30多人组织了一次体检。

二是积极做好增收节支工作。与局财务配合，完成了2007年度营业出租房房租、水电费的收取工作。努力节约办公开支，要求文印室做好纸张的双面利用工作。积极利用网络来发送、传递文字材料，降低办事成本。

三是积极搞好后勤保障，增强服务的主动性。及时维护局大楼的公共设施，加强内部消防管理，对大楼消防器材进行了更新，安装了消防应急灯和安全出口灯。加强车辆调度管理工作，对调度用车方案进行了调整，尽力保障领导和科室公务用车，加强对驾驶员的安全教育。做到了准时出车、安全行车，全年没有发生一起交通事故。

回顾一年来的工作，我们之所以能够较圆满地完成工作任务，主要得益于以下几个方面：一是局领导的重视、理解、支持；二是兄弟科室的配合与理解；三是办公室同志的团结协作、努力工作。在总结成绩的同时，我们还应看到存在的不足：一是工作缺乏主动性、预见性；二是有时工作布置不太合理，有顾此失彼的现象。这些都有待于我们在今后的工作中改进和提高。

四、下一步打算

在新的一年里，我们要积极适应新形势的要求，紧紧围绕办公室业务工作，以创新的精神完成好各项工作。一是努力探索办公室工作自身的规律，提高办文、办会、办事水平；二是提高工作的时效性，增强工作的主动性、积极性和创造性。三是强化管理，进一步健全工作机制，对局《机关工作制度》进行修订、补充和完善，促进机关管理工作的规范化、科学化。

×××办公室

××××年×月×日

第七节　毕业论文与工科毕业设计报告

一、毕业论文

（一）含　义

毕业论文是指高等院校毕业生提交的有一定学术价值的文章。它是大学生从事科学研究的最初尝试，是在教师指导下所取得的科研成果的文字记录，也是检验学生掌握知识的程度、分析问题和解决问题的基本能力的一份综合答卷。

所以，毕业论文是学生在大学阶段完成学业的标志性作业，是对学习成果的综合性总结和检验。

(二) 准 备

1．选 题

选题即选择毕业论文的课题，是在写作论文之前选择确定所要研究的问题。选题的基本原则是：

第一，选择有科学价值的课题。在选题时，要体现出自己的独创性，而这种独创性具有一定的理论意义，可以提供一个理论探讨的空间，通过研究来揭示事物的客观规律。应注意选择前人没有研究过的问题，或有人研究过但还需要探讨的问题，或者选择争鸣性的问题等，这样的选题有利于论文写作的创新。

第二，选择可行的课题，即量力而行，选择客观上可能、主观上有能力完成的课题。客观条件主要是写作的时间、地点、环境；主观条件包括个人才能、学识和掌握的材料等。

第三，选择难易适度的课题。选题过大或过难，难以完成写作任务；反之又不能较好地锻炼科学研究的能力，达不到写作要求。

2．搜集资料

(1) 主要原则。第一，围绕论题搜集资料。首先，了解和掌握前人在本课题已有的研究成果；其次，收集相关学科的发展为本研究课题所提供的信息；最后，掌握本课题研究的最新成果。这三个方面分别是纵向、横向和最新的资料。第二，广泛而重点地搜集资料。在充分占有资料的前提下突出重点，处理好多与精的关系。

(2) 途径和方法。资料有两个来源：一是直接资料，二是间接资料。直接调查是获得直接资料的重要途径。调查可通过直接观察、个别访谈、查阅有关档案、抽样发放问卷等方式进行。调查材料是第一手资料，对认识课题的现实意义有重要作用。搜集间接资料的方法有：检索图书、期刊目录，查阅索引，使用工具书，查找文摘，搜索网页等。

(3) 资料的记录、整理与分析。记录资料的方法有做卡片、记笔记、剪贴资料、复印、电脑扫描、下载复制等。资料的整理工作主要是分类、筛选、鉴别、比较、提炼和综合归纳。资料的分析，可先分析已找资料，然后根据分析结果组织论文的主体结构。

3．拟定写作提纲

(1) 提纲的作用。帮助理清思路，树立全局观念。提纲是论文的设计图，体现了写作的基本构思，起安排材料、形成论文结构的作用。

（2）提纲的类型。提纲可分为简单提纲和详细提纲两种。简单提纲高度概括，只提示论文要点；详细提纲应把论文的主要论点和展开部分较详细地列出。

（3）提纲的构成项目。① 论文题目；② 论文基本论点；③ 论文内容提纲：一、大项目（上位论点，大段段旨），二、中项目（下位论点，小段段旨），三、小项目（段中的一个材料）。

（4）编写提纲的方法。① 先拟标题；② 写出总论点；③ 考虑全篇总的安排：从几个方面、以什么顺序来论述总论点，这是论文结构的骨架；④ 大的项目安排妥当之后，再逐个考虑每个项目的下位论点，直到段一级，写出段的论点句（段旨）；⑤ 依次考虑各个段的安排，把准备使用的材料按顺序编码，以便写作时使用；⑥ 全面检查，作必要的增删。例如：

题目：关于培育和完善建筑劳动力市场的思考

一、引　言

1. 提出中心论题；
2. 说明写作意图。

二、本　论

（一）培育建筑劳动力市场的前提条件

1. 市场经济体制的确立，为建筑劳动力市场的产生创造了宏观环境；
2. 建筑产品市场的形成，对建筑劳动力市场的培育提出了现实的要求；
3. 城乡体制改革的深化，为建筑劳动力市场的形成提供了可靠的保证；
4. 建筑劳动力市场的建立，是建筑行业用工特殊性的内在要求。

（二）目前建筑劳动力市场的基本现状

1. 供大于求的买方市场；
2. 有市无场的隐形市场；
3. 易进难出的畸形市场；
4. 交易无序的自发市场。

（三）培育和完善建筑劳动力市场的对策

1. 统一思想认识，变自发交易为自觉调控；
2. 加快建章立制，变无序交易为规范交易；
3. 健全市场网络，变隐形交易为有形交易；
4. 调整经营结构，变个别流动为队伍流动；
5. 深化用工改革，变单向流动为双向流动。

三、结　论

1. 概述当前的建筑劳动力市场形势和我们的任务；
2. 呼应开头的序言。

4. 提交开题报告

在正式写作前，学生须向指导教师提交开题报告，得到指导教师审核同意并报请论文工作领导小组审批同意开题后，就可以开始写作。

毕业论文开题报告的主要项目有：① 姓名及专业学科；② 导师姓名、职称以及研究方向；③ 毕业论文题目；④ 选题的依据（目的、意义、国内外与该课题相关的研究概况）；⑤ 主要研究内容（或实验设计方案）、思路和方法；⑥ 研究条件和可能存在的问题；⑦ 预期的结果；⑧ 进度安排；⑨ 完成论文的时间。

（三）毕业论文的写作过程

1. 起　草

起草是作者将总体构思草创成文，使无形思想转变成有形文章的过程。

（1）基本程序。论文起草的基本程序有三种：第一种，从绪论写起，接着写本论、结论。这是最常见、最基本的写作程序。第二种，从本论写起，写好本论、结论后，回头写绪论。第三种，从结论写起，这是在研究过程中先得出了结论，然后说明这个结论是怎样得出来的，用大量事实或理论来证明结论的正确。

从绪论写起的程序，其写作过程是：

先写绪论。绪论又称引论、序言或前言、引言，是论文正文的起始部分。其主要说明论文课题的来源、目的、意义、应解决的主要问题；简述课题在国内外的发展概况、存在的问题或写作本论文的指导思想。

再写本论。本论是毕业论文的主体，要用科学的、真实的论据来证明论点，分析、解决前言或引言部分提出的问题。本论的安排一般有以下三种形式：① 平列式（并列式）。对中心论点涉及的问题分别进行论述，几个层次间为平行关系。② 递进式（推进式）。各层次之间层层深入，步步递进。③ 平列和递进结合式。往往以平列或递进中的一种形式为主，间以另一种形式。

最后写结论。结论是毕业论文正文的最后部分，应对研究工作进行归纳和综合，或阐述本课题研究中存在的问题及进一步开展研究的见解和建议。

（2）毕业论文的逻辑结构及构段要求。毕业论文基本上按提出问题、分析问题、解决问题的总体思路来安排逻辑结构，但在具体结构形式上没有规定。常见结构形式如下：① 总提分述式。先提出中心论点，分别从几个方面去论证、阐明中心论点。② 先分后总式。从几个方面对论题进行比较分析，通过归纳得出结论。③ 总分总式。总提、分析、总论兼而有之。④ 散述式。边分析边作结论，没有总提也没有总论，一个问题、一个问题地论述。⑤ 推进式（追步式）。一步深入一步，由浅入深地论证。

毕业论文的构段要求做到：统一、完整；长短适度；段中主句应显示段旨。

2. 修改

修改是对初稿作进一步加工、完善直至定稿的过程，是保证和提高论文质量的重要环节。

（1）需要修改、润色的内容。① 订正主题（论点）。主题是文章的价值所在。主题要正确、鲜明、深刻、集中、新颖，如有问题，非改不可。② 修改论据。应据量引用的材料是否恰当，是否需要增删材料；全文引用材料的比例是否合适；材料出处是否完整、正确；引用的材料是否有一定的介绍或分析；材料是否具有说服力；原始数据、运算过程及最后结果是否准确。③ 调整结构。畅读全文，思考结构安排是否合理，如有不妥之处，还需要进一步调整内部结构及材料次序。④ 推敲语言。语言是思想的载体。在修改过程中，要注意那些啰唆、烦琐、空话、长话、粗糙的地方，以及错字、多字、标点不合适的地方，努力修改、润色，以求简洁、准确、清楚、正确。⑤ 规范格式。后面将专门介绍格式。

（2）修改方法。①"热加工"法，即"趁热打铁"，及时改正和弥补起草过程中已发现或已感觉到的毛病，缺点是易受思维定式的影响。②"冷处理"法。将草稿放在一边，过一段时间再作修改。好处是情绪稳定，头脑冷静，不受当时写作思维的影响，能比较理智地审视作品、发现问题。③ 诵读法。通过诵读发现遣词造句方面的毛病，对不通的语句和声调不谐、别扭拗口的字词加以修改。④ 求教法。把写好的初稿给别人看，或读给别人听，听取意见，然后综合各种意见进行修改；也可请专家或权威人士帮助修改。

（四）毕业论文的写作规范

毕业论文由 8 个主要部分组成：

1. 封　面

采用各院校编制的统一格式，填写论文题目、专业、班级、作者姓名、指导教师姓名等内容。

2. 本人声明

大致内容（宋体小四号，空一行写作）是：我声明，本论文是由本人在指导教师的指导下独立完成的，在完成论文时所利用的一切资料均已在参考文献中列出。

3. 目　录

"目录"两字一般用黑体三号字，居中，字与字之间空4个字距，单独一页。目录空一行写作，列出从摘要到致谢的内容，文字用宋体小4号打印。目录按三级标题编写，要求层次清晰，与正文标题一致，并标明页码。

4. 摘　要

包括："摘要"字样（一般用三号黑体，居中，字与字之间留4个字距）、摘要正文（一般用宋体小四号字，空一行起）、关键词。摘要是论文重点内容的概括，是内容的简短陈述，表明本研究工作的目的和意义、研究方法、研究成果，一般不少于200字。关键词应为反映论文主题内容的通用技术词汇，不得随意自造关键词。摘要内容后下空一行打印"关键词"三字（一般用小四号黑体），关键词一般为5～8个，用宋体小四号字，各关键词之间空2个字距，且不加标点符号。

5. 正　文

（1）内容和篇幅要求。毕业论文总字数原则上不少于6 000字（按页面计算，常见的为6 000～10 000字。一般来说，本科生不少于8 000字，专科生不少于6 000字）。写作内容可因课题的性质不同而有所区别，一般包括前言或引言（选题背景）、本论部分、结论或小结。

（2）书写要求：① 正文不需添加论文题目和摘要等内容。② 正文层次标题应简短明确，以不超过15字为宜，题末不加标点符号。根据学科特点的不同，各层次的标法可有所不同，既可用阿拉伯数字连续编号，如："1"、"1.1"、"1.1.1"，一律左顶格，后空1字距写标题；也可用小写汉字和阿拉伯数字连续编号，如，"一"、"（一）"、"1."、"（1）"，一律空两格，后紧接写标题。层次最好以不超过三级为宜。若采用阿拉伯数字连续编号，一级标题则从"前言"起编，一律用黑体三号字，左顶格。二级标题用黑体四号字，左顶格；三级标题用黑体小四号字，左顶格；正文其他部分全部用宋体小四号字。各级标题与段落之间不留空行。前几级标题后不加标点，在末级标题后加句号后接内容。图、表与正文之间上下各空一行。若采用小写汉字连续编号，一级标题则从正文主体起编，将"前言"和"结论"单列。具体的排版格式要求，根据学科的特点具体确定。③ 图应有图题，放图下方居中，用阿拉伯数字编号，如：图1。图号后不加任何符号，空1个字距写图题。表格一律采用三线表。表格应有表题，放表上方居中，用阿拉伯数字编号，如：表1。表号后不加任何符号，空1个字距写表题。图题、表题与图、表之间不留空行。图题、表题和图表中文字均用宋体五号字，但图题和标题须加粗。

6. 参考文献

毕业论文的参考文献是对文献资料的来源或出处的说明，与学术论文的参考文献在要求上是一致的。在正文之后刊出"参考文献"字样，空一行起列出作者亲自阅读过的最主要的发表在公开出版物上的文献。正文中按顺序在引用参考文献出处的文字右角上用[ ]标明，[ ]中序号应与"参考文献"中的序号一致，一篇论著在论文中多次引用时，在参考文献中只应出现一次，序号以第一次出现的位置为准。"参考文献"四字一般用黑体三号，居中，所列的参考文献可全部用宋体小四号。主要的引用参考文献格式示例如下：

（1）期　刊。

[序号]作者，文章题目，期刊名，文献类型标识，年份，卷号，期号（若期刊无卷号，则为：年份，期号），起止页码。

例：[1] 苏斌.谈行政诉讼范围[J].中国政协，2002，(1)：23～24.

（2）专著。

[序号]作者，书名，版本（第一版不标注），文献类型标识，出版地，出版者，出版年。

例：[1] 巩富文.中国古代法官责任制度研究[M].西安：西北大学出版社，2002.

（3）技术标准。

[序号]起草责任者，标准代号，标准顺序号-发布年，标准名称，出版地，出版者，出版年度。

（4）网刊。

[序号]作者，文章题目，文献类型标识，网址，发表时间。

例：林毅夫，建设新农村是解决"三农"问题的现实选择[EB/OL]. http://www.gxny.gov.cn/2006/1025/101323-1.html，2006年10月.

有些院校的毕业论文采用注释加参考文献双结合的形式，对正文中直接引用的观点、话语、文献等材料在其右上角用带圈的序号（如①）逐一标注，在正文的结论部分结束后，另起一行以"注释"的形式依次用带圈的序号与文中的序号对应地说明所引资料的出处，与参考文献的标法类似；或对正文中不便说明的东西加以补充说明与解释，标注法比参考文献更为灵活。如果在文中没有直接引用材料，但确实又参考过他人文献中的一些观点、说法、见解或思想等，应在"注释"之后，用"参考文献"的形式予以说明，其标注法与学术论文"参考文献"基本一致，但可不再标明文献页码。

7. 附　录

附录作为毕业论文主体的补充项目，并非必备内容。主要列入正文中没有写进的过分冗长的公式推导，研究方法和技术更深入的叙述，以备查读所需的辅助性工具或表格，重复性数据图表，使用的主要符号、意义、单位、缩写、程序全文及说明等。其他相关的补充资料。"附录"二字一般用三号黑体，居中，字与字之间留4个字距，附录中的内容可全部用宋体小四号。

8. 致　谢

主要感谢指导老师和对毕业论文工作有直接贡献及提供帮助的人士或单位。致谢词应谦虚诚恳，实事求是，切忌浮夸与庸俗。"致谢"二字一般用三号黑体，居中，字与字之间留4个字距，空一行写致谢内容。有些院校的致谢放在正文结束之后和参考文献之前，有的放在参考文献之后。

关于以上8个要目的一些具体要求，无论是在字体、字号的规定上，还是在具体内容的编排格式上，各院校间存在着一定的差别。在实际操作过程中，应以各院校自己的统一管理规定为准。

（五）毕业论文的答辩

答辩是审查毕业论文的一种补充形式。专科毕业论文一般不答辩，其论文成绩就是毕业设计的成绩；本科毕业生则要参加答辩，毕业论文的成绩由文章成绩（指导和评阅成绩）与答辩成绩组成，最后由评审小组、评审委员会鉴别评定。

论文答辩小组一般由3～5名教师、有关专家组成，对文章中不清楚、不详细、不完备、不恰当之处，在答辩会上提出来。教师、专家所提出的问题，仅涉及该文的学术范围或文章所阐述的问题，而不对学科的全面知识进行考查。

毕业论文答辩的主要目的，是审查文章的真伪、写作者知识掌握的深度、文章是否符合体裁和格式。通过答辩，教师、专家可以进一步了解学生文章的立论依据，了解学生处理课题的实际能力。对学生来说，这也是获得锻炼和提高的机会。

1. 答辩应准备的内容

（1）研究本课题的学术价值和理论意义；

（2）课题的研究历史和现状，自己的看法，论文提出并解决了哪些问题；

（3）论文的基本观点和立论的基本依据；

（4）论文所涉及的重要引文、概念、定义、定理、定律和典故是否清楚；

（5）学术界和社会上对某些问题有何具体争论，自己倾向于何种观点；

（6）有无本应涉及或解决但因力不从心而未接触的问题，或因认为与本文中心关系不大而未写入的新见解；

（7）本文提出的见解的可行性；

（8）有无在定稿交出后自己重读审查时新发现的缺陷；

（9）写作毕业论文的体会；

（10）本文的优缺点。

上述第（1）～（3）项为学生必选，主要根据这些方面来进行自我陈述；第（4）～（10）项为答辩教师提问的范围，一般选取 2～3 个问题让学生回答。

2. **答辩程序**

（1）学生个人陈述。（5～10 分钟）

（2）答辩小组提问。

（3）学生答辩。（一定要正面回答或辩解，一般允许准备 10～20 分钟。）

（4）评定成绩。（答辩会后答辩小组商定，交系、院学位委员会审定小组审定。）

3. **学生答辩注意事项**

（1）带上自己的论文、资料和笔记本。

（2）注意开场白、结束语的礼仪。

（3）坦然镇定，声音大而准确，使在场的所有人都能听到。

（4）听取答辩小组成员的提问，精神高度集中，同时记录所提出的问题。

（5）对提出的问题，在短时间内迅速做出反应，以自信而流畅的语言、肯定的语气，不慌不忙地作出回答。

（6）对于提出的疑问，要审慎地回答，对有把握的问题要回答或辩解、申明理由；拿不准的问题可不进行辩解，而要实事求是地回答，态度要谦虚。

（7）回答问题时的注意事项：① 正确、准确。正面回答问题，不转换论题，更不答非所问。② 重点突出。抓住主题、要领，抓住关键词语，言简意赅。③ 清晰明白。开门见山，直接入题，不绕圈子。④ 有答有辩。有坚持真理、修正错误的勇气。既敢于阐发自己独到的新观点、真知灼见，维护自己正确观点，反驳错误观点，又敢于承认自己的不足，修正失误。⑤ 讲究答辩技巧。讲普通话，用词准确；注意逻辑，吐词清楚；声音洪亮，抑扬顿挫，助以手势说明问题，力求深刻生动；对答如流，说服力、感染力强，给教师和听众留下良好的印象。

[例文]

中、日、美三国儿童动画片内容分析和比较研究

××大学教育学院 200×级学前教育　　×××

摘　要：动画片对儿童的社会性发展有重要影响。本文对 15 部中国、日本、美国故事性儿童动画片进行社会行为的数据统计及内容分析。结果显示：中国动画片反社会行为所占比例高于亲社会行为；虽然道德教育内容较多，但亲社会行为的频次并不高于日本、美国动画片；非社会行为的频次比日本、美国少。针对上述结论，研究者提出几点建议，期望通过动画制作者、家长、广播电视局及相关政府部门的共同努力，使中国动画片在幼儿社会性发展中发挥更大的作用。

关键词：幼儿　动画片　电视　社会行为　社会性

英文摘要（略）

英文关键词（略）

一、研究概况

（一）研究的目的和意义

动画片是幼儿最喜欢看、也常看的电视节目。决定儿童对电视信息加工的因素是儿童的认知能力、兴趣以及电视信息的可理解性。年纪越大，幼儿的综合分析能力越强，进而能够看懂难度更大的电视节目。个体性别定式会影响幼儿收看的电视节目类型。例如，男孩思维活跃、性情好动，喜欢科幻、战斗、探险类的动画片；女孩文静、情感丰富，偏爱与现实生活贴近、细腻、带有感情内容的动画片。此外，教育性儿童节目更有利于提高儿童的学习成绩；故事情节越生动有趣，娱乐性越高的动画片则越受欢迎。

儿童模仿能力很强，正处于形成世界观、人生观和价值观时期，极易受到社会环境的影响，因此，动画片对幼儿的社会化起着举足轻重的作用。优秀的电视节目对儿童智力、语言发展、学习能力和道德行为等有良好的培养和促进作用。动画片不仅有利于儿童获得各种间接经验，而且有助于他们借助电视节目的内容进行交流，在同伴中获得认同。但是，动画片也给幼儿带来了消极影响。电视节目中充斥着各种不健康的信息，并且美化暴力，且暴力信息有增加的趋势。从 20 世纪 50 年代起，就不断有文章、书籍和研究指出："观看暴力画面会增加暴力的发生率"，"长期观看媒体暴力会导致对暴力的情感灵敏迟钝

化"。此外,长时间观看动画片会影响视力,使幼儿与父母疏离,而且容易导致幼儿混淆现实与虚幻。某些动画片中灌输的价值取向会误导孩子的世界观和人生观,使他们产生不良的消费习惯和饮食习惯。

据某些研究的数据表明,外国动画片在中国的播放时长及受欢迎程度远远超过国产动画片,特别是日本动画片最受欢迎。因此"中国动画片该如何发展才能更有利于儿童的社会化"是一个极具现实意义的研究课题。

（二）研究范围和方法

以往的研究较少以动画片作为样本。在研究方法上,以调查、实验方法为主的定量研究占绝大多数,而内容分析和实证研究的定性研究比较少。本文拟用文献法、内容分析法和比较法对动画片进行比较分析。

（三）社会性和动画片相关文献资料概况

据对 1979—1992 年国内 14 种心理学期刊和 97 种相关期刊的统计,有关儿童社会性发展与教育的文献达千余篇。此外,因特网上也有许多儿童社会性的资料。有关动画片的书面资料比较少,分布也散乱,多数相关资料都是从家庭教育、美术教育、传媒学等方面的书籍上找到的。但是,动画片的网络资源却比较丰富。

二、动画片中社会行为的数据统计和内容分析

（一）方法：比较法和内容分析法

分别抽取中国、日本、美国具有代表性的故事性动画片 4、6、5 部作为样本,观察其中的社会行为,并进行相关的数据记录和内容分析、比较（见表1、图1）。

表 1　抽样动画片

中国（4 部）	日本（6 部）	美国（5 部）
《大闹天宫》(1964)	《多啦 A 梦剧场版：迷宫之旅》	《猫和老鼠》(1939)
《哪吒闹海》(1979)	《美少女战士》	《狮子王》(1994)
《黑猫警长》(1984~1987)	《蜡笔小新》	《怪物史瑞克》(2001)
《宝莲灯》(1999)	《樱桃小丸子》	《海底总动员》(2003)
	《千与千寻》(2001)	《超人特攻队》(2005)
	《宠物小精灵：裂空的访问者》(2004)	

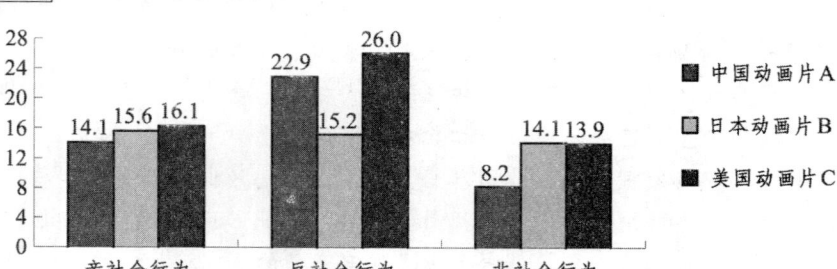

图1 中、日、美三国动画片各种类型社会行为出现的频率与次数

（二）观察维度：行为类型和形式

1. 亲社会行为

亲社会行为包括：谦让、帮助、合作、共享、感谢、关心、提出建议、热爱自然等有利于他人和社会的行为。

2. 反社会行为

违法行为：私闯入宅、偷窃、抢劫、杀人等。攻击性行为：按攻击的方式分为身体攻击——推打、拉扯、抢夺、毁物、自我伤害等；言语攻击——骂人、招惹、嘲讽、威胁、诬蔑、侮辱等。

3. 非社会行为

非社会行为指的是在主观上没有伤害他人，但对自己有危害的行为。其包括：行为不足：冷漠、我行我素、胆小懦弱、推卸责任、懒惰、依赖等。行为过度：挑剔、任性、冲动、发脾气、骄傲自满、拉帮结派等。不适当行为：说谎、出尔反尔、幸灾乐祸、不爱惜东西、不尊老爱幼等。

（三）动画片材料

1. 亲社会行为

中、日、美的亲社会行为频率次数分别为 14.1、15.6、16.3。可见，国产动画片在亲社会行为的数量上并未如预想中的比外国动画片要多。相反，外国动画片在这方面表现得更好一些。其中，美国的动画片体现出来的亲社会行为最多。

2. 反社会行为

国产动画片的反社会行为频率次数为 22.9，虽然不是最高的，但与名列首位的美国的频率次数 26.0 差距不大，反而比日本的频率次数 15.2 高出很多。

3. 非社会行为

国产动画片在这方面表现较突出，次数仅为 8.2，非社会行为的数量要远远低于美国的 13.9 和日本的 14.1。

（四）数据分析的结论

总的来说，中国动画片中的反社会行为所占的比例要远高于亲社会行为，而且亲社会行为的频次比日本、美国动画片要少。美国动画片的反社会行为出现的次数最多，但由于亲社会行为较中国多，因此反社会行为所占的比例要比中国低。

（五）中、日、美三国动画片内容比较分析和讨论

1. 人物塑造

中国动画片多取材于古典文学作品，人物形象缺乏当代生活气息，好人和坏人的角色往往黑白分明，忠奸立见，人物塑造过于片面化、简单化和模式化。

外国动画片的人物塑造贴近生活，更真实、更具趣味性。《樱桃小丸子》是一部立足于真实生活的日本动画片。9岁的小丸子在学校表现一般；在家会跟姐姐斗嘴，跟爸妈闹别扭，有时会跑去跟爷爷告状、撒娇。小丸子虽然有一些缺点，但本性善良可爱，具有同龄儿童普遍具有的性格。隐藏在小丸子性格中的"真""善""美"使她得到了广大儿童的喜爱，也得到了大人们的垂青，可谓老少皆宜。

2. 故事情节

中国动画片节奏缓慢，情节简单拖沓。在《大闹天宫》中，孙悟空与各路神仙刀光剑影的打斗场面就像套用了公式一样层出不穷，容易让观众对打斗的情节产生审美疲劳。

外国动画片故事情节更生动曲折、合理感人。同是描写成长过程，《宝莲灯》中对沉香的描写缺乏性格的发展过程和行为的内在依据，反观《狮子王》中的辛巴，从幼年的天真烂漫到少年的犹豫徘徊，再到青年的坚定勇敢，经历一波三折后才在世上立足，其循序渐进、合乎逻辑的描述更真实感人。

日本、美国的动画片在取材上存在"成人化"的现象，有不少是描述男女情爱的，甚至还包含不适合儿童观看的色情成分。这与前文里"日、美动画片的非社会性行为比中国的要多得多"的结果是一致的（参见图1）。这实际上与日本、美国两国有比较完善的电视电影作品分级制度有关。日本动画片《蜡笔小新》中的主角小新，黄色下流、恬不知耻的言行举止中表现出对女性的不尊重。

3. 故事的题材

中国动画片注重民族性，忽视原创性。故事题材单一，多自神话传说改编，集中反映传统文化，容易脱离儿童的现实生活。某些作品的取材出现"洋化"现象，但作品情节沉闷，观者寥寥。

日、美动画片的取材丰富多样，新奇独特，富有原创性。如《宝莲灯》描述了沉香劈山救母的感人故事，展现了一段从孩童到少年的矢志不渝、惊天动地的骨肉亲情。

日、美动画片故事可以穿越时空，主角可以是动植物、人、机器人，甚至是现实世界中不存在的物体。

日、美动画片在取材上也强调民族精神。日本动画片里总是宣扬本民族的特性和武士道精神。任何一位主人公，都以战胜对手作为自己的最终目标。他们总是在自己的动画片里把日本描绘得很强大。而美国则吹捧拯救世界的个人英雄主义，并且灌输西方的价值取向，宣扬民主与自由论。

4. 动画片的艺术表现形式

中国动画片强调作品的教育作用，希望通过作品完成对儿童道德品质、科学文化知识的教育，因此艺术性是次要的，娱乐性往往不够，取而代之的是说教式的教育。在《黑猫警长》中，每小集（6～7分钟）除了会介绍自然科学知识外，黑猫警长还会对小动物们"说教"一番："为了自己的快乐，把痛苦带给别人，这是不道德的"，"偷窃是可耻的行为。你应该改正错误，做一个森林王国的好公民"……

日、美动画片大多能够做到寓教于乐，通过情节的开展，让儿童获得知识经验的积累和情感道德的熏陶。例如，在《千与千寻》中，白龙想带误闯小镇的千寻逃离小镇，失败后白龙便教千寻请求旅馆的负责人汤婆婆，允许她留下来工作。因为"在这里人人都要劳动，不劳动就会变成动物"。

三、儿童动画片发展的对策思考

（一）动画制作方在创作动画片时应该考虑的几个问题

1. 在动画片的形象塑造上应该追求"真""善""美"和"新""奇""趣"

当代幼儿的自我意识增强，不愿意简单认可和盲目崇拜动画片中塑造得完美无缺但现实生活中根本不可能存在的"完人"。因此，在人物形象塑造上要增强现实主义色彩，摒弃"高、大、全"的套路，除了体现人物良好的性格特征外，还应敢于描写人物的缺点和转变过程。人物塑造还应做到"新""奇""趣"：形象设计新鲜奇特、动作造型夸张富有动感、个性鲜明。

2. 巧妙安排生动、曲折、紧凑的故事情节

动画片情节发展要脉络清晰，层次分明，人物关系不能够过于复杂，但这并不等于平铺直叙，而应巧妙地安排情节，使其波澜起伏，富有吸引力。

3. 解放思想，勇于开拓新主题，发掘新题材

凡是有利于儿童健康成长、富有童真童趣的素材，都可作为儿童动画片的题材。第一，要注重多样性，做到多方位、多层次、多角度地提炼生活、反映生活。第二，注重时代性，选材应适应时代发展的需要。选材时，应该深入生活的实际，通过仔细观察、深入分析和认真研究，把握儿童的思想感情、心理状态和行为习惯。

4. 表现形式上应该寓教于乐，做到娱乐性、艺术性和教育性并重

国产动画片要摆脱狭隘的"教育工具论"，向国外优秀的动画片学习，使动画片做到染情、添趣、导思、益智。

(二) 家长监督和引导幼儿观看动画片的方法

1. 要控制好幼儿观看动画片的时间，培养幼儿观看动画片的良好习惯

作为影响幼儿的重要他人，父母的一言一行对幼儿都具有示范性的作用。研究表明，父母常看电视，孩子也常看。家长应以身作则，控制自己看电视的时间，为幼儿树立榜样。此外，家长要充分发扬民主，与孩子共同商议制订观看动画片的计划，并为幼儿安排其他有益身心的活动来分散他们的注意力。

2. 监督和指导幼儿所看的动画片内容

家长应识别动画片的优劣，做好动画片的质量把关，并陪伴幼儿共同观赏动画片，及时给予适当的指导，帮助幼儿分清虚实，让幼儿多动脑筋思考问题。

(三) 政府支持、监管动画片的政策

1. 制定国内动画片的分级制度

因为中国动画片没有分级制度，所以在国外被界定为不适合儿童观看的动画片会通过非法方式流入音像市场。加入 WTO 以后，我国应尽快制定动画片分级制度，更好地与国际接轨，并为观众提供明确的指引。

2. 加强对外国动画片的引进和监管，完善市场机制

外国优秀的动画片兼具娱乐性、趣味性和教育性，对此我国应该予以支持和引进。某些外国动画片带有较多的不良信息和消极影响，我国广电总局应该利用行政、法律手段严把审批关卡，警惕这些动画片的流入。

3. 加大制作国产动画片的投资力度

政府应加大经济投资，将动画片推向市场化运作，追求社会效益和经济利润。同时，应重视动画专业人才的培养，包括专业创作、管理和销售等方面的人才。

参考文献

[1] 端木万义. 美国传媒文化[M]. 北京：北京大学出版社，2001.

[2] 希拉里·克林顿.建造孩子快乐的家园[M].北京:中国发展出版社,2002.

[3] 托马斯·里克纳.美式家庭——品质教育家长对策[M].海口:海南出版社,2001.

[4] 郭虹,张国良.中国青少年与动画传播的实证研究[J].新闻大学,2003(28).

[5] 陈子典.新编儿童文学教程[M].广州:广东高等教育出版社,2003.

[6] 武珍,方再林.大众传播对青少年的影响及其指导[J].心理发展与教育,1988(2).

致谢（略）

（注：限于篇幅，以上各级标题字体字号未按要求设计。）

二、工科毕业设计报告

（一）含义和类型

1. 含　义

工科毕业设计报告，又叫工科毕业设计说明书，是工科大学生综合运用所学知识对其工程设计进行解释和说明的科技文书，是工科大学生毕业前的总结性作业。其主要考查学生是否具备运用原理（机械、电力、电子、计算机），查阅资料、工程手册、材料手册，绘制图纸，分析模型数据，实验工作等工程设计方面的初步能力。

2. 类　型

工科专业类型多，相应毕业设计报告的类型也多。比较常见的类型有下列两种：① 发明型毕业设计报告，即毕业设计的产品或成果为现实生活中的首创。② 改革（造）型毕业设计报告，即毕业设计产品的类型或成果的类型是现实中已经存在的。

（二）构成项目与写法

工科毕业设计报告类型多，难有统一的结构和写作模式。以下是多数工科毕业设计报告涉及的写作内容及结构、文面的基本规范：

1. 封　面

与毕业论文相同。

2. 题　名

写明标题，通常由设计项目加"设计"或"毕业设计说明书"构成，如《回转型蓄热式换热器的设计》。标题下一行写学生的专业、班级和姓名，再下一行写指导老师姓名。

3. 目录和摘要

目录和摘要与毕业论文的写法大致相同。

4. 正　文

（1）前言。概括陈述四项内容：本设计项目的性质；本设计项目的目的、效益；本设计项目的原理；设计过程。有的毕业设计还在前言中写明设计缘由。

（2）主体。① 设计原理与设计方案的论证。表述利用什么原理进行工程或产品设计，或者所设计的工程或产品遵循什么样的工作原理。同时，说明具体的设计方案是怎样的，是否可行。具体表述时常常利用图示和文字解释相结合的方式。② 主要技术参数。说明选择了何种技术参数及有关技术参数的计算公式与结果。具体表述时常用公式、表格和文字解释方式。质量标准参数属于技术参数之一。③ 工作流程及技术性能。工作流程即工作过程。技术性能包括设计的工程或产品的型号、容量、生产率、动力等。这部分内容多用图纸、模型展示或实验结果的验证加以说明。图纸是产品制造的蓝图。④ 适用范围。一般用文字作出说明。若涉及安装等问题，以图文结合的方式说明。⑤ 资金预算。对上述 5 个方面的内容，不同专业、不同类型的工科毕业设计报告将有所取舍，或各有侧重，内容结构顺序也不尽相同。有的还采用分章式结构。

（3）结尾。通常对整个毕业设计工作进行归纳和综合，对结果进行讨论与分析，着重提出自己的见解与观点，对自己的工作做出客观的评价，对整个毕业设计达到的水平进行评述，对本设计中尚存在的问题及进一步开展的研究工作阐述见解和建议。

有些"前言"部分内容较完备的工科毕业设计报告可不写结尾。

正文格式的一般要求如下：

　　1（一级标题，章名：居中，宋体加黑，小二号）

　　1.1（二级标题，节名：宋体加黑小三号）

　　1.1.1（三级标题，款名：宋体加黑，小四号）

　　1.1.1.1（四级标题，项名：宋体加黑小四号）

　　……

正文内容常采用宋体小四号。

正文内容中四级标题以下再分项的编号格式如下：1），（1），①。

5. 参考文献

与毕业论文大致相同。

6. 致　谢

与毕业论文相同。

(三) 工科毕业设计报告写作的基本要求

第一，选题要适度可行。应选择技术上比较先进或经济效益比较高的课题，以及自己力所能及的课题。

第二，内容要重点突出。撰写毕业设计报告时要注意突出自己的工作部分，即在引证其他产品或他人成果的基础上，设计重点放在自己的独到之处，或者是新的创造，或者是有所改进等。

第三，说明要详尽准确。对设计原理、方案选择、参数特征等方面应尽可能作详细、准确的说明，不能忽略必要的内容，这样才能真实地反映自己的学业水平。

第四，文面要规范整洁。毕业设计报告要按规定的格式写作，图纸应当认真绘制，做到准确、整洁，与说明书有关叙述相一致，符合工程制图的规定要求。此外，图纸还是对学生所学专业知识和绘图能力的考核，因此不能草率从事，要准确无误。

[例文]　(内容有删节，文面格式非实际文本格式)

封面　题目：学生档案管理系统的设计

其余项目略

目　录

摘要

ABSTRACT

前言

第一章　为什么要开发一个学生档案管理系统

1.1　计算机已经成为我们学习和工作的得力助手

1.2　在中小学中用计算机管理学生档案的意义

1.3　为将来学校上网做好准备

1.4　学生档案的设计分析

第二章　怎样开发一个学生档案管理系统

2.1　编程环境的选择

2.2　关系型数据库的实现

2.3 二者的结合（DBA）

第三章 Windows 下的 Visual Basic 编程环境简介

3.1 告别"hello world"的年代

3.2 面对对象的编程

3.3 实现菜单选项

3.4 实现工具栏

3.5 帮助

3.6 关于系统

第四章 使用 Access2000 实现关系型数据库

4.1 数据库的概念

4.2 新建一个数据库

4.3 修改已建的数据库

4.4 实现数据库之间的联系

第五章 系统总体规划

5.1 系统功能

5.2 流程图

第六章 系统具体实现

6.1 用户界面的实现

6.1.1 封面

6.1.2 主界面

6.1.3 帮助系统

6.2 数据库的实现

6.2.1 学籍数据库

6.2.2 学生成绩库

6.2.3 课程库

6.3 与 VB 的连接

结束语

参考文献

附录

致谢

摘 要

学生档案管理系统是典型的信息管理系统（MIS），其开发主要包括后台数据库的建立和维护与前端应用程序的开发两个方面。对于前者要求建立起数据一致性和完整性强、数据安全性好的数据库。而对于后者则要求应用程序具有功能完备、易使用等特点。

经过分析,我们使用 Microsoft 公司的 Visual Basic 开发工具,利用其提供的各种面向对象的开发工具,尤其是数据窗口这一能方便而简洁操纵数据库的智能化对象,首先在短时间内建立系统应用原型,然后对初始原型系统进行需求替代,不断修正和改进,直到形成用户满意的可行系统。

关键词:控件 窗体 域

ABSTRACT

The system of managing student file is a typical application of managing information system (know as MIS), which mainly includes building up data-base of back-end and developing the application interface of front-end. The former required consistency and integrality and security of data. The later should make the application powerful and easily used.

By looking up lots of datum, we selected Visual Basic presented by Microsoft because of its objective tools in Win32. VB offered a series of ActiveX operating a data-base. It can give you a short-cut to build up a prototype of system application. The prototype could be modified and developed till users are satisfied with it..

Keywords: ActiveX Form Field.

前 言

学生档案管理系统是一个教育单位不可缺少的部分,它的内容对于学校的决策者和管理者来说都至关重要,学生档案管理系统应该能够为用户提供充足的信息和快捷的查询手段。但一直以来,人们使用传统人工的方式管理文件档案,这种管理方式存在着许多缺点,如效率低、保密性差等。另外,时间一长,将产生大量的文件和数据,这给查找、更新和维护都会带来不少的困难。

随着科学技术的不断提高,计算机科学日渐成熟,其强大的功能已为人们深刻认识。它已进入人类社会的各个领域并发挥着越来越重要的作用。

作为计算机应用的一部分,使用计算机对学生档案信息进行管理,具有手工管理所无法比拟的优点,如检索迅速、查找方便、可靠性高、存储量大、保密性好、寿命长、成本低等。这些优点能够极大地提高学生档案管理的效率,也是企业的科学化、正规化管理与世界接轨的重要条件。

因此,开发这样一套管理软件很有必要。在下面的各章中,我们将以开发一套学生档案管理系统为例，谈谈其开发过程和所涉及的问题及解决方法。

第一章　为什么要开发一个学生档案管理系统

1.1 计算机已经成为我们学习和工作的得力助手

今天，计算机的价格已经十分低廉，性能却有了长足的进步。它已经被应用于许多领域。计算机之所以如此流行，原因主要有以下几个方面：

首先，计算机可以代替人工进行许多繁杂的劳动；

其次，计算机可以节省许多资源；

再次，计算机可以大大提高人们的工作效率；

最后，计算机可以使敏感文档更加安全，等等。

1.2 在中小学中用计算机管理学生档案的意义

现在我国中小学校的档案管理方式还停留在纸介质上，这已经不能适应时代的发展，因为它浪费了许多人力和物力。在信息时代，这种传统的管理方法必然被以计算机为基础的信息管理所取代。

我作为一个计算机应用的本科生，希望可以在这方面有所贡献。改革开放的总设计师邓小平同志说过："科学技术是第一生产力。"我希望能用我四年的所学编制出一个实用的程序来帮助中小学进行更有效的学籍管理。

归纳起来，学生档案管理系统的好处大约有以下几点：

（1）可以存储历届学生的档案，安全、高效；

（2）只需1~2个档案录入员即可操作系统，节省了大量人力；

（3）可以迅速查到所需信息。

1.3 为将来学校上网做好准备

1999年中国电信的调查报告显示，我国的上网人数已达到890万，互联网已经十分普及，学校往届的毕业生也希望能在世界的任何一个角落查到自己校友的信息。本系统为学校将来上网做了先期工作，如数据库的建立。

1.4 学生档案的设计分析

根据实际情况，我们使用原型法（Rapid Prototyping），即以少量代价快速地构造一个可执行的软件系统模型。使用户和开发人员可以较快地确定需求，然后采用循环进化的开发方式，对系统模型作连续的精化，将系统需具备的性质逐渐增加上去，直到所有的性质全部满足。此时，模块也发展成为最终产品了。

第二章　怎样开发一个学生档案管理系统

2.1　编程环境的选择

微软公司的 Visual Basic 6.0 是 Windows 应用程序开发工具，是目前最为广泛的、易学易用的面向对象的开发工具。Visual Basic 提供了大量的控件，这些控件可用于设计界面和实现各种功能，减少了编程人员的工作量，也简化了界面设计过程，从而有效地提高了应用程序的运行效率和可靠性。

2.2 关系型数据库的实现

Access2000 就是关系型数据库的开发工具，数据库能汇集各种信息，以供查询、存储和检索。Access 的优点在于它能使用数据表示图或自定义窗体收集信息。数据表示图提供了一种类似于 Excel 的电子表格，可以使数据库一目了然。另外，Access 允许创建自定义报表用于打印或输出数据库中的信息。Access 也提供了数据存储库，可以使用桌面数据库文件把数据库文件置于网络文件服务器，与其他网络用户共享数据库。Access 是一种关系型数据库工具，关系型数据库是已开发的最通用的数据库之一。

2.3 二者的结合（DBA）

微软的 JET 数据库引擎提供了与数据库"打交道"的途径，我们通过它以及 Visual Basic 来访问数据库并对其进行各种操作。Visual Basic、Access 以及其他微软的软件产品都是通过共用 JET 数据库引擎，从而给用户提供了丰富的数据类型的。

DATA 控件在数据库中的信息与将信息显示给用户看的 Visual Basic 程序之间架起了一座桥梁。我们可以设置 DATA 控件的各个属性，告诉它要调用哪个数据库的哪个部分。在缺省的情况下，DATA 控件根据数据库中的一个或多个数据表建立一个 dynaset-type（动态集合）类型的记录集合。一个记录集合是动态的，也就意味着，当原来的数据表中的内容改变了以后，该记录集合中的记录也会随之改变。DATA 控件还提供了用来浏览不同记录的各种跳转按钮。将 DATA 控件放置在窗体中之后，我们还必须在该控件与要处理的数据库之间建立联系。

……

结束语

经过三个月的设计和开发，中小学档案管理系统基本开发完毕。其功能基本符合用户需求，能够完成学生学籍的存储和成绩的查询以及各类相关报表的打印；可以提供部分系统维护功能，使用户方便进行数据备份和恢复、数据删除。对于数据的一致性的问题，也可通过程序进行有效地解决。

但是由于毕业设计时间较短，所以该系统还有许多不尽如人意的地方，如存在联机文档比较少，用户界面不够美观，出错处理不够等多方面的问题。这些都有待于进一步改善。

参考文献（略）

附录：程序清单及注释

程序清单 6.1

Option Explicit
Dim FileName As String '文件名，用于打开、保存文件
Dim UndoString As String '用于 Undo 操作
Dim UndoNew As String '用于 Undo 操作
Private Sub ImgUndoDisable（）
……

致　谢

在本次毕业设计中，我从指导老师×××老师身上学到了很多东西。×老师认真负责的工作态度、严谨的治学精神和深厚的理论水平使我受益匪浅。他无论在理论上还是在实践中，都给予我很大的帮助，使我得到很大的提高，感谢他耐心的辅导。

另外，在系统开发过程中，×老师的助手×××老师也给予我很大的帮助，帮助我解决了不少的难点，使得系统能及时开发完成。还有同组的同学也给了我不少帮助，这里一并表示感谢。

（王益、杨爱林、胡永华）